Jaruzelski oder die Politik des kleineren Übels
Zur Vereinbarkeit von Demokratie und "leadership"

Anton Pelinka

# Jaruzelski oder die Politik des kleineren Übels

Zur Vereinbarkeit von Demokratie und *leadership*

PETER LANG
Frankfurt am Main · Berlin · Bern · NewYork · Paris · Wien

Die Deutsche Bibliothek - CIP-Einheitsaufnahme

Pelinka, Anton:
Jaruzelski oder die Politik des kleineren Übels : zur
Vereinbarkeit von Demokratie und "leadership" / Anton
Pelinka. - Frankfurt am Main ; Berlin ; Bern ; New York ;
Paris ; Wien : Lang, 1996
ISBN 3-631-49893-4

Satz: Ellen Palli/Mag. Wolfgang Palli, A-6020 Innsbruck

ISBN 3-631-49893-4
© Peter Lang GmbH
Europäischer Verlag der Wissenschaften
Frankfurt am Main 1996
Alle Rechte vorbehalten.

Das Werk einschließlich aller seiner Teile ist urheberrechtlich
geschützt. Jede Verwertung außerhalb der engen Grenzen des
Urheberrechtsgesetzes ist ohne Zustimmung des Verlages
unzulässig und strafbar. Das gilt insbesondere für
Vervielfältigungen, Übersetzungen, Mikroverfilmungen und die
Einspeicherung und Verarbeitung in elektronischen Systemen.

Printed in Germany 1 2 3 4  6 7

# Inhaltsverzeichnis

Vorwort ............................................. 9

1. **Zum Thema** *Leadership* ........................... 11

2. **Jaruzelski I. Vom Gewicht einer – jeder – politischen Entscheidung**
   *Das Kriegsrecht – Das Ende der Doppelherrschaft – Die Rahmenbedingungen – Fegefeuer statt Hölle – Eine Diktatur besonderen Typs – Jaruzelski als „leader"* ........................... 15

3. **Von der Illusion demokratischer** *Leadership*
   *Die Phantasie von Demokratie – Heroen und (oder) Manager – politics und policies – „leadership" als Ausnahme* .......... 33

4. **Eine unmögliche Begegnung – die Erste**
   *„Die Kunst der Politik ist es aber, eine Kalkulation der Risken und der Vorteile zu ermöglichen – und auf diese Weise die Kalkulationen des Widersachers zu beeinflussen"* .................... 45

5. **Von der Neigung, Machiavelli in die Hölle zu verbannen**
   *Das höllische Gespräch – Machiavelli, der subversive Aufklärer – (K)eine spezielle Moral der Politik – Politiker(innen) als Sündenböcke* ............................................. 59

6. **Von der Begrenztheit des Idealismus**
   *Demokratie und Fundamentalismus – Stalin als Realist – Hitler als Idealist – Der US-amerikanische Idealismus – Idealismus à la Lyndon Johnson – Kennedy: Idealismus als Public Relations* .......... 67

7. **Das Charisma** ..................................... 79

8. **Von den Versuchen, einen Mythos zu bändigen**
   *Ist Personalisierung wirklich alles? – Charisma als Produkt – Das Abschleifen jeder Ethik – „Leadership" als (notwendige?) Illusion – Vietnam* .............................................. 81

9. **Von der Skepsis gegenüber zuviel Demokratie**
   *Verfassung gegen Tyrannei – Die Angst vor der Mehrheit – Lincolns Widersprüchlichkeit – Babeufs Ungeduld – Demokratie von oben?* .. 91

10. **Von der Unvermeidlichkeit des Lügens**
    *Das Galileo-Kalkül – Jeanne d'Arc oder Politiker? – Die Kunst des Täuschens – Dr. Jekyll und Mr. Hyde – Dr. Strangelove* ..... 101

11. **Vom Elend der Kollaboration**
    *Die Tragik der Judenräte – Kollaboration als kleineres Übel – Philippe Pétain – Die Kollaboration des Azdak und des Schwejk – Kollaboration ist nicht gleich Kollaboration – Kollaboration als Versuch politischen Handelns* ........................ 113

12. **Von der Vermessenheit der Objektivität**
    *Schmutzige Hände – Das Drehbuch der Weltgeschichte – Die Sehnsucht nach Einordnung – Orthodoxie ist gleich Orthodoxie* ... 127

13. **Von der Mißverständlichkeit des Unterscheidens**
    *Die Unerbittlichkeit des Karl Kraus – Halbfaschismus als kleineres Übel – Zwischen Teufel und Beelzebub – Churchill: Politikfähigkeit durch Differenzierung – Churchill: Mehr als Realpolitik – Appeasement ist nicht gleich appeasement* ..................... 137

14. **Von der Amoral der Außenpolitik**
    *Wilson: Grundsätze ohne Strategie – Roosevelt: Grundsätze und Strategie – Johnson: Keine Grundsätze und keine Strategie – Nixon: Strategie ohne Grundsätze* ......................... 149

15. **Von der Logik des Leninismus**
    *Gerecht ist das Gegenteil von gerecht – Berufsrevolutionäre und „leadership" – Lenin und Stalin als Empiriker – Politik absolut wird zur Nicht-Politik* ............................ 159

16. **Von der wahren Natur persönlicher Führung**
    *„Leadership" als Massenmord – Exzessive „leadership" – Stil der Distanz – Die Freiheit vom Zwang, lernen zu müssen – Die Nachfolgefrage – Entfesselung oder Fesselung von „leadership"?* ..... 169

17. **Von der Notwendigkeit der Begrenzung des Bösen**
    *Die Kategorie des Bösen – Die Funktion der Utopie – Das „kleinere Übel" als Rechtfertigung – Franz Jägerstätter* .............. 181

18. **Von der Sehnsucht nach den Wilhelm Tells und Robin Hoods**
    *Italien, Japan, die Schweiz als Ausnahmen – Die Erfindung der Heroen – „Leadership" als Theater – Reale Funktionen der Monarchie* ................................. 191

19. **Vom Zwang, zum Parvenu zu werden**
    *Rosa Luxemburgs aufgezwungene Identitäten – Paria wider Willen, Parvenu als Notwendigkeit – Die Funktion des Zionismus – „Schwarz" und „Weiß" – Benjamin Disraeli* .............. 199

20. **Eine unmögliche Begegnung – die Zweite**
    *„Was ist der Gegenstand unseres Denkens? Erfahrung! Nichts anderes!"* ................................. 211

21. **Von der demokratischen Auflösung jeglicher Politik**
    *Innen- oder außengesteuerte „leadership" – Öffentlich versus privat – Politik als Klimakunde – Autopoiesis: Niemand herrscht – Die Fiktion vom „Volk"* .......................... 223

22. **Von der Verwandlung des Volkes in den Markt**
    *Das Volk oder „ein Volk" – McNamaras Managertum – Der Markt als Anti-Utopie – Fulbrights logische Widersprüchlichkeit – „Volk" heißt Ausschluß – Die Hartnäckigkeit der Holzwürmer* ......... 233

23. **Das Cockpit** ................................. 243

24. **Von der Möglichkeit intellektueller und moralischer „Leadership"**
    *Mahatma Gandhi und Martin Luther King – Das „schlechte Gewissen" – Amtsverzicht als Voraussetzung von „leadership" – Die Unschuld der Bolschewiki – Angelo Guiseppe Roncalli* ...... 245

25. **Jaruzelski II: Von der Willkürlichkeit geschichtlicher Wahrnehmung**
   *Die Sicht der Opposition – Die sowjetische Sicht – „Es ist an der Zeit"
   – Die Bischöfe – Eine Transformation neuen Typs – Katyn – Das
   Dilemma des Kommissars – Held oder Verräter?* . . . . . . . . . . . . . 255

26. **Literatur** . . . . . . . . . . . . . . . . . . . . . . . . . . . . . . . . . . . . . 273

   **Personenindex** . . . . . . . . . . . . . . . . . . . . . . . . . . . . . . . 281

# Vorwort

Die ersten Überlegungen zu diesem Buch waren das Ergebnis eines einmonatigen Aufenthaltes in Paris, an der Maison des sciences de l'homme im Frühjahr 1993. In diesen Wochen in Paris haben mich vor allem Gespräche mit *Helmut Kramer* bei der genaueren Formulierung der Fragestellung weitergebracht. Die Zeit am Collegium Budapest, 1994, hat zu ersten vorläufigen Formulierungen geführt. *Helga Nowotny* hat mir dabei mit ihrer Kritik sehr geholfen. *Yadja Zeltman* verdanke ich wesentliche Anregungen zum schmerzhaften Thema „Kollaboration". Das Gros des Manuskriptes ist schließlich im Sommer 1995 erstellt worden.

Schon davor haben mir *Kryzstof Glass* und *Gerhard Mangott* wichtige Hinweise zu der in Polen und anderswo laufenden Diskussion über die Rolle Jaruzelskis gegeben – *Glass* hat dies auch durch Recherchen in Polen selbst noch zusätzlich gestützt.

*Sieglinde Rosenberger* habe ich – wieder einmal – für die kritische Durchsicht des Manuskriptes und für zahlreiche Anregungen zu danken. *Sylvia Greiderer* war bei der Erstellung des Index behilflich. *Ellen Palli* hat in der ihr eigenen, perfekten Form für den Satz gesorgt.

Ihnen allen habe ich zu danken. Zu danken habe ich aber auch allen anderen Kolleginnen und Kollegen des Instituts für Politikwissenschaft der Universität Innsbruck und des Instituts für Konfliktforschung in Wien – für eine Atmosphäre, die mir das Arbeiten an diesem Buch ganz wesentlich erleichtert hat.

*Anton Pelinka*

Innsbruck, im Oktober 1995

# 1. Zum Thema *Leadership*

Dieses Buch ist auch ein Buch über *Wojciech Jaruzelski*; über seine Rolle, die er 1981 spielte – und über die, die ihm 1989 zukam. Aber es geht bei diesen Ausführungen nicht nur und auch nicht primär um eine historische Darstellung. Die Person des polnischen Generals, Premierministers, Parteisekretärs und Präsidenten wird vielmehr zum Beispiel genommen, was es heißt, entscheiden zu müssen, und zwar politisch entscheiden zu müssen – mit Folgen für eine Gesellschaft, für ein Volk, ja für den globalen Frieden. *Jaruzelski* mußte entscheiden – unter nicht demokratischen Vorzeichen. *Jaruzelski* wird als „Fall" behandelt.

*Wojciech Jaruzelski* ist eine faszinierende Figur, eben weil er zunächst nicht fasziniert: Er ist der einzige General-Diktator, den die kommunistische Welt hervorgebracht hat; ein leninistischer Bonaparte, der aber so gar nicht den Erwartungen entspricht, die man an einen solchen Rollenträger hätte. Er war kein Aufsteiger, sondern eher ein Absteiger – aus einer aristokratischen Familie. Seine Sozialisation war mit der größten Selbstverständlichkeit katholischnational. Er war eher der Typus des Überläufers aus den Reihen des ancièn régimes. Seine Botschaften, die er als Minister, als Regierungs-, Partei-, Staatschef verbreitete, hatten überhaupt nichts Mitreißendes. Er verbreitete keine Ideologie, seine Worte mobilisierten keine Emotionen. Seine Botschaft war immer „Pflicht" und „Pflichterfüllung". Und seine Karriere war tatsächlich weitgehend eine ihm aufgezwungene – zumeist lehnte er ab, was ihm angeboten wurde; freilich oft nur, um dann dem Drängen anderer nachzugeben: Es sei seine Pflicht, Minister oder Parteichef zu werden. Nur den Rang eines Marschalls, den hatte er sich erfolgreich auf Dauer verbeten. Denn hier hätte ihm wohl niemand einreden können, dies hätte etwas mit Pflicht zu tun. Überdies wäre dann das Bild eines anderen Marschalls übermächtig gewesen – das des Marschalls *Jozef Pilsudski*, dessen Schatten ambivalent über dem modernen Polen liegt. (*Rosenberg* 1995, 125 177)

Die Figur des militärisch-steifen Mannes mit den dunklen Brillen, dessen persönlicher Lebensstil asketisch war, ladet auch zu keinen „populistischen" Identifikationen ein. Jaruzelski ist ganz gewiß nicht der „leader", auf den Erwartungen und Sehnsüchte von Massen projiziert werden können. Seine Diktatur ist auch oft „Sozialismus ohne jedes Antlitz" bezeichnet worden – in kritischer Differenzierung zum „Sozialismus mit menschlichem Antlitz", den der Prager Frühling zu bringen versprochen hatte. *Jaruzelski* steht für keine inspirierende Idee, für keine mobilisierende Botschaft.

Die für jede systematische Bewertung *Jaruzelskis* entscheidende Frage, ob die Verhängung des Kriegsrechtes wirklich – wie *Jaruzelski* selbst es behauptet – von ihm als einziges Mittel zur Verhinderung einer sowjetischen Invasion eingesetzt wurde, wird in diesem Buch behandelt und diskutiert. Diese Frage ist der Einstieg in das eigentliche Thema – die Vereinbarkeit von *leadership* und Demokratie. Und diese Frage führt zu den für dieses Buch zentralen Thesen,

**These I** daß politische Führung immer heißt, zwischen mehreren erkennbaren Übeln das kleinste auswählen zu müssen;

**These II** daß Demokratie mit innerer Logik dazu führt, den Spielraum jeder politischen Führung mehr und mehr einzuengen und schließlich zu zerstören.

Dieses Buch ist somit ein Buch über die Vereinbarkeit von Demokratie und politischer Führung. Dabei wird aus einem einzigen Grund – in Übereinstimmung mit der internationalen politikwissenschaftlichen Diskussion – auch in diesem deutschsprachigen Text der Begriff *leadership* dem Begriff „Führung" grundsätzlich vorgezogen: *Leadership* wird als neutraler Begriff in der allgemeinen wissenschaftlichen Debatte akzeptiert, auch im Sinne eines nicht ideologisch wertenden elitentheoretischen Diskurses. „Führung" erweckt hingegen starke Assoziationen an eine im Faschismus positiv besetze Variante der Elitentheorie einschließlich des nationalsozialistischen Führerprinzips.

Wenn aber Führung – im Sinne von *leadership* – mit Politik untrennbar verbunden ist, dann muß ein behauptetes Spannungsverhältnis zwischen Demokratie und *leadership* auch ein ebensolches Spannungsverhältnis zwischen Demokratie und Politik schlechthin miteinschließen; dann ist der Einstieg in die Demokratie der Beginn des Ausstieges aus der Politik.

Diese Annahme scheint sich aus mehreren Gründen schon auf den ersten Blick mit der politischen Wirklichkeit nicht zu decken:

- Politik wird gerade in den stabilen Demokratien immer mehr als Wettbewerb zwischen Personen wahrgenommen, die für sich *leadership* in Anspruch nehmen. Dies deutet eher auf einen Bedeutungszuwachs denn auf eine Verminderung von *leadership*.

- Die Erkenntnisse der empirischen Sozialforschung und die Aussagen der Elitentheorie haben zu einem „realistischen" Demokratieverständnis geführt, das von der Unvermeidbarkeit demokratischer Eliten ausgeht.

Diese Einwände machen es notwendig, *leadership* zu differenzieren – wenn politische Führung mit der Ausübung politischer Ämter gleichgesetzt wird, dann werden diese Einwände zu akzeptieren und die Hypothese als von Anfang verfehlt anzusehen sein. Wenn man freilich, auch und gerade unter Nutzung der Typologie von James *MacGregor Burns* (Burns 1978), *leadership* ausdifferenziert, dann finden sich für die Hypothese plötzlich mehr Argumente.

Ein unspezifischer Begriff von *leadership*, der alle Funktions- und Amtsinhaber(innen) einschließt, ist zwar für die verschiedensten empirischen Analysen vergleichender Politikwissenschaft sinnvoll – Untersuchungen zu Aspekten der Sozialisation, der Rekrutierung, der Vermarktung, der Akzeptanz von politischem Führungspersonal haben natürlich ihren bleibenden Stellenwert. Für die demokratietheoretische Fragestellung, wie oben in Form der beiden zentralen Thesen formuliert, braucht es aber eine Differenzierung zwischen einem auf Funktionen und Ämter abgestellten, weiten und allgemeinen Begriff von *leadership* und einem verengten, der den „impact" zum entscheidenden Kriterium von *leadership* macht, also die erkennbare, beschreibbare, meßbare und analysierbare Wirkung politischen Handelns.

*Leadership* wird daher hier nicht funktions- oder rollenbezogen verstanden, sondern auf Wirkung abgestellt. Daß jemand Bundeskanzler der Bundesrepublik Deutschland oder Premierminister Japans ist, macht ihn/sie deshalb noch nicht zum „leader" – erst, wenn diese Person (ob Kanzler, ob éminence grise) erkennbar und unverwechselbar „Geschichte macht", dann ist sie „leader". Die anderen, die Funktionsinhaber, sind – wenn sie ausschließlich aus ihrem Amt heraus zu verstehen sind – zumindest tendenziell austauschbar. Die zentralen Thesen des Buches schließen damit aber die Aussage ein, daß die Vorstellung, Geschichte würde von Menschen gemacht, grundsätzlich nur für ein vordemokratisches Entwicklungsstadium gelten kann.

Die Frage steht zur Beantwortung an, warum dann aber *leadership* als Produkt so gefragt ist, warum auch in den stabilen Demokratien weltweit nach immer mehr *leadership* gerufen wird. Der Bedarf nach *leadership* steht in eigenartigem Widerspruch zum Siegeszug liberaler Demokratie – einerseits wird diesem Erfolg der real existierenden Demokratie allgemein applaudiert, andererseits wird aber ein zentrales Ergebnis dieses Demokratieerfolges gefürchtet und kritisiert – die Erosion von *leadership*. Auch diese Widersprüchlichkeit wird zu behandeln sein.

Daß Personen Geschichte „machen", hat ohne Zweifel seine Richtigkeit. In der Demokratie werden aber diese Personen in Rollen aufgelöst – in Inhaber(innen) von Funktionen, die sich am politischen Markt definieren lassen und die in diesem Sinne personenneutral sind, ja sein müssen. Dies wird dann deutlich, wenn das extreme Gegenteil der real existierenden Demokratie des 20. Jahrhunderts aufgezeigt wird – die Formen totalitärer Diktatur. Deren Stil von *leadership* ist von dem demokratischer *leadership* der Rollen- und Funktionsträger(innen) prinzipiell verschieden. Daß dies auch mit Inhalten zusammenhängt, und daß dies ein Hinweis auf die Plausibilität der beiden zentralen Thesen des Buches ist, wird aufzuzeigen sein.

Wojciech Jaruzelskis Rolle wird auch in Zukunft umstritten sein – eben weil er, als Parteichef in einer kommunistischen Diktatur während der Abenddämmerung der Systeme sowjetischen Typs, keinem festen Rollenbild folgen mußte oder folgen konnte. Jaruzelski griff in die Geschichte seines Landes ein – und es war ihm dabei klar, daß er (in seinen eigenen Worten) sich „die Hände schmutzig" machen würde. Aber ein Ausweichen aus dieser Verantwortung wäre ihm in gewisser Weise wohl noch schmutziger vorgekommen – als Flucht aus der Verantwortung, deren ethischer Dimension er sich wohl bewußt war.

Sein Beispiel ist das einer ausgeprägten persönlichen Einflußnahme auf die Schicksale einer großen Zahl anderer Menschen. Diese Bedeutung für Polen und für Europa konnte er nur haben, weil er zwischen „Übel" und „Übel" eine Auswahl traf; und entsprechend dieser Entscheidung handelte. Das Ausmaß der Macht, die ihm dabei zur Verfügung stand, wäre in einer Demokratie nicht zulässig gewesen. Doch als dann – 8 Jahre nach der Ausrufung des Kriegsrechtes – die Demokratie in Polen siegte, da siegte sie auch deshalb, weil Jaruzelski sie herbeiführen geholfen hatte. Damit war aber die Macht des General Jaruzelski an ihrem Ende angelangt. Sie hatte sich – er hatte sie – ganz einfach wegrationalisiert. Seine *leadership*, mit der er 1981 die Demokratiebewegung gewaltsam unterdrückt hatte, war in eine Demokratie aufgegangen; sie hatte sich in Demokratie aufgelöst.

## 2. Jaruzelski I: Vom Gewicht einer – jeder – politischen Entscheidung

*Das Kriegsrecht – Das Ende der Doppelherrschaft – Die Rahmenbedingungen – Fegefeuer statt Hölle – Eine Diktatur besonderen Typs – Jaruzelski als „leader"*

Wojciech Jaruzelski traf am Vorabend des 13. Dezember 1981 eine Entscheidung, die er längere Zeit überlegt und dann zielgerichtet vorbereitet hatte: Als Premier- und Verteidigungsminister und als Erster Sekretär der kommunistischen Partei der Volksrepublik Polen (der Polnischen Vereinigten Arbeiterpartei PVAP) verhängte er über sein Land das „Kriegsrecht". Der General hatte diesen Zeitpunkt mit Bedacht gewählt: Am 11. und 12. Dezember fand eine Tagung der „nationalen Kommission" (des leitenden Gremiums) der Solidarność in Gdansk statt – eine letzte Möglichkeit, um noch zu einem Konsens zwischen den beiden seit September 1980 in mißtrauischer, schwieriger Koexistenz lebenden Machtzentralen zu kommen; zwischen der Kommunistischen Partei, die – im Sinne des Modells kommunistischer Einparteiensysteme – den Staat diktatorisch beherrschte, und deren wichtigste Machtstütze die Sowjetunion und die Rote Armee waren; und der Demokratiebewegung der Solidarność, die – schon längst nicht mehr bloß Gewerkschaft im traditionellen Sinn – sich auf die erkennbar große Mehrheit der polnischen Bevölkerung stützte.

Die nationale Kommission der Solidarność lenkte nicht ein – ein Generalstreik wurde angekündigt, ebenso ein Referendum über die Machtfrage. (*Jaruzelski* 1993, 287-291) Damit war – aus der Sicht des Generals – nach mehr als 15 Monaten jenes System zu Ende, das Polen seit den großen Streiks des Sommer 1980 bestimmt hatte, und das in vielen Punkten dem System glich, das Rußland zwischen Februar und Oktober 1917 beherrscht hatte. Das Nebeneinander zweier Machtzentren – eines, das mehr oder weniger für den Status quo stand, und ein anderes, das radikal über diesen hinauswies – war in Rußland 1917 und auch in Polen 1980/81 jeweils nur von kurzer Dauer. Aber während sich in Rußland die Sowjets (getrieben von den putschenden Bolschewiki) gegen die Duma und die auf sie gestützte Provisorische Regierung durchsetzten – also die radikale gegen die konservative Kraft, siegte in Polen (jedenfalls im Dezember 1981) die konservative gegen die radikale.

Das hatte seine Gründe – und die waren internationaler Art. Das Europa, in das die Volksrepublik Polen eingebettet war, war das Europa des Kalten Krieges. Jalta und Potsdam und Helsinki standen für ein Ordnungssystem, das Sicherheit über Freiheit setzte – jedenfalls über die politische Freiheit der Menschen in den Ländern, die in dieser „Nachkriegsordnung" der sowjetischen Einflußzone zugefallen waren. Wann immer in diesen Ländern die verweigerten politischen Freiheiten eingefordert worden waren, hatten die Truppen der Roten Armee – 1968 auch mit Unterstützung der Truppen Polens, der DDR, Ungarns und Bulgariens – sehr rasch den Vorrang der Ordnung vor der Freiheit gesichert. Und die andere Seite, der Westen, USA und NATO, hatte dazu zwar nicht geschwiegen, aber das grundsätzliche Einverständnis signalisiert: 1953 war dies so in der DDR gewesen, 1956 in Ungarn, 1968 in der CSSR.

Denn für den Westen gab es in dieser „Nachkriegsordnung" eine klare Priorität, die auch in der „Schlußakte von Helsinki" 1975 zum Ausdruck gekommen war: Wenn die Alternative zur „Nachkriegsordnung" ein Krieg zwischen Ost und West sein sollte, dann war dem Westen der Kalte Krieg noch allemal das kleinere Übel gegenüber einem heißen.

Die Wiederholung des sowjetischen Eingreifens war eine Möglichkeit, die schon sehr früh direkt ausgesprochen worden war. *Erich Honecker* hatte bei der Verabschiedung des polnischen Botschafters in der DDR, *Stefan Olszowski*, am 20. November 1980 direkte Worte gefunden: „Die Revolution ... kann sich friedlich oder unfriedlich entwickeln. Wir sind nicht für Blutvergießen. Das ist das letzte Mittel. Aber auch dieses letzte Mittel muß angewandt werden, wenn die Arbeiter-und-Bauern-Macht verteidigt werden muß. Das sind unsere Erfahrungen aus dem Jahre 1953, das zeigen die Ereignisse 1956 in Ungarn und 1968 in der Tschechoslowakei." (*Kubina* 1995, 111)

Deutlicher konnte man kaum noch werden. Honecker hatte diese Drohung immerhin gegenüber Olszowski geäußert, der Mitglied des Politbüros und Sekretär des ZK der PVAP war. Der Adressat dieser Erinnerung an die Geschichte sowjetischer Interventionen war, im November 1980, der Vorgänger Jaruzelskis als Erster Sekretär (Parteichef), *Stanislaw Kania*. Ein Jahr später war diese Drohgebärde des Bruderlandes aktueller denn je.

Es waren *Husak* und *Honecker*, die im Sommer 1981 beim Treffen der KP-Chefs der Warschauer Pakt-Staaten auf der Krim sich als Vertreter der harten Linie gegenüber der polnischen Entwicklung betätigten. *Honecker* erklärte *Breschnew*, daß die polnische Situation – die Doppelherrschaft zwischen PVAP und Solidarność – „dem Konfrontationskurs der USA helfen" würde; auch, daß er zu *Kania* „kein Vertrauen" habe. (*Kubina* 1995, 333, 335)

Bei einer Routinesitzung der Verteidigungsminister des Warschauer Paktes vom 1. bis 4. Dezember 1981 war die „äußerst komplizierte Lage in der Volksrepublik Polen" ein wichtiges Thema. Die Ergebnisse der Beratungen waren nicht eindeutig – klar war, daß Ungarn und vor allem Rumänien einer militärischen Intervention kaum zustimmen würden. (*Kubina* 1995, 387-389) Doch angesichts der rumänischen Sonderstellung, die auch 1968 gegeben war und dennoch den Einmarsch des Warschauer Paktes (ohne rumänische Truppenkontingente) nicht verhindern hatte können, war die rumänische Opposition wohl kaum von entscheidender Bedeutung.

Das alles stand dem polnischen Partei- und Regierungschef im Dezember 1981 vor Augen. Auch die Schicksale *Imre Nagys* und *Alexander Dubceks* mußten ihm gegenwärtig gewesen sein. Der ungarische Kommunist und Regierungschef des Herbstes 1956, der sich gegen die sowjetischen Hegemonieansprüche gestellt hatte, durch das direkte militärische Eingreifen der Sowjetunion gestürzt, verhaftet und nach einem Geheimprozeß hingerichtet worden war; der tschechoslowakische KP-Chef, der die sowjetischen Drohungen nicht ernst genug genommen hatte und der dann im August 1968, bereits nach erfolgter militärischer Besetzung seines Landes, in Moskau zu einer demütigenden Unterschrift gezwungen und bald danach auf Verlangen der UdSSR politisch entmachtet worden war.

Mit beiden hatte *Jaruzelski* eines gemeinsam: die kommunistische Überzeugung, entstanden aus der nationalen Tragik ihres jeweiligen Landes. *Jaruzelski*, als polnischer Offizier im Zweiten Weltkrieg in sowjetische Gefangenschaft geraten, durch (geographischen) Zufall nicht in Katyn den Genickschüssen der sowjetischen Mörder zum Opfer gefallen, hatte sich für die Teilnahme an der Befreiung seines Landes aus der Herrschaft des Nationalsozialismus entschieden – auf der Seite der Polen, die von der sowjetischen Politik gestützt und benützt wurden.

*Jaruzelski* erfuhr in der Sowjetunion eine extreme Schulung in politischem Realismus: Er, der polnische Offizier mit aristokratischem Hintergrund, dessen prägende Ideologie die des katholischen polnischen Nationalismus war, der die sowjetische Politik der Jahre 1939 bis 1941 als antipolnisch hatte erleben müssen, nahm nun – nach 1941 – die sowjetischen Anstrengungen gegen *Hitler*-Deutschland als einzige Chance wahr, persönlich etwas zur Befreiung seines Landes beitragen zu können. Er konnte wieder kämpfen – von *Stalins* Gnaden. Und er wurde Kommunist. (*Rosenberg* 1995, 140-144)

Als Pensionist schrieb *Jaruzelski* – General, Verteidigungs- und Premierminister, Erster Parteisekretär und Staatspräsident im Ruhestand – über sein damaliges Motiv, das sein weiteres Leben entscheiden sollte: „Der Stalinismus hat schreckliche Verbrechen begangen. Dennoch hat uns Rußland vor der völligen Vernichtung gerettet." (*Jaruzelski* 1993, 342)

Schon damals war bei *Jaruzelski* jenes strategische Motiv deutlich, das ihn 1981 als weltpolitischen Akteur bestimmen sollte – aus der Palette der real existierenden Möglichkeiten das kleinste der vorhandenen Übel zu wählen. Für den jungen *Jaruzelski* war dies, nach 1941, das Bündnis mit der Sowjetunion und – folgerichtig – die Integration in die Kommunistische Partei. Für den *Jaruzelski* des Jahres 1981 stellte sich die Entscheidungssituation anders dar: Er sah ganz eindeutige Signale aus der UdSSR, die einen Einmarsch ankündigten, falls die Doppelherrschaft zwischen KP und Solidarność nicht beendet würde. Zu sehr fürchteten *Breschnew* und – wohl mehr noch – *Honecker* und *Husak* das Übergreifen eines polnischen Modells auf andere Staaten; zu sehr bedrängten auch die Parteiführer der Satelliten, insbesondere der DDR und der ČSSR, aus Angst vor einer Gefährdung der auf der Präsenz sowjetischer Panzer beruhenden, eigenen Herrschaft. *Jaruzelski* sah, oder glaubte zumindest zu sehen, daß er in der Rolle *Alexander Dubceks* unmittelbar vor dem August 1968 war – der auch noch bei einem letzten Treffen mit *Janos Kadar*, dem ungarischen Parteichef und „Gemäßigtsten" unter den Intervenienten, am 17. August 1968 die überdeutlichen Warnungen nicht hören wollte. (*Mlynar* 1978, 200) *Dubceks* optimistische Perspektive wurde von der Wirklichkeit überrollt – und diese waren die Panzer, die in der Nacht vom 20. auf den 21. August sich in Bewegung setzten.

Die Forschung, die nach der Öffnung der Archive in den Hauptstädten der vormals kommunistischen Ländern einsetzte, liefert über die Ernsthaftigkeit der sowjetischen Inteventionsdrohung keine wirklich eindeutige Antwort. Sicher ist, daß das Politbüro der KPdSU kein Ultimatum an *Jaruzelski* richtete; sicher ist, daß insbesondere die SED-Spitze die sowjetische Spitze bedrängte, die polnische Führung unter massiven Druck zu setzen. (*Kubina* 1995) Sicher ist, daß das Muster sowjetischer Politik ein militärisches

Eingreifen in einem „sozialistischen" Staat nicht ausschloß, nicht ausschließen wollte. Wie auch immer die Interventionsdrohung real ausgesehen haben mag – sie stand im Raum; und sie war keine bloß eingebildete.

*Jaruzelski* sah sich zwischen zwei Alternativen: Die erste war, die sowjetischen Warnungen und die der anderen „Bruderländer" zu ignorieren – und dann später zwischen einer *Dubcek*- und einer *Nagy*-Rolle, zwischen einer resignativen und einer kämpferisch heroischen, nochmals wählen zu können. Für das polnische Volk müßte das Ergebnis in beiden Varianten der ersten Alternative das grundsätzlich gleiche sein – die durch fremde Truppen abgesicherte Diktatur, in Verbindung mit wohl erheblichen Verlusten an menschlichem Leben. Die zweite Alternative war, der Sowjetunion den Grund zum Einmarsch zu nehmen – also die Doppelherrschaft von sich aus zu beenden, das „polnische Modell" zu beseitigen und zur „Normalität" kommunistischer Herrschaft zurückzukehren, zur Diktatur; freilich zu einer, die sich nicht auf fremde, sondern nur auf polnische Truppen stützte, und von der man annehmen konnte, daß sie viel weniger Opfer fordern würde.

Für *Jaruzelski* war die zweite Option die des kleineren Übels. Er entschied sich dafür. Und er rief das Kriegsrecht aus – mit der unmittelbaren Folge, daß die Institutionen der Demokratiebewegung zerschlagen und ihre führenden VertreterInnen in Haft genommen wurden.

*Jaruzelski* ging dabei von einigen Prämissen aus, die zumindest viel Plausibilität für sich hatten. Sie waren nicht einfach nur das Ergebnis seiner eigenen Analyse, sie waren vielmehr Bestandteil der europäischen Ordnung, wie sie in Helsinki 1975 – unter Beteiligung der USA – zumindest indirekt festgeschrieben worden war:

– Die USA und die NATO wären nicht bereit gewesen, einem Einmarsch der Roten Armee in Polen mit militärischer Gewalt entgegenzutreten. Diese Zurückhaltung entsprach der Logik des Kalten Krieges - warum sollte der Westen 1981 anders reagieren, als er das 1953, 1956 und 1968 getan hatte?

– Die UdSSR war primär an der Stabilität des eigenen Imperiums interessiert. Durch jede Demokratisierung eines Teils fürchtete die Partei- und Staatsführung im Kreml eine Infektion, die den „real existierenden Sozialismus" zerstören würde. Warum sollte das polnische Modell der Herrschaftsteilung weniger bedrohlich sein als das Modell des „Prager Frühlings"?

- Die sowjetische Führung konnte, ebenso wie die polnische, von einer westlichen Politik der Nicht-Intervention ausgehen. Warum sollte die Spitze der KPdSU ihre Herrschaft aufs Spiel setzen, wenn ein zwar politisch schlecht argumentierbarer, aber global nicht friedens- und systemgefährdender Gewaltakt diese Herrschaft sichern konnte?

- Die sowjetischen Truppen hatten, erkennbar, mit Vorbereitungen zum Einmarsch in Polen begonnen. *Jaruzelski* konnte nicht sicher sein, aber: „Ich wußte nicht, daß solche Vorbereitungen (zum militärischen Einmarsch – A.P.) getroffen worden waren. Doch ich fühlte sie." (*Jaruzelski* 1993, 291) Später gab es – aus sowjetischen Quellen – eine Reihe von Bestätigungen, daß *Jaruzelskis* Einschätzung wohl realistisch war. (*Jaruzelski* 1993, 281f., 290)

- Innerhalb der polnischen (kommunistischen) Führung war *Jaruzelski* der Mann der Mäßigung. Die anderen Strömungen der Partei forcierten im Zweifel einen härteren Kurs – so nahm *Jaruzelski* selbst seine Rolle wahr, und auch Vertreter der Opposition sahen ihn als „ansprechbar", also als gemäßigt. (*Walesa* 1987, 283) Bei seiner Wahl zum 1. Sekretär des ZK der KP am 16. Oktober 1981 mußte *Jaruzelski* feststellen: „Es gab außer mir nur Verfechter eines noch härteren Kampfes." (*Jaruzelski* 1993, 276)

- Die Ausrufung des Kriegsrechtes hatte keine „irreparablen Konsequenzen" (*Jaruzelski* 1993, 292) – Polen wurde nicht in kriegerische oder kriegsähnliche Gewaltakte mit unvorhersehbaren Opfern verwickelt, die längerfristige Option für eine andere Entwicklung blieb prinzipell offen. „Wir Polen mußten durch das Fegefeuer gehen ... Ich weiß nur, daß wir die Hölle vermieden haben." (*Jaruzelski* 1993, 292f.)

*Jaruzelski* entschied sich. Er handelte. Er schickte Polen ins Fegefeuer. Und sah sich durch die weitere Entwicklung bestätigt, daß er – angesichts der Alternative der Hölle – das Beste für sein Land getan hatte. Das Fegefeuer hatte für die Aktivisten der Demokratiebewegung die Form eines Gefängnisses. Polen wurde wieder an das Modell eines Systems „sowjetischen Typs" angepaßt. Das Machtmonopol der Partei war hergestellt – zumindest auf den ersten Blick. Moskau konnte zufrieden sein. Die Drohung einer militärischen Intervention wurde zurückgenommen. Die Zeiten eines polnischen Pluralismus waren vorbei – bis 1989, als derselbe General *Jaruzelski*, gestärkt vom neuen Machthaber im Kreml, nun die Auflösung des Machtmonopols betreiben konnte. (*von Beyme* 1994, 46-99)

*Jaruzelski,* der Diktator, hatte *Jaruzelski,* den Demokratisierer, in Reserve gehalten – bis die Rahmenbedingungen eine Demokratie in Polen zuließen. Doch damit *Jaruzelskis,* der Demokratisierer, in Reserve bleiben konnte und nicht etwa einem polnischen *Husak* Platz machen mußte – der von der Gnade der Roten Armee direkt abhängig war, mußte zunächt *Jaruzelski,* der Diktator, handeln.

*Jaruzelski* hätte damit jede politische Unschuld verloren, hätte er – als General und kommunistischer Parteichef – noch über so etwas wie Unschuld verfügt. *Jaruzelski* machte sich, buchstäblich, die Hände schmutzig. Er trug die Verantwortung für die Unterdrückung der Solidarność. Er war damit der Zerstörer einer Bewegung, die in vielschichtiger Form – keineswegs nur als Gewerkschaft – Polen ein kräftiges Stück Demokratie gebracht hatte. (*Ash* 1984; *Pumberger* 1989) Seine Autorität zwang die Demokraten in die Gefängnisse, verhinderte das Erscheinen demokratischer Zeitungen, führte zur Diskriminierung aller Oppositionellen.

Nach 1989 behauptete *Jaruzelski,* dies alles sehenden Auges getan zu haben. Seine Entscheidung erfolgte, obwohl er wußte, was sie für die polnische Demokratiebewegung bedeuten mußte; obwohl er wußte, daß er, wenn schon nicht zum Henker, so doch zum Kerkermeister der polnischen Demokratie werden mußte. Er sah sich „allein, verzweifelt allein an der Macht." (*Jaruzelski* 1993, 277) Er fühlte die Last der Verantwortung für 36 Millionen Menschen auf sich.

Am 7. Dezember 1981 sagte *Breschnew* zu *Jaruzelski* am Telefon, die Sowjetunion könne die polnische Situation nicht länger tolerieren. Am 8. Dezember verstärkten sowjetische Generäle in einem persönlichen Gespräch mit *Jaruzelski* den Druck – „Tut was, sonst kommt es zu einem Unglück." Am 12. Dezember, als er sich bereits entschieden hatte, telefonierte *Jaruzelski* noch mit *Suslow,* dem „Chefideologen" der KPdSU, und mit dem sowjetischen Verteidigungsminister *Ustinow. Suslow* bestätigte *Jaruzelski,* daß bei Ausrufung des Kriegsrechtes sich die UdSSR jeder Einmischung enthalten würde – was für *Jaruzelski* wie die Absage der schon geplanten Invasion klang. *Ustinow* bemerkte, in *Jaruzelskis* Erinnerung, sinngemäß: „Eure Probleme gehen den gesamten Warschauer Pakt an. Wenn ihr sie nicht selbst löst, werden wir nicht ruhig zuschauen und brüderliche Hilfe leisten." (*Jaruzelski* 1992)

Der Aufruf, den Jaruzelski erließ und der am 14. Dezember in den polnischen Zeitungen veröffentlicht wurde, ließ diesen internationalen Hintergrund außer acht. Der sowjetische Druck wird mit keinem Wort erwähnt. Als Ursache für die Verhängung des Kriegsrechtes wurden eine katastrophale ökonomische Situation und der drohende Zusammenbruch der öffentlichen Ordnung genannt. *Jaruzelski* gab bekannt, daß der Staatsrat die oberste Entscheidungsgewalt einem „Militärrat der Nationalen Rettung" übergeben hätte – mit Berufung auf die polnische Verfassung und der dort vorgesehenen Bestimmungen über einen Ausnahmezustand („Kriegsrecht"). *Jaruzelski* betonte, daß die Kompetenz dieses Militärrates nur auf Zeit bestehe – daß die Wiederkehr zur verfassungsrechtlichen Normalität selbstverständlich vorgesehen wäre. (*Labedz* 1984, 7)

Was hätte *Jaruzelski* auch tun sollen – nachdem er am 18. Oktober, als Regierungs- und nunmehr auch Parteichef, zur entscheidenden Person des einen der beiden Machtzentren geworden war? Hätte er im Wissen um die Wahrscheinlichkeit einer sowjetischen Intervention („brüderliche Hilfe", in *Ustinows* Worten) noch weitere Provokationen der Sowjetunion zulassen sollen, an deren Spitze noch immer dieselben standen, deren Entscheidung 1968 das CSSR-Modell eines „Sozialismus mit menschlichem Antlitz" zum Tode verurteil hatte? Hätte er sich mit der Demokratiebewegung gegen den Warschauer Pakt und gegen die Rote Armee stellen sollen? Hätte er sich – wie *Imre Nagy* – als Märtyrer offerieren, oder – wie *Alexander Dubcek* – der UdSSR zunächst als Staffage, dann als entbehrlicher Pensionist andienen sollen?

Wenn es stimmt, daß *Jaruzelski* zwischen dem 18. Oktober, seiner Bestellung zum Parteichef, und dem 12. Dezember zur eindeutigen und klaren Einsicht in den sowjetischen Interventionswillen gekommen war – was waren seine Spielräume? Diese hätten jedenfalls eines nicht eingeschlossen – die Fortführung des polnischen Modells mit seinen beiden Machtzentren, mit seinem partiellen Pluralismus, mit seiner eigenartigen Halbdemokratie. Wenn seine internationale politische Analyse richtig war – und es gibt keinen Zweifel daran, daß sie zumindest höchst plausibel war, dann war die Solidarność schon erledigt. Die Frage war nur, ob sie durch einen Henker oder durch einen Kerkermeister erledigt werden sollte; ob sie in der Substanz zerstört oder ob sie in der Substanz bewahrt werden konnte. Wenn die Prämissen stimmen, die *Jaruzelski* – so seine Behauptung – seiner Entscheidung zugrundelegte, dann war er der Retter der Solidarność; der Demokratiebewegung; der polnischen Demokratie.

Ob *Jaruzelskis* Analyse, auf die er sich beruft, jeder kritischen Überprüfung standhalten kann, wird teilweise bezweifelt. *Tina Rosenberg*, deren Analyse sich auf verschiedene Gespräche – auch mit *Jaruzelski* – stützt, läßt begründete Skepsis offen, ob wirklich nur die angenommene sowjetische Drohung das entscheidende Motiv für Ausrufung des Kriegsrechtes war. Sie führt Hinweise ins Treffen, die zeigen, daß *Jaruzelski* auch von einer genuinen Abscheu gegenüber den der Solidarność zugeschriebenen chaotischen Tendenzen des Jahres 1981 erfüllt war; und daß er jedenfalls 1981 auch (noch?) als überzeugter Kommunist handelte. Aber auch sie resumiert: „*Jaruzelski* traf die Entscheidung, die er wirklich für die beste für Polen hielt – weil er Kommunist war, und wegen des entscheidenden Motivs seiner kommunistischen Überzeugung: sein ständig waches Bewußtsein (awareness) von Moskaus Macht." (*Rosenberg* 1995, 222)

*Jaruzelski* entschied sich am 12. Dezember, nicht austauschbar zu sein und auch in Zukunft unverwechselbar zu bleiben. Hätte er nicht das Kriegsrecht ausgerufen – und nur er war dazu in der Lage, wäre seiner Analyse nach die Entwicklung Polens nicht mehr von den beiden Machtzentren Solidarność und Regierung (samt PVAP) bestimmt worden, sondern von der ein- und angreifenden KPdSU und vom Widerstand der polnischen Gesellschaft, wohl unter Führung der Solidarność. *Jaruzelski* selbst hätte in dieser Auseinandersetzung keine selbstständige Rolle spielen können – gleichgültig, ob er sich als *Kadar* oder als *Husak* den sowjetischen Kräften zur Verfügung gestellt hätte oder nicht. Hätte er am 13. Dezember nicht gehandelt, er wäre für die zukünftige Geschichte Polens verzichtbar geworden – wie *Nagy* nach dem November 1956 für Ungarn, wie *Dubcek* nach dem August 1968 für die CSSR. Seine Entscheidung rettete die relative Autonomie der polnischen kommunistischen Partei und der polnischen Regierung. Und sie rettete auch seine eigene Rolle als „leader". *Jaruzelski* übte *leadership* zur Wahrung seiner *leadership*.

Ganz anders der *Jaruzelski* des Jahres 1989. Da übte er *leadership* zur Auflösung seiner *leadership*. Er leitete einen Prozeß ein, von dem ihm klar sein mußte, daß dieser letztendlich auf Kosten seiner eigenen Machtposition gehen mußte. Auch wenn er, *Gorbatschow* gleich, Illusionen über die Möglichkeit einer neuen, diesmal nicht von sowjetischem Druck gefährdeten, stabilen Machtteilung gehabt haben mag – die Resultate der freien Sejm-Wahlen des Juni 1989 mußten deutlich machen, daß er einen Prozeß in Gang gesetzt hatte, den er nicht mehr wirklich kontrollieren, den er äußerstenfalls nur noch bremsen konnte; und an dessen Ende auch sein Ende als „leader" stehen mußte.

*Jaruzelski* optierte 1981 für die Sicherung des Machtzentrums Regierung/-PVAP – indem er das andere Machtzentrum unterdrückte; und die von außen drohende, indirekt massiv beeinflussende Macht der KPdSU am direkten Eingreifen in Polen hinderte. Indem er die Handlungsfähigkeit des von ihm kontrollierten Machtzentrums sicherstellte, sicherte er seinen persönlichen Einfluß – und hob sich die Entscheidung zugunsten des eigenen Machtverlustes für später auf. Er sicherte sich die Fähigkeit zur Macht – auch zur Macht, den Zeitpunkt des eigenen Machtverlustes später selbst bestimmen zu können.

Diese Option, die dann 1989 zum Tragen kam, war dem *Jaruzelski* des Dezember 1981 so ganz gewiß nicht bewußt. Er konnte – ebensowenig wie andere – den Zusammenbruch der Systeme sowjetischen Typs nicht Jahre vor *Gorbatschows* Amtsübernahme so voraussehen, wie die Transformation dann unter seiner, *Jaruzelskis*, führender Beteiligung wirklich ablaufen sollte. Aber die Tatsache bleibt, daß er sich freihalten konnte – für diese dann eintretende Möglichkeit, sich am Untergang des kommunistischen Systems und damit am eigenen Machtverlust aktiv zu beteiligen.

*Jaruzelski* ist für seine Entscheidung vom 12. Dezember 1981 von den Repräsentanten der Demokratiebewegung nicht gelobt worden – natürlich nicht. Wer lobt schon seinen Kerkermeister. Und zum Kerker wurde Polen – für alle, die sich offen für die Demokratie engagiert hatten. *Alexsander Smolnar*, der die Zahl der nach Verhängung des Kriegsrechtes Streikenden mit drei Millionen angibt, beschreibt die Folgen der Entscheidung *Jaruzelskis* so: „Der Schock war ungeheuer tief ... Der Widerstand gegen die Einheiten der Miliz und des Militärs war begrenzt ... Es war erstaunlich leicht, eine viele Millionen umfassende Bewegung zu ersticken und von der öffentlichen Szene zu drängen. Damit erlangte das traditionelle politische System wieder eine gewisse Effizienz, wenn auch das Militär, die Polizei und Verwaltungsorgane die zerfallende Partei in vielen Funktionen ersetzen mußten." (*Smolnar* 1989, 8)

Das kommunistische System wurde wiederhergestellt – aber doch nicht so ganz. Die Partei „zerfiel" – Zeichen einer stillen Transformation, die vom Kriegsrecht nicht verhindert werden konnte, und die eine offene Transformation vorbereiten half. Diese konnte dann einsetzen, sobald aus Moskau andere Signale geschickt wurden. „Da es im Dezember nicht zu einer breiten Konfrontation zwischen der Staatsmacht und der Gesellschaft gekommen war, blieben auch die Repressionen verhältnismäßig harmlos. Die Regierenden wollten sich nicht der Chance begeben, gewisse Verbindungen zur Gesellschaft wiederherzustellen. Für die Opposition bedeutete das die Bewahrung einer gewissen Kontinuität und die Möglichkeit, rasch wieder Einfluß zu erlangen und Institutionen wiederaufzubauen. Freilich nur im Untergrund und keineswegs im Umfang der vorangegangenen 16 Monate legaler Tätigkeit." (*Smolnar* 1989, 8f.)

*Smolnar* schreibt in diesem Zusammenhang von einer „Selbstbeschränkung der Repression" und einer „Selbstbeschränkung des Widerstandes". *Jaruzelski*, der Diktator, wollte seine eigenen zukünftigen Optionen nicht zerstören – er wollte gegenüber der polnischen Gesellschaft, also gegenüber der Demokratiebewegung, politikfähig bleiben. Und die Opposition, im Bewußtsein einer breiten Unterstützung durch die Mehrheit der Gesellschaft, wollte – auch in Reaktion auf die Selbstbeschränkung der Staatsmacht – die Konfrontation auch von sich aus nicht auf die Spitze treiben. So blieb sie, wenn auch zunächst als Reserve, ebenfalls politikfähig – weil handlungs-, das heißt differenzierungsfähig.

Diese „Selbstbeschränkung" bedeutete, daß *Jaruzelski* seine Politik (im Sinne von *policy*) von den Exzessen freihalten konnte, die gerade den Diktaturen des 20. Jahrhunderts eigen waren. Kein kommunistisches System seiner Zeit – das Jugoslawiens ausgenommen – war vom Totalitarismus stalinistischer Prägung weiter entfernt als Polen, auch nachdem *Jaruzelski* das Kriegsrecht verhängt hatte; oder, um in der vom General beanspruchten Logik zu bleiben – eben weil das Kriegsrecht herrschte, konnten sonst unvermeidliche Exzesse der politischen Führung vermieden werden; weil ohne Kriegsrecht die Vorgaben für die politische Führung Polens eben direkt aus Moskau gekommen wären.

*Jaruzelski* sorgte dafür, daß es zu keinen Hinrichtungen kam; er stellte sicher, daß niemand auf Jahre ohne jede Öffentlichkeit und ohne auch nur den Anschein eines rechtsstaatlichen Verfahrens ins Gefängnis kam – ein signifikanter Unterschied zur Repression in Ungarn 1956 und danach. Und er sorgte dafür, daß die Spitzen der Solidarność nicht sinnlos gedemütigt wurden, daß niemand gegen seinen Willen mit Zwang exiliert wurde – ein ebensolcher Unterschied zur Repression in der CSSR 1968 und danach. Die Repression des General *Jaruzelski* war wie ein starker Frost, der nicht sterben, sondern erstarren läßt. Das einige Jahre später aus dem Osten kommende Tauwetter konnte die polnische Entwicklung dort fortfahren lassen, wo sie im Dezember 1981 abrupt aufgehört hatte. Und sogar die Akteure waren dieselben: *Wojciech Jaruzelski, Lech Walesa, Jan Kardinal Glemp, Tadeusz Mazowiecki, Mieczyslaw Rakowski* und andere.

*Jaruzelski* ist zwischen 1981 und 1989 oft mit *Janos Kadar* verglichen worden; das Wort vom polnischen „Kadarismus" ging um. *(Brus* 1982) Mit *Kadar* hatte der *Jaruzelski* dieser Phase gemeinsam, daß beide innerhalb des von Moskau definierten Spielraumes ein Maximum an politischem, ökonomischem und kulturellem Pluralismus zuließen. Anders als *Kadar* hatte aber *Jaruzelski* sichern können, daß die polnische Diktatur zwischen 1981 und 1989 eine rein polnische war – und keine sowjetische; daß keine sowjetischen Truppen mit militärischer Gewalt gegen polnischen Widerstand vorgingen; daß die Repression auch im Dezember 1981 und unmittelbar danach beschränkt, daß sie selbstbeschränkt bleiben konnte. *Jaruzelski* konnte vermeiden, daß seine Gegner Märtyrer wurden. *Nagy* und *Maleter* wurden von sowjetischen Autoritäten hingerichtet – als *Kadar* Statthalter in Ungarn von sowjetischen Gnaden war. *Jaruzelski* setzte die Führer von Solidarność in Haft – und sorgte dafür, daß sie physisch unbeschädigt und so für zukünftige Aufgaben bereit bleiben konnten. Und anders als *Kadar* konnte *Jaruzelski* selbst die Transformation des Jahres 1989 vollziehen – er selbst wurde zur Schlüsselfigur der polnischen Demokratisierung.

Der Mord an *Jerzy Popieluszko*, 1984, gab der Untergrund-Solidarność soetwas wie einen Märtyrer. Aber *Jaruzelski* konnte bald klarstellen, daß er an diesem Mord keinerlei Verantwortung hatte. Daß dies auch von der Solidarność anerkannt wurde, zeigte, (*Jaruzelski* 1993, 352f.) daß trotz der Verbitterung der in den Untergrund gedrängten Demokratiebewegung eine potentielle Gesprächs- und Kooperationsbasis zwischen dem zum Diktator gewordenen *Jaruzelski* und der unterdrückten Solidarność gegeben war.

Die *Jaruzelski*-Diktatur war, anders als die *Kadar*-Diktatur, auch in ihren Ursprüngen eine nationale Diktatur, frei vom direkten Eingreifen fremder Truppen. Und die *Jaruzelski*-Diktatur bereitete sich selbst den Untergang, indem sie evolutionär zur Demokratie überging. In Ungarn blieb das *Kadars* Nachfolgern vorbehalten.

*Jaruzelskis* Diktatur war einmalig: Die Diktatur einer kommunistischen Partei als Militärherrschaft; oder die Militärdiktatur im Kleide kommunistischer Parteiherrschaft. Noch nie hatte in einem kommunistisch regierten Land ein Berufsoffizier durch die Partei eine so unumschränkte Macht erreicht. Die kommunistischen Führer, die sich gerne in Uniform präsentiert hatten – *Stalin*, *Bulganin*, auch *Castro* – waren über die Parteikarriere in militärische Kommandopositionen gekommen und zeigten sich aus bestimmten Gründen in militärischer Pose. *Jaruzelski* war, auf den ersten Blick, der erste (und letzte) leninistische Bonaparte.

Er war ein Bonaparte ohne Mission – außer der, seine „Pflicht" zu erfüllen, polnisches Leben zu retten. Und er war ein Bonaparte, der die Repressionen seiner Diktatur und damit seine eigene Diktatorenrolle nur als schmerzhaften Übergang sah – eben als Fegefeuer, als kleineres Übel. Wenn jemals ein Diktator seine persönliche Macht nur als Mittel und nicht als Zweck verstanden hat – dann war es dieser im Auftreten so steife, so schüchterne, so gar nicht bonapartistische Bonaparte aus der polnischen Aristokratie.

Der Bonapartismus des *Wojciech Jaruzelski* war ein Bonapartismus der nicht demonstrativen, daher aber umso glaubwürdigeren persönlichen Bescheidenheit. Auch seine schärfsten Kritiker versuchten nie, ihm einen persönlichen Stil des Luxus nachzusagen. Korruption war niemals der Vorwurf, der sich gegen den General-Diktator richtete. Er war, für alle erkennbar, ein Puritaner. Die bonapartistische Geste war ihm ebenso fremd wie bonapartistische Rhetorik oder bonapartistischer Lebensstil. (*Rosenberg* 1995, 126) Aber er war eben auch ein Puritaner in seiner Konsequenz, aus einer einmal für richtig erkannten politischen Analyse die daraus abgeleitete, in sich logische, in diesem Sinne „notwendige" Entscheidung zu treffen und zu ihren Folgen auch zu stehen.

Einer der Repräsentanten der Demokratiebewegung, *Adam Michnik*, richtete nach der offenen Transformation Polens an den nunmehr pensionierten General und Präsidenten *Jaruzelski* die zornige Frage: „... 1980-1981 richteten sich die Hoffnungen der Polen auf das soziale und nationale Minimum: auf einen wirklichen Pluralismus. Übertraf das wirklich die Möglichkeiten der Parteiführung und des Staates?" (*Jaruzelski* 1993, 367f. Dazu auch *Michnik* 1985.) *Jaruzelski* konnte nur nochmals darauf verweisen, daß die Zeichen aus der Sowjetunion eindeutig gewesen wären. Das „soziale und nationale Minimum" übertraf eben tatsächlich die Möglichkeiten eines kommunistischen Systems, das – als Peripherie eines gewaltigen Blockes – letztendlich vom Zentrum vollkommen abhängig war.

Die Ereignisse in der Sowjetunion und in den anderen Ländern des kommunistischen Blockes geben *Jaruzelski* recht – und nicht *Michniks* Skepsis. Erst als der Virus des Pluralismus, nun „Perestroika" und „Glasnost" genannt, im kommunistischen Zentrum selbst um sich griff, konnte das „soziale und nationale Minimum", das *Michnik* einforderte, auch in Polen umgesetzt werden – und zwar unter entscheidender Mithilfe *Jaruzelskis*. *Jaruzelski* hatte es, vor *Gorbatschow*, ganz einfach nicht in seiner Hand, *Walesa* und *Michnik* und den anderen dieses „soziale und nationale Minimum" zu garantieren.

*Jaruzelskis* Entscheidung ist paradigmatisch. Er traf sie als letztlich alleinverantwortlicher Führer seines Landes. Seine Stellung war nicht demokratisch legitimiert – er war in dieser Position, weil es das kommunistische Machtzentrum so gewollt hatte. Seine Entscheidung aber betraf die Demokratie – sie löschte aus, was in Polen in 15, 16 Monaten an demokratischer Freizügigkeit, an politischem Pluralismus entstanden war. Er war – aus der Sicht des Jahres 1981 – der Totengräber der polnischen Demokratie. Und doch rettete er die Erinnerung an diese, ja die Strukturen dieser Demokratie für eine dann doch nicht so ferne Zukunft – in Form der illegal, dann halblegal weiterexistierenden Demokratiebewegung Solidarność.

*Jaruzelskis* Entscheidung war *leadership*: Sein Eingreifen in den Ablauf der polnischen Geschichte war unverzichtbar, war unverwechselbar, war unvertauschbar. Und er übte *leadership*, in dem er sich – *Odysseus* gleich – der Wahl zwischen Skylla und Charybdis stellte: zwischen dem Einmarsch fremder Truppen und dem auf polnische Truppen gestützten Kriegsrecht. Ersteres wollte er nicht, hätte aber – durch Nicht-Entscheiden – herbeiführen können. Letzteres aber konnte er, durch sein Entscheiden, herbeizwingen. An ihm lag es, welche Entwicklung Polen in den 80er Jahren nehmen sollte – wie das Ungarn *Kadars* als relativ autonomes Land im Rahmen des sowjetischen Blockes zu existieren und immer wieder bis an den Rand des von Moskau Tolerierten vorstoßen zu können; oder aber wie die CSSR als von Moskau nahezu direkt verwaltete Quasi-Kolonie zu existieren. An ihm lag es auch, in etwa zu bestimmen, wieviele Menschenopfer das politische System kommunistischen Zuschnitts kosten sollte.

*Jaruzelski* hatte, anders als *Odysseus*, nicht die Option, zwischen den beiden Übeln durchzusteuern. Er mußte sich für eines der beiden entscheiden. Er konnte nur entscheiden, welchen Preis er für die nicht veränderbare Abhängigkeit Polens von der Sowjetunion zu zahlen hatte; nicht, ob er überhaupt der Abhängigkeit Tribut zollen sollte. Welches der beiden Übel das geringere war, das war und ist – beispielhaft – gut nachvollziehbar.

Das Paradigmatische an *Jaruzelski* ist somit, daß sein „Fall" verdeutlicht:

- *leadership* als eindeutig persönlicher, unverzichtbarer, unverwechselbarer und unvertauschbarer Eingriff in den politischen Entscheidungsprozeß;
- *leadership* als Option zwischen Alternativen, die sich im Verhältnis zueinander nachvollziehbar unterscheiden lassen – als Entscheidung zwischen zwei Übeln unterschiedlicher Dimension.

Doch das eigentlich Interessante ist, daß *Jaruzelskis* „Fall" deshalb so paradigmatisch ist, weil er unter nicht demokratischen Rahmenbedingungen erfolgte. *Jaruzelski* war unter anderem und vor allem deshalb zur *leadership* überhaupt befähigt, weil er nicht demokratisch legitimiert war. Hätte er auf eine Mehrheitsmeinung in der polnischen Öffentlichkeit Rücksicht nehmen müssen – unter anderem deshalb, um seine Wiederwahl zu sichern; oder hätte er Koalitionsabsprachen mit Mehrheitsimplikationen für eine parlamentarisch abhängige Regierung zu berücksichtigen gehabt – er hätte kaum so entscheiden können. Denn die Mehrheit, das war – Ende 1981 – ganz eindeutig die Demokratiebewegung; die Mehrheit war auf der Seite der Solidarność. Hätte *Jaruzelski* die Zustimmung der Solidarność zu ihrer eigenen Auflösung, zur eigenen Unterdrückung, zur Inhaftierung ihrer Vertreter einholen sollen?

*Jaruzelskis* folgenschwere *leadership* war nur möglich, weil er sich nicht auf die Demokratie, weil er sich auf eine Diktatur stützte. Demokratie hätte seine – und, wenn es richtig ist, daß sein „Fall" paradigmatisch ist, eben nicht nur seine – *leadership* zumindest tendenziell unmöglich gemacht.

Die in der politikwissenschaftlichen Literatur versuchten Typologien bestätigen dies zunächst ansatzweise. *Jean Blondel* zum Beispiel unterscheidet zwischen „exzessiven", „rücksichtslosen" und „menschlicheren, 'populistischen'" Führern – und alle, die er in die Gruppen eins (*Mussolini, Hitler, Stalin*) und zwei (*Mao*) reiht, aber auch viele, die er der dritten Gruppe zuordnet (*Nasser, Bourguiba, Tito, Nyerere*) sind Beispiele für *leadership* jenseits liberaler Demokratie. Diejenigen, die er in der dritten Gruppe anführt und deren *leadership* im Rahmen und unter den Vorzeichen liberaler Demokratie erfolgte, sind entweder „leader" in der Gründungs-, oder in einer entscheidenden Umbruchsphase liberaler Demokratie (*Nehru, Roosevelt, Churchill*); und gerade bei den beiden letztgenannten ist die Führungseffizienz besonders im Bereich der Außenpolitik angesiedelt, für die spezielle, das heißt eingeschränktere Demokratiemerkmale gelten. (*Blondel* 1987, 195-203)

Dies gilt auch für *James McGregor Burns'* „transforming *leadership*" – diese Führung ist entweder unter nicht demokratischen Bedingungen angesetzt („revolutionäre" *leadership*), oder unter Ausnahmebedingungen. (*Burns* 1978, 141-254) *Leadership* in einer stabilisierten, real existierenden, westlichen Durchschnittsdemokratie ist schwer vorstellbar und selten zu beobachten – *leadership* in einer stabilen Demokratie neigt zur Erosion.

Das soll im folgenden untersucht werden – die Inkompatibilität von *leadership* im oben definierten Sinn und der real existierenden, liberalen, westlichen Demokratie. Die Auswahl zwischen den Handlungsalternativen; die Bestimmung des als kleiner erkannten Übels; die dann folgende, konsequente Entscheidung – deren individuelle Handschrift nicht verzichtbar sein darf: Diese Form politischer Führung ist der westlichen Demokratie fremd. *Leadership* als Widerspruch zur inneren Logik liberaler Demokratie; *leadership* als nicht konsistente, romantische Erinnerung an praedemokratische Zustände – diese Hypothese steht dem folgenden voran.

*Jaruzelski* selbst war kein „leader", der romantische Assoziationen provoziert hätte; kein *Robin Hood*, kein *Ritter Lancelot*. Militärisch steif, von keinem Mediendruck westlicher Demokratien zu „populistischem" Verhalten verführt, repräsentierte er den politischen Entscheidungsträger, der seine Macht nicht Wahlen verdankt – und der auch nicht vom Interesse geleitet wird, Wahlen zu gewinnen. Er drückte wohl in besonderem Ausmaß den innengeleiteten Stil der Politik aus: Die Quelle seines handlungsleitenden Interesses war sehr früh und dauerhaft in ihm – „gerichtet auf allgemeine, aber dennoch unausweichlich vorbestimmte Ziele". (*Riesman* 1950, 15)

In der Spätphase kommunistischer Diktatur war dieser Typus von „leader" ungewöhnlich politikfähig, ungewöhnlich wirksam. In einer stabilen Demokratie war mit diesem Typus des steifen Militärs, der in seinem Stil keinerlei Konzessionen an die moderne Medienwelt machte, wohl nichts anzufangen – deshalb war die von ihm dann 1989 bewußt herbeigeführte Demokratie auch das Ende seiner politischen Laufbahn.

*Jaruzelski* war ein Mr. Hyde, der sich in einen Dr. Jekyll zu verwandeln verstand. 1981 zeigte er seine häßliche, brutale, zur Diktatur bereite Seite. Aber er verlor die Souveränität über die Bestimmung seiner eigenen Rolle nicht. Er wandelte sich – er stülpte sich um. Und als Demokratisierer kehrte er seine schöne, versöhnende, integrative Seite hervor. Wäre er nicht zuerst Mr. Hyde gewesen, er hätte niemals Dr. Jekyll sein können.

*Jaruzelski* stellte sich Kategorien, denen sich wohl kein Politiker in einer stabilen Demokratie öffentlich zu stellen wagt. Er schrieb, ganz „innengeleiteter" Politiker, über sich selbst: „Ich kann meine Hände nicht in Unschuld waschen. Ich glaube im übrigen nicht daran, daß es irgendeinen Politiker meiner Generation gibt, der das von sich behaupten kann." (*Jaruzelski* 1993, 343)

Diese Art von Politikverständnis mußte in der Alltäglichkeit von Demokratie erodieren. An die Stelle des innengeleiteten Politikers mußte, denknotwendig, immer mehr der außengeleitete treten – abhängig vom Wahlerfolg, daher abhängig von Demoskopie und Medien. Wenn diese sagen „lache", dann lacht der außengeleitete Politiker; und wenn sie sagen „weine", dann weint er. Kann man sich auch nur annähernd dies für den *Jaruzelski* des Dezember 1981 vorstellen?

Die Konsequenz der Stabilisierung von Demokratie ist die Ablöse des innen- durch den außengeleiteten Politiker. Und der ist nicht „leader" im Sinne eines persönlichen, unverzichtbaren, weder austauschbaren noch verwechselbaren Einflusses auf den tatsächlichen Ablauf der Geschichte. Die Demokratie macht die *Jaruzelskis* unmöglich – aber mit ihnen *leadership*; ja, letztlich sogar Politik im eigentlichen Sinn. Eine stabile Demokratie tendiert zur Erosion von *leadership* – und damit neigt sie auch zur Entpolitisierung der Politik.

## 3. Von der Illusion demokratischer *Leadership*

*Die Phantasie von Demokratie – Heroen und (oder) Manager – politics und policies – „leadership" als Ausnahme*

Die Betrachtungen der Demokratie sind voll von Widersprüchen. Diese kulminieren in Beobachtung, Beschreibung, Analyse und Bewertung des Verhältnisses zwischen „oben" und „unten"; zwischen Führern und Geführten, zwischen Elite und Masse, zwischen Regierenden und Regierten, zwischen Herrschern und Beherrschten.

Allein die Sprache ist von einer notwendigen Parteilichkeit. Die Wählerinnen und Wähler in einer real existierenden Demokratie als „Beherrschte" oder auch als „Masse" zu bezeichnen, drückt eine gewisse Parteinahme aus. Erst recht gilt dies zwischen Sprache und Sprache: in der deutschen Sprache vom „Führer" oder in der italienischen vom „duce" zu schreiben, provoziert andere, jedenfalls weniger nüchterne Konnotationen als das englische „leader".

Die wohl unbestreitbare Erkenntnis, daß in allen historisch beobachtbaren politischen Ordnungen „Herrschaft" existierte, und daß diese durch eine verregelte Beziehung zwischen „oben" und „unten", zwischen Mächtigeren und weniger Mächtigen gekennzeichnet war und ist, erstreckt sich auch auf die Demokratie. Alle real erfahrbaren Formen von Demokratie sind durch die Existenz einer zu Entscheidungen legitimierten Minderheit gekennzeichnet. Die radikalsten Formen direkter Demokratie haben diese Tatsache zwar reduzieren, nicht aber aufheben können. Demokratie kennt also – auf den ersten Blick – ganz eindeutig *leadership*.

Dies ist zunächst insoferne ein Ärgernis, als Demokratie auch Implikationen miteinschließt, die in der Utopie einer herrschaftsfreien Gesellschaft zusammengefaßt sind. Demokratie ist eben auch – zumindest für viele, zumindest auch für viele Demokratietheorien – nicht nur Zustand, sondern auch Versprechen. Dieses Versprechen reicht über den Zustand der real existierenden Demokratie hinaus.

In der Demokratie ist somit eine Spannung angelegt – zwischen einem erfahrbaren Ist-Zustand und einem wünschbaren Soll-Zustand. Das Phänomen *leadership* ist von dieser Spannung voll erfaßt: Wenn der Soll-Zustand durch die Phantasie (oder Utopie oder Vision) eines herrschaftsfreien Zustandes gekennzeichnet ist, dann muß diese Phantasie auch die Erosion von *leadership* miteinschließen. Demokratie, so die Konsequenz, ist zwar keine Ordnung ohne *leadership* – aber sie ist das Versprechen, oder zumindest die Erinnerung an das Versprechen einer solchen führerlosen Gesellschaft.

Die Phantasie der Demokratie unterscheidet sich von der Realität – und zwar sowohl der demokratischen wie der nicht-demokratischen Realität – auch und vor allem durch das Wegschleifen von *leadership*. Daß also in einer Diktatur – natürlich – *leadership* diagnostiziert wird, wird daher als systemimmanent logisch und konsistent empfunden. *Leadership* in der Demokratie hingegen wäre im Widerspruch – wenn auch nicht zur realen, sehr wohl aber zur normierten, zur erhofften Demokratie. Und auch in der real existierenden Demokratie ist *leadership* nur mit Beschränkungen mit den (demokratischen) Spielregeln konsistent: *Leadership* muß von „unten" legitimiert, kontrolliert und abrufbar sein.

*Leadership* in der Demokratie gleicht, so könnte man daher meinen, den Kulaken und Kleinunternehmern in *Lenins* NEP (Neuer Ökonomischer Politik): als ein auf Zeit hinzunehmendes Übel, von dem man sich im Laufe der Entwicklung noch zu befreien hofft.

Doch die Debatte über *leadership* in der Demokratie trägt ganz andere Züge – sie ist nicht von Mißtrauen gegenüber *leadership* gekennzeichnet, sondern eher von einem Verlangen nach *leadership*. In ihrer vulgären Form ist diese Debatte vom Ruf nach dem „starken Mann" gekennzeichnet. Und auch in ihrer (politik- und sozial)wissenschaftlichen Variante ist eher der Wunsch spürbar, die optimalen Voraussetzungen von *leadership* herauszuarbeiten.

*Peter Bachrachs* Skepsis gegenüber allen Formen von Elitenbildungen ist eine der Ausnahmen. Daß nicht nur „gesellschaftliche" Eliten, vor allem durch ein ökonomisches Plus ermächtigt, mit der Demokratie in einem ständigen Spannungsverhältnis liegen, sondern auch „politische" (oder funktionale) Eliten, deren Plus durch direkte oder indirekte Wahlvorgänge hergestellt ist, wird bei seiner „alternativen" Demokratietheorie deutlich. (*Bachrach* 1967) Demokratie, das ist für Bachrach und für die kritischen Demokratietheorien auch die ständige Eindämmung, der ständige Abbau der real existierenden Herrschaft der Eliten. Demokratie ist Reduktion von *leadership*.

*Jean Blondels* Verständnis von *leadership* läßt indirekt die Einsicht in dieses Spannungsverhältnis von *leadership* und Demokratie anklingen. Er kritisiert die tendenzielle Zweiteilung zwischen den Helden („heroes") und den „blossen" Amtsinhabern („'mere' office-holders") – und damit die Dichotomie, wie sie von *Burns* zwischen „transforming" und „transactional *leadership*" vorgenommen wird. (*Blondel* 1987, 19-26) Damit ist auch angesprochen, daß die unterschwellige Neigung zur Heroisierung von *leadership* nicht nur der erhofften Demokratie widerspricht, sondern daß sie auch nicht so ohne weiteres mit der real existierenden Demokratie vereinbar ist.

In dieser real existierenden Demokratie wird *leadership*, so *Blondel*, vor allem mit der Verbesserung der sozialen und wirtschaftlichen Bedingungen in Verbindung gebracht. (*Blondel* 1987, 195) Die Frage ist nur, inwieweit die Funktionseliten, die in der real existierenden Demokratie für *leadership* stehen – die Präsidenten, Premierminister, Ministerpräsidenten, Bundeskanzler, wie sie überhaupt in der Lage sein sollen, Verantwortung für die sozialen und ökonomischen Verhältnisse real zu übernehmen. Wie kann der Präsident der Republik Chile Verantwortung für die Weltmarktpreise übernehmen, die für die Wohlfahrt seines Landes entscheidend sind? Wie kann der britische Premierminister für den Ablauf der industriellen Arbeitskonflikte in seinem Land verantwortlich sein, die wiederum mit der Verlagerung von Produktionsstätten nach Malaysia oder Indien zusammenhängen mögen?

Je global vernetzter das zur Bewertung von *leadership* herangezogene Kriterium des sozioökonomischen Erfolges ist, desto unsinniger ist es, diesen Erfolg nationalstaatlich zurechnen zu wollen; desto weniger zielt die Bewertung der nationalen „leader" auf die tatsächlich verantwortlichen Adressaten; desto unrealistischer ist die persönliche Zuordnung von Erfolg oder Mißerfolg.

Der Widerspruch zwischen globaler Politikvernetzung und nationalen *leadership*-Erwartungen ist auch das Ergebnis der nationalen Beschränkung von Demokratie. Diese bezieht sich auf ein nationales politisches System, dessen Ergebnisse aber zunehmend von transnationalen Abläufen abhängen. Solche Abläufe lassen sich aber nicht personell festmachen – die „terms of trade" kennen keine verantwortlichen Personen, die sich als „Schurken" oder als „Helden" anbieten würden.

Die Politikvernetzung führt zu Entfremdungen zwischen Führung und Basis. *Karl Mannheim* hat schon vor Jahrzehnten diagnostiziert, daß dies „zur wachsenden Distanzierung zwischen den Massen und den oberen Schichten und zu dem ... 'Ruf nach dem Führer'" führen müsse. (*Mannheim* 1958, 69) Je mehr Führung im Sinne persönlicher Zurechnung und Verantwortung von und für Politik sich verflüchtigt, desto stärker reagiert „das Volk" mit dem Verlangen nach erkennbarer persönlicher Führung. Die Kluft zwischen der Realität der Politik und der Erwartung in die Politik wird größer.

Die Politik selbst verstärkt diese Kluft, indem sie dem Verlangen nach erkennbarer persönlicher Führung nachkommt und damit fördert – durch werbetechnische Verschleierung der realen Verhältnisse. Die Stilisierung der Politiker als entscheidungsstarke Persönlichkeiten, von denen die Qualität der Gesellschaft signifikant abhängt – obwohl ihre tatsächliche Möglichkeit zur Gestaltung oder gar Umgestaltung der Gesellschaft in einer stabilen Demokratie sich in Richtung null bewegt, verstärkt eine falsche Wahrnehmung und damit letztlich ein falsches Bewußtsein. Diese Politik des Marketings von Personen als „leader", die keine sind – weil sie keine sein können, widerspricht sowohl der Phantasie, als auch der Realität der Demokratie; und dieser Widerspruch nährt und verstärkt sich dauernd selbst.

Das heißt nicht, daß der Faktor Persönlichkeit in einer stabilen Demokratie vollkommen gleichgültig ist. *Burns'* schon erwähnte Unterscheidung kann hier weiterhelfen: (*Burns* 1978) „Transactional *leadership*" als die Managementqualitäten, die von einem Inhaber eines politischen Amtes ebenso erwartet werden können und müssen wie von einem Inhaber einer wirtschaftlichen Spitzenposition – das braucht auch die stabile Demokratie. Insbesondere ist es die Kommunikationsfähigkeit, die von Politikern im Rahmen der „transactional *leadership*" gefordert werden muß – die Aufgabe der Vermittlung zwischen den verschiedensten Agenturen der Regierung, der Bürokratie, der Justiz, des Parlaments; zuallererst aber die Vermittlung zwischen der Summe dieser Agenturen, also dem politischen System, und dessen Adressaten, also der Gesellschaft.

*Leadership* muß für Legitimation sorgen. Diese Form von *leadership* unterliegt in der Demokratie einer klaren Erfolgskontrolle – dem Wahlergebnis. Erfolgreiche *leadership* ist die, die nachgefragt wird; die den Wahlsieg sichert. Und *leadership* muß für Integration sorgen – für den Zusammenhalt der verschiedenen Agenturen des Regierens im weitesten Sinn; vor allem aber für den Zusammenhalt zwischen Regierung und Regierten.

Das ist eine andere Form von *leadership*, als die, für die *Jaruzelski* steht, und die dem Konzept der „transforming *leadership*" entspricht: Diese ist nicht meßbar an Wahlergebnissen, sondern an gesellschaftlichen Daten; am politischen out-put. Wenn dieser out-put – in Form von Arbeitslosigkeitsstatistiken, Pro-Kopf-Einkommen, Gewalttoten, Alphabetisierungsraten und anderen – vom Wirken einer Person abhängt; wenn dieses Wirken unverwechselbar ist; wenn also die Realgeschichte der Gesellschaft von einer Person signifikant und unverwechselbar geschrieben wird – dann können wir von substantieller, von „transforming *leadership*" sprechen. Und diese ist, in ihrer Logik, auf Dauer mit Demokratie nicht vereinbar.

Demokratie tendiert, in grundsätzlicher Übereinstimmung mit dem Wortverständnis von der „Volksherrschaft", zur Auflösung dieser Form von *leadership*. Und dennoch wird Geschichte geschrieben, wird Demokratie gelehrt, als wäre es anders. *Henry Kissinger* beispielsweise neigt dazu, die Staaten- und Diplomatiegeschichte des 19. und des 20. Jahrhunderts als das Wirken großer Männer hinzustellen. (*Kissinger* o.J.; *Kissinger* 1994) Und die von *John F. Kennedy* wesentlich beeinflußte geradezu mythische Wahrnehmung von der Rolle des einzelnen in der (vor allem US-amerikanischen) Geschichte drückt eine ähnliche, extrem personalisierende Wahrnehmung aus. (*Kennedy* 1956)

Doch während *Kissinger* für sich anführen kann, daß es ihm primär um die Darstellung von Politik im internationalen Bereich geht – also um eine Ebene, die für sich kein demokratisches System bildet, konfrontiert *Kennedy* die Widersprüchlichkeit zwischen romantisierender und heroisierender *leadership*-Erwartung und Demokratie-Realität – ohne sich dieser Widersprüchlichkeit zu stellen. Wie soll etwa ein Präsident der USA, dem Geist der US-Verfassung und dem Versprechen jeder Demokratie folgend, den vom Volk ausgehenden Impulsen gehorchen – und dennoch, seinem eigenen Gewissen folgend, der Nation als Führer vorangehen? Das Bild vom Diener des Volkes und das vom Führer eben dieses Volkes sind intellektuell nicht zur Deckung zu bringen. Märchen freilich müssen sich einer solchen Forderung nach intellektueller Konsistenz nicht stellen.

Und es sind märchenhafte Erwartungen, mit denen vor allem der Präsident der USA konfrontiert wird. Da er ja – in seiner historischen konstitutionellen Verankerung – „Wahlmonarch" ist, können alle Bürgerinnen und Bürger in bester demokratischer Gewissensverfassung ihre vordemokratischen Wünsche auf diesen Präsidenten projizieren. Wie sehr vordemokratische Muster diese Projektionen bestimmen, ergibt sich auch aus der besonders extremen Vermengung von „privat" und „öffentlich" – Präsidenten samt Familie sind eben „royals".

Diese Erwartung steht auch im Hintergrund der These von den zwei Präsidentschaften („two presidencies") – einer innen- und einer außenpolitischen. Diese noch vor *Nixons* „imperialer" Präsidentschaft von *Aaron Wildavsky* entwickelte Erklärung wird dem Widerspruch zwischen vordemokratischer Erwartung und demokratischer Wirklichkeit gerecht. (*Shull* 1991) In der Außenpolitik kann ein US-Präsident tatsächlich *leadership* üben – und mehr als der im Scheinwerferlicht stehende, erste Manager einer gewaltigen Maschinerie des Regierens sein; in der Außenpolitik kann ein Präsident auch im ausgehenden 20. Jahrhunderts Geschichte schreiben. In der Innenpolitik ist er jedoch fest eingebunden – in die öffentliche Meinung, deren auch kurzfristige Entwicklungen durch die im Zweijahresabstand folgenden Kongreßwahlen voll auf die Präsidentschaft durchschlägt.

Die Außenpolitik, die für die Führung einer Supermacht ein spezielles Gewicht besitzt, kann so – ohne in einen besonderen Widerspruch zur *leadership*-Erosion stabiler Demokratie zu kommen – die Erwartung in die besondere Rolle nicht routinisierter politischer Führung ständig nähren. Das Imperiale der US-Präsidentschaft findet hier die Stützung, die im Widerspruch zur extremen Bindung gerade des US-Präsidenten an Kongreß, öffentliche Meinung und Medien steht.

Doch in der Innenpolitik ist *leadership*, stabile Verhältnisse in einer Demokratie vorausgesetzt, auf Dauer nur im Sinne der Management- und Kommunikationsfunktion vorstellbar. Die Inhalte der Politik, die eigentliche politische Gestaltung, müssen vom politischen Markt bestimmt werden. „Transactional *leadership*" meint genau dies: Daß in der Gesellschaft vorhandene Interessen vermittelt, daß sie in Entscheidungen umgesetzt werden. Der Politiker ist hier der Makler – er handelt mit Interessen. Das Geschick, das der (die) einzelne bei dieser Maklerfunktion entwickelt, kann und muß variieren. Aber er darf nicht mit der eigentlich treibenden Kraft des politischen Prozesses verwechselt werden – den Interessen.

Daß „leader", also Eliten, Eigeninteressen haben, ist selbstverständlich; daß dieses Interesse bei der Analyse des politischen Prozesses zu berücksichtigen ist, ebenfalls. Aber das Interesse der Eliten, das primär darauf gerichtet ist, ihre Position zu halten oder auszubauen, ist ein abgeleitetes: Gerade in der stabilen Demokratie wird sich dieses Interesse der Führung darauf konzentrieren, gesellschaftliche Interessen rechtzeitig zu erkennen, ihre Dynamik entsprechend zu prognostizieren, darauf optimal zu reagieren – und dann, im Sinne des Eigeninteressenaxioms, zu entscheiden. *Leadership* als Maklertum heißt, daß das Eigeninteresse der politischen Führung die Resultante eines gesellschaftlichen Interessenparallelogramms ist – und nicht eigenständiger Teil desselben; abhängige, nicht unabhängige Variable; reaktive, nicht aktive Größe.

Auch dort, wo *Burns* – im Rahmen seines Konzeptes von „transactional *leadership*" – zunächst Formulierungen findet, die eine größere Eigenständigkeit der routinisierten Führung stabiler Demokratien nahezulegen scheinen, ändert sich an dieser Abhängigkeit elitärer Eigeninteressen von gesellschaftlichen Interessen nichts. So schreibt *Burns* gerade mit Bezug auf die „opinion *leadership*" vom „Marktplatz", auf dem die Beziehung zwischen Führung und Gefolgschaft im Austausch von Gratifikationen besteht – also eine Variante der soziologischen Austausch-Theorie. (*Burns* 1978, 258). Und auch der Begriff der Erregung, der Aufstachelung („arousal") öffentlicher Meinung (*Burns* 1078, 259-265) bleibt in diesem Rahmen: Um etwas aufstacheln zu können, muß es vorhanden sein; um Interessen abrufen, ihre Artikulation steigern zu können, braucht es die entsprechenden gesellschaftlichen Gegebenheiten. Diese können – gerade in einer stabilen Demokratie – nicht einfach politisch verfügt werden.

Die für *Burns* zentrale Unterscheidung in „transactional", also routinisierte, und „transforming", also nicht routinisierte Führung entspricht der Unterscheidung zwischen *politics* und *policy*. (*Easton* 1953) In einer stabilen Demokratie sind alle Merkmale, die *Burns'* Typologie der „transactional *leadership*" aufweist – öffentliche Meinung, Bürokratie, Partei, Legislative, Exekutive – nichts anders als die Benennung der üblichen Akteure eines demokratischen politischen Systems; also eine Benennung von *politics*. Die Kriterien, die er hingegen für die Typologie von „transforming" *leadership* anführt, haben mit *politics* direkt nichts zu tun – Ideen, Moral, Reform, Revolution, Ideologien. Damit beschreibt er, was dem von den *politics*-Akteuren durchzuführenden politischen Prozeß vorgeordnet, beziehungsweise nachgeordnet ist – *policy*, also Ergebnisse, Inhalte, in der Gesellschaft selbst meßbare Folgen von Politik.

Demokratie zerstört mit der ihr eigenen Logik und Konsequenz die Möglichkeit, *policies* auf das Wirken von Einzelpersonen rückführen zu können. Dieses Wirken wird routinisiert – austauschbar, verwechselbar. Einzelpersonen und ihr politisches Agieren wird zur abhängigen Variable – zur Aktivität im System, das den persönlichen Spielraum der einzelnen in Richtung null bringt. Der Sachzwang des politischen Systems in der Demokratie, der alle Entscheidungen der Sorge um den nächsten Wahlerfolg unterordnet, macht aus diesen Entscheidungen tendenziell berechenbare, daher intersubjektiv austauschbare Vorgänge.

Diese Form von *leadership* gibt es in einer stabilen Demokratie – die optimale Beobachtung und Analyse des politischen Marktes; die Erstellung des optimalen Angebotes zur Befriedigung der erhobenen Nachfrage; und das optimale Marketing zur Erreichung eines optimalen Marktanteils. Eine andere Form von *leadership* (im Sinne der „transforming *leadership*") gibt es in der Demokratie grundsätzlich nicht – mit Ausnahmen:

- in Phasen entscheidenden Neubeginns der Demokratie (Muster: *Charles De Gaulle* 1958)
- in von der Demokratie nicht erfaßten, aber tolerierten Nischen der Politik (wichtigste der Nischen: Außenpolitik)
- *leadership* von außen im Sinne moralisch-intellektueller Führung (Beispiel: *Martin Luther King*).

In allen diesen Ausnahmefällen ist *leadership* in der Demokratie aber an eine ex-post Akzeptanz gebunden. Die Logik des politischen Marktes und damit die der real existierenden Demokratie greift zwar nicht von vornherein, aber im nachhinein nach dieser Art von Führung. „Transforming *leadership*" muß irgendwann in „transactional" *leadership* umgesetzt werden:

*De Gaulles* Weichenstellungen von der Vierten zur Fünften Republik mußten auf dem politischen Markt im nachhinein durchgesetzt werden – in Form einer Volksabstimmung. Die „Autorität" des Generals allein hätte nicht ausgereicht – wie sie ja auch 1946 nicht ausgereicht hatte, als seine Vorstellungen von der Vierten Republik am Mangel an Akzeptanz gescheitert waren. Die britische Außenpolitik des Jahres 1940, für die *Winston Churchill* als Einzelperson entscheidende Verantwortung hat, und die US-Außenpolitik *Franklin D. Roosevelts* vor Pearl Harbour sind Ausdruck von nicht routinisierter Führung – aber ohne den objektiven Erfolg, ohne den Sieg im Zweiten Weltkrieg wäre es um die Akzeptanz und um die politische Wahrnehmung dieser beiden Fälle von *leadership* ganz anders bestellt. Und *Martin Luther King* konnte nur deshalb als moralische Instanz die Politik der USA in den 50er und 60er Jahren beeinflussen, weil in der amerikanischen Gesellschaft die Einsicht in die Unhaltbarkeit offener Rassendiskriminierung gereift war.

Die Bewertung der Kompatibilität von *leadership* und Demokratie ist auch ein semantisches Problem. Beharrt man auf einem weiten Begriff von *lea-*

*dership* und bezieht man auch die Formen routinisierter Führung in das Konzept mit ein, dann erübrigt sich eigentlich die Fragestellung. Beschränkt man den Begriff jedoch auf die nicht routinisierten Formen, auf „transforming *leadership*", auf die unverwechselbaren und nicht austauschbaren Einwirkungen einer Einzelperson auf die Geschichte, dann erst ergibt sich das Thema.

Doch die Beschränkung der Fragestellung auf die Vereinbarkeit von nicht routinisierter Führung und Demokratie hat nicht nur eine operationale, sondern auch eine aufklärerische Komponente: Folgt man undifferenziert dem breiten, allgemeinen Begriff von *leadership*, dann wird damit zumindest indirekt eine äußerst ideologisch gefärbte Sicht von Demokratie gefördert. Und das gilt generell und speziell:

– Generell fördert ein allgemeiner, undifferenzierter Begriff von *leadership* eine romantisierende Sichtweise politischer Abläufe, in der heroische Einzelkämpfer die Geschichte „gestalten". Politik wird naivisiert, auf das intellektuelle Niveau von comics gebracht.

– Speziell fördert ein weiter Begriff von *leadership* die Marketing-Strategien, die innerhalb stabiler Demokratie den Faktor Persönlichkeit hochspielen und mit dem (durchaus richtigen) Verweis auf herrschendes Bewußtsein den Blick auf die dahinterstehenden, komplexen Realitäten verstellen.

Die Verengung des Begriffes von *leadership* auf „transforming *leadership*" entspricht somit auch einem analytischen Bedarf, hinter das Wortgeklingel von der Bedeutung der Einzelpersönlichkeit und von der Geschichtsmächtigkeit politischer Führung ideologiekritisch hineinzuleuchten.

Hinter der zentralen Hypothese von der tendenziellen Unvereinbarkeit von *leadership* und Demokratie steht auch die Behauptung, daß dies dem Wesen der Demokratie entspricht; und daß, falls die Hypothese den Überprüfungen standhält, damit der Demokratie eine gesicherte Erfolgsbilanz auszustellen ist. Denn sowohl die identitäre Demokratietheorie, die von der Gleichsetzung von Regierenden und Regierten und damit von der Auflösung jeder Form der Herrschaft des Menschen über den Menschen ausgeht, kann sich dann bestätigt fühlen – wie auch die empirische, die das Wesen der Demokratie auf dem Marktplatz verwirklicht sieht und politisches Entscheiden in die Befriedigung politischer Nachfrage auflöst.

Das heißt nicht, daß die Erforschung routinisierter *leadership* in stabilen Demokratien keinen Sinn machte. Im Zuge der Analyse politischer Systeme ist natürlich sinnvoll, zu untersuchen, wie wer warum zu den Positionen politischer Elite aufsteigt; welche Voraussetzungen dabei für wen günstig sind; welche Erwartungen die Öffentlichkeit an die Führung und an das Führungspersonal richtet; wie entscheidend Argumente auf der Ebene der SpitzenkandidatInnen für den Ausgang einer Wahl sind; welches „image" günstig, welches ungünstig ist. Dieser Zugang ist freilich ein von vornherein sich beschränkender, ausgehend von einem eingeschränkten Begriff von *leadership* – im wesentlichen alles ausschließend, was nicht in das Konzept der „transactional *leadership*" paßt.

Die Untersuchung der routinisierten Führung kann eine Fülle von Einsichten in Rolle und Bedeutung von Parteien, über die Funktionsweise politischer Rekrutierung, über die Effizienz bestimmter Wahlkampftechniken bringen. Für die Erkenntnis der Entwicklung der Demokratie schlechthin bringt dieser sich einschränkende Zugang allerdings nicht viel – er ist demokratietheoretisch flach.

Die Demokratie hat es weit gebracht – sie kann sich bestätigt fühlen. Doch die Demokratie steht gleichzeitig erst an ihren Anfängen. Denn die Aussage über die Erfolgsbilanz der Demokratie bezieht sich auf die gesellschaftlichen Bereiche, für die Demokratie gilt, in denen sie sich durchgesetzt hat. Die Aussage gilt nicht für die noch viel weiteren Bereiche, für die Demokratie nicht gilt:

– Demokratie gilt nicht für die Sphäre der internationalen Politik. Die Lust, mit der der Zusammenbruch des Kommunismus in Europa mit immer neuer, sich multiplizierender Staatlichkeit beantwortet wird, konterkariert den behaupteten Siegeszug der Demokratie. Denn wenn Aserbaidschan und Armenien, wenn Bosnien-Herzegowina, Kroatien und „Rest-Jugoslawien" als nunmehr souveräne Staaten kriegerisch aufeinandertreffen, so ist dieses Beziehungsgeflecht ganz gewiß nicht von Demokratie bestimmt – kann gar nicht von Demokratie bestimmt sein. Die Hurra-Rufe den neuen Souveränitäten gegenüber sind Hurra-Rufe für die Reduktion von Demokratie, die die Mehrung von Demokratie im Innenverhältnis wieder aufhebt; sie sind auch Hurra-Rufe für die durch vermehrte Souveränitäten unvermeidlich gestiegene Kriegsgefahr. „Jeder Staat ist frei, in seinen Beziehungen zu anderen Staaten Gewalt zu gebrauchen ..." (*Elias* 1987, 9) Je mehr Staaten im Genuß dieser ihre Souveränität notwendig begleitenden Freiheit sind, desto wahrscheinlicher sind Kriege. Die Demokratie endet an jeder auf nationalstaatlicher Souveränität begründeten Grenze. Das Agieren über

diese Grenzen hinweg folgt einer anderen als der demokratischen Logik
– auch wenn alle beteiligten Staaten Demokratien sind. Die Außenpolitik ist das große Demokratiedefizit der real existierenden Demokratie
– und eben deshalb ist die Außenpolitik das Refugium der Helden.

– Demokratie erfaßt nicht die Gesellschaft in ihrer Gesamtheit, sondern nur Teile derselben. Die Bändigung von Macht und deren Einbettung in eine jede Form von „Führung" routinisierende und letztlich aufhebende Logik gilt deshalb nur für die von der Demokratie kontrollierten Sektoren der Gesellschaft. Jenseits der real existierenden Demokratie gibt es jede Menge von Macht, von nicht verregelter – oder zumindest nicht demokratisch verregelter – Herrschaft; gibt es auch jede Menge von „Führung". Die außerdemokratische Form gesellschaftlicher Macht ist – als Faktor des die Interessen bestimmenden Umfeldes der Politik – für die Demokratie von größter Relevanz. Deshalb ist die Frage nach den Grenzen der Demokratie und möglichen Grenzverschiebungen so bedeutsam – sie betrifft die Auseinandersetzung zwischen zwei Konzepten von Führung: die Konfrontation zwischen der durch Demokratie bewirkten tendenziellen Erosion von Führung und der von Demokratie ungebremsten *leadership*.

Die Demokratie hat gesiegt – *leadership* ist tot. *Leadership* ist lebendig – die Demokratie ist in weiter Ferne.

# 4. Eine unmögliche Begegnung – die Erste

*"Die Kunst der Politik ist es aber, eine Kalkulation der Risken und der Vorteile zu ermöglichen – und auf diese Weise die Kalkulationen des Widersachers zu beeinflussen."*

(Kissinger 1994, 481)

*"Mit diesem Zitat beweist er einmal mehr, daß er ihr gelehriger Schüler ist, Messer Niccolo. Die Politik als eine Art ästhetisches Design, reduziert auf Strategie, losgelöst von jeder Zielvorstellung. Und überhaupt, Kunst als Politik! Kein Wunder, daß eine solche zynische Vorstellung den Herrren Cesare Borgia und Richard Nixon nur recht sein konnte."*

*"Was für ein groteskes Mißverständnis. Sie zeigen nur, warum es ihnen zwar gelungen ist, zu den Ehren der Altäre der heiligen römischen Kirche erhoben zu werden, daß es ihnen aber nicht gegeben war, die Politik Englands erkennbar zu beeinflussen, Sir Thomas. Sie verwechseln die Rolle des Feldpredigers mit der des Analytikers der Schlachten – und damit helfen sie vor allem mit, daß möglichst niemand auf die Bedeutung des Schlachtenlenkers selbst eingeht. Sie treffen sich ja ganz vorzüglich mit dem Preußenkönig – der schreibt einen 'Anti-Machiavell', um von seinen eigenen Taten ablenken zu können, die er offenbar teilweise ganz gut von meinen Schriften abgepaust hat; und sie predigen einen 'Anti-Machiavell', nur um den Überbringer der bösen Nachricht zu prügeln – die Nachricht selbst soll dabei möglichst untergehen. Das nenne ich wahren Zynismus."*

*"Mit dem angeblich großen Friedrich habe ich wirklich nichts gemein. Und daß ich vor Fürstenthronen nicht kusche, das – so glaube ich – habe ich wohl eindrucksvoll bewiesen. Mir liegt es überhaupt nicht, das hohe Lied der Mächtigen zu singen – auch nicht, indem ich es als deren 'Erziehung' tarne. Solchen Etikettenschwindel überlasse ich gerne ihnen. Mir geht es ganz einfach um die empirisch nachvollziehbare Unvermeidbarkeit von Moral in der Politik. Politik ist nie und niemals wertfrei, also nie und niemals ohne Moral; und die kann – doch wem sage ich das – natürlich eine Unmoral sein."*

„Sie tun so, als hätten sie feste Parameter für 'gut' und 'böse'; als würde feststehen, wer für sich die 'Moral' gepachtet hat, und wem die 'Unmoral' bleibt. Das ist doch intellektuell unseriös. Übrigens: Daß sie Henry um einen Kopf kürzer gemacht hat, imponiert mir in diesem Zusammenhang überhaupt nicht. Sie sind eben jetzt recht gut für die andere Seite als Propagandainstrument zu gebrauchen – für den Papst und für die katholischen Monarchen, insbesondere für die Spaniens. Zu deren Inquisition, einschließlich der Generalprobe des Holocaust, ist ihnen offenkundig nie ein kritisches Wort eingefallen. 1522 haben sie doch Karl, den Habsburger, den Spanier, mit allen Ehren in London willkommen geheißen. Und im folgenden Jahr wollte Wolsey sie – gerade sie, den Moralisten – ins Land der Inquisition als Botschafter schicken. So weit zu ihrer Moral."

„Sie werden persönlich, Messer Niccolo. Offenbar merken sie, daß ihre Position intellektuell unhaltbar wird. Denn natürlich geht es mir nicht – zumindest in diesem Stadium der Debatte noch nicht – um eine konkrete Moral, schon gar nicht um meine eigene, konkret-historische. Ich habe doch keinen politischen Beichtzettel anzubieten, der den Mächtigen dieser Welt genau sagt, was 'gut' und was 'böse' ist. Diese Art der Politikberatung überlasse ich getrost ihnen. Mir geht es um die Feststellung, daß Politik mehr ist als der Kampf um den Erwerb und den Erhalt von Macht. Zunächst ist es notwendig, zu differenzieren: Macht ist nicht gleich Macht. Fragen sie doch die der fürstlichen Macht unterworfenen Leibeigenen, ob sie nicht lieber ebenfalls machtunterworfene Bürger beispielsweise ihrer Stadt wären – auch wenn diese sich gerade nicht 'Republik' nennt. Und sobald wir differenzieren, kommen wir zur historischen Dynamik: Die realen Zustände sind nicht einfach immer dieselben – sie können, in der Zeitachse, 'besser' werden; oder eben auch 'schlechter'. Aber wenn wir diese Erfahrung uns eingestehen, dann sind wir bei der Unvermeidbarkeit einer Moral – zunächst einmal irgendeiner Moral."

„Historische Dynamik – das wäre durchaus ein Begriff, auf den ich mich einlassen könnte, Sir Thomas. Doch sie scheinen mir gerade nicht der geeignetste zu sein, über Geschichtlichkeit zu reden. Sie sind doch der Erfinder jenes literarischen Opiums, das den Pfaffen aller Zeiten so großartig Konkurrenz macht, indem es alle Betroffenen durch das Erfinden paradiesischer Zustände so trunken macht, daß sie auf die Widerwärtigkeiten ihres Daseins möglichst vergessen. Sie haben doch dieses Unding entwickelt, dieses Utopia, das von einem Ende der Geschichte kündet, indem es ein Paradies auf Erden verspricht. Und jetzt kommen sie, ausgerechnet sie, mir mit Geschichtlichkeit? Und was heißt 'Moral', was heißt Differenzierung in der

*Zeitachse beispielsweise für ihr Land? Wäre es besser oder schlechter gewesen, hätte das Haus York – und nicht das der Lancaster – den Krieg der Rosen gewonnen? Gewiß, ihr Henry wäre so nicht auf den Thron gekommen; und die Propagandamaschine der Windsors, an der Spitze dieser Shakespeare – natürlich ganz nach ihrem Vorbild, könnte nicht aus Richard ein buckliges Monster machen; übrigens eine peinliche Diskriminierung einer benachteiligten Minderheit, die mich nach 'correct speech' sehnen läßt. Aber sonst? Richards Nachfolger hätte sicher auch Nachfolger gehabt, die irgendeinen anderen Lord-Kanzler aufs Schafott geschickt hätten. Das hätte zwar sie um ihre Heiligsprechung gebracht – aber wäre es sonst irgendwie erkennbar 'besser' oder 'schlechter' gewesen als der andere Ausgang?"*

*„Sie verwechseln mich schon wieder mit einem Wiedertäufer. Ich bin kein Fundamentalist, und ich bin kein Thomas Münzer. Allerdings habe ich auch mit diesem Martin Luther nichts im Sinne, der sich den deutschen Fürsten angedient hat; was ihnen ja ein bekanntes Verhaltensmuster sein sollte. Ich bin auch kein Leninist, der die Blaupause einer nächsten Zukunft anzubieten hat. Doch zurück zu ihrer Attacke auf 'Utopia', Messer Niccolo. Entweder haben sie das Buch nicht gelesen, oder sie mißverstehen es ganz gewaltig. Denn zunächst einmal ist es das, was es sein soll – ein Roman. Und dann soll es keine konkrete, reale Zukunft entwerfen – deshalb heißt es ja auch 'ou topos', weil es niergendwo und niergendwann anzusiedeln ist. Doch für Literatur scheint ihnen ja – bei ihrer Vorliebe für die real existierende Politik des Dolches und des Giftbechers – der Sinn zu fehlen, ebenso wie für die Macht der Phantasie ..."*

*„... jetzt beziehen sie sich noch auf die Anarchisten des Pariser Mai und fordern die Phantasie an die Macht ..."*

*„... mit den Anarchisten habe ich ganz gewiß nichts im Sinn, und das wissen sie wohl auch. Wozu also diese billige Polemik? Sie wollen doch nur ihr Unverständnis für die Frage nach der Geschichtlichkeit überspielen."*

*„Also wenn es ihnen wirklich ernst ist, Sir Thomas, dann widerrufen sie doch ihre 'Utopia', oder zumindest widersprechen sie deren herrschender Interpretation. Schreiben sie selbst einen 'Anti-Morus', der klarstellt, daß sie nicht das Ende der Geschichte ausrufen wollten; daß sie nicht den Opium-Traum von einer konfliktfreien Gesellschaft propagieren und von den Niederungen der Politik ablenken wollten. Diese Sekundär-Utopisten haben doch ständig dafür gesorgt, daß Politik Geheimwissen bleibt, dessen Zugang von einer Tugendlehre verstellt wird, die alles Gute, Wahre und Schöne verkünden soll – nur nicht das Reale. All' denen, die über diese Tugendlehre*

*hinaus zu einer Reallehre der Politik vordringen wollten, haben diese Utopisten zugerufen: 'Pfui, ihr seid ja Machiavellisten! Ihr kümmert euch um so schmutzige Dinge wie um die realen Verhältnisse von Macht!' Distanzieren sie sich endlich von diesen Utopisten, die die bequemsten Rechtfertiger, weil Verschleierer konkreter Herrschaft waren und sind. Stellen sie klar, daß ihre Moral eben keine – im landläufigen Sinne – 'utopische' ist, und wir können endlich ernsthaft in einen intellektuellen Disput einsteigen. Distanzieren sie sich, Sir!"*

*"Soweit kommt es noch, daß sie, Messer Niccolo, Bedingungen – und gar noch moralisch getönte – dafür stellen, daß sie sich zu einem Gespräch herablassen. Offenbar wird ihnen klar, daß sie mit ihren Momentaufnahmen von dem, was sie Wirklichkeit nennen, nicht nur keine irgendwie geartete Dynamik auslösen; daß sie darüber hinaus auch keinen ernsthaften Erkenntnisgewinn vermitteln können. Oder glauben sie, daß es besonders originell ist, den Mächtigen zu sagen, sie verdanken ihre Macht der Macht, und sie müßten – um an der Macht zu bleiben – diese möglichst rücksichtslos nützen? Wenn das ihre politische Theorie ist, und sie sich jeder Weiterentwicklung sperren, dann lobe ich mir die, die sie 'Utopisten' schimpfen. Politische Theorie kann doch nicht darauf reduziert werden, von immer weniger relevanten und immer engeren Details immer mehr zu wissen – wann hat, zum Beispiel, der Prinz (Generalsekretär, Führer, Premierminister, etc.) diejenigen (politisch oder auch physisch) zu vernichten getrachtet, denen er seinen eigenen Aufstieg zur Macht verdankt? Muß politische Theorie nicht auch – um beim Beispiel zu bleiben – zur Frage fortentwickelt werden, welchen alternativen Zielen Macht – die des Prinzen, des Präsidenten, des Parteifunktionärs – dienen oder nützen kann? Ihre politische Theorie ist eine Theorie von 'politics' – von der Maschinerie von Interessen, die in Zugänge zur Macht umgesetzt werden. Wir brauchen aber mindestens ebenso eine Theorie von 'policies' – von den Effekten, von den Ergebnissen konkreter Machtverhältnisse."*

*"Ich habe doch überhaupt nichts dagegen, alle diese Fragen zu stellen. Ich finde das alles nur ziemlich langweilig. Irgendwie weiß man doch immer schon im voraus, wer was sagt. Der Papst verkündet, alles liege in der gottähnlichen Natur des Menschen – doch was dies bedeutet, das variiert. Bis ins 19. Jahrhundert hinein haben die Päpste immer die Meinung vertreten, die doch so praktische Einrichtung der Sklaverei sei durchaus mit der Menschenwürde zu vereinbaren und entspreche daher durchaus dem Naturrecht. Was den heutigen Papst überhaupt nicht daran hindert, so zu tun, als wäre seine Kirche schon immer die Vorkämpferin der Entrechteten gewesen.*

*Die Herren Breschnew und Co. haben nie Schwierigkeiten darin gesehen, ihre höchstpersönlichen Familienurlaube in Schwarzmeerpalästen, die sie von den Zaren übernommen haben, als Ausdruck revolutionären Fortschritts hinzustellen. Die Neue Weltordnung der USA gilt dann, wenn die ach so demokratische Herrschaft der Kuweitischen 'royals' bedroht ist – und nicht, wenn es um das Selbstbestimmungsrecht in Ost-Timor geht. Sie, Sir Thomas, stellen die Frage nach der Moral – wie öde. Ich sehe überall nur Interessen; gerade dort, wo der Mund nur so von Werten und Idealen salbungsvoll trieft. Und wenn ich von 'alternativen Zielen' höre, dann frage ich nur, wer sich jetzt schon wieder in das Bett der Herrscher legen will."*

*"Sparen sie sich diese Polemik doch für ihre Hofnarren-Funktion bei den Borgias oder bei den Duvaliers oder meinetwegen bei den Enkeln Maos. Die blutigen Räuber hören immer gerne, daß ihre Taten ohne Alternativen und daher 'richtig' sind; daß das Herumtreten auf den Schwachen nur einem 'Sachzwang' entspricht; daß 'Herrschaft' und 'Herrschaft' immer nur dasselbe bedeuten können; und daß es daher keinen Sinn macht, den eigentlichen Motor jeder Veränderung zu pflegen, den es gibt: das Gewissen. Sie, Messer Niccolo, erfüllen ganz ausgezeichnet die Aufgabe eines Tranquillizers, den sich die Mächtigen halten, damit er ihnen mit Zynismen einen ruhigen Schlaf bescheren kann."*

*"Sie wiederholen sich. Mich haben die Mächtigen immer nur denunziert, weil ich ihre schändlichen Ideologeme, ihre extrem unsauberen Rechtfertigungen auf das zurückbringe, was ihre Herrschaft ausmacht: auf das Eigeninteresse."*

*"Ihre ach so demutsvolle Widmung an den allerheiligsten Vater Clemens VII., mit der sie ihre Geschichte von Florenz beginnen, ist wohl auch Ausdruck ihrer kritischen Distanz zu den Mächtigen!"*

*"Sir Thomas, jetzt verwechseln sie aber die Notwendigkeit, sich durch Auftragsarbeiten sein Brot zu verdienen, mit dem Inhalt meiner Aussagen. Mich hat noch niemand heiliggesprochen. Und die Willfährigkeit, mit der sie ihre unerträgliche Polemik gegen Richard III. dem Haus Tudor angedient haben, das diese 'Moral' zur Rechtfertigung seiner Herrschaft wunderbar gebrauchen konnte, war mir ebenso fremd wie die 'Moral' ihres 'Dialogs über Heresien', mit dem sie der Inquisition ganz konkret im Falle des armen Richard Hunne Schützenhilfe geleistet haben. Denn sie haben den Herrschenden geraten, zu töten – aus Gründen der Moral. Wenn ich den Mächtigen rate, zu töten, dann aus Gründen der Herrschaft und deren Logik. Und die finde ich vor – ich mache sie nicht. Die Lektüre meiner Bücher ist in*

vielen Systemen als subversiv verboten. Und ich bin subversiv: weil ich alles tue, um intellektuell sauber zu bleiben. Und das fürchten die Architekten aller politischen Fassaden – die zerstörerische Kraft analytischen Denkens, das in die Auflösung der die intellektuellen Fähigkeiten der Menschen blockierenden Moral mündet. Die wahre Revolution besteht doch in der Zerstörung der Mythen – natürlich einschließlich des Mythos der Revolution."

„Sie erinnern mich an einen Mönch, durch dessen Hände ständig Perlenschnüre laufen, und der immer nur ein- und dasselbe murmelt, wobei es ganz egal ist, ob es sich um die Redundanz des Rosenkranzes oder um die des 'Om Mane Padme Hum' handelt. Ihr Denken, auf dessen angebliche Subversivität sie so stolz sind, ist doch das eigentlich Banale, das eigentlich Berechenbare, das eigentlich schon längst Bekannte. 'Menschen haben Interessen und keine Ideale.' Na und? Haben sie nicht doch einmal Lust auf geistiges Neuland, auch wenn es das Risiko der Ungeschütztheit und damit des Fehlschlages beinhaltet? Ihre Angst, Ideologie zu produzieren, lähmt sie und macht sie impotent und damit uninteressant. Ihre 'Theorie' ist ein einziges déjà vu-Erlebnis."

„Wenn Aufmerksamkeit durch Unterhaltungswert erkauft werden soll, dann kann man ja gleich comics produzieren und sie für Theorie ausgeben. Wenn ich die Lust an Neuem zur Richtschnur von Theorie mache, dann müssen doch gerade ihre 'theoretischen' Aussagen als die ältesten der alten Hüte verramscht werden, Sir Thomas. Übrigens, Lust: beim Schreiben meines 'Mandragola' habe ich natürlich Lust verspürt ... Nein, ich muß darauf beharren: Die einzige Richtschnur bei der Beurteilung dessen, ob eine als Theorie firmierte Aussage etwas taugt, bleibt die Wirklichkeit. Sonst landen wir bei den Kasperliaden eines Selbstbedienungsladens, aus dem sich jeder nimmt, was seinen Interessen entspricht; und der letztlich nur die herrschenden Machtverhältnisse widergibt. Was immer sie über meinen 'Fürsten' sagen wollen – daß die Fürsten dieser Welt mein Buch so gar nicht mögen, spricht für mich. Denn die Mächtigen wollen nichts so wenig wie als das gezeigt werden, was sie sind: von rücksichtslosen Eigeninteressen Getriebene."

„Um es auf den Punkt zu bringen, Messer Niccolo: Glauben sie wirklich, daß Caligula und Roosevelt ein und dasselbe bedeutet haben? Die simple Tatsache, daß beide 'Herrschaft' geübt haben, genügt diese wirklich, um sie gleichzusetzen? Und ist es nicht die vollständige Absage an das, was gerade sie doch angeblich so schätzen – die Fähigkeit zur Analyse, die mit solch grobschlächtigen Gleichsetzungen völlig verloren geht? Wenn alles und jedes *in der Politik, quer durch die Jahrtausende, sich immer schon in ihrem 'Principe' oder ihren 'Discorsi' findet – sind dann nicht sie der Verfasser eines langweiligen Katechismus, der uns um das bringt, was das Wesen jeder Anlayse ist – die Fähigkeit zur Unterscheidung?"*

*„Also – daß ich ihnen jetzt nicht zustimmen kann, was diese simplen Gleichsetzungen betrifft, wissen sie natürlich. Die historische Dimension mag bei mir weniger betont sein als bei den Marxisten aller Schattierungen – aber ich benütze sie doch selbst, wenn ich die Kirche ihrer angeblich zeitlosen Lehre entkleide und sie als das hinstelle, was sie ist: Eine von der Geschichte und damit auch vom gesellschaftlichen Wandel abhängige Einrichtung. Daß Gregor XIII. und Johannes Paul II. einander widersprechen, wenn es um Demokratie und Menschenrechte geht, wird doch von mir nicht geleugnet, sondern besonders hervorgehoben. Gemeinsam ist ihnen die Methode ihrer Ideologieproduktion – nicht der Inhalt."*

*„Vielleicht können wir in diesem Punkt doch – bei allen Unterschieden – über die Polemik hinauskommen. Wenn es Wandel in den Inhalten – freilich nicht in den Methoden – gibt, dann muß es doch für sie interessant sein, Ausmaß und Orientierung dieses Wandels zu beobachten und zu beschreiben – und nicht alles mit dem Satz zuzudecken, es ginge immer nur um die Eigeninteressen der Mächtigen. Und wenn eben nicht alles gleich ist – was macht den Unterschied aus, was ist die Differenz? Für sie mag ja alles von Übel sein – aber die Übel brauchen doch nicht gleich, auch nicht gleich groß zu sein!"*

*„Hätte ich nicht Interesse am Bewerten – also am Differenzieren; oder, wenn sie wollen, am Moralisieren: Ich hätte doch nicht so viel Spaß daran, den scheinheiligen Pfaffen eins auszuwischen. Natürlich ist meine Vorliebe für Ideologiekritik etwas sehr Moralisches – und meine unbändiger Wunsch, allem Pfäffischen die kognitive Dissonanz zwischen Anspruch und Wirklichkeit nachzuweisen, ist genaugenommen etwas sehr Moralisches: Wenn man darunter nicht wiederum ein gedankliches System versteht, das seine Vertreter blind für die eigenen Abhängigkeiten und Interessen macht; und wenn man vermeidet, seine eigenen – höchstpersönlichen – Wünsche gar zur Wissenschaft zu machen. Mit anderen Worten: Wenn Moral nicht zur Ideologie wird, dann bin ich für die Moral. Und wenn sie die Übel dieser Welt – Caligula und die Medicis, Robbespierre und die Bourbonen, Kolumbus und die Azteken, und natürlich auch Stalin und die Sozialdemokraten – zur Vermeidung verblödender Gleichsetzungen ganz einfach vergleichen und messen wollen: dann bin ich dabei. Nur um eines muß ich sie bitten: Lassen*

*sie doch ihre eschatologischen Träumereien vom Wahren, Guten und Schönen; lassen sie doch dabei ihre Utopie draußen vor der Tür."*

„Das verstehe ich aber jetzt nicht so recht, Messer Niccolo. Einverstanden, wenn sie meinen, im gegenwärtigen Stand unserer nun anlaufenden Diskurse brauchen wir keine Skizze einer bestmöglichen Gesellschaft. Doch von irgendwo müssen wir doch Anhaltspunkte, eben einen Maßstab haben, mit dessen Hilfe wir begründen, warum zum Beispiel Hitler und Franco nicht gleichgesetzt werden dürfen. Und wenn wir uns dieser Suche nach einem – bewertenden – Maßstab nicht offen widmen, dann kommt doch durch die Hintertüre das exakt wieder in unsere Überlegungen, was gerade sie ausschließen wollen: nicht offen deklarierte Interessen; also Ideologien. Wir brauchen zwar für unsere Auseinandersetzung kein Utopia – wir brauchen aber die Auseinandersetzung darüber, worüber wir die Auseinandersetzung überhaupt führen wollen. Bewerten sie – wiederum nur als Beispiel – das Recht der außereuropäischen Kulturen höher, sich selbst zu entwickeln, auch unabhängig von dem typisch abendländisch-aufklärerischen Anspruch auf universale Menschenrechte; oder das Recht einer vermutlich nur kleinen Minderheit von Frauen, sich mit Berufung auf eben diesen Anspruch des Mister Jefferson sich gegen die herrschende Gesellschaftsordnung – sagen wir im Bangla Desh im ausgehenden 20. Jahrhundert – von ihrer eigenen Kultur und gegen diese zu 'emanzipieren'?"*

„Dieser Thomas Jefferson – die angeborenen, unveräußerlichen Rechte aller in Philadelphia groß im Munde zu führen und sich dann zu Hause in Virginia von seinen Sklaven gar fein bedienen zu lassen ..."*

„Geschenkt, den Einwand kennen wir doch, und er beweist eben nur, daß wir differenzieren müssen ..."*

„Aber, Sir Thomas, eine kleine Spitze müssen sie mir doch noch gestatten: In 'Utopia' die Wohlfahrt aller rühmen und sich als Kanzler von England ..."*

„Als der bin ich ja auch gescheitert ..."*

„Aber doch nicht wegen ihrer ach so progressiven Sozialpolitik, sondern weil sie dem Henry die Frauen nicht gegönnt haben!"*

„Dieser Rückfall in die persönliche Polemik zeigt doch nur ihren Fluchtreflex, Messer Niccolo. Immer dann, wenn es ernst wird und sie sich einer ihnen offenbar unbequemen Tiefendimension stellen müssen, fürchten sie, die* *zynische Flachheit simpler Empirie verlassen zu müssen – und das behagt ihnen nicht."*

*„Und sie sprechen von Polemik! Aber diese nun einmal doch beseite gelassen: Mir ist der bärtige Salonrevolutionär, der sich sein bourgeoises Leben in London von seinem Millionärsfreund finanzieren hat lassen, nie besonders sympathisch gewesen – diese Mischung aus Spießigem und Prophetischem! Aber in einem finde ich ihn spannend; dann, wenn er mit seiner (natürlich von Hegel übernommenen, aber immerhin weiterentwickelten und der politischen Analyse nutzbar gemachten) Dialektik daherkommt. Nichts ist das, was es an der Oberfläche zu sein scheint; und alles hat auch ein Stück Widerspruch, damit aber Widerstand und Bewegung in sich: Das finde ich dann faszinierend, wenn es – eben anders als bei Marx selbst – nicht auf den Punkt Omega einer perfekten Endgesellschaft hingeführt wird. Dialektik, minus klassenlose Gesellschaft – das könnte doch auch uns beide weiterbringen, Sir Thomas!"*

*„Das glaube ich ihnen schon, daß ihnen das Quasi-Religiöse an Marx nicht gefallen kann – das Konflikthafte aber sehr wohl. Ich kann mir auch gut vorstellen, daß das kommunistische Paradies auf Erden ihnen ebenso zuwider ist wie mein 'Utopia'. Doch bleiben wir bei dem von ihnen verwendeten Begriff Punkt Omega. Auch wenn wir mit an absolute Sicherheit grenzender Gewißheit wissen, daß weder meine, noch die Marxsche Utopie in irgendeiner gesellschaftlichen Entwicklungsphase jemals Wirklichkeit sein können – brauchen wir nicht ein solches Bild, um von ihm bei einer differenzierenden Bewertung ausgehen zu können? Wenn wir zum Beispiel sagen, daß das Elend des englischen Proletariats zu Marx' Zeiten ein größeres war als zu Zeiten der Mrs. Thatcher – haben wir da nicht im Hinterkopf irgendeine Vorstellung, die man Utopie nennen kann, oder auch – damit sie sich nicht am Wort reiben – 'Normensystem' oder 'Gerechtigkeitsvorstellung'?"*

*„Einverstanden. Natürlich gehe ich auch von der Norm aus, daß es negativ ist, wenn eine bestimmte 'Moral' gepredigt, eine andere aber praktiziert wird. Ich behaupte nur nicht, daß diese meine höchst persönliche Norm schon Ergebnis eines wissenschaftlichen Erkenntnisprozesses ist – es ist vielmehr Ausdruck meiner eigenen, unvermeidlichen Parteilichkeit. Im Sinne einer gesicherten Erkenntnis kann es hingegen sehr wohl 'richtig' sein, wenn ich sage, um seine Herrschaft zu sichern muß der Fürst, zum Beispiel, Wasser predigen – er selbst darf aber keinesfalls Wasser trinken, er muß sich, möglichst als einziger, an den Wein halten. Er muß mit aller Macht darauf drängen, daß alle anderen einmal geschlossene Verträge und Versprechun-*

gen einhalten – nur er selbst darf sich an dieses eigene Gebot nicht halten. Ob dieser Zusammenhang ihnen oder auch mir persönlich gefällt – im Sinne dessen, was sie 'Gerechtigkeitsvorstellung' genannt haben, das ist eine ganz andere Sache."

„Ich glaube aber nicht, Messer Niccolo, daß sich das so einfach trennen läßt: Gerechtigkeit als Privatmeinung, im Sinne eines Hobbys; und das Aufzeigen und Nachzeichnen realer Machtverhältnisse als wissenschaftliche Aussage. Allein durch die Tatsache, daß sie sich mit den Techniken des Machterwerbes und des Machterhaltes beschäftigen und nicht – sagen wir einmal – mit der Lebensgeschichte des Heiligen Hieronymus, ist ja Ausdruck einer Parteilichkeit, die wiederum zumindest indirekt etwas mit Moral (oder eben 'Gerechtigkeitsvorstellung') zu tun hat."

„Wenn schon ein Kirchenvater, dann lieber den Heiligen Antonius – der hatte in seiner Wüste zumindest interessante Versuchungen durchzustehen. Aber natürlich haben sie irgendwie recht – im Sinne einer Binsenweisheit. Natürlich bin auch ich an meine persönlichen Interessen gebunden, einschließlich der mir gar nicht bewußten. Und natürlich fließen diese, im Sinne der von ihnen erwähnten vorgegebenen Parteilichkeit, in die Auswahl meiner Analyseobjekte und damit in meine Analysen mit ein. Aber brauchen wir uns um diese Selbstverständlichkeit wirklich länger unterhalten, Sir Thomas?"

„Von mir aus nicht, Messer Niccolo. Doch erscheint es mir wichtig, dies einmal klargestellt zu haben. Allzu leicht setzten sie sich nämlich, ein wenig überheblich (oder auch ein wenig sehr), auf den hohen Stuhl des über die Niederungen erhabenen Nur-Analytikers. Und in ihrer Tätigkeit für die verschiedenen Herren von Florenz? Sie, der alltägliche Politikberater, gerade sie sollten sich nicht so als Nur-Analytiker stilisieren. Aber wenn sie meine Hinweise für Selbstverständlichkeiten halten, nehme ich den Vorwurf der Überheblichkeit auch schon wieder zurück ..."

„... nachdem sie ihn vorsorglich ausgesprochen haben, damit irgendeine imaginäre Jury mich trotz ihres Rückzugs für überheblich hält ..."

„... aber, aber: Wir führen hier doch keine Kür in einem Wettbewerb durch, der den besten politischen Theoretiker aller Zeiten prämiieren soll! Die Zeit der scholastischen Dispute ist doch schon längst vorbei! Den Eindruck freilich habe ich schon, daß sie, Messer Niccolo, selbstverständlich davon ausgehen, einen solchen Wettbewerb – ginge es mit rechten Dingen zu – gewinnen zu müssen!"

*"Während sie, in der Bescheidenheit des ganz offiziell in den Himmel aufgenommenen Märtyrers, über solche Eitelkeiten natürlich erhaben sind!"*

*"Daß sie der Umstand meines Märtyrertums stört, verstehe ich ja; ich selbst kann das aber auch nicht mehr rückgängig machen. Doch noch einmal zum Verhältnis von wissenschaftlicher Analyse und praktischer Politik: Sie betonen die Trennung – ich die Verflechtung dieser beiden Bereiche. Ich setzte die Ebenen aber nicht gleich; und wenn sie die Trennung nich absolut setzen, dann haben wir doch die methodische Basis für unsere Auseinandersetzungen!"*

*"Sie sind ein Harmonisierer, Sir Thomas! Aber ich kann mich schon einverstanden erklären, solange sie diese Harmonie dialektisch verstehen. Mir aber geht es doch noch einmal um den Praxisbezug. Stimmen sie mit mir darin überein, daß – wer sich auf Politik einläßt – sich die Hände schmutzig machen muß? Um bei ihrem Bild zu bleiben: Wer zwischen den Übeln dieser Welt unterscheidet und sich dafür einsetzt, daß das größere durch das kleinere ersetzt wird, muß sich mit dem kleineren Übel auch entsprechend einlassen; er muß selbst zum Übel werden – aber eben zum weniger schlimmen."*

*"Ich muß gestehen, daß mir das zu abstrakt ist. Natürlich braucht es eine Abwägung von Weg und Ziel; darf ein für sich noch nicht wirklich gutes Mittel Verwendung finden, wenn es ein eindeutig besseres Ergebnis bringt ..."*

*"Zu scholastisch, Sir Thomas! Die Frage ist doch ganz einfach. Stimmen sie mir zu: Wer sich absolut nicht schmutzig machen will, wer seine persönliche Integrität (was immer das sein mag) unbedingt erhalten will, darf sich nicht politisch betätigen. Für einen solchen Menschen ist dann die Einsiedelei der entsprechende Platz; oder auch die Insel, auf der ihr Landsmann Daniel Defoe seinen Robinson ansiedelt. Aber gesellschaftlich spürbares Wirken, also Politik, kann mit diesem individualethischen Fundamentalismus nicht betrieben werden."*

*"Sie spitzen in einer Form zu, die allzusehr vereinfacht. Unter bestimmten Voraussetzungen – ja! Wenn die 'civitas mundi' soweit von der 'civitas Dei' entfernt ist, daß jeder Brückenschlag aussichtslos erscheint, dann ist ihrem Entweder-Oder zuzustimmen. Aber wenn ..."*

*"Sie sind ja doch ein Opfer der Theologie – jetzt kommen sie mir mit Augustinus! Was sie wirklich meinen, das ist doch, daß eine christliche Hegemonie – und damit meine ich eine Hegemonie der sich christlich nennenden*

*Herrscher wie der Borgias oder der Tudors – den Augustinus in ihnen zum Schweigen bringt. Sobald die Fürsten sich 'allerchristlich' nennen, 'defensor fidei' gar, dann müssen sie, Sir Thomas, schmeichelweich werden – und damit meine ich natürlich, in ihrem Fall, nicht aus Gründen des üblichen Opportunismus; sondern als Konsequenz tief internalisierter Reflexe, die sie eben doch zwischen Tyrannen nur deshalb unterscheiden läßt, weil sie verschiedenen Göttern opfern. Daß auch die Zuarbeit für den Stellvertreter Christi auf Erden die gleichen, unvermeidlich auch schmutzigen Folgen hat wie die Zuarbeit, sagen wir einmal, für einen Montezuma ..."*

*„Ich dachte, wir wären über die lächerlichen Gleichsetzungen schon hinaus, Messer Niccolo ..."*

*„Ja und nein! Damit meine ich nicht, daß eine Politik im Dienste Julius II. das unbedingt gleiche Ausmaß an Schmutz bedeuten muß wie eine Politik im Dienste Attilas. Quantitativ kann es sehr wohl erhebliche Unterschiede geben – wobei ich aber keineswegs davon ausgehe, daß die Politik des Hunnenkönigs notgedrungen schmutziger machen muß als die unseres besonders kriegerischen Papstes. Ich meine es qualitativ: Wer immer sich mit Politik einläßt – und sei es in der subjektiv ehrlichsten Absicht, dies im Sinne der erhabendsten Gerechtigkeit zu tun, wird nicht umhin können, sich schmutzig zu machen. Oder, anders ausgedrückt: Wem es um die Sozialethik geht, der muß – zumindest in Grenzen – auf seine eigene Individualethik verzichten lernen. Wer den Luxus eines reinen persönlichen Gewissens nicht aufgeben mag, der muß die Hände von der Politik lassen – und dem sei geraten, es dem schon einmal erwähnten Antonius nachzumachen. Die Wüste ruft. Zwischen den Schlangen und anderem Getier als Mensch allein zu sein, das und nur das bedeutet Freiheit von der Politik. Das und nur das bedeutet die Garantie der reinen Hände. Sie, Sir Thomas, müssen genau das gespürt haben, als sie die Karriereleiter praktischer Politik immer höher geklettert sind – während ihr Freund, Erasmus von Rotterdam, es immer abgelehnt hat, in die Dienste irgendeines Fürsten zu treten. Und diesen humorlosen, blutlosen, profillosen Raphael, den sie die Geschichte ihrer Utopia haben erzählen lassen, dieses ihr Alter Ego, der lehnt es doch auch ab, sich bei Fürsten zu verdingen. Sie sind ein Gespaltener – zwischen Abseitsstehen und Mitmachen. Ihre Politik haben sie mit schlechtem Gewissen gemacht, sonst hätten sie sich nicht vom Politikmachen in Utopia distanziert, in diesem eigenartig langweiligen Land, in dem es gerade das nicht gibt, was doch ihr Lebensinhalt war – die persönliche Macht von Fürsten."*

„Ich habe den Eindruck, sie reden zu einem fiktiven Fenster hinaus. Glauben sie schon wieder, bei einer intellektuellen Schönheitskonkurrenz zu sein? Warum diese sidesteps, wovor weichen sie aus, warum wollen sie nicht gemeinsam weiterdenken? Und dafür genügt doch das, was sie, Messer Niccolo, in ihrer feurigen Rhetorik ohnehin zugestanden haben: Auch der Schmutz, den sie als unvermeidlich diagnostizieren, muß unterschieden werden – ob sie das quantitativ oder qualitativ nennen, ist mir doch gleich. Nennen wir den Schmutz ganz einfach Übel – und dann sind wir wieder bei dem Punkt angelangt, über den wir uns schon einmal verständigt haben. Übel ist nicht gleich Übel. Deshalb ist es erforderlich, zu unterscheiden und zu bewerten. Und erst danach wird Politik wirklich interessant – weil sie als mehr begriffen werden kann als bloße Technik zur Durchsetzung von Eigeninteressen; weil erst dann abgewogen und ausgewählt werden kann; weil wir erst dann die Mittel haben, zu beurteilen, was besser und was schlechter ist. Übrigens: Das schlechte Gewissen, das sie mir unterstellen, ist vielleicht gerade dafür der beste Motor, das beste Motiv. Wenn wir nicht fundamentales Unbehagen – eben ein schlechtes Gewissen – bei dem empfinden würden, was wir tun, warum sollten wir uns um Änderungen bemühen? Warum für Besseres eintreten, wenn wir nicht das Schlechtere, das wir mitzuverantworten haben, bedauern?"

„Sir Thomas, nun müssen sie aber hinzufügen: 'Besser' oder 'Schlechter' muß immer in Verbindung mit konkreten Interesssen gesehen werden – sonst vermittelt man den Irrglauben, es gebe soetwas wie ein objektives Gemeinwohl. Und darüber, daß es das nicht gibt, haben wir uns doch schon geeinigt ..."

„Einspruch, Messer Niccolo: Wir haben uns geeinigt, daß wir diese Frage vorläufig ausklammern!"

„Von mir aus. Wir stimmen überein, daß wir darin nicht übereinstimmen, und über das, worüber wir übereinstimmen, reden wir jetzt weiter."

# 5. Von der Neigung, Machiavelli in die Hölle zu verbannen

*Das höllische Gespräch – Machiavelli, der subversive Aufklärer – (K)eine spezielle Moral der Politik – Politiker(innen) als Sündenböcke*

In dem 1864 veröffentlichten Buch „Dialogue aux enfers entre *Machiavel et Montesquieu, ou là politique dè Machiavel au dix-neuvieme siècle, par un contemporain*" versetzte der Franzose *Maurice Joly Niccolo Machiavelli* in die Hölle, um ihn dort mit *Montesquieu* über Macht und Recht parlieren zu lassen. (Joly 1990) Das Buch wurde anonym in Brüssel gedruckt und von dort nach Frankreich geschmuggelt. *Joly* wurde von der französischen Polizei enttarnt, verhaftet und schließlich von einem kaiserlichen Gericht zu 18 Monaten Gefängnis verurteilt. (*Joly* 1990, 367-369) Der Grund: *Machiavelli* stand für *Napoleon III.*:

„*Machiavelli* als Verkörperung der Gewaltpolitik neben *Montesquieu*, der die Politik des Rechts vertritt; und *Machiavelli* sollte *Napoleon III.* sein, der höchstpersönlich seine abscheuliche Politik darstellen würde." (*Joly* 1990, 367)

Ein Schlüsselroman in Form eines höllischen Dialogs, der den Kaiser der Franzosen als *Machiavelli* stilisierte, genügte in der Schlußphase des zweiten bonapartistischen Reiches, um ins Gefängnis gesteckt zu werden: So böse war, so böse ist die Vorstellung von dem, was *Machiavelli* meint, wofür er steht.

*James Burnham*, zwischen Marxismus und der Theorie des modernen Managements oszillierend, machte klar, warum *Machiavelli* immer wieder verdammt werden mußte und muß: Er macht Herrschaftswissen publik. (*Burnham* 1943) *Friedrich II.* steht stellvertretend für die Neigung von Mächtigen, den Beschreiber der Macht als Zyniker zu brandmarken; den Überbringer der Botschaft für deren Inhalt zu bestrafen; und so moralische Empörung über die Wirklichkeit der Macht abzuleiten, abzulenken – von deren Nutznießern weg, auf deren Analytiker hin.

„Wenn die Menschen vom Mechanismus der Herrschaft und der Privilegien soviel verstünden wie *Machiavelli*, sie könnten nicht mehr verführt werden, diese Herrschaft und diese Privilegien zu akzeptieren, und sie würden auch wissen, welche Schritte zu ihrer Überwindung notwendig wären ... Kein Wunder, daß die Mächtigen öffentlich *Machiavelli* denunzieren ... Sie erkennen einen Feind, der niemals Kompromisse eingeht – sogar dann, wenn dieser Feind so abstrakt wie ein Bündel von Ideen ist." (*Burnham* 1943, 77)

*Machiavelli* steht für den Versuch, Politik zu verstehen und zu erklären – und sie nicht als Projektionsfläche für Wünsche zu nützen. *Machiavelli* steht damit am Beginn der Versuche, dem Phänomen Politik wissenschaftlich beizukommen. Und eben deshalb muß er in die Hölle versetzt werden.

In einer Anspielung auf *Ferdinand den Katholischen* steht im „Fürsten": „Ein Fürst der Jetztzeit ... predigt nur Friede und Treue und ist in Wirklichkeit ihr größter Feind; wenn er beides geachtet hätte, so hätte er schon oft sein Ansehen oder seinen Staat verloren." (*Machiavelli*, Il Principe, XVIII)

Am Beispiel dieser Aussage kann das Subversive an *Machiavelli* verdeutlicht werden: Er behauptet, mit Berufung auf eine überprüfbare Wirklichkeit, eine Dissonanz zwischen Anspruch und Realität. Und er mißt diesem Widerspruch eine herrschaftsstabilisierende Funktion zu: Es kann – unter bestimmten Voraussetzungen – für die Aufrechterhaltung von Herrschaft günstig sein, wenn eine bestimmte Moral gepredigt wird, gegen die aber die Prediger selbst massiv verstoßen.

Eine solche Aussage ist nachzuprüfen. Geschieht dies aber, so kann – im Falle der Verifizierung (oder Nicht-Falsifizierung) – die bestehende Herrschaft deshalb Schaden nehmen. Denn die Widersprüche von Moral und Realität würden entlarvt. Die (gepredigte) Moral würde ihre Fähigkeit einbüßen, als Tarnkappe für eine gegenläufige Realität zu fungieren.

Das kann nicht im Interesse derer sein, die im Schutze der Tarnkappe Herrschaft üben. Deshalb muß die empirische Aussage *Machiavellis* moralisiert werden – was als Beschreibung von Wirklichkeit formuliert ist, muß als normative Aufforderung denunziert werden. *Machiavelli* wird vom Analytiker der Predigt zum Prediger umgedeutet, seine Diagnose wird als Therapie hingestellt und moralisch verdammt. Und mit ihr *Machiavelli*.

Diese Verdammung *Machiavellis* entspricht einem manichaeischen Prinzip des dichotomischen Einordnens – entweder ist etwas „gut", oder es ist „böse". Da die Wirklichkeit für alle, die sehen wollen, nicht einfach nur als „gut" hingestellt werden kann, wird das wahrhaft Gute transzendental:

„Wahre Gerechtigkeit hat keine Existenz außer in dem Gemeinwesen, dessen Gründer und Herrscher Christus ist." (*Augustinus*, Civitas Dei, Buch II) *Machiavelli* kümmert sich nicht um „wahre Gerechtigkeit", wie sie *Augustinus* versteht. Das aber können die nicht verzeihen, deren Aufgabe die Vertröstung auf diese „wahre Gerechtigkeit" ist – „alle die 'offiziellen' Denker, die Juristen und Philosophen und Prediger und Demagogen und Moralisten und Herausgeber – sie müssen *Machiavelli* diffamieren." (*Burnham* 1943, 77). Und deshalb muß er in die Hölle. Er wagt es – Lichtträger, der er ist, die Zustände dieser Welt nicht einfach abstrakt zu verdammen, sondern sie konkret darzustellen, sie zu beleuchten, in sie hineinzuleuchten. Und das können wiederum die nicht verzeihen, die das Konkrete im Dunkel lassen wollen, weil das ihren Interessen günstig ist. Deshalb muß *Machiavelli* erst recht in die Hölle.

*Machiavelli* erlaubt die Relativierung – des Guten wie des Bösen. Sein Maßstab läßt das sich der Messung entziehende „Entweder – Oder", das „Alles oder Nichts" nicht zu. Für ihn ist Politik, ist menschliches Zusammenleben in Zusammenhängen darstellbar, in Kausalitäten zerlegbar.

Im ersten Buch der „Discorsi" schreibt *Machiavelli* über die Unvermeidbarkeit von Undankbarkeit in der Politik. Gerade denjenigen, denen Mächtige ihre Macht zu verdanken haben, müssen sie mit besonderem Mißtrauen begegnen. (*Machiavelli*, Discorsi, I, XXIX) *Machiavelli* beschreibt hier eine soziale, politische Gesetzmäßigkeit von Macht. Er zerlegt damit jeden Tugendkatalog in Funktionen – letztendlich ist jede Tugend auf ihre Funktionalität hin zu überprüfen. Nichts steht für sich allein, alles ist in Zusammenhängen vernetzt. Es gibt keine „Primär-" und keine „Sekundärtugenden"; keine Einteilung in solche Werte, die für sich allein stehen, und solche, die abgeleitet werden. In diesem Sinne sind, genaugenommen, alle Tugenden „sekundär".

Diese „Entmoralisierung" der Politik läßt verschiedene Interpretationen zu. *Burnham* verweist auf den Zusammenhang, den *Mussolini* gerne zwischen *Machiavelli* und dem italienischen Faschismus herstellen wollte. (*Burnham* 1943, 75) Doch diese Deutung ist alles andere als zwingend – gerade angesichts der ethischen Nachdenklichkeit des Florentiners, die jenseits seiner unbestrittenen analytischen Brillanz immer wieder zum Vorschein kommt und wohl auch die Triebkraft seines kritischen Zornes etwa über die kirchliche Realität ist. (*Sebastian de Grazia*, 1989, 88-121)

*Machiavelli* delegiert die Moral, er verlagert sie in den vorpolitischen Raum. Die Politik selbst, als Prozeß der Machtausübung und Machtkontrolle, produziert keine eigene spezifische Moral, hat keine eigene spezifische Moral. Virtù – also Kompetenz, Energie, Effektivität – ist es, was nach *Machiavelli* die Politik auszeichnet, nicht Moral. (*Münkler* 1984, 313-328). Die Politik findet aber – auch und gerade nach *Machiavelli* – Moral vor; und mit dieser muß sie umgehen, diese kann sie nicht ignorieren.

Moral kommt aus der Gesellschaft, also aus dem Umfeld von Politik, aus ihrem Nährboden. Dorthin verweist sie *Machiavelli* – aus guten Gründen. Nicht *Cesare Borgia* oder *Louis Napoleon Bonaparte* oder *Richard Nixon* haben die faktische Kompetenz, die Moral ihrer Zeit zu formen. Dazu würde ihnen ganz einfach das Instrumentarium fehlen – oder, anders ausgedrückt, die Macht. Diese Kompetenz ist viel diffuser vergeben – an Familie und Kirche, an Ökonomie und Kultur.

Die so zu verstehende „Entmoralisierung" der Politik rüttelt an den Sehnsüchten, die in die Politik projiziert werden. Von „den Politikern" wird auch in der gegenwärtigen Politik nicht nur *leadership* verlangt, sondern auch „Moral"; und zwar nicht die allgemein akzeptierte Alltagsmoral, sondern eine besondere, darüber signifikant hinausgehende. „Leader" müssen „bessere" Menschen sein. Und diese moralische Abhebung ist wiederum ambivalent: Sie ist den politischen Entscheidungsträgern einerseits Zwangskorsett, andererseits Herrschaftsinstrument. Der Führer raucht nicht, der Papst heiratet nicht, und der Präsident lügt nicht: In einer Gesellschaft, in der Suchtgiftmißbrauch selbstverständlich, Sexualität natürlich und der funktionale Umgang mit der Wahrheit überlebensnotwendig ist, werden auf einige wenige Menschen Wunsch- und Fluchtbilder geworfen, denen diese wenigen – Eliten – entsprechen oder, besser, zu entsprechen vorgeben.

Diese Sehnsucht nach einer besonderen Moral in der Politik ist Ausdruck eines nicht nur vormodernen, sondern vorhistorischen Politikverständnisses. Den politischen Entscheidungsträgern werden moralische Standards abverlangt, die viele Rollenerwartungen in einer Form bündeln, die der modernen (oder postmodernen) Gesellschaft mit ihrer komplexen Arbeitsteilichkeit nicht entsprechen: Politiker sind auch Schamanen, sind Hohepriester, sind Wunderheiler. Sie sind zuständig für Gesundheit und Wohlfahrt und für die generelle Moral – und deshalb müssen sie sich auch von der Gesellschaft absondern: durch Privilegien, aber auch durch extreme moralische Rollenzwänge.

In ihrer entwicklungsgeschichtlichen Darstellung „Comparative Politics" beschreiben *Gabriel A. Almond* und *G. Bingham Powell, Jr.* das Funktionieren dieser Rollenbündelung in „primitiven politischen Systemen" – bei Eskimos (Innuit), bei afrikanischen Beduinenvölkern und beim Volk der Bergdama in Südwest-Afrika (Namibia): Ein „omnifunktionales" Sozialsystem geht Hand in Hand mit dem faktischen Fehlen ausdifferenzierter gesellschaftlicher Rollen – mit Ausnahme eines „omnipotent" gedachten „headman", also Häuptlings, der keineswegs diktatorisch im Sinne moderner Diktaturen regiert, auf dem aber schließlich doch die Erwartungen lasten, alle Aufgaben des Sozialsystems zu erfüllen. (*Almond, Powell* 1966, 218-223)

Die Demokratie der Modernen und insbesondere die des ausgehenden 20. Jahrhunderts ist durch eine weit fortgeschrittene Funktions- und Arbeitsteilung bestimmt. Religiöse Funktionen sind schon längst ausgegliedert und im Zuge der Säkularisierung mehr oder weniger weggeschoben. Ökonomische Funktionen sind im Sinne der marktwirtschaftlichen Grundannahmen liberaler Demokratie weitgehend jenseits der politischen Kompetenz im engeren Sinn. Soziale Funktionen sind breit gestreut und keineswegs nur im zentralen Politikbereich angesiedelt. Dennoch aber liegt auf „den Politikern" ein ihre Persönlichkeit einfordernder Erwartungsdruck, als wären sie (noch) „headmen" des Bergdama-Volkes. Und wenn es ihnen gelingt, den Schein zu wahren und die Fassade einer speziellen Moral zu wahren, dann werden sie reichlich belohnt – mit materiellen und immateriellen Privilegien. Aber wenn die Fiktion einer spezifischen politischen Moral zusammenbricht, dann wehe den Politikern. Sie werden verjagt – wie Nixon 1974.

Auf den Politikern ruht, in einer Art Konversion des alttestamentlichen Sündenbocks, alle Tugenderwartung einer nicht oder nicht so tugendhaften Gesellschaft. Sie können diese Erwartung nicht erfüllen. Sie müssen aber vorgeben, sie zu erfüllen. Aber in der real existierenden Demokratie können gravierende Abweichungen von dieser Erwartung nicht auf Dauer verborgen bleiben. Der Aufdeckung dieser Abweichungen folgen Sanktionen.

*Machiavelli* stört diese extreme Ungleichzeitigkeit durch sein funktionalistisches, realistisches Bild von Politik. Er entzieht den Erwartungen des „Volkes" an die Politik die Grundlage – und damit auch den Ansprüchen der Politik, ein System des Wahren, Guten und Schönen zu sein. *Machiavelli* gleicht einem vielleicht auch naiven Modernisierer, der den Schamanenkulten, die sich aus der Vormodernen in die Spätmoderne hinübergerettet haben, ihre funktionale Überholtheit nachweist. Ein solcher Aufklärer darf nicht akzeptiert werden. „Volk" und Politiker müssen ihn für unmoralisch erklären, müssen seine Lehre als unethisch brandmarken und ihn zu allen nur denkbaren Strafen verurteilen.

*Machiavelli* muß in die Hölle, damit die Widersprüche zwischen atavistischen Bildern und spätmodernen Wirklichkeiten nicht Teil des allgemeinen Bewußtseins werden. Und doch ist er, der „Unmoralische", ein Moralist von geradezu kindlicher Dimension. *René König* nennt ihn sogar einen „romantischen Träumer" – eine Deutung, die dem üblichen Machiavelli-Bild diametral entgegengesetzt ist. (*König* 1979, 328) *König* bezieht sich dabei auf den Schlußaufruf des „Principe", des „Aufrufs zur Befreiung Italiens von den Barbaren". Tatsächlich liest sich diese Passage wie eine nationalistische Feldpredigt. Und das Schlußzitat von *Petrarca*, mit dem *Machiavelli* seinen „Fürsten" beendet, ist mehr als überraschend: „Tapfre Kraft ergreift die Waffen – zu kurzem Kampfe gegen wilde Wut. – Noch zeigt Italien kein Erschlaffen – in seinem altererbten Heldenmut." (*Machiavelli*, Il Principe, XXVI.)

Dieses Pathos am Schluß des „Principe" ist wohl auch im Zusammenhang mit der Selbstpropagierung zu sehen, die *Machiavelli* betrieb. Er wollte sich selbst wieder ins politische Geschäft bringen, aus seiner politischen Isolierung ausbrechen, sich einem politischen Herrn andienen. Deshalb formulierte er, zeitgeistig, einen ideologischen Aufruf und stellte ihn an das Ende des „Principe".

Wäre *Machiavelli* ein Moralist, würde er heute auf die aufklärerische Wirkung seiner Analysen setzen? In *Machiavellis* Einstellung zum Wortbruch finden wir eine – mögliche – Antwort. *Machiavelli* meint, daß ein „kluger Machthaber" dann sein Wort nicht halten kann und nicht halten darf, wenn ihm dies zum Schaden gereichen würde und wenn die Gründe weggefallen sind, die ihn zu seinem Versprechen veranlaßt haben. Der Machthaber darf und soll dies vor allem auch deshalb, weil die Menschen schlechthin – daher auch die Regierten – permanent korrumpierbar sind:

„Wären die Menschen alle gut, so wäre dieser Vorschlag nicht gut; da sie aber schlecht sind und das gegebene Wort auch nicht halten würden, hast du auch keinen Anlaß, es ihnen gegenüber zu halten." (*Machiavelli*, Il Principe, XVIII).

Mit anderen Worten: Die Moral des Machthabers steht nicht über der des Volkes. Es gibt keine spezielle Moral der Macht. Die Regierten haben Anspruch auf eben die Moral der Regierenden, die sie selbst – die Regierten

– haben. *Machiavellis* Moralvorstellung entspricht der einer identitären Demokratie. Aber wollen die Regierten eine solche Demokratie, die den Regierenden dieselbe Korrumpierbarkeit zugesteht wie sie allgemein gesellschaftlich gegeben ist? Oder wollen die Regierten nicht doch viel lieber eine spezielle, eine „höhere" Moral bei den Regierenden, die sie gerade deshalb mit großer Unduldsamkeit einfordern, weil sie sich selbst „schuldig" fühlen – und deshalb ihre selbst nicht eingelösten moralischen Ansprüche auf Herrschergestalten projizieren wollen und müssen? Erlaubt die real existierende Demokratie überhaupt eine egalitäre Moral – oder müssen nicht die demokratischen Eliten in der Sphäre einer speziellen, einer strengeren Moral gedacht werden?

*Richard Nixon* war das Opfer einer Moralvorstellung, die gesamtgesellschaftlich zwar vertreten, aber kaum durchgesetzt ist. Er log, um seines Vorteils willen. Er verschleierte Wahrheiten, die ihm zum Nachteil geraten wären. Er manipulierte seine Mitarbeiter, er spielte sie gegeneinander aus. Er verhielt sich normenwidrig – aber realitätskonform. Er verstieß gegen geschriebene und ungeschriebene Gesetze. Und die Gesellschaft, in der ein Verhalten wie das *Nixons* alltäglich ist, sorgte unter erheblichem Aufwand an moralischer Empörung für *Nixons* Sturz.

Das war eine Sternstunde der amerikanischen Demokratie: Niemand steht über dem Gesetz. Der Präsident, im November 1972 mit ungewöhnlich hoher Mehrheit wiedergewählt, wurde als Lügner entlarvt. Er mußte zurücktreten. Das war aber keine Sternstunde identitärer Demokratie. Denn einen lügenden und betrügenden Präsidenten hätte sich eine Gesellschaft, in der Lügen und Betrügen „normal" im Sinne von alltäglich sind, doch sonst verdient. Eine Öffentlichkeit, in der zumindest die Alltagslüge allgemein akzeptiert ist, empörte sich über den Lügner Nixon. Die real existierende Demokratie demonstrierte, daß Regierende und Regierte nicht durch dieselben Standards der Moral verbunden sind; daß vielmehr die Regierenden signifikant höhere Auflagen zu erfüllen haben.

Der Moralist *Joly* unterschiebt seinem *Machiavelli* (also *Napoleon III.*) folgende offenbar als Zynismus zu interpretierenden Worte: „Ich könnte sogar dem Volke wirkliche Freiheiten wiedergeben, denn man müßte jeden Sinn für Politik verloren haben, wenn man nicht erkennen könnte, daß meine Gesetzgebung zu der von mir angenommenen Zeit alle ihre Früchte getragen hat. Ich habe das Ziel erreicht, das ich Ihnen gezeigt habe. Der Charakter des Volkes hat sich geändert." (*Joly* 1990, 343)

Natürlich hat *Joly* unrecht. Der „Charakter des Volkes" verlangt gerade in der real existierenden Demokratie nach dem Sündenbock – der „Charakter des Volkes" ist nicht so manipulierbar, wie dies dem theatralisch amoralischen *Machiavelli* im Höllendialog untergeschoben wird. Nicht Unterwerfung unter die konkreten Politiker, sondern unter ein bestimmtes Ritual – darüber müßte in einem aktualisierten Höllendialog Klage geführt werden. Die außerhalb der Politik Mächtigen sind diesem Ritual entzogen – die in der Politik (vermeintlich) Mächtigen sind ihm voll ausgesetzt.

Den Politikern ergeht es schlecht, die dabei ertappt werden, dieselbe Moral zu haben wie die alltägliche; die als Lügner, als Maximierer ihres Einkommens, als vom Eigennutz Getriebene entlarvt werden! Sie werden in der Demokratie dafür bestraft – eben weil sie nicht „besser" als ihre Richter sind. Aber auch dem ergeht es schlecht, der das Widersprüchliche dieser demokratisch vermittelten, antiegalitären Moral aufzeigt. Er wird – vielleicht, vermutlich – in der Demokratie ebenso in die Hölle versetzt wie im Deuxième Empire.

Es sind gerade die stabilen angloamerikanischen Demokratien, die diese Spaltung moralischer Ansprüche zeigen; die an die führenden PolitikerInnen höhere Ansprüche als an deren WählerInnen stellen. Stabilität und Kontinuität der Demokratie sind dieser Gegenläufigkeit offenbar geradezu dienlich. Alltäglichkeit und Selbstverständlichkeit der Demokratie führen erst recht dazu, den PolitikerInnen besondere Qualitäten abzuverlangen, die über dem Anspruchsniveau des gesellschaftlichen Alltags liegen.

Den Abstand zwischen den Erwartungen an *leadership* und den alltäglichen Moralvorstellungen bildet das, was unwägbar „Charisma" heißt. Es ist ein gefährliches, weil ein illusionäres, nicht wirklich bestimmbares Phänomen. *Albert Speer* bezeichnete Charisma in den letzten Jahren seines Lebens als „die gefährlichste Qualität, die es gibt." (Sereny 1995, 14)

*Speer* hatte dabei das Charisma des Menschen im Auge, der viele Jahre hindurch charismatisch *Speers* Leben bestimmt hatte. *Speer* wußte – wer sich nach Charisma sehnt, wird *Hitler* ernten.

# 6. Von der Begrenztheit des Idealismus

*Demokratie und Fundamentalismus – Stalin als Realist – Hitler als Idealist – Der US-amerikanische Idealismus – Idealismus à la Lyndon Johnson – Kennedy: Idealismus als Public Relations*

Wer mit an Sicherheit grenzender Eindeutigkeit zu wissen glaubt, was für die Gemeinschaft (das Volk, die Nation, die Klasse, die Partei) „richtig" ist, wird dazu neigen, die Vorstellung als Zumutung zurückzuweisen, über dieses „Richtige" eine Abstimmung durchführen zu lassen. Demokratie ist schwierig zu vermitteln, wenn es – vermeintlich – um die Konfrontation eindeutig definierter Werte und Interessen geht und wenn diese auch noch eine eindeutige Zuordnung in „gut" (oder „richtig") und „böse" (oder „falsch") erlauben. Demokratie braucht ein gewisses Maß an Skepsis, an Selbstzweifel; an Bereitschaft, sich die eigene (politische) Niederlage vorstellen und sie akzeptieren zu können. Demokratie braucht die Grundtugend des Relativismus. (*Kelsen* 1963) Absolute Gewißheiten vertragen sich nur schlecht mit dem demokratischen Prozeß, der das eine, aber eben auch das andere Ergebnis hervorzubringen vermag.

Diese Grundtugend des Relativismus bringen diejenigen nicht auf, die alle politischen Artikulationen an einer einzigen Position messen; die alle Interessen von einer einzigen Priorität abhängig machen. Die Antithese zum Relativismus ist der Fundamentalismus: jene Vorstellung, daß alles und jedes einem einzigen Endziel oder Wertesystem oder Tugendkatalog untergeordnet werden muß. Fundamentalistisch kann eine religiös definierte Ordnung sein – vieles spricht dafür, daß vor allem monotheistische Religionen oder Religionsgemeinschaften dazu neigen. Fundamentalistisch kann aber auch ein säkularisiertes Gedankensystem, eine sich darauf stützende Politik sein – vor allem radikal revolutionär gesinnte Bewegungen oder Parteien sind dafür anfällig. Der Weg zur Inquisition, zum Scheiterhaufen oder zur Guillotine ist die logische Konsequenz einer Betrachtung von Politik als eines Kampfes der Mächte des Lichtes gegen die der Finsternis.

Fundamentalisten haben zumeist die Moral für sich – vom Moralisten *Robespierre* zur „Moral Majority" in den USA des ausgehenden 20. Jahrhunderts führt eine klare ideengeschichtliche Verbindung. Gemeinsam ist den radikalen Jakobinern und den protestantischen Fundamentalisten, daß sie Politik als Teil eines auf den Begriffen „wahr" und „unwahr" aufbauenden Denkansatzes sehen. Und über Wahrheiten kann man, darin sind sich die Ayatollahs wie die Agnostiker aller Richtungen einig, bekanntlich nicht abstimmen.

Dieser fundamentalistische Denkansatz sieht Politik nicht nur als religiöse oder sekundär-religiöse Tugendlehre; er neigt auch dazu, eine wissenschaftliche Begrifflichkeit auf die Politik zu übertragen: „Richtig" oder „falsch" bilden eine Dichotomie, die aus der Welt der Naturwissenschaften kommt. Die utopische Literatur, beginnend mit *Plato*, ist voll von erwartungsgeladenen Zusammenhängen zwischen dem Triumph wissenschaftlichen Denkens, konfliktfreier Sozialkonstruktion und eschatologischer Prognose vom Ende der Geschichte und der Politik.

Der fundamentalistische Denkansatz ist von einer antipolitischen Sehnsucht getragen; er ist antipolitisch. Die verschiedenen Konfliktlinien, die sich durch alle bisher erfahrbaren gesellschaftlichen Realitäten ziehen, werden aufgehoben, indem sie sich in einer einzigen, alles beherrschenden Konfliktlinie („cleavage") auflösen – in der der Klasse (die marxistische Falle), in der der Rasse oder Nation (die sozialdarwinistische oder nationale Falle), in der der Religion (die konfessionelle Falle), in der der Umwelt (die ökologische Falle), in der des Geschlechts (die sexistische Falle). Gemeinsam ist allen diesen fundamentalistischen Sehnsüchten, daß sie – aus den Niederungen des Relativismus aufsteigend – letztendlich zum Politikverlust führen.

Dem Fundamentalismus geht es um klare Über- und Unterordnungen. Alles, was nicht dem singulär gesetzten Widerspruch entspricht, wird als „Nebenwiderspruch" sekundär definiert und so mehr oder weniger weggeschoben. Die Last des ständigen Differenzierens, des Unterscheidens, des Vergleichens zwischen Übeln und Übeln wird gedanklich abgeworfen. Es geht nicht mehr um die Abwägung verschiedener Vor- und Nachteile, es geht um ein „Entweder-Oder"; um eine manichäische Schwarz-Weiß-Zeichnung, die nur Sieg oder Niederlage zuläßt.

In diese Falle der absoluten Gewißheit tappten die Leninisten – im sicheren Glauben, als Avantgarde der Arbeiterklasse deren Bewußtsein vorauszueilen, übersteigerten sie den im Marxismus potentiell angelegten Determinismus einerseits, andererseits aber überdrehten sie ihn eben dadurch und stülpten ihn voluntaristisch um. (*Popper* 1970) Mit Berufung auf die Unvermeidlichkeit der sozialistischen Revolution wollten sie – ungeduldige Intellektuelle, die sie waren – diese Revolution der noch nicht voll herangereiften historischen Situation gewaltsam aufzwingen. Durch ihr Bemühen, den Lauf der Geschichte zu raffen, verloren sie aber den eigentlichen marxistischen Maßstab – die Folge war eine theoretische Willkür, die schließlich einem traditionellen Bestimmungsmuster Platz machte: aus den Leninisten wurden – soferne sie nicht vorher ermordet worden waren – Stalinisten, deren Politik im Sinne des Konzepts des „Sozialismus in einem Staat" am „realpolitisch" definierten nationalstaatlichen Interesse orientiert war; einschließlich so vor- und unmarxistischer Konzepte wie „Einflußsphären" und „Gleichgewicht der Mächte". (*Kissinger* 1994, 332-349)

Der sich „wissenschaftlich" verstehende de facto-Idealismus der säkularisierten Missionare des Marxismus-Leninismus löste sich, unter dem Druck der „Realpolitik", sehr rasch in Außenpolitik à la *Bismarck* und Innenpolitik à la *Dschinghis Khan* auf. Doch diese rasche Verkehrung erfolgte nicht unter den Rahmenbedingungen eines liberalen demokratischen politischen Systems. *Stalin* mußte keine Wahlen gewinnen. Die Zugeständnisse, zu denen er sich gezwungen sah, waren nicht die, zu der ihn etwa die Demoskopie veranlaßt hätte – zur Zufriedenstellung dieser Wählerklientel, zur Neutralisierung jenes sozialen Segments. *Stalin* machte Zugeständnisse an die „objektiven" Gegebenheiten – an die Stärke der deutschen Luftwaffe oder an die geopolitische Lage Leningrads oder auch an das Entwicklungsniveau der sowjetischen Landwirtschaft. Und dieser Realismus hieß auch für *Stalin* letztendlich immer das Abwägen von Alternativen und schließlich die Politik durch eine Option für das (vermeintliche, tatsächliche) kleinere Übel.

In einer Demokratie, die vor allem durch den ständigen Wettbewerb um Wählerstimmen charakterisiert ist, kommt dem „Idealismus" ein ganz anderer Stellenwert zu – nämlich der, Handlungsspielräume zu begrenzen und damit Politik schlechthin zu erschweren. Wenn unter Idealismus hier ganz allgemein die Orientierung politischen Verhaltens an vorgegebenen Wertvorstellungen verstanden wird, so ist von einer Banalität auszugehen: in keinem modernen System gibt es Politik ohne Idealismus als (mit)bestimmenden Faktor; und in keinem modernen politischen System ist Idealismus (oder auch nur die Summe von Idealismen) der einzige determinierende Faktor. Und in keinem politischen System können „idealistische" Faktoren von den nicht unter Idealismus subsumierbaren Faktoren wirklich getrennt werden: allzusehr neigen Interessen dazu, sich mit Ideen zu verbinden, um diese zu Verkaufsagenten in eigener Sache zu machen.

Dennoch gibt es den Faktor Idealismus, und er kann nicht einfach in Interessen aufgelöst werden. Das war auch das Mißverständnis *Stalins*, der sowohl die Eigenständigkeit von *Hitlers* Idealismus, als auch die der idealistischen US-amerikanischen Tradition sträflich unterschätzte. 1940 und 1941 hatte er auf *Hitlers* realpolitischen Sinn gesetzt, hatte er *Hitler* für seinesgleichen gehalten – und übersehen, wie sehr der durch kein logisches Interessenkalkül berechenbare „Drang nach Osten", der den massenmörderischen Rassismus strategisch ausdrückte, zum – eben idealistischen – Wesenskern des Nationalsozialismus gehörte. *Hitler* war, anders als *Stalin*, eben kein „Machiavellist", der sein Verhalten logisch aus einem möglichst objektiv gezeichneten Kräfteparallelogramm deduzierte.

Doch der Idealismus, mit dem *Hitler* den Machiavellisten *Stalin* weltpolitisch fast entscheidend zu verblüffen verstand, war wiederum ein Idealismus ohne demokratische Rahmenbedingungen. Dieser Idealismus war seiner Natur nach Reaktion auf Säkularisierung und Aufklärung, auf „Werteverfall" und Relativismus und damit auf die Demokratie. *Hitlers* Idealismus drängte schließlich folgerichtig in die Selbstvernichtung: durch Politikverlust, durch das bewußt-unbewußte, zielgerichtete Vernichten politischer Optionen, durch eine letztendlich jede Politik verunmöglichende „Politik der verbrannten Schiffe" (*Haffner* 1978) war dieser Idealismus schließlich dort, wo er unterschwellig von Anfang an hingedrängt hatte: im absoluten Nichts. *Hitlers* Weigerung, nach dem Überfall auf die Sowjetunion Außenpolitik zu betreiben – über die Einschüchterung von Satrappen hinaus; und in Innenpolitik mehr als nur eine Kette von Befehlen und Strafen zu sehen, belegt dies. Mit welcher Lust offenkundig *Hitler* im Dezember 1941 den USA den Krieg erklärte – obwohl der Pakt mit Japan ihn dazu überhaupt nicht verpflichtet hätte; und mit welcher Konsequenz er alle (ohnehin höchst unzureichenden, weil eben auch vom nationalsozialistischen Idealismus gehemmten) Versuche *Ribbentrops*, *Himmlers* und schließlich *Görings* zur Wiedergewinnung außenpolitischer Politikfähigkeit unterband: alles das bestätigt das Mörderische und schließlich Selbstmörderische der aus dem Idealismus kommenden Politikverweigerung.

In einem offenen System liberaler Demokratie verhindern immanente „checks and balances", daß ein herrschender Idealismus solche Konsequenzen annimmt. Dennoch sind Entwicklungs- und Wirkungsrichtung auch eines Idealismus unter demokratischen Vorzeichen dieselben: Der Idealismus wendet sich gegen die Politikfähigkeit des Systems; er reduziert Handlungsspielräume politischer Entscheidungsträger; er erschwert das Abwägen aller sich bietenden Optionen und damit *leadership*; und er reibt sich letztendlich an der Logik des „kleineren Übels".

Ein Beispiel für diese Immanenz ist die Formel der bedingungslosen Kapitulation („unconditional surrender"), die *Roosevelt* und *Churchill* Anfang 1943 in Casablanca verkündeten. Diese Formel wurde und wird immer wieder deshalb kritisiert, weil sie nicht nur den Spielraum der Alliierten gegenüber den Achsenmächten beschränkte, sondern weil sie auch dem internen Widerstand etwa in Deutschland Argumente verwehrte: Wenn auch eine Regierung des deutschen Widerstandes nach dem gewaltsamen Sturz *Hitlers* nicht mit für Deutschland attraktiveren Kapitulationsbedingungen rechnen könnte, welche (außenpolitischen, strategischen) Anreize sollte ein solcher Aufstand dann haben?

Die Kritik an der Formel von Casablanca übersieht deren vor allem innenpolitische und in diesem Zusammenhang idealistische Funktion. Es war *Roosevelt*, der diese Formel vorgeschlagen und durchgesetzt hatte; und sie war Teil seiner Politik, die öffentliche Meinung in den USA, nachdem er endlich „seinen" Krieg zur Befreiung der Welt und vor allem Europas vom Terror des Nazismus hatte, durch eine Festschreibung von „gut" und „böse" immer weiter zu mobilisieren. Dazu diente vor allem Casablanca – und dafür war *Roosevelt* der die Politik reduzierende Charakter, den auch diese idealistische Formel unvermeidlich beinhaltete, nur recht: Der nun einmal in Bewegung gesetzte Idealismus der mächtigsten Demokratie der Erde sollte nicht durch politische Finessen abgelenkt werden.

Diesen idealistischen Grundcharakter des US-amerikanischen politischen Systems hatte *Stalin* einfach übersehen. Er, der nach *Henry Kissingers* Diktum in der (Außen)Politik immer eine Strategie, nie aber Grundsätze hatte, (*Kissinger* 1994, 348) konnte nicht verstehen, daß mit dem vollen Ausbruch des Kalten Krieges die Außenpolitik der USA zunächst von Grundsätzen bestimmt war, die sich erst eine Strategie („containment") zu zimmern hatten. Dabei war auch hier die politikreduktionistische Konsequenz der aus dem Idealismus des Kalten Krieges kommende Charakter der US-Strategie überdeutlich: „Realisten" wie *Walter Lippmann* kritisierten, daß „containment" auf eine außenpolitische Lähmung der USA hinauslaufe. (*Kissinger* 1994, 463-466)

Mit diesem idealistischen Grundzug der US-Politik hatten besonders handlungsorientierte Politiker wie *Nixon* oder *Kissinger* immer wieder zu kämpfen. Nixon stürzte über die „kognitive Dissonanz" zwischen seinen Lippenbekenntnissen zum amerikanischen Idealismus und seinem davon abweichenden Verhalten; und *Kissinger* sollte niemals sein „Dr. Strangelove"-image verlieren, das ihn als zynischen „Machiavellisten" bar jeder bleibenden Wertorientierung erscheinen ließ. (*Isaacson* 1993, 653-672) Beiden war gemeinsam, daß sie die innen- und außenpolitischen Entscheidungsspielräume US-amerikanischer Politik verbreitern wollten; und daß sie diese politikexpansionistischen Tendenzen mit dem unvermeidlich politik-reduktionistischen Idealismus der amerikanischen Öffentlichkeit in Widerspruch brachten.

*Kissingers* Sichtweise über die Zusammenhänge von Moral und Politik zeigt einerseits die Unvermeidlichkeit, ja Wünschbarkeit des Faktors Idealismus; und andererseits seine Begrenztheit. *Kissingers* Lob der Außenpolitik *Roosevelt* kontrastiert mit seiner viel kritischer Sicht der Außenpolitik *Wilsons*. *Wilson* war ein moralisierender Prediger, der zwar kurzfristig (und militärstrategisch entscheidend) den in der US-amerikanischen Gesellschaft seit Anbeginn schlummernden Idealismus für außenpolitische Ziele weckte und im Sinne eines Bündnisses mit der Entente instrumentierte; aber weder gelang es ihm, diese losgelassene US-Macht in eine dauerhafte Friedensordnung umzusetzen, noch konnte er den nun einmal außenpolitisch geweckten Idealismus innenpolitisch umsetzen. Die Folge war die isolationistische Reaktion, die die USA für zwei Jahrzehnte wieder von der eigentlichen weltpolitischen Bühne entfernte. Die Faszination, die *Roosevelt* ausübte, war eben die Verbindung von idealistischer Konzeption und (innen- wie außenpolitischer) Umsetzung; war die Kombination von Grundsätzen und von Strategien.

Ohne Idealismus hätten die USA ab 1938 nicht ihren realpolitisch entscheidenden Einfluß wahrnehmen können; ohne Idealismus keine „Realpolitik"; freilich: ohne „Realpolitik" keine Ergebnisse für die idealistischen Ziele. Die strenge Gegenüberstellung von „Realpolitik" und „Idealismus" führt in die Irre, weil sie entweder den Idealismus als Motor realer politischer Energien verkennt, oder aber die Unvermeidlichkeit sozialer und damit zu bewertender Folgen jeder Politik übersieht.

Ohne Ideale entstehen keine sozialen Bewegungen, die zu politischen Parteien werden, aus denen sich das politische Führungspersonal für die Entscheidungsinstanzen rekrutiert. Die bloße Reduktion dieser Umsetzung sozialer Energien auf sozioökonomische Interessen (ein potentiell marxistisches Mißverständnis) oder auf elitistische Interessen (ein potentiell konservatives Mißverständnis) wird der Komplexität dieses Vorganges nicht gerecht.

Idealismus ist einerseits ein begleitender und verstärkender Faktor von politisch bewegenden Interessen; andererseits ist er aber sehr wohl in der Lage, von sich aus bewegende Energien freizusetzen. Idealismus im Sinne nicht primär materieller Interessen ist als eigenständiger Faktor zum Verständnis von Religionskriegen ebenso unverzichtbar wie zur Analyse moderner revolutionärer Vorgänge – Iran 1978/79 ist nur ein Beispiel dafür.

Es wäre naiv, in einer Demokratie einen solchen, die Entwicklung vorantreibenden Idealismus von der Führung zu erwarten. Dies würde auch am Wesen der Demokratie vorbeiführen. Denn die Ideale der Herrschenden sind natürlich immer die herrschenden Ideale. Und wenn daher lautstark von der politischen Führung „mehr Idealismus" gefordert wird, dann wird von dieser Führung eben mehr – elitäre – Herrschaft gefordert.

In einer Demokratie kann letztendlich ein die Politik signifikant bestimmender Idealismus immer nur von dem ausgehen, was „zivile Gesellschaft" heißt; von den gesellschaftlich verankerten Wertvorstellungen, die sich in – nicht primär materielle – Interessen verfestigen und auf diese Weise die politischen Entscheidungen beeinflussen. Der Idealismus der politisch Entscheidenden ist dann die Reaktion auf den Idealismus der formierten sozialen Interessen – nicht mehr und nicht weniger.

Ein Beispiel für diesen Zusammenhang bietet das Zustandekommen der US-amerikanischen Bürgerrechtsgesetze in den 50er und 60er Jahren und die Schlüsselrolle, die *Lyndon B. Johnson* als Mehrheitsführer im Senat und dann als Präsident zugefallen war. *Johnson* war bis 1948 ein Mitglied des Repräsentantenhauses, der einen relativ armen Wahlkreis aus West-Texas vertrat, und der in dieser Rolle – aufbauend auf seine erste politische Tätigkeit als Administrator von New Deal-Programmen – „liberal" im amerikanischen Sinn war; also egalitär in der Sozialpolitik und aufgeschlossen gegenüber den Nöten sozial Schwacher nicht nur weißer, sondern auch schwarzer Hautfarbe. 1948 wurde *Johnson* mit denkbar knapper Mehrheit in den Senat gewählt. Er vertrat nun den gesamten Staat Texas – und damit eine (Gesamt-)Wählerschaft, die im Durchschnitt viel konservativer und auch viel rassistischer war als die des von ihm bisher vertretenen Wahlkreises. 1948 waren im Südstaat Texas die Afro-Amerikaner durch entsprechende legistische Manipulationen de facto vom Wahlrecht ausgeschlossen – sie konnten deshalb kein Gegengewicht zum rassistisch motivierten Teil des weißen Elektorates bilden, und dieses war mehrheitlich an der Aufrechterhaltung der legalen Diskriminierung der Schwarzen interessiert. (*Kearns* 1976, 240f.)

In diesen Jahren als Senator des Staates Texas erarbeitete sich *Johnson* seinen Ruf als konservativer Demokrat, und als solcher wurde er auch Mehrheitsführer des Senats. Als Präsident *Eisenhower* 1956 – im Gefolge der bahnbrechenden Entscheidung des Supreme Court von 1954 („Brown vs. Board of Education") – durch eine entsprechende Bürgerrechtsgesetzgebung der Rassentrennung und damit der Rassendiskriminierung in den Südstaaten ein Ende setzen wollte, da kam *Johnson* eine ganz entscheidende Funktion zu: Er war Repräsentant der *Eisenhower* oppositionell gegenüberstehenden Mehrheit des Kongresses; und er war Südstaatler, dessen real existierende Wählerschaft von ihm erwartete, ihre – der weißen Texaner – Privilegien zu schützen. An *Johnson* führte kein Weg der Gesetzgebung vorbei.

*Johnson* erreichte nun, in indirektem Zusammenspiel mit der Administration *Eisenhower*, daß ein Teil der von der Regierung gewünschten Gesetze beschlossen wurden – ein Teil jedoch auf der Strecke blieb. Das schließlich 1957 beschlossene Gesetz gab zwar dem Justizministerium neue Zuständigkeiten, die Bürgerrechte auch gegenüber den Einzelstaaten zu schützen; gleichzeitig wurde aber die ursprünglich vorgesehene Bestimmung eliminiert, die dem Justizministerium (also der Bundesregierung) das Recht eingeräumt hätte, durch die Entsendung von Beamten direkt in die zwischen Einzelpersonen und Einzelstaaten enstehenden Konflikte einzugreifen.

*Johnson* „verkaufte" dieses Ergebnis, das mindestens ebenso seine Handschrift wie die der Regierung trug, nun je nach Adressatenkreis verschieden: Gegenüber dem Süden (Senatoren und anderen Meinungsbildnern) betonte er, er habe dafür gesorgt, daß die eigentliche „Monstrosität" des *Eisenhower*-Vorschlages durch sein (*Johnsons*) Wirken verhindert hatte werden können – der „schlimmste Teil des Nigger-Gesetzes", wie er es seinem Südstaaten-Kollegen *Sam Ervin* gegenüber ausdrückte; auf der anderen Seite arbeitete er bereits energisch an der Korrektur seines Erscheinungsbildes eines bloß dem konservativen Süden verpflichteten Politikers – eben deshalb betonte er gegenüber seinem liberalen Nordstaaten-Kollegen *Paul Douglas*, daß dieses Gesetz „längst überfällig" gewesen sei und zum „Nutzen der schwarzen Amerikaner ('Negro Americans')" auch beschlossen würde (*Kearns* 1976, 157). Gegenüber einem Teil der Öffentlichkeit sprach *Johnson* also von den „Niggern" – gegenüber dem anderen Teil von den „Negro-Americans".

*Johnson* hatte – natürlich – begriffen, daß er, falls er jemals mehr als Senator des Staates Texas werden wollte, sein konservatives Erscheinungsbild des Südstaatlers korrigieren mußte. Deshalb spielte er in den folgenden Jahren den Aspekt, daß es erstmals seit vielen Jahrzehnten überhaupt ein

Bürgerrechtsgesetz gegeben habe, in den Vordergrund – und der andere, der gegenläufige Aspekt, daß er für die Verharmlosung eben dieses Gesetzes gesorgt hatte, trat demgegenüber zurück.

*Johnson* konnte dabei durchaus mit der Logik des „kleineren Übels" argumentieren: Ohne die Konzessionen, die das dann tatsächlich beschlossene Gesetz den konservativen Südstaaten letztlich doch machte, wäre jede Beschlußfassung fraglich gewesen. Besser ein verwässertes Gesetz als gar keines – so der *Johnson* von 1957. Der *Johnson* der Jahre danach war dann freilich ein anderer: Die öffentliche Meinung in den USA hatte sich, unter dem Eindruck der eben den Idealismus ansprechenden Bürgerrechtsbewegung, wesentlich verschoben. Und *Johnson* war nicht mehr ein Senator, der in seinem Staate, in Texas, wiedergewählt werden wollte; *Johnson* wollte Präsident der USA werden, bzw. bleiben.

Als Präsident sorgte *Johnson* dann dafür, daß die Bürgerrechtsgesetzgebung von 1965 signifikant über das hinausging, was er 1957 als Mehrheitsführer mitzuverantworten gehabt hatte. Als Präsident wußte er sich nicht mehr vom Staat Texas allein abhängig – sondern von der Wählerschaft der gesamten USA. Und diese hatte in ihrer Mehrheit die Rassendiskriminierung, die im Süden das Mäntelchen der Legalität trug, satt. Der Präsident mußte nun der Werthaltung der USA Rechnung tragen – ebenso wie der Senator der Werthaltung des Staates Texas und der Kongreßabgeordnete der Werthaltung seines westtexanischen Wahlkreises zu entsprechen hatte. Die Frage, wie denn die Werthaltung, die Moral des Menschen *Lyndon B. Johnson* ausgesehen haben mag, erübrigt sich demgegenüber: Sie darf wohl nicht zu ausgeprägt gewesen sein, weil sonst *Johnsons* elastische Anpassung an die jeweiligen Gegebenheiten nicht so ohne weiteres zu erwarten gewesen wäre.

Zuviel Idealismus, zuviel Moral der Entscheidungsträger ist für die Demokratie nur hinderlich. Idealismus und Moral müssen von unten kommen, sollen sie – in Übereinstimmung mit dem Geist und dem Verfahren der Demokratie – politisch wirksam werden. Idealismus und Moral der politischen Führung müssen in der Demokratie in den Grenzen bleiben, die von der herrschenden Öffentlichkeit definiert werden. Wer von den Entscheidungsträgern einen darüber wesentlich hinausführenden Idealismus einfordert, fordert die Diktatur einer bestimmten (natürlich immer der eigenen) Moral. Wem der herrschende Idealismus nicht paßt, kann ja – im Rahmen der Demokratie – an der Veränderung eben dieses herrschenden, öffentlichen Idealismus arbeiten. Der demokratische Moralist wendet sich nicht an die

Führung, sondern an die Basis; an die Gesellschaft. „Moral *leadership*" findet jenseits der Ämter und Institutionen einer Demokratie statt.

Daß die politischen Eliten in der Demokratie von sich aus diese Tendenz zur Einengung ihres politischen Spielraumes nicht so ohne weiteres hinnehmen wollen – eine Tendenz, die jedem demokratischen System immanent ist, liegt auf der Hand. Und deshalb versuchen auch Politiker(innen) immer wieder ein Rollenspiel: Ein Mitspieler in diesem Spiel, *leadership* genannt, muß auf den Idealismus setzen, der in der Gesellschaft vorhanden ist und sich in konkreten Artikulationen – in Form von demoskopischen Befunden etwa – äußert. Der Spieler diagnostiziert so einen Bedarf an Idealismus, auch an idealistischer *leadership*. Er reagiert darauf nicht, indem er offen auf die tendenzielle Unvereinbarkeit von individuellem Idealismus politischer Entscheidungsträger und den Mechanismen der Demokratie verweist – eine solche Offenheit wird im Spiel streng bestraft. Er muß sich vielmehr idealistisch geben, ohne es zu sein. Unser Mitspieler hat, wenn er gewinnen will, ein Pseudo-Idealist zu sein. Und am besten wird er dieser Rolle gerecht, wenn er selbst an den von ihm aufgebauten Schein glaubt – denn dann ist seine Glaubwürdigkeit optimal.

Ein besonders eindrucksvolles Beispiel für idealistische Fassaden lieferte *Johnsons* Vorgänger im Präsidentenamt der USA, *John F. Kennedy.* Kaum eine andere politische Karriere in einem etablierten demokratischen System war so exakt vorausgeplant; kaum eine andere Kampagne war so exakt programmiert und im Sinne eines lange vorausplanenden Marketings wissenschaftlich gesteuert wie die *Kennedys.* (*Kearns Goodwin* 1988, 866-943) *Kennedys* öffentliche Erscheinung war marktgerecht gestylt; und auch seine Politik, als Präsident, war – Beispiel Bürgerrechtspolitik – auf seine Wiederwahlchancen abgestellt.

Und dennoch – besser: eben deshalb – war es *Kennedy* gelungen, sich als Speerspitze eines neuen Idealismus zu profilieren. In Wahrheit aber war er nicht die Speerspitze, er war das Produkt dieses Idealismus. Doch um *leadership* auf dem nach Idealismus dürstenden Politik-Markt zu demonstrieren, formulierte er das Lob des Mutes zur Unpopularität. Er schrieb sein Buch „Profiles in Courage", in dem er (oder auch seine ghostwriter) Personen aus der US-amerikanischen Geschichte porträtierten, die ihre eigene Überzeugung – also individuellen Idealismus – über ihre Wahlaussichten gestellt, und die deshalb auch in ihrer persönlichen Karriere Schiffbruch erlitten hatten. (*Kennedy* 1956)

In diesem Buch schrieb *Kennedy* vom „Sinn des Muts" – und forderte von der Politik den Mut des Idealismus gegen die Popularität. Er lobte Senator *Robert A. Taft*, daß er seine Grundsätze nicht seinem Interesse geopfert hätte, republikanischer Kandidat für die Präsidentschaftswahlen 1948 und 1952 zu werden. Er sprach sich für etwas aus, was niemandem fremder war als *Kennedy* selbst. Er errichtete eine Idealismus-Fassade, hinter der ein klares Idealismus-Verbot wirksam war.

*Kennedy* suggerierte so, daß er selbst Repräsentant eines Idealismus sei, der den unbedingten Mut zur Unpopularität miteinschließen würde – und verbarg hinter dieser Fassade seinen unbedingten Willen, seine Politik unter Verzicht auf alle hinderlichen Ecken und Kanten auf den Wahlsieg und nur auf den Wahlsieg abzustellen. *Kennedy* war der Prototyp des Politikers, der die Unvereinbarkeit von (individuellem) Idealismus eines „leaders" und der Demokratie ebenso erkannt hatte wie die Notwendigkeit, diese Einsicht für sich zu behalten. Denn die politikreduzierenden Konsequenzen, die auf ein Idealismus-Verbot gegenüber einer erfolgreichen demokratischen Führung hinauslaufen, lassen sich nur schwer mit dem idealistischen Erscheinungsbild vereinbaren, das der erfolgreiche demokratische „leader" unbedingt benötigt.

# 7. Das Charisma

*Vor vielen Jahren lebte einmal ein Politiker, der so große Stücke auf seine Fähigkeit zum Charisma hielt, daß er all sein Geld ausgab, um nur immer von allen als charismatischer „leader" anerkannt zu werden. Er kümmerte sich nicht um seine Armee, kümmerte sich nicht um Kultur und Unterricht, außer wenn es galt, sein Charisma zu zeigen. Für jeden Anlaß hatte er eine besondere Form von Charisma bereit, und wie man von einem anderen Politiker sagt: „Er befindet sich im Parlament", so sagt man hier immer: „Er ist dabei, sein Charisma zu demonstrieren."*

*Eines Tages erschienen zwei Betrüger, die sich für Politikberater ausgaben und obendrein für Weber. Sie behaupteten, daß sie das schönste Charisma, das man sich denken könnte, in Form von Kleidern zu weben verständen. Nicht allein wären die Farben und das Muster schon ungewöhnlich schön, sondern das Charisma, das man von diesem Zeuge anfertigte, hätte auch die wunderbare Eigenschaft, daß sie jedem Menschen, der für seinen Beruf nicht taugte oder unerlaubt dumm wäre, unsichtbar blieben.*

*Das wäre ja ein herrliches Charisma! dachte der Politiker, wenn ich solche Röcke anhätte, könnte ich ja dahinterkommen, welche Männer in meinem Reiche zu dem Amte, das sie bekleiden, nichts taugen; ich könnte die Klugen von den Dummen scheiden! Ja, dieses Charisma muß gleich für mich gewebt werden! Und er gab den beiden Betrügern ein reiches Handgeld, damit sie ihre Arbeit beginnen möchten ...*

*Gesagt, getan, implementiert.*

*Und so ging denn nun der Politiker bei dem feierlichen Parteitag auf die prächtige Tribüne, und alle Leute in der Kongreßhalle und auf den Tribünen riefen: „O Himmel, wie unvergleichlich ist doch des Politikers neues Charisma! Welch herrliche Führungsqualitäten trägt er am Rocke! Wie vortrefflich sitzt alles!" Niemand wollte sich merken lassen, daß er nichts sähe, denn sonst hätte er ja nichts zu seinem Amte getaugt oder wäre schrecklich dumm gewesen. Keines der anderen Kleider hatte bisher solches Glück gemacht.*
*„Aber er hat ja gar nichts an!" rief plötzlich ein(e) Delegierte(r). Und rief es laut und immer lauter. Da drehten sich die anderen Delegierten empört um, und insbesondere die Spitzen der Partei, ihre Politikberater und alle Medienfachleute schrien: „Hinaus mit ihm(r)! Es darf doch nicht sein, daß*

*das Charisma infrage gestellt wird! Was bleibt denn dann noch von unserer Bedeutung als Politiker und für die Politiker, wenn jede(r) ganz einfach die Wahrheit sagt." Und sie vertrieben die (den) Delegierte(n) aus der Kongreßhalle.*

*Unser Politiker nahm eine noch stolzere Haltung an, und die Politikberater gingen und trugen die Schleppe, die gar nicht da war. Und alle waren wiederum überzeugt, daß dieses Charisma einfach großartig und schlichtweg unverzichtbar sei. Denn Charisma gibt es dann, wenn alle daran glauben.*

*Die Betrüger waren also gar keine Betrüger gewesen. Sie hatten wirklich Charisma produziert.*

## 8. Von den Versuchen, einen Mythos zu bändigen

*Ist Personalisierung wirklich alles? – Charisma als Produkt – Das Abschleifen jeder Ethik – „Leadership" als (notwendige?) Illusion – Vietnam*

„Does *leadership* make a difference?" ist eine der „ewigen" Fragestellungen der Politikwissenschaft. Welche Bedeutung für eine konkrete politische Entscheidung hat es, daß nicht X, sondern Y Premierminister ist? Was ist der einzigartige, unvergleichliche, nicht austauschbare, nicht ersetzbare Beitrag, den Z (und nur Z allein) als „leader" für Gesellschaft und Politik eines Landes leistet?

Personalisierung ist alles, sagt eine marktorientierte Form des Verständnisses von Demokratie und deren Entwicklung. Im Laufe der Stabilisierung von Demokratie setzt sich tendenziell ein nicht „ideologischer", sondern ein „pragmatischer" Zugang zur Politik durch – aus geschlossenen Weltanschauungs- und Klassenparteien werden lockere Allerwelts- und Volksparteien, die sich kaum noch durch konsistente programmatische Tradition, die sich nur mehr durch ihre Führungspersönlichkeiten unterscheiden. Die „reifen" Demokratien – so die Annahme, die Hypothese – zeichnen sich dadurch aus, daß sie nicht „Ideologien", daß sie vielmehr Personen zur Auswahl stellen.

Diese Hypothese wird auf den ersten Blick vielfach gestützt – durch *Anthony Downs* etwa, der einer „ideologischen" Politikvermutung eine entschiedene demokratietheoretische Absage erteilt: Politiker, so *Downs*, formulieren politische Ziele, um damit Wahlen zu gewinnen – und sie gewinnen keineswegs Wahlen deshalb, um so ihre Ziele verwirklichen zu können. (*Downs* 1957, 21-31). So wird verständlich, daß mit der Stabilisierung einer Demokratie gleichzeitig eine „Entideologisierung" der Politik Hand in Hand geht.

Auch *Seymour Martin Lipset* kann für die Hypothese bemüht werden – die Demokratie braucht nicht den „ideologischen" Menschen, der alles durch eine dichotomische Perspektive sieht und so zu einer letztendlich zentrifugalen Entwicklung und damit zur Zerstörung der Demokratie beiträgt.

Die Demokratie braucht den „politischen" Menschen, der zwar gegenüber einer „ideologischen" Sicht der Politik nicht gleichgültig ist, der diese Sicht aber auch mit einem gewissen Maß an Distanz und Desinteresse balanciert – und so Politik nicht als totalitär, sondern eben nur als wichtig erfährt, wichtig neben anderen Lebensbereichen. (*Lipset* 1960).

Diese Absagen an die Kompatibilität von Demokratie und einem dichotomischen, extrem ideologischen, nur Schwarz und Weiß wahrnehmenden Politikverständnis kann als Absage an ein naives Bild von Demokratie verstanden werden: Demokratie als System zur Definition von Wahrheit, die der Unwahrheit streng und unversöhnlich gegenübergestellt ist. In diesem Sinn sind *Downs* und *Lipset* zu verstehen – sie zerstören einen Absolutheitsanspruch, der im Alltag einer stabilen Demokratie keinen Platz hat. Parteien, die – etwa im Sinne eines marxistischen Zuganges – Politik zunächst als Teil eines antagonistischen Konfliktes begreifen, in dem nur eine Seite „siegen" kann und – Folge der Geschichtsmächtigkeit – auch siegen muß, werden entweder (Beispiel: die Adaptionsgeschichte der europäischen Sozialdemokratie) allmählich „entideologisiert"; oder aber (Beispiel: *Lenins* Bolschewiki) sie lassen Demokratie erst gar nicht zu.

*Downs* und *Lipset* lassen sich aber nicht als Stützung einer Personalisierungstheorie benützen, wenn diese nicht die subjektive Wahrnehmung, sondern die objektive Bedeutung von *leadership* ausdrücken soll. Natürlich kann im Zuge eines in Europa oft „Amerikanisierung" genannten Entwicklungs- und Stabilisierungsprozesses von Demokratie die Partei-, Ideologie- und Traditionsorientierung von WählerInnen immer mehr einer Persönlichkeitsorientierung Platz machen. Selbstverständlich ist, empirisch meßbar, das Gewicht des Faktors „Ideologie" bei der Beeinflussung politischen Handelns in stabilen Demokratien tendenziell rückläufig – und das Gewicht des Faktors „Person" nimmt tendenziell zu. Aber dies sagt überhaupt nichts darüber aus, ob diese sich in einem konkreten Verhalten ausdrückende Wahrnehmung auch die tatsächliche Bedeutung der gewählten Personen reflektiert. „Persönlichkeit" als wahlentscheidender Faktor ist die eine Seite – und dieser Faktor betrifft immer das „image", das subjektiv perzipierte Erscheinungsbild etwa eines Spitzenkandidaten einer Partei. Die tatsächliche Wirkung dieser Person – als „leader" – ist aber immer eine vollkommen andere Seite. Ob ein (wieder)gewählter Spitzenkandidat als „leader", also als Präsident, Premier oder Kanzler einen unverwechselbaren Einfluß auf die realen politischen Entwicklungen hat, ist von der Persönlichkeitsorientierung der WählerInnen und vom Trend zur Personalisierung vollkommen unabhängig. Es handelt sich dabei um zwei miteinander nicht direkt verbundene Ebenen von Politik.

Indirekt sind diese Ebenen freilich doch miteinander verbunden. Denn eine stabile Demokratie baut auf einem sich ständig verstärkenden Marktmechanismus, der die in einem permanenten Konkurrenzverhältnis stehenden politischen Anbieter – sprich Parteien und KandidatInnen – zu einem ständigen Anpassungsverhalten an die politische Nachfrage zwingt; also an die mit den Mitteln der Demoskopie ununterbrochen beobachteten Präferenzen der WählerInnen. Dieser Mechanismus des Marktes führt zunächst zur Abschleifung „ideologischer" Unterschiede der alten Weltanschauungs- und Klassenparteien, zu deren Transformation in Allerwelts- und Volksparteien und schließlich zu deren Überlagerung durch den Faktor Persönlichkeit. Aber dieser Prozeß leitet gleichzeitig auch eine Konvergenz ein, die nicht nur eine Konvergenz der Parteien, die auch und erst recht eine Konvergenz der Personen ist: Personen treten gegeneinander an, die – Konsequenz der allen zugänglichen Ergebnisse der politischen Marktforschung – letztendlich nur dieselbe oder zumindest die analoge *leadership* im Sinne von Inhalten versprechen können und dürfen; die aber diese Austauschbarkeit durch eine oft kraß überzeichnete Differenz in Stil und Form auszugleichen versuchen (müssen). *Leadership* wird groß geschrieben – wird versprochen und eingefordert; aber *leadership* wird nur als Hülle, nicht als Inhalt produziert und vorgeführt. Denn sobald ein bestimmter Inhalt am politischen Markt erfolgreich ist, wird die Konkurrenz denselben Inhalt offerieren – und damit ist die Unverwechselbarkeit politischer Inhalte dahin. *Leadership* wird austauschbar, muß austauschbar werden.

*Max Webers* Begriff von „charismatischer" Führung ist diesem Mechanismus der Adaption und Konvergenz unversöhnlich entgegengesetzt. *Weber* interessierte sich vor allem für „die Herrschaft kraft Hingabe der Gehorchenden an das rein persönliche 'Charisma' des 'Führers'." (*Weber* 1968, 10) *Webers* typologische Bezüge weisen in eine eindeutige Richtung: Er verbindet „Charisma" assoziativ mit Propheten, mit Kriegsherren, mit Magiern, Bandenführern, Condottieri; also mit Beispielen politischen Tätigseins, die durch eines verbunden sind – durch ihre nicht-demokratischen Rahmenbedingungen. Das Element der Freiwilligkeit („Hingabe der Gehorchenden"), das zur charismatischen Führerschaft gehört und diese von einer auf unmittelbaren Zwang bauenden Autorität unterscheidet, ist sicherlich nicht als ein allein ausreichendes konstitutives Element der Demokratie aufzufassen. Nicht charismatische Führung, sondern die Funktionalität des in die Routine eines stabilen Systems mit berechenbaren Prozessen eingebetteten Berufspolitikers

– der nicht nur für, sondern auch von der Politik lebt – macht erst Führung und Demokratie kompatibel.

Weber gibt diesem nicht durch Charisma, sondern durch Routine charakterisierten Politiker freilich auch ein ethisches Postulat mit: die Verantwortungsethik. Diese und nicht die im ethischen Gestus bestehende Gesinnungsethik soll den (demokratischen) Politiker bestimmen – jene Vorgabe, „daß man für die (voraussehbaren) Folgen seines Handelns aufzukommen hat." (*Weber* 1968, 58)

Von dort führt nur ein Schritt zur Theorie des kleineren Übels, das für *Weber* so zum Wesen der Verantwortungsethik und damit aber zum Kern der demokratischen Führung wird: „Keine Ethik der Welt kommt um die Tatsache herum, daß die Erreichung 'guter' Zwecke in zahlreichen Fällen daran gebunden ist, daß man sittlich bedenkliche oder mindestens gefährliche Mittel und die Möglichkeit oder auch die Wahrscheinlichkeit übler Nebenerfolge mit in den Kauf nimmt ..." (*Weber* 1969, 58)

General *Jaruzelski* hat im Dezember 1981 vermutlich nicht an Max *Weber* gedacht – und er beruft sich in seinen Erinnerungen auch nicht auf *Webers* theoretisches Konstrukt. Aber Weber liefert exakt die Logik, die *Jaruzelskis* Argumentation verständlich macht.

Diese Logik des kleineren Übels wird von Weber nicht zufällig mit Politik schlechthin in Verbindung gebracht. Politik ist immer ein Schritt über die Gesinnungsethik hinaus; und die damit verbundenen Risiken machen *leadership* aus. Nur: Wenn *leadership* die Unverwechselbarkeit der Handschrift einer Person in der Geschichte bedeutet, und wenn gerade die Routine stabiler Demokratien diese Unverwechselbarkeit tendenziell zerstört – was bleibt dann von Führung?

Es bliebe eben die charismatische; oder, mit *James MacGregor Burns*, die „transformierende *leadership*". Diese wird durch eine qualitative Beziehung zwischen „Führer" und „Gefolgschaft" definiert: Die Führung verändert die Gefolgschaft (und damit die Gesellschaft) entscheidend. Doch die Variationen der transformierenden Führung zeigen, daß dafür stabile Demokratien kaum Platz lassen: *Burns* nennt die „revolutionäre" Führung, die zwar Demokratien errichten kann, die aber eben nicht in einer stabilen Demokratie Platz hat; und er nennt die „Heroen und Ideologen", die in die Routine der Demokratie ebensowenig passen wie die „Intellektuellen", die ihre Führung als moralische Autorität üben – also Personen, die als Zurufer von außen Bewußtsein prägen und damit den politischen Markt beeinflussen, die aber selbst diesem Markt und seinen Regeln nicht unterworfen sind – jedenfalls nicht in ihrer Eigenschaft als Heroen, Ideologen und Intellektuelle. Bleibt, nach *Burns*, die „reform *leadership*" – und die Beispiele, die Burns dafür nennt, sind nicht zufällig solche aus beginnenden Stabilisierungsphasen von Demokratien (Großbritannien und USA im 18. und 19. Jahrhundert). (*Burns* 1978, 141-254).

Die Stabilisierung, die Routinisierung der Politik – Ziel der Demokratisierung eines politischen Systems – höhlt die Voraussetzung transformierender Führung aus. Als „leader" bleiben diejenigen, die sich der Demokratie als Boden bedienen, ohne ihren eisernen Regeln unterworfen zu sein – die Moralisten, die mit ihrer Gesinnungsethik über das Bewußtsein der WählerInnen die politische Nachfrage und damit das politische Angebot beeinflussen, ohne selbst Politik anbieten zu müssen. Es bleiben die *Savonarolas* und *Gandhis*, die *Marx'* und *Sartres*, die Moral verkünden – ohne zur Politik verpflichtet zu sein; ohne sich der Kärnerarbeit des Abwägens zwischen den Übeln stellen, ohne sich einem demokratischen Wettbewerb unterwerfen zu müssen. Dort, wo sie dies ansatzweise dann doch zu unternehmen haben, geht es zumeist sehr schlecht – die Tragik der Gottesreiche von *Calvin* bis *Lenin* ist jedenfalls die stärkere Evidenz als die insgesamt wohl geglückte Umsetzung der Vision *Gandhis*.

Aber auch *Gandhis* Ethik war und ist – Ergebnis der Stabilisierung der indischen Demokratie – dem Abschleifungsprozeß ausgesetzt, der die im Zuge politischer Realisierung unvermeidliche Überleitung von Gesinnungs- zu Verantwortungsethik begleitet: Die indischen Streitkräfte und die von ihnen geführten Kriege gegen Pakistan (1947, 1965 und 1971) sind Ausdruck dieser Umwandlung von charismatischer (transformierender) Führung intellektueller und moralischer Natur in eine Führung demokratischer Routine.

Die Führung durch intellektuelle und moralische Kraft muß denjenigen, die in die ehernen Spielregeln eines stabilen demokratischen Systems eingebettet sind, als unglaublicher Luxus vorkommen: Meinungen vertreten und propagieren zu können, die nicht nach den Mustern der gerade aktuellen, demoskopisch begründeten Marktstrategien permanent zu korrigieren sind, ist jedenfalls jenseits des für demokratische PolitikerInnen Erlaubten. Es ist eine Art von Führung, die zwar Demokratie als Rahmenbedingung mehr oder weniger voraussetzt – die sich aber den Spielregeln eben dieser Demokratie nicht zu stellen braucht.

Was innerhalb dieser Spielregeln bleibt, das ist – nach *Burns* – „transactional *leadership*". (*Burns* 1978, 257-397) Personen beteiligen sich – als Individuen – an politischen Prozessen. Sie können in Parlamenten und Regierungen, in Parteien und Medien ihre Beiträge zu politischen Entscheidungen leisten. Aber wenn Demokratie stabil ist, dann bleibt eben nur, die demoskopische Großwetterlage richtig zu lesen – oder aber als „Meinungsführer" im Sinne der intellektuellen und moralischen Kraft, ohne unmittelbare Abhängigkeit vom politischen Markt, das heißt aber ohne Amt und ohne institutionalisierte Funktion, die Nachfrage zu beeinflussen.

Natürlich ist es sinnvoll, unter Zuhilfenahme verschiedener Diszipline wissenschaftlich auszuloten, welcher Typus von Mensch sich unter bestimmten Rahmenbedingungen eher zu einer Führungsfunktion drängt. Selbstverständlich kann mit den Mitteln der Psychologie Erkenntnis gewonnen werden, wer sich unter welchen Verhältnissen eher als „Führer" offeriert. Und es macht immer einen Sinn, im Rahmen der historischen Sozialwissenschaften eine Typologie von erlebter, erfahrener *leadership* zu erarbeiten: vom Typus des Bonaparte, des „man on horseback", der die Grauzone zwischen Militär und Politik überschreitet (*Finer* 1976), bis zum Typus des prophetischen Perfektionisten, der durch permanente (Kultur-) Revolutionen die Gesellschaft in ständer Unruhe hält – eben um Stabilisierung und damit Routinisierung und damit wiederum Erosion von *leadership* zu verhindern.

Aber es fällt auf, daß die Typologien von *leadership* sich im allgemeinen – dem Ansatz der „transformalen" Führung folgend – auf Beispiele von Diktaturen oder von Demokratien in der Krise, bzw. im Übergang stützen – auf *Lenin, Mussolini, Hitler, Stalin, Mao* in der ersten, auf *Roosevelt, Churchill, De Gaulle, Adenauer, Nehru* in der zweiten dieser Kategorien. (*Blondel* 1987) Dort, wo auf stabile demokratische Bedingungen Bezug genommen wird, bleibt – wie bei Burns und seiner „transactional *leadership*" – die Frage nach der Unverzichtbarkeit einer bestimmten Person offen, wird auf bestimmte Faktoren (Stärke der Bürokratie, Verhältnis zur Opposition, etc.) verwiesen. Das Fehlen einer Typologie von politischer Führung – im Sinne der persönlichen Nicht-Austauschbarkeit – in stabilen Demokratien ist wohl kein Zufall.

Die Skepsis, die aus *David Wilsfords* Hypothesen spricht, ist nur die Konsequenz der tendenziellen Unvereinbarkeit von Demokratie und *leadership*: Selbst charismatische Führer, so *Wilsford*, könnten Reformen nur beschleunigen oder verlangsamen – nicht aber herbeizwingen, bzw. gegen die Richtung strukturellen Wandels verhindern. (*Wilsford* 1995, XIVf.) Wenn dies schon für charismatische Führung angenommen wird – was muß dann erst für die routinisierte gelten!

Es bleibt, die Illusion von *leadership* zu fördern. Der ist in einer stabilen Demokratie erfolgreicher Führer, der seine Marktanpassung in Form eines professionellen Marketings als „leaderhip" zu verkaufen versteht – um so eine vordemokratische Sehnsucht nach Klarheit und Eindeutigkeit, um so ein atavistisches Bedürfnis nach einer geordneten Führer-Gefolgschafts-Beziehung befriedigen zu können. Erfolgreich ist, wer Gesinnungsethik vortäuscht – am besten auch gleich sich selbst gegenüber; und wer sich – vielleicht – auf diese Weise das Reflektieren über und die Wahrnehmung von Verantwortungsethik erspart; und damit das Nachdenken über das mühsame Bohren dicker, harter Bretter, das die eigentliche Politik ausmacht. Erfolgreich ist, wer zwischen der Sonntagsrhetorik und der Werktagspraxis einen möglichst breiten Graben zieht – und diesen möglichst vor sich selbst verbirgt.

Und die fördern die Illusion von *leadership* am wirkungsvollsten, die – als „leader" – subjektiv selbst daran glauben. *Robert McNamara*, als Verteidigungsminister der Präsidenten *Kennedy* und *Johnson* ein wichtiger Entscheidungsträger, versuchte Jahrzehnte nach seiner Tätigkeit in der Regierung nachzuzeichnen, wie es zur Katastrophe von Vietnam kommen konnte. *McNamaras* Bereitschaft zur selbstkritischen Analyse ist beeindruckend. Aber an einem Bestandteil der alten Rechtfertigungen hält er fest: Niemals seien innenpolitische Motive für die Vietnam-Politik entscheidend gewesen; immer sei geopolitischen Überlegungen, insbesondere in Konsequenz der (von *McNamara* rückblickend kritisierten) Domino-Theorie, die Priorität zugekommen. (*McNamara* 1995, 102, 115)

Doch fast im selben Atemzug schildert er eine interessante Erfahrung: Kurze Zeit nach dem Sturz (und der Ermordung) *Ngo Dinh Diems* – die kritische Bewertung der amerikanischen Beteiligung daran ist Teil von *McNamaras* Selbstkritik – und nach der Ermordung Präsident *Kennedys* schickte ihn der neue Präsident der USA, *Johnson*, zum neuen Präsidenten Süd-Vietnams, *Nguyen Khanh*. Johnson gab *McNamara* folgenden zentralen Auftrag mit auf den Weg: „Bob, ich will dich auf tausend Fotos mit *General Khanh* sehen, lächelnd und winkend ..." (*McNamara* 1995, 112)

*Johnson* erhielt seine Fotos, sie gingen durch die Weltpresse. Und *McNamara*, der sich niemals einer Wahl gestellt hatte und dem daher die Legitimierungstechniken eines Wahlkampfes persönlich fremd waren, kam sich vor wie ein – „Politiker". „Politiker", das ist für den nach den beiden Präsidenten wohl wichtigsten Verantwortlichen der US-amerikanischen Vietnam-Politik ein eher negativ besetztes Wort. Und vor allem steht es im Gegensatz zu *leadership*. Die hat mit innenpolitischen Kalkülen nichts zu tun – mit „Politik" im Sinne von *politics* aber ebensowenig.

*McNamara* hatte natürlich erkannt, daß das ständige Medienduett zwischen *Khahn* und ihm dem permanenten Wahlkampf des neuen US-Präsidenten dienen sollte. Dem Ansehen des südvietnamesischen Präsidenten war dies durchaus abträglich – der kam umso mehr in den Geruch einer Abhängigkeit vom Ausland. Aber Johnson hatte seine Fotos. Und trotzdem will *McNamara* daran festhalten, daß innenpolitische Motive für die Vietnam-Politik keine entscheidende Rolle spielen. Und dieses Festhalten hat den Charakter eines Glaubens: „Natürlich berücksichtigt jeder Präsident die Innenpolitik, aber ich glaube nicht, daß die Fehler der Regierungen *Kennedy* und *Johnson* in Vietnam auf dieser Grundlage erklärt werden können." (*McNamara* 1995, 115)

*McNamara* klammert sich an einen Mythos. Deshalb flüchtet er – aus der Welt der Realität – in die Welt des Glaubens. Denn die Welt der Realität müßte ihn, den erfolgreichen Manager der Ford Corporation, des Verteidigungsministeriums und der Weltbank, eines Besseren belehren.

Für diese Welt der Realität spricht *David Halberstam*. Er schreibt, hier durchaus mit *McNamara* übereinstimmend, über die Zweifel, die Präsident *Kennedy* in den letzten Wochen seines Lebens beherrschten: War die von ihm eingeleitete Eskalation, war die Vervielfachung des US-Militärpersonals, war die zunehmende Direktverantwortung der USA in und für Vietnam wirklich das geeignete Instrument, das erklärte Ziel zu erreichen – die Verhinderung einer kommunistischen Regierung in Saigon? Und *Halberstam* resumiert:

„In den letzten Wochen seines Lebens sprach er (*John F. Kennedy* – A.P.) mit einigen Mitarbeitern ... darüber, bis 1964 durchzuhalten, damit die Verpflichtung (gegenüber Vietnam – A.P.) nicht zum Angriffsobjekt *Goldwaters* gemacht werden kann, um danach aber durch Verhandlungen einen Ausweg zu suchen." (*Halberstam* 1972, 367) *Kennedy* machte also sehr wohl den Termin der Präsidentschaftswahl (November 1964) und die zu erwartende Kritik seines wahrscheinlichen republikanischen Gegenkandidaten, *Goldwater*, zur Richtschnur seiner Vietnam-Politik. Doch das entspricht nicht dem Bild, das *McNamara* gerne sehen möchte – *leadership* ohne solche offenkundig „schmutzigen" Kalküle wie die Berücksichtigung der Chancen auf die Wiederwahl.

*McNamara* unterliegt dabei einer erstaunlich naiven Fehleinschätzung. Am Beginn der Präsidentschaft *Kennedys* diskutierte er mit diesem die Chancen einer Präsidentschaft. Als Ergebnis dieses Gedankenaustausches zeichnete er eine Graphik, die die „Macht" des Präsidenten mit der Dauer seiner Amtszeit negativ korelliert. Mit anderen Worten: Ein neu gewählter Präsident ist am Beginn stark, nur um dann immer schwächer zu werden. (*McNamara* 1995, 93) Doch obwohl *McNamara* dabei eine achtjährige Präsidentschaft unterstellte, berücksichtigte er überhaupt nicht den Einschnitt, den der (Wieder)Wahlkampf bedeuten muß – Wahlen gab es für ihn nicht, oder er wollte ihre die Illusion von *leadership* so störende Wirkung negieren.

*Richard Nixon* hatte andere Vorstellungen. Er setzte alles auf die Wiederwahl, und er sah den Höhepunkt seiner Macht nicht nach seiner ersten, sondern nach seiner zweiten Wahl. Der *Nixon*, den die Beobachter für die Zeit des November und Dezember 1972 zeichnen – unmittelbar nach seinem Erdrutsch-Sieg über *George McGovern*, ist *Nixon* am Gipfelpunkt der Hybris: rücksichtslos gegenüber der Opposition, arrogant gegenüber seinen Anhängern. (*Ambrose* 1991, 11-37) *Nixons* Annahme vom Zusammenhang zwischen Amtsdauer und Macht war gewiß realistischer als die, die *McNamara* mit Berufung auf *Kennedy* aufzeichnete – aber auch *Nixon* unterlag in der seinem Verhalten unterlegten Theorie über präsidentielle *leadership* einer Fehlkalkulation: Die „checks and balances" des US-amerikanischen Systems sorgten dafür, daß auch ein so überlegen wiedergewählter Präsident sich nicht ungestraft allzu weit von den Erfordernissen des politischen Marktes, also von den Spielregeln des demokratischen Systems entfernen darf. (*Siehe Skizze*)

Die Aufrechterhaltung einer Theorie von demokratischer *leadership*, die mehr ist als die Funktionswahrnehmung routinisierter Amtsinhaber(innen), gleicht der Quadratur des Kreises. Es soll Demokratie sein – und sie soll möglichst stabil sein, soll dem Volkswillen entsprechen, soll das Gemeinwohl verwirklichen, soll das Wahre, Gute und Schöne für die größtmögliche Zahl von Personen verwirklichen. Und es soll *leadership* sein – als die verantwortungsvolle Rolle hochqualifizierter und hochmoralischer und nicht austauschbarer Personen, die auch vor der Aufgabe unpopulärer Entscheidungen nicht zurückschrecken.

**Zusammenhang zwischen präsidentieller Macht und Amtsdauer**

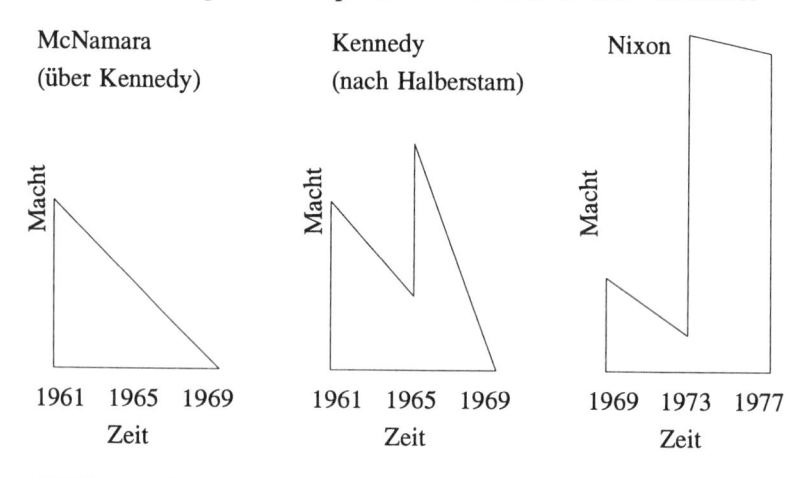

McNamara (über Kennedy) | Kennedy (nach Halberstam) | Nixon

(*McNamara* für *Kennedy* in *McNamara* 1995, 93)

Es soll A sein; und es soll B sein. Und A und B sollen harmonisierbar sein. Obwohl A und B sich zueinander wie Feuer und Wasser verhalten.

Does *leadership* make a difference? In der Demokratie, so die Antwort, eigentlich nicht – es ist geradezu die Aufgabe der Demokratie, jedweder *leadership* die persönliche Signifikanz zu entziehen. In der Demokratie, so ebenfalls die Antwort, möglichst doch – als Illusion.

## 9. Von der Skepsis gegenüber zuviel Demokratie

*Verfassung gegen Tyrannei – Die Angst vor der Mehrheit – Lincolns Widersprüchlichkeit – Babeufs Ungeduld – Demokratie von oben?*

Als die amerikanische Revolution durch den Sieg über die Truppen des britischen Monarchen gesichert schien, gingen die Revolutionäre daran, eine politische Ordnung aufzubauen. Sollten die 13 Staaten eine Föderation, also eine Union bilden – oder sich bloß zu einer lockeren Konföderation zusammenschließen? Das war die eine Frage, die es zu entscheiden galt. Und, zweitens: sollte es eine möglichst starke Regierung geben – oder nur ein Minimum an „government", also an Institutionen, die allgemein verbindliche Entscheidungen treffen könnten?

In beiden zentralen Fragen setzten sich mehr oder weniger die „Federalists" durch – Vertreter einer möglichst stark regierten Union, Repräsentanten vor allem des städtischen Bürgertums. Eine Union mit einer starken Regierung sollte auch den Interessen von Industrie, Gewerbe und Handel dienen, denen die Kleinstaaterei und die Plantagenbesitzer, denen *Thomas Jefferson* verpflichtet war, nicht dienen konnten.

Der Königsgedanke der „Federalists" waren die „checks and balances". Die Gewalten, die in Fortführung *Lockes* und *Montesquieus* dreigeteilt und getrennt gedacht wurden, sollten gleichzeitig miteinander so eng verflochten werden, daß keine ohne die anderen bestimmen konnte. Der Grund dafür war die Angst vor der Tyrannei; vor der Tyrannei eines einzigen, vor der Tyrannei einer Minderheit, aber auch und vor allem vor der Tyrannei der Mehrheit.

*James Madison* drückte dies so aus: Es sei von größter Wichtigkeit in einer Republik, die Gesellschaft nicht nur gegenüber der Willkür („oppression") der Regierenden zu schützen, sondern auch einen Teil der Gesellschaft gegenüber einem anderen Teil. Und dann: „If a majority be united by a common interest, the right of the minority will be insecure." (*Hamilton, Madison* and *Jay*, On the Constitution, No. 51)

Die Verfassung der Republik müsse also auch Schutz vor der Mehrheit bieten. Oder, mit anderen Worten: Die Verfassung müsse Garantien gegenüber einer undifferenzierten Herrschaft des Volkes beinhalten. Die politische Ordnung müsse jeder Form von Machtkonzentration entgegentreten können – der konzentrierten Macht der Herrschenden ebenso wie der einer Minderheit in der Gesellschaft, aber auch und insbesondere der Diktatur der Mehrheit. Die Form der Ordnung, die Verfassung, sollte nicht einfach die „Volksherrschaft" ausdrücken – sondern ein komplexes System zur Ausbalancierung der verschiedensten Herrschaftsinteressen.

Die polemische Absicherung gegen eine mögliche Mehrheitstyrannei war ein semantischer Trick, um zu verstecken, daß es um die Reduktion von Demokratie überhaupt ging. Demokratie sollte sein – aber nicht zuviel. Das Volk sollte etwas mitzubestimmen haben – aber nur beschränkt. Die Demokratie der „Federalists" und damit die der USA war von Anfang an von der Skepsis gegenüber „dem Volk" gekennzeichnet. Die real existierende Demokratie, ausgedrückt durch ein und verregelt von einem auf die Theorien und Interessen der „Federalists" zurückgehenden Verfassungssystem, wollte um der Demokratie willen die Demokratie begrenzt sehen.

*James Madison* hatte eben deshalb zwischen „Republik" und „Demokratie" unterschieden. Die erstere sei repräsentativ – regiert würde durch „Delegation", durch Wahl einer kleinen Zahl von Vertetern; und überdies sei die Republik für den Flächenstaat mit seiner großen Zahl von Bürgern gedacht; die Demokratie hingegen für die kleinen Einheiten, für die Städte und Landgemeinden, die auch direkte Demokratie zuließen, und deren Funktionieren ja in den „townships" von New England beobachtet werden konnte. (*Hamilton, Madison* and *Jay*, On the Constitution, No. 10)

Die „Federalists" wollten vor allem die Entscheidungs- und Handlungsfähigkeit der Union sichern. *Alexander Hamilton* drückte dies im Abschnitt „The Need for a Government with the Power to Govern" aus. (*Hamilton, Madison* and *Jay*, On the Constitution, No. 23, No. 26) Die Federalists wollten die Politikfähigkeit der Union garantieren. Und eben deshalb mußten die Rechte des Volkes beschränkt bleiben – die Verfassung der USA sieht nicht nur keine direkte Demokratie vor; auch die Direktwahl war ursprünglich auf eines der beiden Häuser des Kongresses beschränkt.

Angesichts der föderalen Struktur der USA ging es bei dieser Sorge um die Entscheidungs- und Handlungsfähigkeit der USA vor allem um die außenpolitischen Belange. Die anderen Kompetenzen blieben ja schwergewichtig den Staaten. In der Außenpolitik sollte es aber klar *leadership* geben – durch den Präsidenten, kontrolliert durch die Mitwirkungsrechte des Senats. *Leadership* sollte sein – gewährleistet durch die beiden Verfassungsorgane, die nach dem Willen der „Federalists" eben nicht direkt, sondern nur indirekt demokratisch bestellt wurden. Das „Volk" sollte nur in mehrfach gebrochener, in höchst indirekter Weise an der Führung der Politik der USA beteiligt werden.

Das „Volk" wurde zwar als Quelle der Legitimation von Herrschaft akzeptiert – aber für die Gestaltung der Politik, für die Wahrnehmung von *leadership*, wurde es als potentiell lästig eingestuft. *Leadership* und Demokratie in einem permanenten Spannungsverhältnis – das ist der Grundakkord der repräsentativen Demokratie, wie sie erstmals konsequent und mit Beispielsfolgen rund um die US-Verfassung von 1787 konstruiert wurde.

Diese Vorstellung einer um ihrer selbst willen beschränkten Demokratie reibt sich aber mit dem Anspruch, mit dem Mythos von Demokratie schlechthin. „We, the People of the United States" – diese Legitimation läßt sich nur schwer in Einklang mit der Mehrheits- und damit Demokratieskepsis der „Federalists" bringen. Wenn dieses „We, the People" eigentlich gar nicht existiert, sondern fein säuberlich in Mehrheit und Minderheit, in Regierende und Regierte zu trennen ist? Oder etwa in Besitzende und Besitzlose, in Herren und Sklaven, in Frauen und Männer? Wird dann nicht „das Volk" zum Kunstbegriff, zur Ideologie? Und wie ist es dann mit Demokratie überhaupt – zerfällt sie nicht bei einer solchen kritisch-analytischen Betrachtung?

Dieses Spannungsfeld zwischen radikaldemokratischer Semantik und demokratiebegrenzender Struktur wurde von *Abraham Lincoln* paradox zugespitzt: Als Präsident berief er sich auf die Unauflöslichkeit der Union – und setzte diese mit Waffengewalt durch. Als (Bürger-)Kriegspräsident schränkte er die Grundrechte der Bürger ebenso ein wie die Rechte der Staaten. Aus der Sicht der „Federalists" war es daher gar nicht so demagogisch verfehlt, wenn *Lincolns* Mörder nach dem verhängnisvollen Attentat theatralisch „Sic semper tyrannos!" rief. Und doch war es dieser *Lincoln*, der um seiner persönlichen Herrschaft willen das komplexe System der „checks and balances" ausgehöhlt hatte, der 1863 die klassische Formel des identitären Demokratiebegriffes prägte: „Regierung des Volkes, für das Volk und durch das Volk." *Lincoln* sprengte die demokratieskeptische, die reduktionistische Rhetorik der

Verfassung – und er verschob, er verletzte auch deren „checks and balances". Aber während er in seiner Rhetorik Radikaldemokrat war, war er in seiner Praxis eher der Diktator, der sich von der Republik auf Zeit zur Ausnahmeherrschaft berufen sah. (*McPherson* 1991)

*Lincoln* bewies in einer Art und Weise *leadership*, wie das vor ihm kein Präsident getan hatte – und wie das nach ihm nur noch *Franklin D. Roosevelt* tun würde. Es gibt wohl keinen Zweifel daran, daß die Person *Lincolns* den Ablauf der US-Geschichte entscheidend beeinflußt hat. Ohne seine Führung wäre der Ausgang des Bürgerkrieges militärisch und erst recht politisch mehr als zweifelhaft. Ohne seine Führung hätte es vielleicht gar keinen Bürgerkrieg gegeben. In seiner Führung bediente er sich aber ganz bewußt einer Doppelstrategie: in der Sprache radikaldemokratisch – in der Praxis autoritär. Daß er dies mit Berufung auf den Ausnahmezustand des Krieges tat; und daß er dabei immer die hehren Ziele der Union zur Rechtfertigung anführte, ändert am quasi-diktatorischen Charakter seines Regierungsstils nichts.

*Lincoln* gewann den Bürgerkrieg auch durch die Dialektik seiner Doppelstrategie. Mit seiner Rhetorik – „Metaphors" – half er entscheidend mit, den Krieg zu gewinnen. (*McPherson* 1991, 93-112) Denn er schaffte sich so Legitimation. Er gab dem Krieg des rassistischen, aber nicht sklavenhaltenden Nordens gegen den ebenso rassistischen, aber sklavenhaltenden Süden ein Programm. Er gab dem Krieg einen Sinn.

*Lincoln* bemühte das abstrakte Volk, ohne das konkrete wirklich an seinen Entscheidungen zu beteiligen. Daß er 1864 wiedergewählt wurde, verdankte er den gerade rechtzeitig eingetretenen militärischen Erfolgen – nicht einer von ihm ermöglichten Partizipation der Bürger an seiner Politik. *Lincoln* ist damit der idealtypische Repräsentant der demokratischen Elitenherrschaft. (*Bachrach* 1967) Er deckte mit einem radikaldemokratischen Wortschwall das reale Demokratiedefizit seiner Politik zu. Er entschied elitär, aber er konnte seine Entscheidungen demokratisch einhüllen. Er führte die Technik der Demokratie als Verpackung elitärer Herrschaft meisterhaft vor.

Die Demokratieskepsis der „Federalists" ist mit deren skeptischer Anthropologie kausal verbunden. *Robert A. Dahl* sieht als allererste Grundlage dessen, was er „Madisonische Demokratie" nennt und was dem Begriff von „Republik" bei Madison entspricht, in einer fast Hobbesschen Skepsis gegenüber der Natur des Menschen. Die Demokratieskepsis beruhe auf der Auffassung, daß – falls nicht von äußeren Kontrollen daran gehindert – jeder Mensch (oder jede Gruppe von Menschen) andere tyrannisieren würde.

(*Dahl* 1956, 6) Der Mensch ist dem Menschen ein Tyrann – falls er daran nicht gehindert wird.

Dieses Menschenbild dient hervorragend zur Begründung des elitären Charakters real existierender Demokratie. Um den Ausbruch des Wölfischen im Menschen zu verhindern, braucht es – dem Leviathan gleich – die Herrschaft der Eliten. Diese sind nicht durch Gottesgnadentum, auch nicht durch aristokratische Herkunft zur Herrschaft legitimiert – sie nehmen die Mühsal der Herrschaft auf sich, um die Beherrschten vor deren selbstzerstörerischen Neigungen zu schützen. Anders aber als bei *Thomas Hobbes* ist der Vertrag zwischen Herrschern und Beherrschten, zwischen Elite und Masse nicht bloß fiktiv – er ist real; und das heißt, er ist kündbar. Das Demokratische an dieser Form von Elitenherrschaft ist, daß die Eliten Wahlen gewinnen müssen, um zu regieren.

Aus Gründen der durch die Wahlen notwendig gewordenen Verkaufstechnik mögen die Eliten zwar behaupten, daß sie nur um des Gemeinwohles, also um des Wohles des Volkes willen die Bürde der Regierung zu tragen bereit sind. Den „klassischen" Elitetheoretikern, *Gaetano Mosca* und *Vilfredo Pareto*, war aber immer klar, daß die eigentliche Triebfeder der Eliten der Eigennutz sein müsse – und nicht humanistische Selbstlosigkeit. (*Bachrach* 1967)

Diese eigentliche Wurzel der Elitenherrschaft darf so nicht zugestanden werden. Es braucht die Verkaufstechnik der radikaldemokratischen Rhetorik. Es braucht die identitären Formeln à la *Lincoln*. Und diese Rhetorik kann ihr Eigenleben entfalten und auf diese Weise dem komplexen, dialektischen Gleichgewicht zwischen Fassade und Inhalt, zwischen Anspruch und Wirklichkeit gefährlich werden – ein Gleichgewicht, das für die Stabilität der real existierenden Demokratie notwendig ist.

Die Tendenzen, die Demokratie beim Wort zu nehmen und das Elitäre an ihr nicht als unvermeidliche Konzession an die Begrenzungen der menschlichen Natur (wie dies indirekt den „Federalist Papers" zugrundeliegt) oder an die Notwendigkeit gesellschaftlicher Arbeitsteilung (wie *Madisons* „Republik"-Argumente direkt formuliert sind), sondern als Verirrung zu bewerten, sind einerseits Korrektiv gegenüber dem Eigeninteresse der Eliten; andererseits werden aber die radikaldemokratischen Kritiker auch als potentiell totalitär gesehen. Denn folgt man dem skeptischen Denkansatz der „Federalists", so würde ja die Entfesselung des „Volkes", das heißt die Befreiung des Willens (und der Interessen) der Mehrheit von den Beschränkungen der „checks and balances", den Weg zur Tyrannis freimachen – zur Tyrannei der Mehrheit.

Die Ursprünge einer (je nach Bewertung) „radikalen" oder „totalitären" Demokratieauffassung sind daher auch folgerichtig bei den theoriegeschichtlichen Gegenspielern der „Federalists" zu sehen. *J.L. Talmon* sieht *Jean Jacques Rousseau* als den ersten Vertreter einer „totalitären Demokratie", die Jakobiner als pragmatische Improvisateure in *Rousseaus* Tradition und *Francois Babeuf* als den – theoretischen – Vollender. (*Talmon* 1986) Das potentiell Totalitäre ist der undifferenzierte Begriff von Volk, der in *Rousseaus* volonté générale zum Ausdruck kommt – unter Verzicht auf die Differenzierung in Mehrheit und Minderheit, aber auch in Männer und Frauen, in Besitzende und Besitzlose.

*Babeuf* steht in mehrfacher Hinsicht für den Brückenschlag zwischen radikaler Demokratie und Sozialismus. Er (und seine Mitstreiter) dachten die Gleichheitsformel der Revolution zu deren konsequenten, insbesondere auch ökonomischen Ende – bis zur Aufhebung des Privateigentums. In diesem Sinne beginnt mit Babeuf der Frühsozialismus. Aber mit Babeuf beginnt auch die leninistische Versuchung: Als Gegengewicht gegen die Eigeninteressen der Volksversammlung propagierte er deren maximale Bindung an den plebiszitären Volkswillen – genau das entspricht dem Denkansatz der (vorleninistischen) Rätedemokratie. Als Gegengewicht gegenüber einem „bloß" quantifizierten, plebiszitären Volkswillen eröffnet sich ihm aber auch die (leninistische) Idee der revolutionären Avantgarde und, konsequenterweise, der revolutionären Diktatur. (*Talmon* 1986, 201-221)

Die – empirisch richtige – Einsicht in den elitären Charakter der repräsentativen Demokratie; der Republik im Sinne *Madisons*; aber auch der Versammlungsregierung der Französischen Revolution: Diese Erkenntnis kann die Forderung nach „mehr" Demokratie begründen; nach „mehr" Mitentscheidung, nach „mehr" Beteiligung der Betroffenen. Das ist eine immanent logische Kritik an dem Bemühen der repräsentativen Demokratie, durch Betonung der Arbeitsteilung und damit durch Reduktion von Demokratie *leadership* durch die verschiedenen Funktionsträger zu ermöglichen. Die Dynamik dieser „babouvistischen" Kritik richtet sich gegen die Fähigkeit der real existierenden Demokratie, durch Begrenzung von Demokratie *leadership* zuzulassen. Der radikaldemokratische Elan richtet sich also zunächst gegen die Madisonische Demokratiebegrenzung.

Doch nichts verlangt sosehr nach Führung, nach Eingriffen in die Geschichte, wie der radikale Wille zur Veränderung. Wenn die Begrenzung des elitären Charakters des politischen Systems allein noch nicht die gewünschten revolutionären Veränderungen bringt, dann droht der radikaldemokratische, radikal egalitäre, „babouvistische" Affekt in sein Gegenteil umzuschlagen; dann wird aus einem radikalen Antielitismus – der Wunsch nach einer neuen Elite. In Babeufs „Verschwörung der Gleichen" ist ein gutes Stück des Schicksals der Oktoberrevolution intellektuell vorweggenommen.

Der Diktator, der sich auf seine Mission beruft, die Demokratie zu vollenden; der sich auch – anders als *Lincoln* – nicht auf Zeit, sondern auf Dauer als Diktator sieht; der selbstverständlich seine Herrschaft nicht als Diktatur zu bezeichnen gestattet: Dieser Diktator begründet *leadership* in Vollendung, auch in vollendeter (Selbst)Täuschung. Er bringt *leadership* auf den „babouvistischen" (leninistischen, maoistischen) Punkt.

*Joseph II.* wird oft mit dem für seine Herrschaft charakteristischen Satz zitiert: „Alles für das Volk, aber nichts durch das Volk." Dieses Programm ist die Antithese zu *Lincolns* identitärer Demokratiedefinition. In den „Federalists" steckte ein gutes Stück Josephinismus – gebremst durch den Erfolg der Amerikanischen Revolution, den sie zu verwalten hatten. „Das Volk" konnte man nicht (mehr) in josephinischer Manier zum Empfänger von Wohltaten und anderen aufklärerischen Zuwendungen degradieren.

Ein Stück Josephinismus war auch *Franklin D. Roosevelt* eigen. Seine Politik (im Sinne von *politics*) kann als eine Art Zwischenstufe zwischen der babouvistischen, leninistischen Ungeduld und dem „Nichts durch das Volk!" angesehen werden. *Roosevelt* wußte, daß er seine politische Führung zumindest ex post zu legitimieren hatte. Spätestens bei der nächsten Wahl – und *Roosevelt* war der Rekordhalter unter den US-Präsidenten, was Wiederwahlen betraf – mußte er mit den Ergebnissen seiner *leadership* die Zustimmung der Mehrheit des „Volkes", also der aktiven Wählerschaft finden. *Roosevelt* eilte in der Außenpolitik dem herrschenden Bewußtsein voraus – aber es gelang ihm, durch eine Fülle von Faktoren (insbesondere dadurch, daß ihm die japanische und die deutsche Führung indirekt zuspielten), sein „Volk" mit den Ergebnissen seiner (außenpolitischen) *leadership* zu versöhnen; und sich selbst so Legitimation zu verschaffen. Es war eine Politik „für das Volk" (*policy*), nicht „durch das Volk" (*politics*) – aber mit einem eingebauten Veto des Volkes (*politics*).

Die Entwicklung zu mehr und immer mehr egalitärem Anspruch (in diesem Sinne auch zu immer mehr Demokratieanspruch) ist immer ein Stück Bestätigung der Elitentheorie gewesen. Es waren französische Aristokraten –

die Lafayettes und die Mirabeaus, die entscheidend zum Sturz der Monarchie beitrugen; es waren Kapitalisten – die Engels' und die Owens', die in Theorie und (ansatzweiser) Praxis zum Untergang des Kapitalismus entscheidend beitragen wollten. Es waren die Bourgeois à la *Lenin* und *Trotzki*, die eine bürgerliche Republik vernichteten; und Großbauern(söhne) wie *Mao* und *Deng*, die der Großbauernherrschaft ein Ende bereiteten. *Marx* hatte in diesem Sinne recht, wenn er davon schrieb, daß die alte Ordnung bereits in sich den Keim der neuen und damit der eigenen Zerstörung trage – aber es waren nicht nur die von der alten Ordnung herangezüchteten Kräfte des Umsturzes, es waren auch und vor allem die Abtrünnigen der anciens régimes, die an der revolutionären Umstülpung eben dieser Regime beteiligt waren.

Es waren auch die durch Erfahrung zunächst nur skeptisch gewordenen Kommunisten vom Schlage *Gorbatschows* und *Jaruzelskis*, die ihren entscheidenden elitären Beitrag zum Ende der kommunistischen Diktatur leisteten – die Diktatur der KPdSU brach nicht unter dem Ansturm revolutionärer Massen zusammen, sie implodierte vielmehr; und den Funken, der die Implosion auslöste, den zündeten die kommunistischen Parteisekretäre selbst.

Die Elitentheorie, beziehungsweise ihre VertreterInnen können sich bestätigt fühlen, weil das Ergebnis des Sturzes der einen Elitenherrschaft immer nur die Etablierung einer anderen war; aber auch, weil die Überläufer der absteigenden Elite entscheidend zur Machtübernahme der aufsteigenden beisteuerten. Für die Expansion der Demokratie – was könnte dieses Muster bedeuten? Wer sind die Überläufer, und wo bildet sich eine neue Elite?

Eine Ausweitung der Demokratie durch revolutionären Druck ist in den real existierenden, stabilen Demokratien nur schwer vorstellbar. Zu sehr sind die sozial, politisch und kulturell (relativ) Schwachen in diesen Demokratien Nutznießer von Ausschließungsmechanismen. (*Dahl* 1989) Das „Proletariat" in den reichen Ländern ist auf den kleinbürgerlichen Reflex der Wahrung des eigenen Besitzstandes gekommen. Und zu deutlich dominiert ein nationalstaatliches Denken, zu deutlich fehlt es an supranationalen Mechanismen der unmittelbaren Interessenartikulation, als daß ein revolutionärer Druck der global Ausgeschlossenen wirksam werden könnte. Das „Proletariat" der Milliarden aus den wirtschaftlich schwachen Regionen der Welt ist nicht wirklich konfliktfähig – und deshalb auch nicht revolutionsfähig.

Der Motor einer Demokratisierung – und in diesem Sinne deren *leadership* – könnten aber sehr wohl elitär akzeptierte Demokratiestandards sein, die sich allgemein zunächst intellektuell und dann auch materiell durchsetzen. Diese Standards finden ihre grundsätzliche Entsprechung im Konzept der Menschenrechte – in der seit der bürgerlichen Revolution virulenten Vorstellung, daß allen Menschen unveräußerliche Rechte angeboren sind, über die niemand politisch verfügen darf. Die Diskrepanz zwischen diesem Anspruch und der immer und überall nachhinkenden Realität kann für elitär vermitteltes Ärgernis sorgen; für eine moralische Empörung, die Gesellschaft zu verändern und Demokratie auszuweiten vermag.

Der Übergang von der südafrikanischen Apartheid in ein westlichen Demokratiestandards grundsätzlich entsprechendes System folgte diesem Muster: Die südafrikanische Anti-Apartheid Kräfte allein wären ohne die wachsende moralische internationale Entrüstung, die für das Land auch ökonomische Konsequenzen hatte, nicht stark genug gewesen, tiefgreifende Veränderungen zu erzwingen. Erst der durch die internationale moralische Motivation verursachte ökonomische Druck brachte – in der Person *Frederik Willem de Klerks* – die Abspaltung eines Teils der alten Elite und das Bündnis mit der von *Nelson Mandela* repräsentierten neuen Elite. Die Demokratisierung Südafrikas war das Produkt dieser elitären Allianz.

In diesen Erlebnissen eines qualitativen Demokratiesprunges kann tatsächlich *leadership* beobachtet werden – sowohl *Mandela*, als auch *de Klerk* folgten nicht einem routinisierten Rollenverständnis; denn die Rollen für diesen Demokratiesprung waren nicht geschrieben. Es gab keine Drehbücher. Vor allem *Mandela*, wahrscheinlich aber auch *de Klerk* konnten nicht einfach ersetzt werden – ihre Beiträge waren unverwechselbar, waren unverzichtbar.

In diesem Sinne können die engen Grenzen real existierender Demokratie nur von „oben" gesprengt oder – besser – ausgedehnt werden. Die Skepsis gegenüber einem Zuviel an Demokratie wird elitär, durch *leadership*, zurückgedrängt. Damit aber hat diese konkret geübte *leadership* ihre historische Funktion konsumiert – sie wird, falls sie erfolgreich ist, nicht mehr gebraucht. Eine Demokratie in Südafrika kann sich aufgrund der historischen Eingriffe, für die *Mandela* und *de Klerk* stehen, stabilisieren. Aber das Merkmal dieser Stabilisierung wäre, daß die südafrikanische Demokratie keine Heroen mehr braucht – ebensowenig wie die polnische Demokratie einen *Jaruzelski* (noch) braucht.

## 10. Von der Unvermeidlichkeit des Lügens

*Das Galileo-Kalkül – Jeanne d'Arc oder Politiker? – Die Kunst des Täuschens – Dr. Jekyll und Mr. Hyde – Dr. Strangelove*

In *Bert Brechts* und *Margarete Steffins* „Galileo Galilei" wird die große Lüge des Protagonisten verständlich gemacht: *Galilei* arrangiert sich mit Kirche und Papst, um weiter arbeiten, weiter forschen zu können. Dieses Arrangement besteht in *Galileis* Widerruf: Die Erde, nicht die Sonne sei im Zentrum des Weltalls. Gegen sein Wissen akzeptiert *Galilei* das Interesse der Inquisition, am alten Weltbild nicht rütteln zu lassen. *Galilei* lügt – und rettet sich mit dieser Lüge. (*Fuegi* 1995, 369-371)

Doch es ist nicht sein Wunsch, weiter zu leben, der *Galileis* Verhalten zum Modell macht – es ist seine Intention, durch Verleugnung der Forschung diese zu retten; durch die Weglegung der Wahrheit eben doch dieser zu dienen. Um sich die Möglichkeit zu sichern, den Grundlagen des neuzeitlichen naturwissenschaftlichen Weltbildes auf der Spur bleiben zu können, behauptet er in aller Öffentlichkeit das Gegenteil von dem, was er als richtig, als wirklich, als wahr erkannt hat.

In dem literarisch zugespitzten Konflikt zwischen Papst und *Galilei* geht es nicht um die Wahrheit – da sind sich die beiden einig, daß *Galilei* dieser jedenfalls mehr gerecht wird als das die Doktrin der Kirche vermag, die diese Wahrheit zu vertreten vorgibt. Zwischen Papst und *Galilei* geht es um Politik. Die Kirche, vertreten durch einen wissenden Papst, will die Erkenntnisse der Naturwissenschaften nicht ohne steuernde Dosierung und Filterung verbreiten lassen. Der Papst will Wahrheit politisch steuern – deshalb muß er darauf bestehen, daß diese Wahrheit kontrolliert und relativiert und nötigenfalls in ihr Gegenteil verkehrt wird. *Galilei* will zwar die Wahrheit als solche – aber um sie suchen und finden zu können, braucht er ein Minimum an Freiraum; braucht er insbesondere sein eigenes Leben. Das aber kann ihm der Papst und nur der Papst garantieren – weil der Papst durch die Inquisition ihm Freiraum und Leben nehmen kann.

*Galilei* ist der Nicht-Politiker, der in der Konfrontation mit dem Politiker, mit dem Papst, letztlich doch zum homo politicus wird – indem er die Eigengesetzlichkeiten der Politik erkennt und respektiert. Und diese Eigengesetzlichkeiten sind nicht die der Wissenschaft.

Wissenschaft ist zumindest tendenziell dichotomisch orientiert – entweder ist eine Aussage „richtig", weil sie nicht falsifiziert ist; oder aber sie ist „falsch", weil sie mit wissenschaftlich akzeptierten Methoden widerlegt ist. Politik hingegen ist in ihrem Wesen nicht dichotomisch – es geht immer um das Abwägen zwischen verschiedenen Zielen, deren Bewertung von höchst unterschiedlichen Bezugssystemen abhängig ist, insbesondere von den Interessen der Agierenden. Indem sich Galilei auf diese Logik einläßt, läßt er sich darauf ein, zwischen zwei Übeln entscheiden zu müssen – entweder als Heretiker auf den Scheiterhaufen zu gehen, oder in Halbfreiheit leben und forschen zu können; entweder im Bewußtsein, „recht" zu haben, verbrannt zu werden, oder durch eine politische Konzession sich die Möglichkeit zu sichern, die Forschung weiter voranzutreiben.

Er entscheidet sich für das, was ihm als kleineres Übel erscheint. Und er sagt die Unwahrheit – um der Wahrheit willen. Er lügt, weil er in der Konfrontation mit dem Politiker-Papst selbst zum Politiker geworden ist. Er verzichtet auf den heldenhaften Gestus, wird zum Feigling – und eben deshalb doch zum Heroen.

Die Situation des General *Jaruzelski* war 1981 so verschieden nicht. Er hätte die Chance gehabt, sich an die Spitze der polnischen Demokratiebewegung zu setzen; sich wie *Imre Nagy* 1956 auf die direkte Konfrontation mit der UdSSR und der Roten Armee einzulassen. *Jaruzelski* hätte für die Rolle des Helden optieren können – doch er wählte, wie *Galilei*, die Rolle des Feiglings. Und wie *Galilei* rettete er damit die Möglichkeit, unter zukünftig geänderten Rahmenbedingungen der Demokratie in Polen doch noch zum Durchbruch zu verhelfen. Er sagte die Unwahrheit, als er im Dezember 1981 das Kriegsrecht mit der internen Situation in Polen begründete – er log. Er spielte die Rolle, die ihm der Kreml zugewiesen hatte – um den Einmarsch der Truppen des Kreml zu verhindern. Und er half so mit, eine Situation zu bewahren, die dann 1989 als Ergebnis der geänderten Verhältnisse in der UdSSR selbst zur Demokratie führte – und damit zur Abkoppelung seines Landes von der Sowjetunion. Der „Runde Tisch" und die freien Sejm-Wahlen von 1989 wären so nicht möglich gewesen, hätte *Jaruzelski* 1981 den nationalen Helden spielen wollen.

Diese Einschätzung des Verhaltens des *Galileo-Jaruzelski* 1981 ergibt sich selbstverständlich erst im Rückblick. Zweifellos verhinderten die Diffusität des polnischen Dezember ebenso wie die Unmöglichkeit, in den letzten Jahren der *Breschnew*-Ära den Zusammenbruch der kommunistischen Systeme zu prognostizieren, eine klare politische Weichenstellung, die schon die Entwicklungen des Jahres 1989 miteingeschlossen hätte. Aber es bleibt, daß *Jaruzelski* durch seine *Galileo*-ähnliche Weigerung, in der direkten Konfrontation mit der Hegemoniemacht zum Helden zu werden, für die Zukunft seine Politikfähigkeit sichern konnte. *Jaruzelski* wollte nicht Held, er wollte Politiker sein – und eben deshalb war er wirksam, hatte er einen unverzichtbaren, unverwechselbaren Einfluß auf die polnische Geschichte, übte er *leadership*. *Galilei* wollte nicht Held, er wollte Forscher sein – aber um das sein zu können, mußte er Politiker werden.

Politiker werden – das heißt, auf den Anspruch auf Unschuld zu verzichten; sich buchstäblich die Hände schmutzig zu machen. Politiker ist auch der Richter *Azdak* im „Kaukasischen Kreidekreis", der nicht nur nicht den Anspruch auf Unschuld erhebt, der vielmehr die Korruption zur Richtschnur seines Agierens macht. Er läßt sich bezahlen – nicht für sein Amt, sondern für jedes einzelne Urteil. Er paßt sich an – den jeweiligen Machthabern. Aber dieser korrupte *Azdak*, Karikatur der Justiz, ist gleichzeitig ein subversiver Kämpfer für Gerechtigkeit; keine im Sinne des (positivistischen) Gesetzes im Interesse der Herrschenden, sondern eine im Sinne des (politischen) Gesetzes des Kampfes für die Unterdrückten. (*Fuegi* 1995, 445f.)

Der *Azdak* ist korrupt, um überhaupt Richter sein zu können; um in einer Gesellschaft der Korrupten sich erfolgreich tarnen zu können; um so erst einmal die Grundlage für politische Wirksamkeit herzustellen. Verweigert sich der *Azdak* der Korruption – er würde sich der Politik verweigern; er würde unwirksam bleiben.

Diese Dialektik wird von *Brecht* und *Steffin* im „Guten Menschen von Sezuan" lehrstückmäßig auf den Punkt gebracht: Um „gut" zu sein, muß *Shen Te* gleichzeitig „böse" sein; um politisch im Sinne einer Veränderung der Verhältnisse wirken zu können, muß sie sich auf die Verhältnisse voll einlassen; muß Teil dieser Zustände werden, damit sie diese umzustülpen vermag. *Shen Te* spaltet sich auch folgerichtig in zwei Rollen, zwei Personen – einmal ist sie die „gute" *Shen Te*, dann der „böse" *Shui Ta*. (*Fuegi* 389f.) Um „Gutes" zu tun, muß man erst einmal Teil des „Schlechten" werden.

Wer immer nur Gerechtigkeit predigt, sich aber nicht um deren Umsetzung bemüht, verweigert sich der Politik. Wer sich aber um die Umsetzung kümmert und daher strategisch, also politisch denkt, kommt unweigerlich zur Frage des Abwägens zwischen den Übel. *Shen Te* allein ist unwirksam – erst durch die strategische Schizophrenie, durch ihr gleichzeitiges *Shui Ta*-Sein, kann sie etwas bewirken.

Die Dialektik der *Shen Te/Shui Ta*–Figur wird von *Hannah Arendt* moralisch kritisierend aufgenommen: „Lügen scheint zum Handwerk nicht nur des Demagogen, sondern auch des Politikers und sogar des Staatsmannes zu gehören." (*Arendt* 1987, 44) Dieses „nicht nur ... sondern auch ... sogar" ist aufschlußreich: Der „Demagoge" ist wohl der routinisierte „leader", der, eingespannt in die tagtäglich überwältigende Logik des politischen Marktes, eben diesen ständig beobachtet, ihn ständig zu beeinflussen sucht und von ihm wiederum ständig geprägt wird. Diesem demokratischen „leader" wird das Lügen leichten Herzens zugestanden – dem „Staatsmann" hingegen, der über den Niederungen des Demagogen (und damit aber über den Niederungen des politischen Marktes) schwebt, nur mit erstaunter Distanz. Es ist offenkundig die Marktabhängigkeit, die – nach *Arendt* – Politik und Lüge in besonderem Maße aneinander knüpft. Dennoch sind *Galilei* und der *Azdak* politisch Tätige jenseits des Marktes – und ihre Politik setzt Lügen voraus, ja ihre Politik ist die Lüge.

*Jaruzelski* war 1981 von demokratischen Beschränkungen frei. Im Rahmen dessen, was er vorhatte, mußte auch er lügen. Er durfte seine Motivation, einem drohenden sowjetischen Einmarsch zuvorkommen zu wollen, aus Gründen der Außenpolitik – also als Staatsmann – nicht offen aussprechen; also mußte er lügen. Und er mußte auch sonst gegen die Individual- und die Sozialethik verstoßen. Als Kämpfer gegen die drohende Invasion Polens wäre er unwirksam geblieben, hätte er sich nicht auf die Politik der schmutzigen Hände, auf das Kriegsrecht eingelassen. Der *Jaruzelski* des Jahres 1981 ist *Shui Ta* – erst dessen Diktatur ermöglichen den *Jaruzelski* des Jahres 1989. Der ist *Shen Te* – die es aber ohne *Shui Ta* gar nicht gegeben hätte. Ein solcher dialektischer Zusammenhang kommt in *Arendts* moralischer Resignation nicht zum Ausdruck.

*Shen Te* ist ebenso wie der *Azdak* oder wie *Galilei* ein „leader in disguise". Sie alle sind Figuren, die ihren nicht austauschbaren, ihren unverzichtbaren Einfluß auf den Ablauf der Geschichte haben. Aber um wirksam zu sein, müssen sie sich tarnen; müssen feige und korrupt sein; müssen lügen und betrügen. Aber sie sind wirksam – während „Johanna auf den Schlachthöfen" von *Bert Brecht* und *Elisabeth Hauptmann* als die Tragödie der „Reinen", als das Scheitern der eben deshalb wirkungs- und erfolglosen Heroin gezeichnet wird. (*Fuegi* 263f.) Johanna tritt als Führerin auf – nicht versteckt, sondern als *Jeanne d'Arc* des Klassenkampfes. Sie versinkt nicht in Lüge und Korruption; ihr heiligt nicht der Zweck die Mittel. Und deshalb ist das Resultat ihres Heroismus nichts als Desaster.

Die Option der *Jeanne d'Arc* war für *Jaruzelski* offen – er hätte sich nur als nationaler Pole an die Spitze der Demokratiebewegung stellen müssen. Auch wenn ihn Solidarność wohl nicht als einen der ihren akzeptiert hätte – einem polnischen Regierungschef, der die Nation gegen eine Invasion mobilisiert, hätte sich die Demokratiebewegung ebensowenig verweigern können wie die nicht- oder antikommunistischen Demokraten der CSSR sich dem Appell des Prager Frühlings hatten entziehen können. Damit hätte er zwar Polens Pionierrolle bei der Transformation der kommunistischen Systeme verhindert – aber der Platz im Buch der polnischen Helden wäre ihm für die nächsten Jahrhunderte sicher gewesen. Diesen Platz hat er sich verdorben – weil er sich auf Politik eingelassen hat; weil er nicht *leadership* demonstrieren, weil der vielmehr *leadership* üben wollte.

Hätte sich *Jaruzelski* von vornherein jeder politischen Funktion verweigert, dann wäre er dem Zwang entgangen, sich entweder als Held, oder aber als Politiker zu stilisieren. Die dritte Option ist die des Abseitsstehens – des Ignorierens. Es ist die Haltung des Yogi, des Heiligen, der gegenüber den gesellschaftlichen Zuständen keineswegs gleichgültig ist, der ihnen aber mit Innerlichkeit gegenübersteht, weil ihm gesellschaftliches Handeln fremd ist – „nichts kann durch äußere Organisation und alles durch die individuelle Anstrengungen von innen" erreicht werden. (*Koestler* 1964, 10) Die Lüge ist daher nicht zu rechtfertigen – weil der Yogi das Kalkül des *Galilei* erst gar nicht anerkennt.

Der Yogi hat keine Sozialethik – jedenfalls nicht im Sinne gesellschaftsimmanenter Konzepte. Ihm entspricht ein ausschließlich individualethischer Zugang. Dieser kann durchaus „kritisch" verstanden werden – wie die (zumindest latent) manichäische Dichotomie des Augustinus, der mit dem Verweis auf die Perfektion der zukünftigen „civitas Dei" ja auch die Verworfenheit der realen „civitas mundi" kritisiert, eine Verworfenheit, die zu bekämpfen aber sich nicht lohne.

Diese Form der Kritik an den politischen Übeln ist das Unpolitische schlechthin. Und dieses Unpolitische kreiert unvermeidlich politische Konsequenzen – gewollt oder ungewollt. Dieses Unpolitische, das auf der angemaßten Reinheit der eigenen Position baut, verkörperte *Martin Heidegger* in seiner postnazistischen Phase. 1949 äußerte er sich: „Die Landwirtschaft ist jetzt eine motorisierte Nahrungsmittelindustrie, im wesentlichen ist sie dasselbe wie die Fabrikation von Leichen in den Gaskammern, dasselbe wie die Blockierung und das Aushungern der Landschaft, dasselbe wie die Erzeugung der Wasserstoffbomben." (*Ettinger* 1995, 57)

Diese generalisierende Zivilisationskritik, die Auschwitz und die neuen Agrartechniken „im wesentlichen" eins setzt, ist in ihrer Pseudo-Hyperkritik und in ihrer Politikverweigerung natürlich massiv politisch. Sie dient der Relativierung – im Falle *Heideggers* der Relativierung des Nationalsozialismus. Und sie schafft Legitimation – wenn alles gleich ist, dann braucht nichts geändert zu werden. Diese Negation der Politik sieht alles schmutzig, verweigert sich der Notwendigkeit der schmutzigen Hände und macht dadurch erst recht alles schmutzig. Die Hyperkritik entlarvt sich als Nicht-Kritik.

Doch auch die konsequente Antithese zum Fluchtverhalten der Hyperkritik hat ihre Tücken. Die Bereitschaft, immer und überall zuzupacken, alles „politisch" – und das heißt instrumentell zu sehen und zu praktizieren – führt zu Ergebnissen, die der Hyperkritik so entgegengesetzt nicht sind: moralische Indifferenz gegenüber der Realität. Der Hyperkritiker will „rein" bleiben; der Hyperaktivist ist immer bereit, sich die Hände schmutzig zu machen. Dem einen ist jedes Mittel zu schmutzig – dem anderen keines zu schmutzig. Das Resultat ist in beiden Fällen die tendenzielle Indifferenz gegenüber dem real existierenden Schmutz.

Die Politik der schmutzigen Hände ist *leadership* und damit, in letzter Konsequenz, Politik schlechthin. Das gilt für Demokratien und Nicht-Demokratien. Aber Politik muß nicht gegenüber dem Ausmaß an instrumentellem Schmutz gleichgültig sein. Sie kann differenzieren – nicht nur bei der Sicht ihrer Ziele, sondern auch bei der ihrer Mittel.

*Mao Zedong* folgte – in Krieg und Frieden – dem vor mehr als 2000 Jahren geschriebenen „Klassiker" *Sun Tzu*, (*Salisbury* 1993, 210) *Lenin* war von *Clausewitz* beeinflußt. Den Gründern der Sowjetunion und der Volksrepublik China war Politik von vornherein instrumentell – Strategie und Taktik zur Erreichung eines vorgegebenen Ziels. Der Übergang zwischen Krieg und Frieden war ein fließender. Politik als Instrument wurde nicht für sich bewertet, sondern nur in ihrer Funktionalität – bezogen auf das Ziel.

Von dieser Sichtweise aus sind die Weichenstellungen zu einem mörderischen Klassenkampf konsistent. Aber nicht nur die Ausmordung der Klasse der Großgrundbesitzer und die mörderische Reduktion der Klasse der Großbauern können so begründet werden – auch die „Kunst des Täuschens": „Der wird siegen, der die Kunst des Täuschens gelernt hat". (*Sun Tzu* o.J., 63) Die Politik als Kunst des Täuschens regiert auch in den real existierenden Demokratien. *Robert McNamara* gibt auf wenigen Seiten eine knappe Teilinformation über die Strategien und Taktiken des Täuschens, die im US-Präsidentschaftswahlkampf 1960 allein auf demokratischer Seite angewendet wurden: *Franklin Roosevelt* Jr. half *Kennedy*, indem er bei den demokratischen Vorwahlen das Gerücht ausstreute, *Hubert Humphrey* habe sich im Zweiten Weltkrieg der Militärpflicht entzogen – *Humphrey* war einer von Kennedys innerparteilichen Kontrahenten. *Roosevelt Jr.* wurde von *Kennedy* mit dem Posten eines Staatssekretärs im Handelsministerium belohnt. *John Conally* wiederum hatte, im Dienste *Lyndon Johnsons*, auf dem demokratischen Parteitag die Unwahrheit verbreitet, *Kennedy* hätte die Addison-Krankheit. *Kennedy* sorgte dafür, daß nach seinem Wahlsieg *Connally* durch den Posten eines Marine-Staatssekretärs in die Regierung eingebunden wurde – er wäre als „outsider" offenbar zu gefährlich gewesen. (*McNamara* 1995, 19)

Eine komplexere Sicht der Kunst des Täuschens liefert das Thema der Raketen-Lücke („missile gap"), das im Wahlkampf selbst eine wichtige Rolle spielte. *Kennedy*, gestützt auf einen ihm zugespielten Geheimbericht der Luftwaffe, behauptete, die Sowjetunion sei den USA in der Raketenrüstung einen entscheidenden Schritt voraus. Dieses Thema half *Kennedy*, sein Erscheinungsbild gegenüber dem als Antikommunisten zunächst glaubwürdigeren *Nixon* zu verbessern – *Kennedy* demonstrierte, daß er nicht „soft on communism" war; und er zeigte außenpolitisches Profil. Doch nach (äußerst knapp) gewonnener Wahl stellte sich heraus, daß der Geheimbericht der Luftwaffe auf falschen Daten beruhte – es gab eine Raketenlücke, die aber bestand zugunsten der USA. (*McNamara* 1995, 20f.) *Kennedy* hatte nicht direkt gelogen – er hatte aber fahrlässig eine ihm heimlich zugänglich gemachte Quelle einseitig genutzt, um in der Öffentlichkeit sein „image" zu verbessern – auf Kosten *Nixons*. Die Frage der „Richtigkeit" der Behauptung konnte, angesichts der Komplexität des Themas, im Wahlkampf nicht wirklich überprüft werden.

*Kennedy* hat vermutlich nicht *Sun Tzu* gelesen. Aber er hat im Rahmen der Logik des chinesischen Militärtheoretikers „richtig" gehandelt. Und *Kenne-*

*dys* Verhalten war, eben weil logisch und richtig, auch nachvollziehbar – und damit austauschbar. *Kennedy* spielte durchaus nach den Regeln des Systems – und dieses gibt der Politik einen instrumentellen Stellenwert; auch in der Demokratie. In der Demokratie freilich sind die Regeln eindeutig und streng, regelkonformes Handeln ist daher grundsätzlich vorausberechenbar – und das gilt auch für die Kunst des Täuschens. Wer immer im Wahlkampf *Kennedy* den Geheimbericht der Luftwaffe zugespielt hatte – er wußte, daß *Kennedy* die Information so verwenden würde, wie er sie dann auch verwendete.

*Kennedy* nutzte den Geheimbericht gegen *Richard Nixon*. Dessen Einstellung zur Kunst des Täuschens war von gröberem Kaliber als die Einstellung *Kennedys*. *Nixon* mußte Jahre später erfahren, daß die Kunst des Täuschens nur dann erfolgreich eingesetzt werden kann, wenn sie eben zum gewünschten Ergebnis führt – zur Täuschung. Oder, anders ausgedrückt: *Nixon* hatte sich beim Lügen ertappen lassen. Und das bleibt in der real existierenden Demokratie nicht ohne Sanktionen.

*Kennedy*, dem der sorglose Umgang mit der Wahrheit zugute kam; und *Nixon*, dem eine solche Sorglosigkeit zum Verhängnis wurde: Sie sind die beiden Seiten von *leadership*; der *Dr. Jekyll* und der *Mr. Hyde* politischer Führung in der Demokratie. Beide Seiten gehören zur Realität – ebenso wie der Zwang des Politikers, seine *Mr. Hyde* (Teil-)Realität möglichst zu verbergen.

Dieses *Dr. Jekyll*-and-*Mr. Hyde*-Dilemma demokratischer *leadership* bringt einen zu Reformen entschlossenen, eben nicht bloß „transactional" leader in eine nicht wirklich auflösbare Patt-Situation: Wer nur nach den Regeln spielt, ist kein „leader", sondern routinisierter Amtsträger, austauschbares Rädchen. Wer aber „leader" ist, der darf sich nicht (immer) an die Regeln halten – der muß jedenfalls die Kunst des Täuschens beherrschen und anwenden.

Der routinisierte Politiker, der immer nur nach den Regeln spielt, bleibt außengesteuert – er gehorcht den Impulsen, die letztendlich auf den (politischen) Markt rückgeführt werden können. Sein Verhalten ist wissenschaftlich deduzierbar. Seine Persönlichkeit ist daher verzichtbar. Der diese Grenzen aber überschreitende Politiker, der (zumindest auch) innengesteuert agiert, muß nötigenfalls auch am Markt vorbei handeln – und zwar, um den Sanktionen des Marktes zu entgehen, teilweise auch außerhalb der Regeln.

In der allgemeinen Politik real existierender Demokratien darf sich *Dr. Jekyll* nie als *Mr. Hyde* ertappen lassen. Das Eingeständnis, Regeln verletzen zu "müssen", um bestimmte Ziele zu erreichen, wäre gerade für diese Ziele kontraproduktiv – zu rasch würden die Sanktionen eines empörten Elektorates zuschlagen. Nur in der Außenpolitik wird auch in stabilen Demokratien die Notwendigkeit einer nicht nur „moralische" Mittel einsetzenden Politik offen vertreten. Die Schule der „Realisten" debattiert seit Jahrzehnten die Unvermeidbarkeit „böser" Mittel zur Durchsetzung „guter" Zwecke. (*Morgenthau* 1958; *Isaacson* 1993, 653-657)

Dieses eingestandene und offen debattierte Wissen der Analytiker der Internationalen Beziehungen wird in keinem anderen Politikfeld so komplex wie in der politischen Instrumentierung von Waffen der Massenvernichtung. Die USA schlitterten 1945 naiv, ohne öffentliche Reflexion, in die Rolle der ersten Atommacht der Welt. Als aber im Zuge des Kalten Krieges das atomare Wettrüsten einsetzte, mußte intellektuell und moralisch differenziert werden. Atomphysiker wie *Oppenheimer* und *Szilard* opponierten gegen das Weitertreiben der atomaren Spirale, andere wiederum – wie etwa *Teller* – befürworteten diese Politik. Doch lange Zeit agierte die Politik der atomaren Rüstung eigentlich unpolitisch – es fehlte die klare Vorstellung, wie im Kalten Krieg mit Atombomben real umzugehen wäre, jenseits der Hoffnung auf ihre abschreckende Wirkung.

Der erste, der eine öffentliche Debatte über die Politik der Atombombe erzwang, war *Henry Kissinger*. Sein Buch „Nuclear Weapons and Foreign Policy", das der 34jährige *Kissinger* 1957 publizierte, provozierte eine Debatte über die politische Instrumentierung des absolut Bösen – der massenhaften und undifferenzierten Vernichtung von Menschen. Das Buch begründete die Karriere *Kissingers* als gesuchter Politikberater. Das Buch war aber auch der Beginn der *Kissinger*-Kontroverse: *Kissinger* als amoralischer „*Dr. Strangelove*", der – dieser Filmfigur gleich – die Weltpolitik auch im Atomzeitalter „machiavellistisch" analysiert und Vorteile wie Risken von Atombomberflotten kalkuliert, als wären sie Söldnerheere in den Konflikten italienischer Stadtstaaten um 1500. (*Isaacson* 1993, 86-90)

*Kissinger* plädierte 1957 für eine Politik der Atombombe – nicht für ihre Erfindung, denn die Bombe gab es ja bereits; nicht für ihre militärische Bereitstellung, denn die war schon längst erfolgt; freilich auch nicht für ihre Abrüstung, aber die wäre politisch nicht durchsetzbar gewesen. Sein Plädoyer war, mit der Tatsache der Bombe leben, das heißt politisch umgehen zu lernen. Was unter der Präsidentschaft *Kennedys* die Strategie der „flexible response" heißen sollte, nämlich die Entwicklung von strategischen Zwischenstufen zwischen der atomaren Vernichtung und der atomaren Verweigerung – das thematisierte *Kissinger.*

*Kissinger* befürwortete Realpolitik – und für die wurde er auch berühmt und berüchtigt, als er als Sicherheitsberater und dann Außenminister *Nixons* und *Fords* Weltpolitik nicht nur analysierte, sondern auch „machte". Diese Realpolitik war suspekt – den unterschiedlichsten Kräften. Der rechte Flügel der Republikanischen Partei kritisierte 1975 und 1976 *Kissinger* als den bösen Geist im Weißen Haus *Gerald Fords*. *Kissingers* Politik des Arrangements mit der UdSSR war der Rechten, für die „détente" ein schmutziges Wort war, ein ständiges Ärgernis. (*Isaacson* 1993, 693-699) Und schon vorher war *Kissinger* – vor allem wegen seiner Kambodscha-Politik – zum Symbol alles dessen geworden, was Liberale an der US-amerikanischen Weltmachtpolitik ablehnten.

Der innenpolitische Konflikt, den das militärische Eingreifen der USA in Kambodscha auslöste, zeigte die Grenze, die auch eine in der Außenpolitik grundsätzlich zugestandene „Kunst des Täuschens" in einer stabilen Demokratie erfährt. *Kissingers* Rolle bei der im April 1970 begonnen und zunächst geheimgehaltenen US-Offensive in das bis dahin vom Vietnam-Krieg nicht direkt erfaßte Kambodscha galt und gilt vielen bis heute als Beispiel, wohin eine Realpolitik führt, wenn sie nicht durch Moral balanciert wird: Das Mittel der Lüge und des Täuschens, nicht nur außen-, sondern auch innenpolitisch eingesetzt, und das Mittel der Ausweitung militärischer Gewalt führten nicht zum erklärten Ziel, zum Frieden in Indochina und damit auch in Kambodscha.

*Kissingers* Politik war – für seine Kritiker – ein entscheidender Beitrag zur (schon durch die vorausgegangene amerikanische nicht-militärische Einmischung erreichte) Unterminierung der Präsidentschaft *Norodom Sihanouks* und damit zur Freigabe des Genozids der „killing fields", für die freilich die Khmer Rouge (und nicht die USA) die unmittelbare Verantwortung haben. Gerade dann aber, wenn man Realpolitik betreibt, müssen die Taten der Realpolitiker auch an den nicht intendierten Ergebnissen ihrer Politik gemessen werden – und die nicht intendierten Ergebnisse der Kambodscha-Politik *Nixons* und *Kissingers* waren die „killing fields". (*Isaacson* 1993, 256-284)

*Kissinger* hatte es nicht leicht, die moralische Ablehnung akzeptieren zu lernen, die ihm nach der Invasion Kambodschas gerade aus seinem eigenen akademischen Milieu, von seinen ursprünglichen Kollegen und Freunden entgegenschlug. Denn das war die reale Ausweitung des Krieges, den *Nixon* und *Kissinger* zu beenden versprochen hatten. In seinen Erinnerungen versuchte er ausführlich, die amerikanische Intervention in Kambodscha als Reaktion auf nordvietnamesische Destabilisierungen zu zeichnen. (*Kissinger* 1979, 515-557) Wie tief die auch persönlich feindseligen Kritiken auf das Kambodscha-Abenteuer *Kissinger* treffen mußten, ergibt sich aus zahlreichen Berichten. Kissinger wurde für seine Kollegen der Harvard University zum Symbol des politischen Mißbrauches der Wissenschaft. Am 8. Mai 1970, nach einem Treffen mit seinen akademischen Kritikern, das *Kissinger* für eine Verständigung nutzen wollte, mußte er resignieren: „Das Treffen vollendete meinen Abgang von der akademischen Welt." Ihn hätte nicht sosehr die Opposition seiner Freunde und Kollegen betroffen gemacht, sondern ihre Selbstgerechtigkeit. (*Isaacson* 1993, 281)

*Kissingers* Hände waren für seine Freunde zu schmutzig geworden. Er aber konnte in dieser Kritik nur die Hyperkritik der selbstgerechten Verweigerer sehen. „*Dr. Strangelove*" sah sich mißverstanden, er mußte sich falsch verstanden sehen.

## 11. Vom Elend der Kollaboration

*Die Tragik der Judenräte – Kollaboration als kleineres Übel – Philippe Pétain – Die Kollaboration des Azdak und des Schwejk – Kollaboration ist nicht gleich Kollaboration – Kollaboration als Versuch politischen Handelns*

Die Literatur über den Nationalsozialismus kennt ein besonders komplexes Thema: die „Judenräte"; jene von den Nationalsozialisten eingesetzten jüdischen Organe, die – unter Nutzung einer oft nur zynisch wirkenden Autonomie – die Geschäfte der Massenmörder betrieben. (Trunk 1972) Doch nur zu oft schleicht sich in die Geschichte der tragischsten und vielleicht auch schlimmsten Form der Kollaboration ein Argument ein, das ernst genommen werden muß: Die Judenräte konnten zwar nicht den Holocaust, sie konnten nicht das Massensterben verhindern. Aber oft, sehr oft waren sie guten Glaubens, für einige wenige das Schicksal des Holocaust verzögern und vielleicht auch vermeiden zu können.

Die denkmögliche Rechtfertigung der Kollaboration der Judenräte ist die Theorie des kleineren Übels. Ohne die nach außen hin willfährige Kooperationsbereitschaft – und welche, wenn nicht eine bedingungslos willfährige Kooperation hätten die Massenmörder akzeptiert – wäre auch Hilfe im einzelnen nicht möglich gewesen. Durch ihre Kollaboration konnten Judenräte eben einzelne Menschen von den Listen für die Todestransporte nehmen oder auch dafür sorgen, daß einzelne erst gar nicht auf diese Listen kamen. Das tragische Dilemma war freilich, daß – im Regelfall – die Rettung einzelner gleichzeitig das Todesurteil für andere war. Denn für die Transporte nach Auschwitz oder anderswohin mußten ja Quoten erfüllt werden; und wenn nicht der (die) eine in den Tod fahren sollte, dann war es unvermeidlich, eine(n) andere(n) zu schicken – und zwar durch die Entscheidung des Junderates (oder eines einzelnen jüdischen Kollaborateurs) selbst.

Die Debatte über die Judenräte nach dem Ende der nationalsozialistischen Herrschaft zeigt, daß diese Kollaboration offenbar unvermeidlich auch zur Korruption geführt hat. Mitglieder von Judenräten nutzten ihre (relativen)

Privilegien dazu, nicht nur sich selbst und ihre Familien so lange wie möglich zu retten; es kam auch zur simplen Käuflichkeit von Überleben. (*Yivo* 1972) *Hannah Arendt*, die mit ihren Berichten über den *Eichmann*-Prozeß die Debatte überhaupt erst in Bewegung setzte, hält den Judenräten auch die Veranwortung für jüdisches Leben vor: In vielen Fällen wäre die Kollaboration der Judenräte ganz einfach ein größeres und nicht ein kleineres Übel gewesen – weil die Judenräte nur zu oft Juden in falsche Sicherheit gewiegt hätten; und das zu Zeiten, in denen zum Beispiel Flucht aus dem Ghetto noch möglich gewesen wäre. (*Arendt* 1995, 161f.)

Der Staat Israel hatte und hat immer wieder mit der quälenden historischen Tatsache zu kämpfen, daß er seine Existenz zu einem wesetlichen Teil den Überlebenden des Holocaust verdankt – während andere nicht überleben konnten. Die Kriterien, die über das Überleben in den Ghettos und Lagern entschieden, aber auch schon vorher – als „nur" die quasi-legale Diskriminierung durch die Nürnberger Gesetze herrschte, sind faktisch verschwimmend. Viele Überlebende mußten sich immer wieder fragen oder fragen lassen, warum sie – gerade sie, warum nicht die vielen anderen überleben durften. Wo beginnt die Kollaboration – etwa dann, wenn zionistische Repräsentanten mit *Adolf Eichmann* über Auswanderungsmöglichkeiten nach Palästina verhandeln, wie dies zum Beispiel *Teddy Kollek* noch im Frühjahr 1939 in Wien tat? (*Segev* 1993, 31) Wie groß ist der Abstand zwischen dem Verhalten *Kolleks*, seinen Kontakten zu *Eichmann* – und dem Verhalten der Judenräte?

Denn welche Optionen hatten jüdische Vertretungsorgane, wenn sie – wie in Polen im Herbst 1939, wie in der Sowjetunion im Sommer 1941 – vor die Wahl gestellt wurden, unter dem Diktat der Nationalsozialisten soetwas wie ein Minimum an Selbstverwaltung aufrecht zu erhalten; oder aber auch auf diese Gestaltungsmöglichkeit zu verzichten? Die Nationalsozialisten sorgten ja üblicherweise auch dafür, daß den Judenräten die Illusion verblieb, es gäbe konkrete Chancen, jüdisches Überleben zu sichern. Und um dieser Illusion willen, die ja bei Fortschreiten des Krieges vor allem auf die Hoffnung der deutschen Niederlage bauen konnte und mußte, konnten die Judenräte auch Motive entwickeln, die überhaupt nichts mit Korruption oder dem bloß individuellen Überlebenswillen zu tun hatten.

Ein Extremfall, der auch die Extremität der Grenzen zwischen lebensrettender Politik und korrumpierender Kollaboration anzeigte, war die Geschichte des „Königs der Juden" – wie *Mordechai Chaim Rumkowski*, der Älteste der Juden im Ghetto von Lodz („Litzmannstadt"), gelegentlich genannt wurde.

*Rumkowski* arbeitete eng mit den Nationalsozialisten zusammen und sorgte, daß deren Vernichtungsmaschinerie bedient wurde – bis er selbst, gemeinsam mit den letzten des Ghettos, nach Auschwitz kam, das er nicht überleben sollte. Einer der wenigen aus Lodz, dem dies gelang, schrieb über diesen Kollaborateur: „Es fällt mir heute noch schwer, *Rumkowskis* Rolle zu bewerten. Er war ein Werkzeug und versuchte doch zu retten, was zu retten war." (*Zelman* 1995, 51) Was hätte er auch tun sollen – sobald er die Rolle des Ältesten angenommen hatte?

Ein anderer Extremfall war *Paul Eppstein*, Judenältester von Terezin (Theresienstadt). Er war tief in die Korruption der ungleichen Verteilung von Nahrungsmittel im Lager verwickelt. Interne Konflikte mit anderen Angehörigen der „autonomen" jüdischen Lagerführung nützte er, um seine eigene Position bei der SS zu stärken. Die wiederum spielte mit *Eppstein* ein besonderes Spiel: Im Juni 1944 posierte er als „Bürgermeister" jenes Potemkinschen Dorfes („Der Führer schenkt den Juden eine Stadt ..."), das die SS Repräsentanten des Internationalen Roten Kreuzes vorführte. Doch auch *Eppstein* hatte im Herbst 1944 seine Schuldigkeit getan – als die meisten Mitglieder des Judenrates von Terezin nach Auschwitz deportiert wurden, wurde er von der SS unter einem Vorwand verhaftet und am selben Tag erschossen. Sein Nachfolger wurde *Benjamin Murmelstein* – er überlebte, von der SS bis zuletzt instrumentiert, von den anderen der überlebenden Juden bis zuletzt verachtet. *Murmelstein* sah sich offenbar als ein moderner *Josephus Flavius*; als ein von den Gegnern der Juden benutzter, aber auch akzeptierter, weil notwendiger – und eben deshalb besonders tragischer Jude. (*Adler*, in: *Yivo* 1971, 70-82).

Was hätten *Eppstein* und *Murmelstein* auch tun sollen – sobald sie ihre Rollen akzeptiert hatten? Hätte *Eppsteins* Weigerung, dem Roten Kreuz einen glücklichen *Hitler*-Juden vorzuspielen, einem Opfer das Leben gerettet? Und hätten *Eppsteins* oder *Murmelsteins* Weigerung, überhaupt ihre Rollen zu übernehmen, etwas geändert? Nicht die Judenräte waren die Mörder. Sie waren austauschbare Rädchen in einer von anderen bedienten Maschine. Sie konnten nicht wirklich Politik machen. Daß sie sich der Illusion hingaben, durch ihre Kollaboration doch „das Ärgste" verhindern zu können, erleichterte den Mördern die Arbeit – das Morden aber funktionierte auch ohne sie.

Nicht die Verwischung der Rollen der Täter und der Opfer ist das Problem der Judenräte – eine solche Verwischung hat es nicht gegeben. Das Problem der Judenräte ist ihr Einfluß auf das jüdische Bewußtsein nach dem Holocaust. Das Verhalten der Judenräte, oder eines Teils ihrer Mitglieder, widersprach dem Bedürfnis, in den Opfern Heroen zu sehen. Das Problem der Judenräte ist die Wahrnehmung ihrer politischen Funktion in der Debatte nach dem Holocaust.

Die Judenräte sind die eine Extremform von Kollaboration – die Quislinge Europas sind die andere. Am Beispiel *Pierre Lavals* und *Philippe Pétains* kann dies aufgezeigt werden. (*Webster* 1990)

Was waren die Optionen, denen sich der letzte Ministerpräsident der 3. Französischen Republik im Juni 1940 gegenübersah? Von der Mehrheit des demokratisch bestellten Parlaments dieser Republik dazu gedrängt, sah er zunächst keine Alternative zur (faktisch von Deutschland diktierten) Kapitulation. Und der offenkundigen Mehrheitsstimmung der französischen Öffentlichkeit entsprechend, verfolgte er dann folgerichtig eine Politik des „appeasement" gegenüber der deutschen Besatzungsmacht.

Und diese ließ ja Vichy-Frankreich spüren, daß ein endgültig siegreiches Deutschland einem willfährigen Frankreich durchaus den Platz eines relativ bevorzugten Satelliten, einer sekundären Macht im nationalsozialistisch dominierten „neuen Europa" einzuräumen bereit wäre. Wenn daher das erste Kalkül – die Einsicht in die Unvermeidlichkeit der französischen Kapitulation – „richtig" war, dann war der zweite Schritt von einer verständlichen, ja fast zwingenden Logik: für die Interessen Frankreichs ein Maximum an Selbständigkeit und an zukünftiger Einflußmöglichkeit zu sichern.

Dafür mußten Opfer gebracht werden. Daß die Opfer vor allem Juden waren – französische Juden oder Juden, die sich aus allen Ländern Europas nach Frankreich geflüchtet hatten – war im Sommer 1940 mit der dann ab 1942 einsetzenden Kraßheit auch für Nicht-Antisemiten keineswegs so völlig klar. Und daß die Alternative *De Gaulle* mehr als eine Satellisierung auf der Seite eines zum Sieg nicht wirklich fähigen Großbritannien war, konnten – verständlicherweise – im Sommer 1940 viele, sehr viele, sicherlich die Mehrheit der Französinnen und Franzosen nicht erkennen.

Und so bot sich dem Marschall mit *Pierre Laval* ein Politiker der 3. Republik an, der – keineswegs von der extrem Rechten kommend – für eine Legitimation stiftende Kontinuität zu sorgen versprach; der aber gleichzeitig ein bedingungsloser Erfüllungsgehilfe deutscher Interessen sein sollte und wollte. Mit der Begründung, alle anderen Optionen seien ein (noch) größeres Übel, begann Vichy-Frankreich seinen Weg in die Übererfüllung deutscher Wünsche, in die Überanpassung an deutsche Interessen; bis hin zur übereifrigen Beteiligung am Massenmord im Sinne eines vorauseilenden Gehorsams.

Die Judenräte hatten diese Illusionen nicht – ihnen ging es ums Überleben. Niemand stellte einen jüdischen Satellitenstaat in Aussicht, der – von Gnaden der SS – in Osteuropa als Bündnispartner zweiter Ordnung eine Rolle für das neugeordnete Europa unter deutschem Diktat spielen könnte. Die Judenräte hatten nicht dieses Kalkül Vichy-Frankreichs vor sich – und dennoch war ihre Kollaboration, war die Logik ihres Verhaltens von einer ähnlichen Funktion wie die *Pétains* und *Lavals*: Der erste Schritt zur Kollaboration führte mit Folgerichtigkeit zu den nächsten Schritten. Die erstmalige Entscheidung für das kleinere Übel war nicht nur die Entscheidung im Einzelfall, sie war auch die Entscheidung für eine Logik. Und diese setzte eine Entwicklung in Gang, die mit der Unerbittlichkeit einer griechischen Tragödie ablief.

Die Kollaboration der Judenräte und die Kollaboration der Quislinge im besetzten Europa sind in ihrer Logik vergleichbar – nicht jedoch in ihrem moralischen Hintergrund. Den Quislingen ging es um ein Stück der Macht auf der zweiten Ebene – unterhalb der, die direkt von der deutschen Besatzungsmacht geübt wurde. Die *Lavals* und *Pétains* waren prominente und keineswegs beliebig austauschbare Räder der nationalsozialistischen Mordmaschine. Für sie waren Privilegien von Dauer im neuen, von Hitler beherrschten Europa vorgesehen. Die *Rumkowskis*, die *Eppsteins* und *Murmelsteins* hingegen hatten nur den Tod zu erwarten – auch wenn sie sich längere Zeit Illusionen hingegeben haben mögen. Sie waren die kleinsten Rädchen der Maschine, ihre Macht war die der beliebig austauschbaren Marionetten.

Gegen beide freilich – gegen die Quislinge und gegen die Judenräte – richtete sich der Widerstand; gerade der der Juden. Daß es diesen Widerstand gab, auch den Widerstand der Juden in den Ghettos und in den Vernichtungslagern – das ist ein wichtiger Bestandteil jüdischer Geschichte (*Langbein* 1980, 193-206). Dieser Widerstand hat seine große Bedeutung – für das jüdische Selbstwertgefühl, für die Wahrnehmung der Besonderheit des Holocaust. Aber auch der Aufstand im Warschauer Ghetto konnte nichts daran ändern, daß dieses Ghetto liquidiert, das heißt, daß der Holocaust vollzogen wurde. Daß sich einige retten konnten, ändert nichts an diesem Befund – einige wenige hätten sich auch ohne den heroischen Gestus des Aufstand zu retten vermocht. Gemessen an der realen Einflußnahme auf den konkret ablaufenden Holocaust war für die Juden die Option des bewaffneten

Widerstandes von derselben Wirksamkeit wie die Option der Kollaboration in Form der Judenräte: beide Varianten jüdischen Verhaltens waren für den Ablauf des Holocaust nicht signifikant.

In einem der Prozesse, die in Israel gegen einen Angehörigen der jüdischen Polizeieinheiten in den Ghettos und Lagern Mittel- und Osteuropas geführt wurde, stellt sich ein israelisches Gericht der Problematik eines Handelns, das sich auf die Ethik des „kleineren Übels" berief. Die Rechtfertigung der Judenräte, denen die jüdischen Polizeitruppen unterstellt waren, sie hätten durch ihre Kollaboration mit den NS-Organen Schlimmeres vermeiden wollen, müsse aus dem jeweiligen Kontext und den jeweiligen Umständen der Zeit heraus konkret entschieden werden. (*Trunk* 1972, 565)

Eine solche Rechtfertigung ist aber auf ihre rechtlich-moralische und auf ihre politische Dimension hin zu untersuchen und zu unterscheiden. Es mag im konkreten Einzelfall plausibel sein, wenn die Kollaborateure von der Erwartung ausgingen, ihr Handeln könnte in Einzelfällen wirklich das Übel mildern – unbeschadet davon, wie dann die reale Konsequenz ausgesehen haben mag. Dabei ist freilich auch davon auszugehen, daß nicht nur ex post, sondern in der konkreten Extremsituation der Judenräte selbst die Versuchung groß war, die Rettung des eigenen Lebens und die Wahrung eigener Interessen (Familie, Eigentum) mit der Berufung auf ein Gesamtinteresse (das der Gemeinde) zu rechtfertigen. Die Unterscheidung in die individuelle und in die politische Dimension kann im Konkreten zwar angestrebt, gewiß aber nicht immer mit letzter Überzeugung vorgenommen werden. Zu sehr zeigen die historischen Befunde, daß unterschiedliche Motivationen durcheinander gingen, und daß bei der Beurteilung der Kollaboration der Judenräte nicht übersehen werden darf, wie sehr ihre Mitglieder selbst in einer bis dahin nicht erlebten Verfolgungssituation waren.

In *Bert Brechts* „Kaukasischem Kreidekreis" gibt es die Figur des *Azdak*, der diese Logik vorlebt – und sie gleichzeitig zu unterlaufen, damit aber zu überwinden trachtet. Der *Azdak* ist ein Kollaborateur Schwejkschen Zuschnitts: Er spielt den Kollaborateur; und um dies überzeugend tun zu können, spielt er auch immer wieder ernsthaft mit bei der Unterdrückung, Ausbeutung und auch Vernichtung von Menschen. Seine Logik ist die: Wenn ich nicht als Richter dem Regime diene, dann wird es ein anderer tun; und dieser andere wird nicht – so wie ich – nach Lücken im Terrorsystem suchen, die ich zur Rettung von Menschen im Einzelfall nütze. Der *Azdak* ist der Widerstandskämpfer im Kleide des Kollaborateurs; der, um sich zu tarnen, auch zu entsprechenden Handlungen bereit ist. Der *Azdak* ist *Charles DeGaulle* im Gewand *Philippe Pétains*.

Der *Azdak* ist ein literarischer Kunstgriff zur Lösung eines Problems, das so in der Realität wohl nicht zu lösen ist: Kollaborateur nur nach außen sein – aber Widerstandskämpfer nach innen und vor allem für die Geschichte mit einer unzweideutigen Klarheit. Der *Azdak* ist eine dialektisch-literarische Figur, die in der politischen Praxis sich so einfach nicht ergibt. Bis zu welchem Grad der – erzwungenen – Mitwirkung am Holocaust durften Judenräte gehen, um sich noch im Rahmen der Logik des kleineren Übels bewegen zu können, und ab welchem Schritt waren sie bloß beliebig austauschbare Instrumente, ohne den geringsten Einfluß auf den Ablauf der Ereignisse? Ab welcher Stufe der Entwicklung mußten sie klar erkennen, daß ihr einziger Manövrierraum, und das heißt ihre einzige Möglichkeit zur Politik nur die (Mit)Bestimmung darüber war, wer rascher und wer weniger rasch in die Todeslager abtransportiert wurde – ohne Kapazität und Geschwindigkeit der Todesmaschinerie auch nur im geringsten beeinflussen zu können? Wo war der exakte Schwellwert der Entwicklung, ab dem *Philippe Pétain* eigentlich hätte eindeutig wissen müssen, daß er für die Sache Frankreichs – als Demokratie und als souveräner Staat – nichts mehr tun konnte als abzutreten, daß seine noch im Frühsommer 1940 plausible Rechtfertigung seiner Kollaboration angesichts der weltpolitischen Entwicklung nicht mehr standhalten konnte?

Der *Pétain* des Jahres 1945, der sich den Behörden des wieder freien Frankreich stellt, ist ganz gewiß nicht der *Pétain* des Juni 1940, der sich der bitteren Pflicht unterzieht, den offenkundigen Mehrheitswillen der Französinnen und Franzosen und den eindeutigen Mehrheitswillen des Parlaments der 3. Republik zu vollziehen und den Schritt zu verantworten, der den Sozial- und Zentrumsdemokraten des Deutschen Reiches fast 22 Jahre davor den Ruf „Novemberverbrecher" eingetragen hatte: nämlich die bereits erfolgte militärische Niederlage politisch zu akzeptieren. Zwischen diesem letzten Ministerpräsidenten der besiegten 3. Republik und dem Präsidenten („Staatschef") des ganz anders und noch viel eindeutiger besiegten „État francais" liegen die Schritt für Schritt erfolgten Gesten des vorauseilenden Gehorsams gegenüber der nationalsozialistischen Terrormaschine; liegen intern zu verantwortende, französische Maßnahmen zur Aufkündigung der Menschenrechte für Französinnen und Franzosen jüdischer Herkunft; liegt der Faschismus à la francaise, der gerade in seiner judenvernichtenden Dimension viel eher dem Faschismus à la *Pavelic* als dem Faschismus à la *Mussolini* glich.

*Pétain* war kein *Azdak*. Er versuchte nicht, in der Manier eines *Schwejk*, die nationalsozialistische Maschinerie zu täuschen und zu unterlaufen; er war kein Knecht Matti, der die Stunden der Trunkenheit seines Herrn Puntila nützt, um das wieder gut zu machen, was der nüchterne Herr Puntila an Schlimmem angeordnet hatte. *Pétain* fehlte die Dialektik des Grenzgängers zwischen Kollaboration und Résistance; und deshalb bleibt er ein Quisling, dessen übereifrige Anpassung schon bald – aber wann genau, wann eindeutig? – nicht mehr die Rechtfertigung erlaubte, ohne seine Kollaboration wäre das Schicksal Frankreichs und der Französinnen und Franzosen (einschließlich derer, die als „jüdisch" definiert wurden) ein signifikant noch schlimmeres.

Die Geschichte spricht – ex post – hier ein durchaus eindeutiges Urteil. Aber ex ante, im Juni 1940, war das alles nicht so eindeutig. Und die Judenräte, die sich – pauschal – nach 1945 vorhalten mußten, sie hätten dem Holocaust den Geruch jüdischer Mitschuld vermittelt – ab wann war es einem solchen Judenrat in Riga oder in Lublin klar, ab welchem Zeitpunkt hätte es ihm klar sein müssen, daß er die Maschinerie des Holocaust letztendlich nur stützte, indem er den nationalsozialistischen Massenmördern das Geschäft ein wenig erleichterte? Wann wäre der Zeitpunkt gewesen, aus der ehern ablaufenden Logik der Kollaboration auszusteigen und sich noch auf das Kalkül des kleineren Übels berufen zu können?

Diesen Zeitpunkt hat es irgendwann einmal gegeben, und viele Menschen in Frankreich und anderswo im von Nazis besetzten Europa haben ihn für sich gefunden und entsprechend gehandelt. Ein Beispiel dafür ist der sudetendeutsche Nationalsozialist *Oskar Schindler*, der in das besetzte Polen kam, um sich rasch an der billigen jüdischen Sklavenarbeit zu bereichern; und der irgendwann innerlich die Seiten wechselte – er wurde vom Parasiten des Holocaust zu einem seiner bizarrsten Unterwanderer; von einem, der am Elend der Juden verdienen wollte, zu einem, der der schon längst als Selbstzweck, als eigentliches Ziel der nationalsozialistischen Herrschaft erkennbaren Judenvernichtung hunderte von Menschen entriß.

Kollaboration ist oft der Versuch, der Lähmung einer Niederlage zu entkommen, die jede Politik ausschließt; das Bemühen, wieder politikfähig zu werden; das heißt, aus einer Situation ohne Handlungsoptionen in eine solche mit Optionen zu gelangen; die Wahlmöglichkeit zwischen verschiedenen Übel zurückzuerobern. *Henry Kissinger* singt, mit Bezug auf das von

Frankreich 1809 geschlagene *Metternich*-Österreich, geradezu ein Loblied auf die Kollaboration als Wiederherstellung von Politik: Kooperation mit dem Sieger, ohne Verlust der eigenen Identität, die eigenen Interessen versteckt hinter einer vorgetäuschten Willfährigkeit. (*Kissinger* o.J., 19f.)

Kollaboration für sich ist also von vornherein weder im Hinblick auf ihre substanziell-moralische, noch auf ihre funktionell-strukturelle Bedeutung eindeutig zu beurteilen: zu überprüfen wird immer sein, mit wem und mit welcher Intention, aber auch mit welchem Ergebnis eine Kooperation mit einem Sieger, also eine Kollaboration stattfindet. Zu überprüfen ist also, ob eine konkrete Kollaboration der tatsächlich glaubwürdige Versuch ist, durch Zusammenarbeit mit dem Sieger die eigene Politikfähigkeit wieder herzustellen; das Übel Kollaboration zur Vermeidung noch größerer einsetzen zu können.

Die Kollaboration der Judenräte hat eine generell-existenzielle und eine konkret-historische Wurzel. Die erste ist das – rückblickend – höchst einsichtige Unverständnis für das Wesen des Nationalsozialismus. Die zweite kommt aus der Erfahrung, daß jedenfalls vor dem Überfall auf Polen die nationalsozialistische Politik tatsächlich einer jüdischen Kollaboration politischen Spielraum einräumte – bei der Organisation jüdischer Auswanderung brauchte vor allem *Adolf Eichmanns* „Judenreferat" die Mitarbeit zionistischer Institutionen, die sich damals mit der nationalsozialistischen Diktatur in einem Ziel verbunden fühlte: möglichst viele deutsche (ab März 1938 auch österreichische, dann auch tschechoslowakische) Juden nach Palästina zu bringen.

Die Politik *Adolf Hitlers* war zunächst erkennbar auf das gerichtet, was dann später „ethnische Säuberungen" genannt werden sollte: Menschen wurden wegen ihrer von außen definierten Gruppenzugehörigkeit (Nürnberger Gesetze) entrechtet, beraubt und vertrieben. Die nationalsozialistische Politik war zwar bereits voll mörderischer Rhetorik (so *Hitlers* „Mein Kampf", in dem bereits das Parasiten-Muster formuliert war – die Juden als biologische Schädlinge, die es zu vernichten gilt). Und die konkrete Politik der an die Macht gekommenen NSDAP war auch eine punktuell mörderische (so die von oben organisierten Pogrome der „Reichskristallnacht"). Aber zunächst war sie nicht prinzipiell von den bekannten Formen des historischen Antisemitismus verschieden – nicht von der zaristischen Pogrom-Politik, nicht von der Politik der mörderischen Vertreibung im Spanien von 1492. Das, was heute als logische Fortentwicklung des rassistischen Sozialdarwinismus erscheint, eben als Konkretisierung des Parasiten-Musters, war als neue, historisch noch nicht beobachtete Qualität vor 1939 und eigentlich bis 1941 kaum erfaßbar, weil noch nicht erfahren. Daß sich deutsche und andere Juden in Illusionen wiegten (die ex post höchst naiv aussehen müssen), daß sie der heraufdämmernden Realität der systematischen „Ausrottung" des jüdischen Volkes ahnungslos entgegengingen, das hatten die Juden mit den Regierungen der Sowjetunion und Großbritanniens und Frankreichs und auch mit der Regierung gemeinsam, die wie keine andere ab 1938 systematisch am Aufbau einer globalen Allianz gegen *Hitler* arbeitete – mit der Regierung der USA.

Gerade weil der Holocaust eine neue Qualität eschatologischer Anti-Politik war, die eine absolute Moral – die der „Rassenreinheit" und der „Vernichtung lebensunwerten Lebens" – zur Richtschnur ihrer konkreten Maßnahmen machte, wurde er nicht rechtzeitig erkannt – nicht von den Juden; nicht von den Marxisten-Leninisten und ebensowenig von den liberalen Demokraten. Eben deshalb waren die Judenräte in den Ghettos und Lagern Mittel- und Osteuropas nur die Fortsetzung eines historisch erklärbaren Mißverständnisses: Die Einmaligkeit des Holocaust führte zur Fehleinschätzung, man könnte durch punktuelle Kooperation in dem einen oder anderen Fall „das Schlimmste verhindern".

Die Judenräte fühlten sich vor eine politische Entscheidung zwischen zwei Übel gestellt: entweder durch Kooperationsbereitschaft manches zu verzögern und damit auch zu verhindern; oder durch die Verweigerung die Chance zu einer solchen Politik zu vergeben. Die Judenräte waren der Ausdruck des Wunsches, Politik zu machen; zwischen Optionen auszuwählen; das kleinere Übel zu erkennen und zu akzeptieren. Daß mit der neuen Qualität des Holocausts die Politik buchstäblich am Ende angelangt war, daß es nichts mehr auszuwählen gab, das konnten viele nicht und die meisten wohl nicht rechtzeitig erkennen.

Die Politik des Holocaust war in diesem Sinne keine Politik, und sie erlaubte auch keine Politik – die Anwort konnte nur Unterwerfung und Akzeptieren des eigenen Todes sein, oder (militärischer, gewaltsamer) Widerstand. Die Nationalsozialisten – jedenfalls *Hitler* – trieben „mit den Juden" keine Politik. Als *Himmler* versuchte, in der Erkenntnis der unausweichlichen Niederlage jüdisches Leben gegen Militärgüter zu tauschen, also im Sinne einer Ziel-Mittel-Optimierung vernünftige Militärpolitik zu betreiben, da handelte er ohne Einverständnis *Hitlers*; und als er über Verbindungen zum neutralen Schweden das Ende des Holocausts als militärisch-politisches Faustpfand anbot, da wandte sich der ganze mörderische Zorn seines Führers gegen ihn.

Denn *Himmler* hatte nicht mit der letzten Endgültigkeit begriffen, daß es *Hitler* nicht um Politik, nicht um die Wahl zwischen verschiedenen Übeln und damit auch nicht um die politische Absicherung militärischer Erfolge ging – *Hitler* ging es um die Vernichtung des Judentums. Diesem Ziel ordnete er seine Kriegspolitik unter. Und wenn die Chancen auf eine Verbesserung der militärischen Lage der deutschen Kriegsmaschine mit der Durchführung des Holocausts konkurrierten – dann wählte *Hitler*, dann wählte der Nationalsozialismus den Holocaust.

Mitten in den „Abwehrschlachten" im Osten mußte die Wehrmacht Logistik, Material und Menschen zur Verfügung stellen, um hunderttausende Juden vom Balkan nach Auschwitz zu transportieren, nur damit diese dort vergast werden konnten. Und als die Rote Armee bereits an der Grenze zu Ungarn stand, da setzte *Hitler* nochmals mit aller Energie – nicht auf die Abwehr der militärischen Bedrohung, sondern auf die Vernichtung des ungarischen Judentums.

Diese Politikverweigerung, die dem Nationalsozialismus immanent ist, wurde von den Judenräten nicht oder zu spät erkannt. Und daß bis zu Kriegsbeginn gerade SS und SD mit zionistischen Organisationen kooperierten, um Juden zu vertreiben – nicht zu morden, das bildete einen weiteren Faktor zur Erklärung des Phänomens jüdischer Kollaboration. Daß *Eichmann* bis Kriegsbeginn ernsthaft nicht an der Vernichtung, sondern der Vertreibung des europäischen Judentums arbeitete, daß er zu diesem Zweck sich der Mitarbeit (Kollaboration?) zionistischer Aktivisten versicherte, daß es eine Zusammenarbeit bei der Umsetzung eines gemeinsamen nationalsozialistisch-zionistischen Interesses gab – das alles half gewiß mit, in den Judenräten, die ab 1941 zu Instrumenten des Holocaust gemacht wurden (ohne ihnen von NS-Seite die Möglichkeit der Illusion, der Selbsttäuschung zu nehmen), die Vorstellung einer politischen Option wach zu halten: Es gab noch immer ein schlimmeres Übel, demgegenüber die Kollaboration als kleineres Übel erscheinen konnte und mußte.

Es war die Illusion, dem als Politik getarnten, messianischen Vollzug der nationalsozialistischen Endzeit-Lehre mit den Mitteln einer beschränkten Politik begegnen zu können. Die volle Einsicht in die Vergeblichkeit dieses Tuns hätte die volle Einsicht in das Wesen des Nationalsozialismus und damit in den Holocaust vorausgesetzt. Der Nationalsozialismus trieb in Auschwitz und Majdanek, Treblinka und Sobibor keine Politik – er setzte „Weltanschauung" um. Und deshalb war die Kollaboration der Judenräte eine – verständliche – Fehlkalkulation. Deshalb wurde, von beschränkten

Einzelfällen abgesehen (die in jedem dieser Fälle wohl eine Rechtfertigung der Kollaboration bilden oder zumindest bilden können), durch die Kollaboration der Judenräte nichts bewirkt und nichts geändert. Das Übel blieb, wie es intendiert war: unvorstellbar groß und von einer Qualität, die die bisherigen Erfahrungen menschlicher Existenz überstieg.

Es war – ganz anders – keine grundsätzliche Illusion, im Frankreich des Vichy-Regimes punktuell mit den NS-Behörden zu kollaborieren, um so politische Optionen wahrnehmen zu können. Zumindest bis zur Besetzung Südfrankreichs im November 1942 hatten die französischen Institutionen nicht unerheblichen Spielraum, der sich vor allem daraus ergab, daß einem in seiner Großmachtrolle reduzierten Frankreich durchaus ein sekundärer Platz in *Hitlers* neuer Ordnung Europas zukommen sollte. Eben deshalb ist die Nutzung dieses Spielraumes durch *Laval* und andere Politiker der Überanpassung ganz anders zu beurteilen als die Kollaboration der Judenräte: *Hitler* hatte mit Frankreich Zukunftspläne – mit den Juden hatte er keine. Daß die französische Kollaboration im Laufe der Entwicklung immer stärker den Charakter einer vorauseilenden Unterwerfung, eines vorschnellen Vollzugs erst erahnter deutscher Wünsche annahm, ist daher anders zu beurteilen – denn nicht nur gab es im Fall Frankreichs die (verglichen mit der Situation der Juden in den Gettos ab 1940) viel plausiblere Option des Widerstandes und der Kooperation mit dem französischen Exil; vor allem hatten die deutschen Besatzer selbst Frankreich Spielraum gegeben. Das ist das Wesen der Treffen *Hitlers* und *Görings* mit *Pétain* und der Beteiligung *Lavals* an Besprechungen und Planungen in Deutschland.

Frankreich und seine politischen Strukturen sahen sich 1940 durchaus in der Lage, Optionen zu erkennen, zu bewerten und zwischen ihnen zu entscheiden – also Politik zu machen. Zwischen der vollständigen Unterwerfung unter die deutschen (nationalsozialistischen) Ziele, wozu 1940 nur eine sehr kleine Minderheit französischer Faschisten bereit war, und der von *DeGaulle* wahrgenommenen Option einer Fortführung des Kampfes von den britischen Inseln aus, wozu in diesem Jahr auch nur sehr wenige Franzosen sich bereit finden konnten, lag Manövrierraum – und der kann mit dem Begriffspaar „Kooperation – Kollaboration" umschrieben werden.

*Stanley Hoffman* berührt diese Differenzierung, wenn er zwischen einer „collaboration d'État" und einer gewöhnlichen Kollaboration unterscheidet. Die erstere, mehr Zusammenarbeit aus technischen Notwendigkeiten heraus, unterstreicht die politische Autonomie, die der Vichy-Staat (und andere westeuropäische Regierungen in von Deutschland besetzten Ländern) besaß.

Die französischen Institutionen – von der Eisenbahnverwaltung bis hin zur Polizei – mußten mit den deutschen Institutionen kooperieren, wenn sie die Politik der Kapitulation, die von den demokratisch bestellten Verfassungsorganen der 3. Republik legitimiert worden war, fortsetzen wollten. Die andere, die „echte" Kollaboration basiert auf einer grundlegenden Sympathie mit den eigentlichen Zielen der Besatzungsmacht; im Falle Vichy-Frankreichs am deutlichsten ausgedrückt in der Vernichtung der Juden. (*Trunk* 1972, 570-572)

Daß Vichy-Frankreichs Realität immer stärker von der gewöhnlichen, der eigentlichen Kollaboration, und immer weniger von der „collaboration d'État" bestimmt war, spricht für das Wirken einer bestimmten Logik, die in Richtung des Politikverlustes durch Kollaboration weist. Das Vichy-Frankreich des Sommer 1944 unterschied sich wesentlich vom Vichy-Frankreich des Sommer 1940: Die Kollaboration aus politischer Sympathie hatte überhand genommen, und damit war der politische Entscheidungsspielraum des französischen Staates entscheidend eingeengt. Vichy-Frankreich hatte es nicht verstanden, zwischen einer technisch notwendigen, durch die Niederlage 1940 begründbaren Kooperation und einer darüber hinausgehenden Kollaboration einen Trennungsstrich zu ziehen.

Daß der Marschall von Frankreich sich den Truppen des Freien Frankreich in einer Art deutschen Ehrenhaft in Richtung Deutschland entzog, zeigt seinen und seines Kollaborationsregimes Abstieg: der politische Spielraum war vertan; Vichy-Frankreich hatte aufgehört, auch nur ein sekundärer politischer Faktor zu sein. Noch bevor die Alliierten Frankreich befreit hatten, hatte die Kollaboration *Pétains* und *Lavals* dazu geführt, daß für diese in Frankreich nichts mehr wirklich zu entscheiden war, daß sie alle Optionen verspielt hatten. Aus einer Kollaboration, die sich darauf berufen konnte, zwischen Varianten noch entscheiden zu können und die eben deshalb auf Kollaboration als kleineres Übel setzte, war die bloße Instrumentierung durch deutsche Interessen geworden. Daß das Schicksal der am Kriegsende im deutschen Exil befindlichen nunmehrigen französischen Exilregierung – des Restes von Vichy – völlig belanglos für Frankreichs Zukunft war, unterstreicht dies nur.

Der *Jaruzelski* des Jahres 1981 war Kollaborateur. Seine Politik entsprach der Logik vorgegebener Dependenz: Polen war sowjetischer Satellit. *Jaruzelskis* Verhalten zeigte, daß er sich seiner Abhängigkeit von der Zentrale in Moskau bewußt war. Aber diese Abhängigkeit war nicht von ihm geschaffen, lag nicht in seiner Verantwortung, konnte von ihm auch nicht beendet werden. Seine Rechtfertigung war die eines Kollaborateurs: Er wählte nicht die Option des heroischen Widerstandes. Er wählte das „kleinere Übel". Aber anders als die Judenräte und auch anders als das Vichy-Regime ab 1942 brachte seine Kollaboration einen für Polen wesentlichen Unterschied: Ohne sein politisches Handeln wäre das Schicksal Polens ein signifikant anderes gewesen.

## 12. Von der Vermessenheit der Objektivität

*Schmutzige Hände – Das Drehbuch der Weltgeschichte – Die Sehnsucht nach Einordnung – Orthodoxie ist gleich Orthodoxie*

„Objektiv", so läßt *Jorge Semprun* seine alternden linken Revolutionäre sich erinnern, „objektiv" hätten auch noch 1944 die Rechtfertiger der KP Frankreichs *Paul Nizan* als „Verräter" tituliert. Dieses „objektiv" – ein „niederträchtiges Adverb, das es ihnen ersparte, eine objektive Analyse liefern zu müssen." (*Semprun* 1991, 228)

„Objektiv" – im Sinne einer Tatsache – war *Paul Nizan* als Protest gegen den *Hitler-Stalin* Pakt aus der Kommunistischen Partei Frankreichs ausgetreten. „Objektiv" – wiederum im Sinne einer Tatsache – hatten die französischen Kommunisten, damals damit beschäftigt, den Krieg Frankreichs und Großbritanniens und Polens gegen *Hitler*-Deutschland als „imperialistisch" einzustufen, *Nizan* als Polizeispitzel denunziert. Und „objektiv" weigerten sie sich auch noch nach dem Juni 1941, als der „imperialistische" Krieg schlagartig seine Natur geändert hatte und bewaffneter Widerstand gegen Deutschland nun für sie, die Kommunisten, sowohl patriotische wie auch internationalistische Pflicht geworden war, die durch nichts (das heißt durch keinerlei Tatsachen) begründete Denunziation *Nizans* zurückzunehmen – hätte dies doch bedeutet, sich „objektiv" mit der eigenen Vergangenheit und der eigenen Verstrickung in eine marxistisch nicht zu begründende Logik auseinanderzusetzen: daß nämlich die jeweils von Stalin definierte Tagespolitik Ausdruck „objektiver" Notwendigkeit im Interesse der sozialistischen Revolution sei.

*Nizan* wurde nun nicht mehr vorgeworfen, er hätte tatsächlich (also objektiv?) gegen seine Partei im Auftrag der französischen Regierung als Spitzel gearbeitet. *Nizan* wurde vorgehalten, sein Austritt aus der Partei sei – unbeschadet seiner Motive, unbeschadet seines tatsächlichen (objektiven?) Verhaltens – der Sache des Kommunismus schädlich und allein schon deshalb Verrat gewesen.

Das Verhalten der KPF gegenüber *Nizan* ist signifikant. Es drückt eine spezifische Logik eines besonderen Zugangs zur Politik aus. „Schuld" wird von jeder subjektiven Komponente befreit – es ist letztlich gleich, was *Nizan* bewegte; es kommt nicht darauf an, warum er gegen den Pakt *Stalins* mit *Hitler* protestierte; und es ist – und das ist wohl das Wichtigste – auch völlig irrelevant, ob die Änderungen der stalinistischen Politik *Nizans* Protest ex post nicht doch gerechtfertigt haben – der Verstoß gegen die Disziplin des Denkverbotes ist die Schuld. Und wenn zur besseren Propagierung dieser Schuld, zum Verständnis der Außenwelt, eine zusätzliche Schuld konstruiert werden muß – eben die Spitzeldienste, dann tut dies nichts zur Sache; auch nicht, wenn diese Konstruktion „objektiv" Lüge ist.

Diese Logik des (stalinistischen) Kommunismus stülpt jeden nur vorstellbaren Begriff von Objektivität in sein absolutes Gegenteil. Es interessiert nicht, ob *Nizan* tatsächlich Polizeiagent war; es interessiert auch nicht, ob *Nizans* Einstellung nicht doch durch die Entwicklung der nationalsozialistischen Kriegspolitik gerechtfertigt erscheint – alle diese im Sinne jedes nur denkbaren Wissenschaftsverständnisses „objektiven" Fragen stellen sich innerhalb der stalinistischen Logik überhaupt nicht. *Nizan* ist, aus welchen Gründen und mit welcher tatsächlichen Rechtfertigung auch immer, „schuldig" – des Verrates an der Partei; und das heißt des Zweifels an der „Objektivität" *Stalins*.

Ähnliche Muster stalinistischer Logik zeichnet *Jean Paul Sartre* in „Les Mains sales", wenn er *Hugo Hoederer* töten läßt – im Auftrag der Partei. *Hoederer* ist „Verräter" wie *Nizan*: Er teilt nicht die Tatsachenbeurteilung der stalinistischen Parteiführung – und deshalb ist er schuldig; auch wenn, kurz nach seiner (als individuellen Mord getarnten) Hinrichtung, *Hoederers* Perzeption die seiner Partei wird. *Hoederer* bekommt, auch von seiner Partei, von *Stalin*, „recht": Der als individuelle Tat (um)interpretierte Mord erleichtert dies. Dennoch ist *Hoederer* Verräter, bleibt er Verräter. Denn er hat „objektiv" der Partei geschadet.

Die Denunziation *Nizans* endete nicht 1941, und sie endete nicht 1945. *Nizan* blieb der Verräter – auch und gerade für kommunistische Intellektuelle wie *Luis Aragon*. (Beauvoir 1968, 213) Die Denunziation *Nizans* durfte nicht enden, denn sie schützte die Logik stalinistischer Objektivität. Auch wenn diese Objektivität unter dem Vorwand des Antifaschismus antifaschistische Kämpfer als Verräter liquidieren ließ – die Frage von individueller Schuld mußte als kleinbürgerlich abgetan werden; die Frage mußte die nach der objektiven Schuld sein. Und über die Antwort darauf verfügte immer die Partei, und das hieß *Stalin* und die Sowjetunion.

Diese Erfahrungen machte *George Orwell* im Spanischen Bürgerkrieg. Er beobachtete, daß die Kommunisten in Spanien gegen Antifaschisten, die sich nicht der von *Stalin* diktierten Strategie unterwerfen wollten, mit unerbittlicher Härte vorgingen. Die P.O.U.M. als antifranquistische, kämpferische Partei wurde vernichtet – nicht von Franco, sondern von den Kommunisten. Ihre Führer wurden ermordet – nicht von Faschisten, sondern von Kommunisten. Ihre Schuld war „objektiv" – wie die aller als „Trotzkisten" verschrieenen Linken: Unbeschadet ihrer subjektiven Bemühungen, dem Faschismus mit aller Kraft entgegenzutreten, waren sie schuldig, weil sie sich dabei nicht dem Diktat der KP und damit nicht dem Diktat *Stalins* unterwarfen. (*Slater* 1985, 149-151, 168f.)

*Orwell*, der in seiner „Homage to Catalonia" seine Erfahrungen im Spanischen Bürgerkrieg veröffentlichte, liefert auch einen analytischen Erklärungsansatz für die Funktion des stalinistischen Objektivitätsbegriffes: Hinter diesem steht eine quasi-religiöse Auffassung von Orthodoxie. Und er zieht Parallelen zwischen der Anziehungskraft, die in der ersten Hälfte des Jahrhunderts die Katholische Kirche vor allem in Großbritannien auf Intellektuelle ausgeübt hat, und der Attraktivität der Kommunistischen Partei auf dieselbe Zielgruppe. (*Slater* 1985, 158)

Es ist die Attraktivität eines geschlossenen Systems, das Heimat vermittelt; eines Denkmusters, das letzte Klarheit zu geben verspricht. Aus den Niederungen der gesellschaftlichen Widersprüche erhebt sich die „civitas Dei": Und plötzlich ist allen, die angesichts des sozialen Elends und des aufsteigenden Faschismus verzweifeln, die Lösung ganz klar. Es gibt die eschatologische Versprechung der Aufhebung aller Widersprüche – nicht, wie bei *Marx*, höchst abstrakt und irgendwo in der Zukunft; sondern ganz konkret, „real existierend": die Heimat aller Werktätigen, deren Führung – im sicheren Besitz des Drehbuches der Weltgeschichte – alle einlädt, sich einzuordnen, unterzuordnen. Diese Klarheit der Ordnung hat einen Preis – das eigene Denken muß systemimmanent werden; es muß die Prämissen akzeptieren, von denen die Lehren der Orthodoxie deduziert werden.

Diese Orthodoxie, im stalinistischen Jargon Objektivität genannt, hat ihre quasi-theologische Logik: Alle Politik ist zielgerichtet; ihre Ethik, ihre Moral ist immer eine deduzierte – abgeleitet von diesem Ziel. Politik darf nicht für sich beurteilt werden – weder die Politik des *Hitler-Stalin* Paktes, noch die der Schauprozesse oder der mit gigantischem Zwangsaufwand durchgeführten Kollektivierung der Landwirtschaft. Politik muß in ihrer Abhängigkeit beurteilt werden – sie ist, in diesem Sinne, für sich weder „gut" noch „schlecht". Politik ist „gut", wenn sie funktional ist – für das von *Stalin* konkret definierten Ziel des Aufbaues des Sozialismus. Politik ist „schlecht", wenn sie dafür dysfunktional ist.

So ungefähr haben es die Inquisitoren aller Kirchen zu allen Zeiten auch gemeint. Wenn es darum geht, das Gottesreich auch für verlorene Seelen zu öffnen, dann mag erlaubt, ja sogar geboten sein, durch Folterung und Scheiterhaufen diese Armen Seelen zu läutern, um ihnen die ewige Seligkeit zu vermitteln. Wenn es um den Zugang zum Gottesreich geht, dann sind solche Werte wie Glaubens- und Gewissensfreiheit nicht logisch, nicht passend, weil dysfunktional. Oder sollte eine ewige Seele nur deshalb verloren gehen, weil sie in der kurzen Zeit ihres irdischen Daseins sich verführen läßt?

Stalinistische Objektivität und kirchliche Orthodoxie zerstören Politik, weil sie eine differenzierte Beurteilung gesellschaftlichen Handelns nicht zulassen. Eine an der Wirklichkeit orientierte Analyse der Relation von politischen Zielen und Mittel wird unmöglich, wenn die Mittel – also die eigentliche Politik – nur objektiv richtig oder objektiv falsch sein können. Stalinistische Objektivität und kirchliche Orthodoxie zerstören aber auch die Möglichkeit zur Analyse politischer Abläufe: Sie reduzieren jede Form des sozialwissenschaftlichen Zuganges auf seine entweder nützliche oder schädliche Wirkung. Politik wird zur Vollstreckung eines a priori feststehenden Zieles – und die politische Analyse zur Propagierung der Notwendigkeit ablaufender Vorgänge.

In diesem Sinne war der *Jaruzelski* des Jahres 1981 und der des Jahres 1989 von der stalinistischen Orthodoxie frei. Seine an der Bestimmung des „kleineren Übels" orientierte *leadership* war nicht auf irgendeinen „objektiven" Fixpunkt gerichtet – außer auf den, möglichst die für Polen am wenigsten schmerzhafte Entscheidung zu treffen. Die Form des Zuganges zur Entscheidung des Spätherbstes 1981, wie sie *Jaruzelski* in seinen Erinnerungen schildert (*Jaruzelski* 1993), war nicht die Entscheidung eines Stalinisten; auch nicht die eines Leninisten; auch nicht die eines Marxisten. *Jaruzelskis* Entscheidung war in keinem erkennbaren Umfang von irgendeiner Orthodoxie abgeleitet. Deshalb stand sie auch in ihrer persönlich zu verantwortenden Natur so klar da – deshalb war sie auch ein Beispiel für offen erkennbare, offen deklarierte *leadership*.

*Jaruzelski* begründete seine Entscheidungen nicht damit, daß er bloß irgendeine festgeschriebene „Objektivität" zu implementieren hätte. *Jaruzelski* hielt sich nicht an irgendwelche Drehbücher, die von irgendwelchen Orthodoxien als Schlüssel zum Weltgeschehen angeboten wurden. Er handelte nicht mit Berufung auf „Das Kapital" oder „Was tun?" oder auf die Bibel. Er machte Politik – und er akzeptierte, daß er sich dabei die Hände schmutzig machen mußte. Die Ethik seines Handelns war keine allgemeine Gesinnungs-, sondern eine ganz konkrete Verantwortungsethik. Damit aber sicherte er seine Handlungs- und so seine Entscheidungs- und damit Politikfähigkeit.

Die Gralshüter stalinistischer Objektivität und kirchlicher Orthodoxie sind in ihrer Praxis Pragmatiker. *Stalin* orientierte sich an der Formel vom „Sozialismus in einem Staat", die das jeweils konkrete Staatsinteresse der Sowjetunion zum unbedingten Ausfluß des Marxismus-Leninismus machte. Wer den konkreten Schritten *Stalins* Zweifel entgegensetzte, opponierte daher nicht gegen eine bestimmte Politik, sondern gegen „den Sozialismus"; er war daher nicht Oppositioneller, sondern Verräter. Wenn es *Stalin* geboten schien, auf dem Weg zu dem, was er als Sozialismus bezeichnete, ein wenig einzuhalten, dann waren die drängenden Bolschewiken des „linken" Flügels (*Trotzki, Kamenew, Sinowjew*) Verräter; wenn *Stalin* die Entwicklung wiederum beschleunigen wollte, dann waren plötzlich die „Rechten" (*Bucharin, Tomski, Rykow*) die Verräter. Jede Variation der politischen Taktik oder Strategie wurde zur Theorie erklärt, zur Konsequenz eines als „Marxismus-Leninismus" hochstilisierten Gedankengebäudes; Taktik und Strategie lösten sich in „Wahrheit" und „Objektivität" auf – gleichgültig, wie kurzfristig und ad hoc eine solche „Theorie" auch entstanden sein mag.

Die Berufung auf irgendeine „Objektivität" – auch vermittelt mit Worthülsen wie „Es ist allgemein bekannt, daß ... " – charakterisiert die semantische Komponente des Stalinismus. (*Ulam* 1989, insbes. 10f.) *Stalin* gab so seinen konkreten Entscheidungen den Anschein des Vollzuges höherer, vorgegebener Weisheit. Und im „großen Terror" der Schauprozesse spielte kaum die konkrete Beweisführung eine Rolle – jedenfalls nicht über die bizarren Geständnisse hinaus; argumentiert wurde letztendlich mit der „objektiven" Schädlichkeit, etwa mit dem „objektiven" Gleichklang von Trotzkismus und Faschismus. Bei den Schauprozessen kam der so „objektiven" Beweisführung, die sich nicht auf tatsächliche, sondern (nur zu behauptende und nicht zu beweisende) funktionale Objektivität stützte, eine wesentliche Rolle zu – wohl auch für die innere Begründung der Geständnisse der Angeklagten. (*Conquest* 1986, 177-210 und 496-573)

Was hat Jahrzehnte hindurch soviele Intellektuelle bewogen, dem stalinistischen Terror zu applaudieren? Was war das Geheimnis dieser Anziehungskraft einer Theorie, deren Wesen die Absage an Theorie war? Warum wurden soviele Theoretiker von dieser Anti-Theorie so angezogen?

Einer von ihnen, *Ernst Fischer*, versuchte eine Antwort zu finden. Nach seinem Damaskus-Erlebnis – nach seinem Bruch mit der Kommunistischen Partei, der in direktem Zusammenhang mit dem Einmarsch der Warschauer Pakt-Truppen in die CSSR stand, ging er seiner eigenen – historischen – Motivation nach. *Fischer* hatte in Moskau für die deutschsprachigen Medien der Komintern über die Schauprozesse berichtet – vollkommen im Sinne der stalinistischen Interpretation. Und *Fischer* hatte dieser Interpretation geglaubt. Nicht, weil er daran glauben mußte, sondern weil er daran glauben wollte. *Fischer* wollte Teil der Gemeinschaft von Gläubigen sein. Er wollte sich einordnen, sich unterordnen.

30 Jahre, nachdem *Ernst Fischer* über den Großen Terror das geschrieben hatte, was er nun „objektiv" als falsch erkannt hatte, reflektierte er: „Das Ich, das diese Berichte schrieb, war keineswegs unaufrichtig ... Es war ein parteiisches, ein Partei-Ich: bewußte Negation meines Individualismus, das heißt meines früheren, spontanen, stets in Wandlung begriffenen Ichs. Dieses Ich strebte nicht nach Identität mit vergangenen Zuständen, sondern nach Identität mit einem freiwillig anerkannten Über-Ich: mit der Sache, mit der Partei ... Eine Partei, deren Stolz es ist, 'monolith' zu sein, fordert auch vom Ich jedes ihrer Mitglieder, daß es monolith sei ..." (*Fischer* 1969, 396)

*Fischer* (und die anderen) hatten ihre eigene, grundsätzliche Unterwerfung beschlossen. Hinter dieser stand die ursprüngliche Intention, alles zu tun, um der faschistischen Welle zu wehren. Aber das Bedürfnis nach Ein- und Unterordnung ging weiter – sonst hätten doch nicht die meisten dieser Intellektuellen sich auch zwischen 1939 und 1941 untergeordnet, sonst hätten sie doch nicht – wie am Beispiel der Denunziation *Nizans* deutlich – mitgewirkt, die realen antifaschistischen Anstrengungen Frankreichs und Großbritanniens zu unterminieren.

*Fischer* und die anderen wollten aufgeben, was sie selbst in die konkrete politische Verantwortung genommen hätte – ihr eigenständiges politisches Ich. Sie unterwarfen sich dem Über-Ich einer stalinistischen Objektivität. Und sie hatten damit die Rechtfertigung gefunden, die sie offenbar gesucht hatten – für die Flucht aus der eigenen, selbst definierten, selbst zu verantwortenden Politik. Sie hatten ihre Sehnsucht befriedigt, sich einzuordnen und aufzugehen – in die große Gemeinschaft derer, die sich im sicheren (und sichernden) Besitz der Wahrheit, der Objektivität, eben des Drehbuches der

Weltgeschichte wußten. *Fischer* und die anderen wollten eigentlich nicht wissen – sie wollten glauben.

„Der 'Marxismus-Leninismus' des *Stalin*-Mythos war ein Pragmatismus, der die jeweilige Staatsräson, ob sie nun räsonabel war oder nicht, als unabdingbare Wahrheit und Erkenntnis des 'Marxismus-Leninismus' proklamierte. *Richard Wagner* etwa wurde nach dem deutsch-sowjetischen Nichtangriffspakt gewürdigt, *Hegel* nach dem Überfall auf die Sowjetunion als reaktionär entlarvt." (*Marek* 1970, 159)

Stalinistische Objektivität und kirchliche Orthodoxie machen Theorie und Theologie zu Dienerinnen einer Politik des Pragmatismus – und gleichzeitig lösen sie jede Politik auf, indem Politik zur Dienerin eines „objektiven" Zieles wird. Theorie wird instrumentiert – und Politik wird abgeschafft.

Die sozialen Doktrinen der Katholischen Kirche folgen einem historisch nachvollziehbaren Entwicklungsmuster – aber eben dieser geschichtliche Zusammenhang gefährdet den Theorieanspruch, den diese Form von Theologie erhebt. Was die Päpste und ihre Soziallehren – im Sinne eines Naturrechtsverständnisses – für jeweils „richtig" erklärt haben, reflektiert den historischen Wandel und das kirchliche Interesse, sich an die vom Wandel jeweils neu geschaffenen Bedingungen anzupassen: In der Sklavenhalter-Gesellschaft war die Kirche gegenüber der Sklaverei als Institution „neutral", nur um dann gegen die Sklaverei als Prinzip aufzutreten, als dieser der gesellschaftliche Boden entzogen wurde und andere noch vor den Päpsten die Sklaverei vom Prinzip her bekämpften. In der vorkapitalistischen Gesellschaft hielten die Päpste am kanonischen Zinsverbot fest, nur um sich schließlich doch – durch das Akzeptieren des Zinses – auf den Boden der bereits herrschenden kapitalistischen Gesellschaft zu stellen. (*Knoll* 1962)

Die prinzipielle Kritik an diesem Adaptionsverhalten richtet sich nicht gegen die Anpassung an sich, sondern gegen deren Loslösung vom historischen Hintergrund; gegen deren Absolutsetzung; also gegen die Stilisierung eines durchaus erklärbaren und nachvollziehbaren kirchlichen Pragmatismus zu einer Theologie des Naturrechts.

*Stalin* ließ das Lob *Wagners* zu, als er mit *Hitler* paktierte; und er verlangte, *Hegel* zu verdammen, als deutsche Truppen in die Sowjetunion einfielen. Die Soziallehre der Päpste des späten 19. und frühen 20. Jahrhunderts ist voll von Betrachtungen über ständische Organisationsformen in Politik und Gesellschaft. Über Demokratie oder auch über Parlamentarismus und Parteien schweigen sich die Päpste aus. Erst als Rom von US-amerikanischen

Truppen befreit und besetzt war, da entdeckte *Pius XII.* plötzlich die Demokratie. Und in seiner Weihnachts-Rundfunkbotschaft 1944 belehrte der Papst, dem zur Demokratie – ebenso wie seinen Vorgängern – bis dahin nichts eingefallen war, bereits die ganze Welt über die „Eigenschaften ..., die Menschen auszeichnen (müssen), ... die die Macht in einer Demokratie ausüben"; und über die Notwendigkeit, zwischen „Volk" und „Masse" zu unterscheiden. (Texte 1975, 170)

Die Fiktion des Freiseins von konkreten Interessen und von historischen Bedingungen macht die (methodische) Parallelität zwischen stalinistischer Objektivität und kirchlicher Orthodoxie aus. Beide stellen sich erst gar nicht dem Kalkül des „kleineren Übels"; beide entziehen sich der Nachvollziehbarkeit ihrer konkreten Maßnahmen, indem sie diese zur zeitlosen Theorie (oder Theologie) erklären; beide betreiben eine systematische Politik der Entpolitisierung – um sich so gegenüber Opposition und Kritik zu immunisieren.

Diese Immunisierung zeigt nur die intellektuelle Frechheit solcher Vorgänge. *Stalins* pragmatische Winkelzüge wurden zum Höhepunkt marxistischer Erkenntnis erklärt – und der theologische Opportunismus der Päpste zum Naturrecht. Aber dahinter steht in beiden Fällen eine systematische, beabsichtigte Politikflucht, bzw. Politikverweigerung: Die „Objektivierung" konkreter Politik sollte und mußte dazu führen, daß ein Diskurs über die Zusammenhänge von Ziel und Mittel nicht stattfinden konnte – jedenfalls nicht immanent. Anstelle eines politischen Diskurses wurden Urteile über „Verräter" (oder „Irrlehrer") gesetzt – weil eben Abweichung nicht der Beginn eines solchen Diskurses war, sondern („objektiv") Verrat.

Daß *Stalin* die Verräter ermorden ließ, während die Päpste des 20. Jahrhunderts (anders als die anderer Jahrhunderte) zu diesem Mittel nicht griffen (nicht mehr greifen konnten), machte für die Betroffenen einen entscheidenden Unterschied. *Stalins* bösartig-witzige Frage, wieviele Divisionen denn der Papst hätte, macht diesen Unterschied deutlich. Aber es war ein nur relativer, weil durch Zeitverschiebung erklärbarer Unterschied: Der Papst hatte keine Divisionen – mehr. Die intellektuelle Vermessenheit des einen, des stalinistischen, und die des anderen, des päpstlichen Vorgehens sind dennoch als Analogie zu sehen.

Orthodoxien lassen keine Demokratie zu – sie dulden ja nur Einordnung, sie verbieten (und fürchten) die Offenheit von Situationen. Die Lehre zu implementieren – das ist der Auftrag der Orthodoxie. Die Lehre nicht zu debattieren – das ist das Verbot der Orthodoxie. Damit ist aber auch eine klare

Zweiteilung der Möglichkeit zur Politik gegeben: Politik, das ist die Sache *Stalins* – oder *Pius XII*. Sie dürfen, sie müssen zwischen den Übeln abwägen, um dann das kleinste auszusuchen. Sie sind frei – maximal frei – für die Politik. Die der jeweiligen Orthodoxie Angehörenden freilich sind ebenso maximal für die Politik unfrei. Für sie ist der Eintritt in die Orthodoxie gleichbedeutend mit dem Verbot, innerhalb ihrer (Ersatz)Kirche Politik zu machen.

## 13. Von der Mißverständlichkeit des Unterscheidens

*Die Unerbittlichkeit des Karl Kraus – Halbfaschismus als kleineres Übel – Zwischen Teufel und Beelzebub – Churchill: Politikfähigkeit durch Differenzierung – Churchill: Mehr als Realpolitik – Appeasement ist nicht gleich appeasement*

*Karl Kraus* war und ist politisch nicht leicht einzuordnen. Als Kritiker der Kriegspolitik Österreich-Ungarns und des Ersten Weltkrieges überhaupt und als Anwalt liberaler Grundrechte etwa im Bereich der Sexualität galt er aber immer als ein Mann der Linken – bis er, wenige Jahre vor seinem Tode, in den Geruch kam, ein Propagandist der Politik *Dollfuß'* und damit des Austrofaschismus zu sein.

In den 20er Jahren hatte sich sogar die Kommunistische Partei um *Kraus* bemüht, weil sein literarischer Rigorismus ihn immer mehr von der Sozialdemokratie absonderte. Die Radikalität seines Denkens schien *Kraus* der Radikalität kommunistischer Politik näher zu bringen als dem – relativen – Pragmatismus der Sozialdemokratie. (*Pfabigan* 1976, 255-336)

*Kraus* goß seinen immer wieder auch direkt politischen Hohn auf die Politik der etablierten Kräfte aus – so, wenn er in „Die letzten Tagen der Menschheit" auch die Neigung der deutschen Sozialdemokratie geißelte, sich der expansionistischen Außen- und der autoritären Innenpolitik der deutschen Regierung anzubiedern; so, wenn er mit seinen Attacken auf *Johann Schober* die Politik des Bürgerblockes in Österreich kritisierte. In „Die Unüberwindlichen" karikierte er die Korrumpiertheit herrschender bourgeoiser Politik, insbesondere die Rolle der Presse. Dieses Stück provozierte auch politisch motivierte Zensurversuche von seiten der österreichischen Regierung – einer Regierung, die eine Koalition der gesamten Rechten und deren verbindende Philosophie die des Antimarxismus war. (*Zohn* 1971, 86-197; *Pfabigan* 1976, 255-287)

Als *Adolf Hitler* in Deutschland „die Macht ergriff", war für *Kraus* klar, daß damit eine neue Dimension in die – zunächst nur – europäische Politik gekommen war. In verschiedenen Vorstudien zu seinem erst posthum veröffentlichten Buch „Die dritte Walpurgisnacht", die er in seiner Zeitschrift „Die Fackel" 1933 und 1934 veröffentlichte, zeigte er – mit der schon in „Die letzten Tage der Menschheit" praktizierten Technik einer dokumentarischen Kollage – den Gewaltcharakter eines Regimes neuen Typs auf. Alles, was Kraus dafür als Grundlage benutzte, war frei zugänglich – vor allem in Form von Zeitungsartikeln der Auslandspresse.

*Kraus* zeigte damit nicht nur, daß für jeden, der sehen wollte, schon im Frühjahr 1933 der besondere Charakter des nationalsozialistischen Regimes eindeutig sein mußte, und daß eine allgemeine Faschismus-Theorie, wie sie von der sozialdemokratischen und kommunistischen Linken bevorzugt wurde, zur Kennzeichnung des NS-Systems nicht ausreichte. Er demonstrierte damit auch, daß gegenüber dieser Bedrohung neuer Art die Gegensätze der Vergangenheit relativiert werden müßten.

Doch damit war er gegenläufig zur österreichischen Politik. Die Regierung *Dollfuß* betrieb, parallel zu *Hitlers* „Machtergreifung", und halb gedrängt und halb gestützt von *Mussolinis* Italien, eine Strategie der Ausschaltung des Parlamentarismus und des Mehrparteiensystems – und damit vor allem der größten Oppositionspartei, der Sozialdemokratie. Und als dies der Regierung schließlich auch gelang, nach einem kurzen Bürgerkrieg im Februar 1934, in dem die Sozialdemokratie die Republik und den Verfassungsstaat verteidigte, da rief *Dollfuß* – mit Berufung auf „Gott, den Allmächtigen" – den „christlichen Ständestaat" aus. Dieser kann wohl am besten mit dem Begriff „unfertiger" oder „halber" Faschismus umschrieben werden. (*Talos, Neugebauer* 1984)

Die österreichische Sozialdemokratie sah sich (und die Demokratie überhaupt) als Opfer der spezifisch österreichischen Variante eines europäischen Faschismus. Der von Anfang an dem Ständestaat immanente Konflikt mit den österreichischen Nationalsozialisten und der NS-Regierung Deutschlands – der die Unabhängigkeit Österreichs von Deutschland betraf – spielte in dieser Einschätzung keine besondere Rolle.

Doch für *Kraus* war Faschismus nicht gleich Faschismus, war *Dollfuß* nicht gleich *Hitler*. Und als *Dollfuß* im Juli 1934 Opfer eines nationalsozialistischen Putschversuches wurde, der freilich scheiterte, sah *Kraus* dieses Scheitern als positiv an – *Dollfuß* (und sein Nachfolger *Schuschnigg*) und die von ihnen vertretene autoritäre Staatsform war für ihn ganz eindeutig das kleinere Übel gegenüber der einzigen realen Alternative, die die internationale Konstellation Österreich zu bieten hatte: den „Anschluß" an das nationalsozialistische Deutschland; eine Alternative, die dann 1938, bereits nach *Kraus'* Tod, sich durchsetzen sollte.

*Kraus* drückte diese seine Präferenz für das kleinere Übel des *Dollfuß*-Regimes literarisch aus – und wurde nun für die Linke zum Verräter. Denn die im Untergrund und aus dem Exil tätige sozialdemokratische und kommunistische Linke beharrte auf der Gleichsetzung der beiden Faschismen. *Kraus'* kämpferische Bereitschaft, zu differenzieren und aus dieser Differenzierung auch konkrete politische Folgen zu akzeptieren – nämlich die Stützung des „kleineren Übels", wurde als austrofaschistische Propaganda wiederum propagandistisch schärfstens bekämpft. Die Schärfe dieser Auseinandersetzung war wohl deshalb umso größer, weil die Linke in *Kraus* ja ursprünglich einen der Ihren gesehen hatte, ihn nun als einen Abtrünnigen attackierte und ihre Polemik daher mit einer besonderen moralisierenden Tonart versah. (*Pfabigan* 1976, 337-359)

*Kraus* war, in seiner intellektuellen Argumentation, eine linke Variante des rechten *Churchill*. Beiden war der Nationalsozialismus das Übel schlechthin. Im Kampf gegen ihn waren sie bereit, sich mit allen nur möglichen, anderen Übeln zu verbinden – wenn ein solches Bündnis nur *Hitler* schadete. *Churchill*, der ursprünglich aus gewissen Sympathien für den italienischen Faschismus kein Hehl gemacht hatte, war bereit, sich gegen *Hitler* mit Tod und Teufel und dem Bolschewismus zu verbünden. *Churchill*, der 1931 aus der Führung der Konservativen Partei ausgeschieden war, weil sie gegenüber der indischen Unabhängigkeitsbewegung zu nachgiebig erschien, der sich davor und danach immer als Gralshüter des britischen Imperialismus stilisiert hatte, (*Manchester* 1984, 691-700) dieser erzkonservative Hardliner mit einem durchaus nur lauen Verhältnis zur liberalen Demokratie schloß im Sommer 1941 aufatmend seinen neuen Bündnispartner in die Arme – *Stalin*. (*Charmley* 1993, 453-458)

*Churchill* hatte dabei nicht nur die Gunst der Stunde genützt. Er hatte seit 1940, seit dem Fall Frankreichs, als Premier geradezu verzweifelt auf die Annäherung an die Sowjetunion gesetzt – wie er auch schon im Sommer 1939, noch als „Hinterbänkler", offen „seine" (weil konservative) Regierung *Chamberlain* deshalb kritisiert hatte, weil diese nicht rasch und nicht effizient genug die „sowjetische Karte" gegen Deutschland ins Spiel gebracht hatte.

Natürlich war *Churchills* Verhalten auch eine Variation der alten politischen Primitivregel, daß der Feind meines Feindes mein Freund sei. Aber die Art und Weise, mit der *Churchill* seine Allianz mit *Stalin* betrieb, verlangt nach einer tieferen Erklärung – gerade weil er nie daran Zweifel ließ, daß seine antikommunistische Orientierung sich grundsätzlich nicht geändert hatte.

*Churchills* berühmter Kommentar zum deutschen Überfall auf die Sowjetunion gibt einen ersten Ansatz für diese Erklärung: Wäre *Hitler* in der Hölle einmarschiert, er – *Churchill* – hätte zumindest eine freundliche Bemerkung über den Teufel gemacht. (*Charmley* 1993, 453) Und *Winston Churchill* machte nicht nur einige freundliche Bemerkungen über den bolschewistischen Diktator – er tat alles, um den Widerstand der Roten Armee gegen die Deutsche Wehrmacht zu stärken; er tat alles, um der Sowjetunion zum Sieg zu verhelfen – weil dieser Sieg die Niederlage Hitler-Deutschlands bedeuten mußte.

*Churchill* brach mit der polnischen Exilregierung, als diese dem Arrangement mit *Stalin* hinderlich wurde. Er stimmte der sowjetischen Hegemonie in Rumänien und Bulgarien zu. Solange der Krieg nicht entschieden war, war ihm jedes Mittel recht, *Hitler* zu schwächen – auch die Stärkung *Stalins*. War er deshalb ein „nützlicher Idiot"?

*Churchills* Verhalten gegenüber *Stalin* und der Sowjetunion war um einiges differenzierter als das Verhalten *Roosevelts*. (*Kissinger* 1994, 410) Niemals vergaß er, daß zwischen den Kriegszielen der Sowjetunion und denen des British Empire Welten lagen; und nie setzte er seine Beziehung zu *Roosevelt* und den USA auf eine Ebene mit der zu *Stalin* und der Sowjetunion. Doch eben weil er, der „Realpolitik" verpflichtet, genau wußte, daß er einen Stalin niemals für die Ziele der mit *Roosevelt* feierlich vereinbarten Atlantic Charta gewinnen oder auch nur interessieren könne, eben deshalb konnte er mit *Stalin* kooperieren: Denn ein Sieg des nationalsozialistischen Deutschland war für *Churchill* ganz eindeutig das größere Übel als ein Sieg der Sowjetunion. Mit *Stalin* glaubte er sich arrangieren zu können – weil er in *Stalin*, allen Unterschieden zum Trotz, den gleichen Sinn für Realpolitik erkannt zu haben glaubte; und das nicht zu Unrecht. Mit *Hitler*, und das hatte ihm, *Churchill*, nicht erst München beibringen müssen, gab es kein Arrangement. Die eschatologische Natur des Nationalsozialismus, am stärksten ausgedrückt im Holocaust, erlaubte keine Politik – weil der Nationalsozialismus letztendlich, seinem Wesen nach, auf Politikverweigerung hinauslief.

*Churchill* vermochte zu differenzieren – zwischen Diktatur und Diktatur, zwischen Bedrohung und Bedrohung, zwischen Interesse und Interesse, zwischen Übel und Übel. *Churchill* brauchte kein „grand design" im Sinne einer umfassenden Philosophie à la *Wilson* für seine außenpolitische Konzeption. Er verglich, er differenzierte – und dann entschied, dann handelte er. Er verglich Interessen – im Sinne der traditionellen britischen Doktrin, daß Großmächte keine Freunde, sondern nur Interessen haben.

Das machte *Churchill* so politikfähig – die Bereitschaft abzuwägen und zu entscheiden, und zwar im Sinne eines Utilitarismus. Was brachte dem von ihm definierten Interesse des britischen Reiches mehr Vorteile, was bedeutete mehr Nachteile? Nicht einer allgemeinen Gerechtigkeitsvorstellung, sondern einer speziellen Interessenabwägung verpflichtet, konnte er so die Weltpolitik in den entscheidenden Jahren des 20. Jahrhunderts wesentlich beeinflussen.

Im Sinne dieser Politikfähigkeit war er die eigentliche Antithese zum Hitlerschen Idealismus, der mit Logik in die Politikunfähigkeit und damit in den Untergang führte.

Der moralische Rigorismus *Karl Kraus'* und die pragmatische Realpolitik *Winston Churchills* weisen eine Parallele auf: die zum Handeln drängende Logik. Für *Kraus*, dem intellektuellen Einzelgänger, bedeutete Handeln natürlich etwas ganz anderes als für *Churchill*, bei dem zwischen 1940 und 1945 alle politischen und militärischen Fäden der britischen Noch-Großmacht zusammenliefen.

*Kraus* rief zum Handeln auf: die Linke, die sich mit der nicht-nationalsozialistischen Rechten gegen den NS-Terror zusammenschließen sollte, selbst wenn diese (halb)faschistisch war; und er war auch bereit, sich im Sinne dieser Logik mit dem autoritären Ständestaat zu arrangieren – als Schriftsteller, als Meinungsführer. Daß die Linke ihm hier nicht folgte, führte zu seiner Isolierung – verfestigte aber gleichzeitig die Politikunfähigkeit der österreichischen Linken. Die nach *Kraus'* Tod wirklich (vorübergehend) greifende Volksfront-Parole der Komintern gab ihm ansatzweise recht.

Für *Kraus* war nicht verständlich, warum die (sozialdemokratische und kommunistische) Linke nicht sehen, nicht begreifen wollte, daß die real existierende Diktatur in Deutschland ab 1933 und die real existierende Diktatur in Österreich ab 1933/34 zwar verglichen, nicht aber gleichgesetzt werden konnten. *Kraus* erkannte in der Faschismus-Theorie der Linken einen Vorwand für Politikverweigerung: So heroisch die einzelnen Aktionen des

Widerstandes gegen das *Dollfuß*-Regime auch sein konnten – die Schwächung des Regimes, die diese Resistance teilweise (vielleicht) herbeizuführen in der Lage war, konnte (so *Kraus*) angesichts der geopolitischen Realitäten nur einem Interesse zugute kommen: dem Nationalsozialismus. Die einzige reale Alternative zur Diktatur *Dollfuß'* und *Schuschniggs* war, für *Kraus*, die Diktatur des *Adolf Hitler*.

Und damit war *Kraus* bei *Churchills* Höllen-Gleichnis von 1941 angelangt: Um die indirekte Stärkung *Hitlers* zu vermeiden, hätte die österreichische Linke auch einige freundliche Gesten gegenüber dem Teufel *Dollfuß* und dem Teufel *Schuschnigg* setzen müssen. Diese Gesten übrigens gab es auch – freilich zu spät, erst im Vorfeld des mit militärischer Erpressung zustandegekommenen „Anschlusses". (*Schausberger* 1978)

*Churchill* konnte handeln. Nachdem die appeasement-Politik der herrschenden Richtung in der Konservativen Partei, die in *Churchill* einen gefährlichen Romantiker sehen wollte, so kläglich mit ihren Versuchen Schiffbruch erlitten hatte, mit *Hitler* „Realpolitik" betreiben zu wollen, wurde der Rechtsaußen *Churchill* vom Vertrauen der Labour Party in das Amt des Premierministers einer Allparteien-Regierung getragen – gegen die hinhaltenden Widerstände des konservativen establishments (einschließlich des Königs). Die Sozialisten hatten erkannt, daß nun, im Frühjahr 1940, die auch von ihnen lange Zeit favorisierte appeasement-Politik nicht nur aufgegeben, sondern durch eine radikale Gegenpolitik ersetzt werden mußte, sollte der Krieg nicht verloren gehen. Die Linke hob den exzentrischen „Imperialisten" *Churchill* in den Sattel. (*Charmley* 1993, 394f.)

Für *Churchill* war seine bedingungslose Handlungsbereitschaft die entscheidende Qualifikation. Seine *Hitler*-Gegnerschaft von Anfang an legitimierte ihn nun zum „Volksfront-Premier" britischen Stils. Er konnte – gerade weil er zu unterscheiden und deshalb zu handeln vermochte – die gesamte britische Gesellschaft mobilisieren, mit *Roosevelt* konspirieren und *Stalin* unterstützen. *Churchills* Leistung war ganz gewiß nicht die der politischen Gesinnung, der Perspektive, der Philosophie – seine Leistung war die, politische Realitäten erkennen, die entsprechenden Handlungsoptionen ableiten, die dann möglichen Bewertungen vornehmen und schließlich die so logisch deduzierten Entscheidungen treffen und umsetzen zu können.

*Karl Kraus* wurde mißverstanden – als „appeaser" des Austrofaschismus. *Churchill* wurde mißverstanden – als „appeaser" des Stalinismus. Und auch

*Jaruzelski* wurde mißverstanden – als „appeaser" des sowjetischen Imperialismus. Wurden sie wirklich mißverstanden?

Die britische (und französische) Politik des „appeasement" baute doch 1938 auf der gleichen Logik des Differenzierens wie die publizistische Position *Kraus'* und das konkrete Handeln *Churchills*. *Chamberlain* und *Daladier* wollten nicht ihre Soldaten wegen der Unversehrtheit der Tschechoslowakei sterben lassen – eine Einstellung, die im September 1938 auch in der öffentlichen Meinung der beiden Demokratien vorherrschte. Und das „Mourir pour Danzig?" wurde zum Slogan der appeaser, kaum ein Jahr danach. Die „appeaser" vom Spätsommer 1938 – wie auch die offizielle Position der Kommunisten vom Spätsommer 1939 – schätzten die Kriegsanstrengungen und Kriegsopfer ihres eigenen Landes eben als größeres Übel ein, verglichen mit der Angliederung des Sudetenlandes oder polnischer Westgebiete an *Hitler*-Deutschland.

Die Überlegungen *Churchills* und die *Chamberlains* 1938 waren nicht in ihrer Differenzierungslogik verschieden, sondern in der Einschätzung der Interessen und Ziele der deutschen Politik. Und die Analysen *Kraus'* und die der österreichischen Sozialdemokratie im Exil unterschieden sich nicht im Anspruch, vergleichen zu müssen, sondern in der Wahrnehmung dessen, was das Wesen des Nationalsozialismus ausmachte. *Jaruzelski* wiederum wurde von der oppositionellen Demokratiebewegung 1981 nicht deshalb kritisiert, weil er eine sowjetische Intervention hatte verhindern wollen; sondern weil er allzu bereitwillig, allzu willfährig die bloße Möglichkeit sowjetischen Eingreifens zur Rechtfertigung seiner Diktatur herangezogen hatte.

Hätte der *Chamberlain* des September 1938 recht behalten und wäre *Hitler* zu dem dauerhaften Arrangement, das die britische und die französische Regierung in das Münchner Abkommen hineininterpretiert hatten, wirklich bereit gewesen: Wäre München dann nicht gerechtfertigt gewesen, und würden *Chamberlain* und *Daladier* nicht den Friedensnobelpreis erhalten haben? Wegen der Situation der Juden in Deutschland, vor der „Reichskristallnacht", und wegen der politischen Repressionen gegen jede innerdeutsche Opposition hätte doch kein „leader", hätte auch keine öffentliche Meinung den Frieden bedroht gesehen.

Nicht die Logik des appeasements ist es, die München zur Chiffre einer vollständig verfehlten Politik macht; es ist die falsche Wahrnehmung der Wirklichkeit. Nicht *Churchills* dauernde Kampfbereitschaft ist es, die ihn zu einer der beherrschenden Figuren des 20. Jahrhunderts gemacht hat; es ist die richtige Einschätzung des Nationalsozialismus. „Appeasement" ist keine Untugend schlechthin – ebensowenig wie Kampfbereitschaft von vornherein eine Tugend ist.

Deshalb kann auch der Vorwurf an *Jaruzelski* nicht „appeasement" heißen. Daß es 1981 notwendig war, zu differenzieren; daß es auch notwendig war, die sowjetischen Interessen zu berücksichtigen, kann von niemandem bezweifelt werden, der (die) an Politik und nicht an irgendeiner reinen Lehre interessiert ist. Daß ein kleiner Bruder gegenüber einem großen sich nicht einfach auf Moral und Völkerrecht berufen kann, wenn die übrige Welt ihn bei einem offenen Konflikt mit dem Großen mit Gewißheit allein ließe; daß vielmehr „appeasement" die Formel sein muß, die der Kleine anzuwenden hat – wer wollte das verneinen? Nicht daß *Jaruzelski* „appeaser" war – und ein solcher war er – kann ihm vorgeworfen werden. Der Vorwurf müßte lauten, daß er die sowjetische Bereitschaft zu direktem militärischen Eingreifen in Polen falsch eingeschätzt habe. Aber hat er das?

Der *Churchill* der frühen 30er Jahre, der der britischen Regierung Nachgiebigkeit gegenüber dem indischen Nationalkongreß vorwarf und sich verächtlich über *Mahatma Gandhi* äußerte (*Manchester* 1984, 693) – dieser *Churchill*, der den Regierungen *MacDonald* und *Baldwin* „appeasement" in Indien vorwarf, der hält nicht der Geschichte stand. Denn im Fall Indiens konnte er mit seinem Stil des tendenziellen „Jingoismus" der Wirklichkeit nicht gerecht werden. Nicht „appeasement" ist von Übel – sondern „appeasement" zur falschen Zeit und gegenüber dem falschen Gegner.

Um diese Unterscheidung aber vornehmen zu können – zwischen falschem und richtigem Zeitpunkt, zwischen falschem und richtigem Gegner, braucht es aber sowohl ein (empirisches) Instrumentarium für die Wahrnehmung von Wirklichkeit, als auch ein (normatives) Sensorium für die Bewertung von eben dieser Wirklichkeit. Daß bestimmte „bürgerliche" Kreise Großbritanniens die „appeasement" Politik *Chamberlains* vehement unterstützten, hing ja nicht nur mit einer bestimmten Wahrnehmung von Wirklichkeit, sondern auch mit deren Bewertung zusammen: Der Nationalsozialismus wurde in diesen Kreisen des Cliveden-Set, dem auch längere Zeit die „Times" als Sprachrohr diente, als „kleineres Übel" gegenüber dem Kommunismus bewertet. (*Kissinger* 1994, 306-312)

Daß die bestimmenden Kreise der Kirche in Polen 1981 den Opfern des Kriegsrechtes zwar mit pastoraler Sympathie entgegenkamen – deutliches Beispiel dafür war der Brief des Papstes an *Walesa*, (*Walesa* 1987, 313f.)

daß die Kirche aber der direkten Konfrontation mit dem Regime auswich und innerhalb der Opposition immer die gemäßigteren, nicht konfrontativen Kräfte stützte, läßt bestimmte Vermutungen zu: Die Kirche teilte *Jaruzelskis* Einschätzung der Entschlossenheit der Sowjetunion; und, noch wahrscheinlicher, die Kirche sah im „Fegefeuer" des Kriegsrechtes das kleinere Übel gegenüber jeder denkbaren Alternative, auch wenn die Rote Armee nicht die einzige reale gewesen sein sollte. Mit anderen Worten: *Jaruzelskis* „appeasement" baute 1981 auf Einschätzungen, die offenkundig von denen der Kirche nicht weit entfernt waren. *Jaruzelskis* Bedeutung war auch die, daß er mit seiner Politik die traditionelle Voreingenommenheit zwischen Kommunistischer Partei und Kirche zu relativieren verstand – dadurch, daß er die Kirche von der Plausibilität seiner Einschätzung der realen Handlungsoptionen überzeugen konnte. *Jaruzelski*, der „appeaser", war diesbezüglich erfolgreich.

*Churchills* bleibende Bedeutung für Europa und die Welt ist also nicht nur Ergebnis seiner strategischen Fähigkeit, den Mangel an realpolitischer Orientierung des Nationalsozialismus erkannt und ein Arrangement mit diesem daher ausgeschlossen zu haben; *Churchills* Erfolg hängt auch damit zusammen, daß er von Anfang an mit einer nicht bloß taktischen und strategischen Voreingenommenheit dem Nationalsozialismus begegnet war. *Churchills* antinazistische Voreingenommenheit war nicht erst 1941, sondern schon 1939 stärker als die gegenüber dem stalinistischen Kommunismus. Seine affektive Ablehnung des *Hitler*-Regimes war der Motor, der das Energiebündel *Churchill* in Bewegung hielt. Darauf konnte seine „Realpolitik" bauen, von dort wurde sie angetrieben.

Der Pragmatiker *Churchill* war eben bei näherem Hinsehen kein Nur-Pragmatiker – wie auch der Moralist *Kraus* kein Nur-Moralist und der Diktator *Jaruzelski* eben kein Nur-Diktator war.

Die dialektische Beimischung von Vision zu *Churchills* Pragmatismus und von Strategie zu *Kraus'* Moralismus machte erst die Besonderheit der beiden aus, die viel früher als die meisten anderen Beobachter – jedenfalls früher als der Realpolitiker im Kreml – die prinzipiell neue Qualität des Nationalsozialismus erkannten.

Daß der eine, *Churchill*, durch seine als Starrheit empfundene Geradlinigkeit zunächst in die Isolation geriet, dann aber eben aus dieser an die reale Macht gerufen wurde, erlaubte ihm – der viel eher Antikommunist als Antifaschist war – diese reale Macht voll ins Spiel gegen den Nationalsozialismus zu bringen. Daß der andere, *Kraus*, durch seine als Opportunismus empfundene Lernfähigkeit gerade gegenüber dem ihm vertrauten links-intellektuellen Milieu entfremdet wurde, machte ihn machtlos – zum einsamen Rufer, den diejenigen, an die er sich wandte, nicht hören wollten. Für beide war der Nationalsozialismus eben nicht „Faschismus", sondern um eine entscheidende Dimension mehr – und in dieser Einschätzung der Wirklichkeit des *Hitler*-Regimes trafen sich *Churchill*, der phasenweise den (italienischen) Faschismus als ein verhältnismäßig kleines Übel eingeschätzt hatte, und *Kraus*, der in der 20er Jahren ein gewisses Naheverhältnis zur Kommunistischen Partei gehabt hatte. Diese Paralleltität in der Einschätzung des Nationalsozialismus machte aus *Churchill* einen Partner *Stalins* – und aus *Kraus* einen Verteidiger *Dollfuß'*.

*Churchill* hatte das Glück des entsprechenden Geburtsprivilegs. In die britische Oberschicht hineingeboren, konnte er sich gar nicht so isolieren, um nicht doch wiederum – unter der Ungunst der Umstände 1939 und 1940 – in einem zweistufigen Verfahren für die entscheidende Führungsposition der einzigen Macht rekrutiert zu werden, die noch zwischen *Hitler* und einem zumindest europaweiten Sieg des Nationalsozialismus stand. 1939 blieb *Chamberlain* nichts anderes übrig, als *Churchill* ins Kabinett zu holen; und 1940 sah sich der König gezwungen, den ungeliebten *Churchill* zum Premier zu machen. Daß *Churchill* als Angehöriger der alten „ruling class" eben deshalb die richtigen Verbindungen und die richtige soziale Atmosphäre um sich hatte, war für diesen Einstieg in die Machtzentrale eine wichtige Voraussetzung.

*Kraus* hingegen, der jüdische Intellektuelle, war von Anfang an zu sehr Außenseiter, um sich den Luxus des Visionärs bewahren zu können, auch gegen den Zeitgeist und das eigene Milieu recht zu behalten. Er wurde dadurch isoliert, politisch gebrochen.

*Jaruzelski* war hier *Churchill* näher. Der Aristokrat, Offizier und Kommunist verband, durch diese widersprüchliche Vielzahl von Rollen, in sich die auseinandertreibenden Kräfte. Er konnte den Kreml beruhigen – noch war ja er, der Kommunist, am Ruder. Und Teilen der polnischen Gesellschaft war er, dessen Patriotismus ebensowenig angezweifelt wurde wie seine persönliche Askese, ein glaubwürdiges „kleineres Übel". Deshalb konnte *Jaruzelski* handeln – als „appeaser" gegenüber dem Kreml, gegenüber den Bischöfen, letztlich gegenüber der polnischen Gesellschaft.

*Kraus*, *Churchill* und *Jaruzelski* – alle drei differenzierten. *Kraus* zwischen Faschismus und Faschismus, *Churchill* zwischen Totalitarismus und Totalitarismus. Und *Jaruzelski* zwischen nationaler und fremder Diktatur. Die politische Bedeutung *Churchills* und *Jaruzelskis* wie die intellektuelle Bedeutung *Kraus'* besteht aber eben gerade darin, daß sie – zusätzlich zu ihrer Fähigkeit, zu unterscheiden, doch auch getrieben waren. Sie waren getrieben von Leidenschaft – der eine für das britische Empire, für die Gemeinschaft der englischsprechenden Völker, für die Freiheit der (weißen) Menschen; der andere für das humanistische Ziel der Freisetzung der Menschen von Zwang; der dritte für das zwischen Deutschland und Rußland eingezwängte Polen. Nur diese Getriebenheit erklärt, warum sie alle, entgegen den Erwartungen und Zwängen des jeweiligen Zeitgeistes, mit einem an *Don Quichotte* gemahnenden Eigensinn beharrten – auf ihrer jeweiligen strategischen Einsicht.

## 14. Von der Amoral der Außenpolitik

*Wilson: Grundsätze ohne Strategie – Roosevelt: Grundsätze und Strategie – Johnson: Keine Grundsätze und keine Stragie – Nixon: Strategie ohne Grundsätze*

Im Zuge des 1. Weltkrieges betrat ein Akteur die weltpolitische Bühne, der sich bis dahin eher ängstlich von allzuviel internationaler Verwicklung ferngehalten hatte: Die Vereinigten Staaten von Amerika.

Die USA kamen mit hohen moralischen Ansprüchen. Die Alliierten, die den neuen Partner in den Weltkrieg lockten, manipulierten ihn mit diesen Ansprüchen – sie ließen ihn gleichsam sein moralisches Spiel als harmlose Narretei spielen. *Henry Kissinger* schildert, wie der britische Außenminister, *Edward Grey*, einen im Europa bereits als „Idealisten" punzierten amerikanischen Präsidenten mit der unterschobenen Idee eines Völkerbundes erfolgreich in Versuchung führen konnte. (*Kissinger* 1994, 223) Und *Woodrow Wilson* ging nur zu bereitwillig in die Falle – er wollte einen Krieg führen, der die Welt „sicher für die Demokratie" machen sollte; einen Krieg, dessen Ziel es war, allen Kriegen ein Ende zu bereiten. „Realpolitik" war für diesen Sendboten der neuen Weltmacht unmoralisch – ihm ging es um Demokratie als internationale Ordnung, um kollektive Sicherheit und insbesondere um die Selbstbestimmung der Völker.

Doch von Anfang an war dieses Konzept, dessen Rhetorik *Wilson* den Bündnispartnern in den Vororteverträgen aufzwang, von einer eigenartigen operationalen Schwäche: Die hehren Wünsche und Ziele waren nur äußerst lose mit konkreter Politik verbunden. *Wilson* wußte, was er wollte; er wußte aber überhaupt nicht, wie er das, was er wollte, auch erreichen konnte.

Gerade der Erste Weltkrieg war von Anfang an Antithese zur Vorstellung des amerikanischen Präsidenten. Denn die Beteiligung der mehr oder weniger bereits an Demokratie gewöhnten Massen Europas, ihre schrecklichen Opfer und die zur innenpolitischen Legitimation auf allen Seiten notwendige Propaganda hatten für eine grundsätzliche Änderung dieses zunächst europäischen Krieges gesorgt. Es handelte sich nicht mehr um einen Kabinettskrieg des 19. Jahrhunderts, sondern um einen demokratisierten Massenkrieg des 20. Jahrhunderts. Aber eben deshalb waren Kompromisse, war eine flexible Adaption und damit ein relativ rasches Ende des Krieges nicht möglich – die Demokratisierung des europäischen Krieges von 1914 machte aus diesem einen erschöpfenden, die Massen vernichtenden Krieg; eben weil er auf der Zustimmung der Massen aufbauen wollte und mußte. (*Kissinger* 1994, 219)

Die Demokratisierung des Krieges hatte seine politische Steuerbarkeit wesentlich vermindert. Der demokratische Krieg war schon 1914 latent totalitär – er mußte als Kreuzzug gegen die Mächte der Finsternis definiert und propagiert werden, um die demokratisch notwendige Zustimmung der Massen zu erreichen. Der Krieg hatte aufgehört, ein von der politischen Elite beliebig einsetzbares Mittel der Politik zu sein. Einmal in Gang gesetzt, war der demokratische Krieg nicht mehr zu kontrollieren – eben weil der demokratisch war.

*Woodrow Wilsons* Erfolge, die letztendlich in einen gigantischen Mißerfolg mündeten, zeigten das Dilemma und die zumindest tendenzielle Unvereinbarkeit von außenpolitischer Führung und Demokratie. Unter *Wilsons* Führung schrieben die Siegermächte moralische Ziele wie das Selbstbestimmungsrecht der Nationen auf ihre Banner; mit dem Ergebnis, daß Selbstbestimmung gegen Selbstbestimmung stand, und daß die mit Berufung auf das Selbstbestimmungsrecht vervielfältigte Zahl der internationalen Akteure auch die reale Kriegsgefahr vervielfältigen sollte. Die Moralisierung des 1. Weltkrieges trug in sich bereits die Keime des Zweiten.

Die mit Berufung auf moralische Werte erfolgte Zerschlagung der multinationalen Reiche – Österreich-Ungarns und der Türkei, aber auch Rußlands – zeigte dieselben Konsequenzen, die die ebenso moralisch fundierte Zerschlagung der Sowjetunion und Jugoslawiens 1991 zeigen sollten: statt Berechenbarkeit Unberechenbarkeit; statt eines negativen Friedens eine Vielzahl von Kriegen.

Doch *Wilson* scheiterte daran, daß er seine Außenpolitik nicht innenpolitisch zu legitimieren vermochte. Der Senat lehnte die Ratifizierung des Friedensvertrages von Versailles ab – und damit war dem Völkerbund, der in diesem Vertragswerk seine rechtliche Grundlage hatte, die logische Führungsmacht, eben die USA, abhanden gekommen. Die Demokratie hatte die demokratische Außenpolitik zerstört. Dem messianischen Interventionismus war die Legitimation verloren gegangen.

Dennoch bleibt Außenpolitik – bzw. das, was Analytiker wie *Kissinger* als „Diplomatie" bezeichnen – eine Nische für den Rückzug von *leadership*; vertrieben von der Routine von *politics*, die unter demokratischen Vorzeichen individuelle Führung letztendlich verunmöglicht, bleiben Außenpolitik und Diplomatie das Politikfeld (*policy*), in dem sich *leadership* noch am ehesten zeigen und bewähren kann. Denn das Beziehungsgeflecht, auf das Außenpolitik zielt, ist ein notwendig nicht demokratisches – die durch keinerlei demokratische Ordnung kontrollierte und auf nackter, ungefilterter, nicht verschleierter Macht beruhende Beziehung souveräner Einheiten. Weil die Außenpolitik keine höhere Souveränität als die der Staaten, also der Akteure kennt, ist sie unabhängiger vom Gängelband routinisierter Demokratie; kann sie auch innnerhalb von Demokratien der nicht routinisierten Führung („transforming *leadership*") Raum bieten.

Das war es auch, was den Moralisten *Wilson* in den Weltkrieg getrieben hatte – die Vision, diesem unmoralischen Zustand ein Ende bereiten zu können; den willkürlich agierenden, souveränen Staaten einen Übersouverän voranstellen zu können – den Völkerbund. Doch *Wilson* scheiterte – er konnte seinen eigenen Kongreß nicht von der Schlüssigkeit dieses missionarischen Entwurfes überzeugen. Denn die Außenpolitik, trotz ihres Ausnahmen- und Nischencharakters, braucht unter den Rahmenbedingungen einer liberalen Demokratie grundsätzlich demokratische Legitimation. Und eben das hatte *Wilson* übersehen, bzw. nicht herzustellen vermocht.

Der Präsident aus den Reihen der Demokratischen Partei, der ihm nach drei Republikanern nachfolgen sollte, war hier durch *Wilsons* Erfahrung gewitzter. Er hatte, als Mitglied der Regierung *Wilson*, seine Lektion erfahren. Und er übte *leadership* in der Außenpolitik, indem er seine außenpolitischen Ambitionen versteckte; indem er, genau genommen, eine duale Politik der Täuschung zur Rettung von *leadership* betrieb.

Getäuscht wurden die Wählerinnen und Wähler; getäuscht wurde der demokratische Souverän. Gerade *Kissinger*, der *Franklin D. Roosevelt* mit uneingeschränkter Sympathie gegenübersteht, konzediert: *Roosevelts* meisterhafte Führungsqualitäten, die er dazu einsetzte, die USA in den Krieg gegen das nationalsozialistische Deutschland zu bringen, waren hart am Rande der Verfassungsmäßigkeit. „Kein zeitgenössischer Präsident könnte *Roosevelts* Methoden verwenden und dennoch im Amt bleiben." (*Kissinger* 1994, 387)

*Roosevelt* hatte in seinem Bestreben, die USA in den bis Pearl Harbour europäischen Krieg zu führen, die öffentliche Meinung der USA gegen sich –

oder zumindest nicht für sich. Deshalb hielt er seine Absichten verborgen. Er ließ die Öffentlichkeit immer nur gerade soviel sehen, als es dieser zumutbar war. Erst als die Aggression Japans und die Kriegserklärung Deutschlands diese US-amerikanische Öffentlichkeit ihrem Präsidenten und seiner bis dahin nicht deklarierten Politik in die Arme trieben, konnte er endlich offen das betreiben, was er geheim schon eingeleitet hatte – die Allianz mit Großbritannien und der Sowjetunion.

*Roosevelt* brauchte die Zustimmung einer Öffentlichkeit, die mit seinen Zielen mehrheitlich (noch) nicht übereinstimmte; und deshalb erkämpfte er sich diese Zustimmung mit Methoden, für die das Wort „Lüge" durchaus angebracht ist. Im Wahlkampf 1940, als er fürchten mußte, gegenüber dem republikanischen Kandidaten an Boden zu verlieren, formulierte er sein Versprechen – an die WählerInnen, die eben nicht den von *Roosevelt* angestrebten Eintritt in den Krieg wollten: „Ich habe es schon zuvor gesagt, aber ich werde es immer und immer wieder sagen: Eure 'boys' werden in keine fremden Kriege geschickt werden." (*Miller* 1983, 457)

Weniger als ein Jahr nach *Roosevelts* dritter Inauguration schickte er sehr wohl die 'boys' in einen asiatischen und einen europäischen Krieg. Dank *Roosevelts* Geschick und dank des Ungeschicks der Führung Japans und Deutschlands waren diese Kriege aber für die USA plötzlich keine „fremden" mehr.

Einer der wenigen, der *Roosevelts* Tricks durchschaut hatte und sich von ihm betrogen fühlte, war *Joseph Kennedy*. Der Erz-appeaser, der als *Roosevelts* Botschafter in London mehr die Interessen der Regierung *Chamberlain* als die seiner eigenen zu vertreten schien und alles versucht hatte, um die USA von jeder Interventionsabsicht fernzuhalten, brach nach Pearl Harbour mit *Roosevelt*. Im Vorfeld des demokratischen Parteitages 1944, auf dem *Roosevelt* nochmals nominiert und Truman als dessen Vizepräsident vorgeschlagen wurde, drückte *Kennedy* seine tiefe, haßerfüllte Abneigung gegen den Präsidenten in einem Gespräch mit Truman so aus: „Harry, warum zum Teufel setzt du dich für diesen verkrüppelten Hurensohn ein, der meinen Sohn Joe umgebracht hat?" (*McCullough* 1992, 328)

In dem Krieg, den *Roosevelt* gewollt und den *Kennedy* zu verhindern versucht hatte, war der älteste Sohn *Joseph Kennedys* gefallen. Die Ambitionen der *Kennedys*, einen der ihren zum Präsidenten zu machen, lasteten deshalb auf dem zweitältesten der Söhne. Dieser sollte es auch schaffen – zu Lebzeiten seines Vaters. Und *John Kennedy* sollte sich als gelehriger Schüler des „Hurensohnes" *Roosevelt* erweisen.

*Roosevelts* Führungsqualitäten, die ihn die Grenzen der in der Verfassung festgeschriebenen demokratischen Spielregeln testen und wohl auch überschreiten ließen, verschafften den westlichen Demokratien endlich das, was sie im Vorfeld und am Beginn des Zweiten Weltkrieges bis dahin nicht gehabt hatten: eine Strategie. *Kissinger* schreibt über den Ausbruch des Zweiten Weltkrieges in Europa: „*Stalin* hatte eine Strategie, aber keine Grundsätze; die Demokratien verteidigten Grundsätze ohne jemals eine Strategie zu entwickeln." (*Kissinger* 1994, 348)

*Roosevelt* führte die USA an die Seite Großbritanniens und der Sowjetunion. Er gab den Demokratien eine Strategie – und *Stalins* Strategie setzte er, kooperativ konkurrierend, einen Grundsatz entgegen. Ohne *Roosevelts* Klammer wäre die Anti-*Hitler*-Allianz eine Allianz der theoretisch nicht versöhnbaren Gegensätze gewesen; und wäre wohl auch realpolitisch nicht in dieser Form siegfähig gewesen. Mit *Roosevelt* wurde, endlich, die Relation zwischen Ziel und Mittel wieder zum Thema gemacht: Es gelang ihm, die Verletzung seiner Grundsätze solange zu verbergen, bis der Erfolg ihm „recht" zu geben schien. Aber weil er auch Idealist war, konnte er – ex post – mit der demokratischen Rechtfertigung seiner antidemokratischen Vorgangsweise rechnen.

Die Politik *Wilsons* war eine Politik der Politikverweigerung: Die internationale Ordnung und damit die politischen Konzeptionen schlechthin wurden als Normengebilde wahrgenommen; wer diese verletzte, mußte mit Bestrafung rechnen. Daß die Umsetzung dieses Denkens nicht funktionierte, nicht funktionieren konnte, das war auf der internationalen Bühne bald klar. Und daß dieses moralisierende Politikverständnis auch innenpolitisch nicht zu legitimieren war, das hatte *Wilson* ebenfalls schmerzhaft erfahren müssen. Der Zugang *Wilsons* war deshalb Politikverweigerung, weil er die Problematik, weil er dem Dilemma der Abwägung zwischen Ziel und Mittel und der Rangordnung der einzelnen Übel auswich. *Roosevelt* stellte sich der Notwendigkeit, ein „kleineres Übel" bestimmen zu müssen. Er stellte sich damit der Voraussetzung, wirksam Politik treiben zu können. Aber eben deshalb kam er mit den Grundsätzen der Demokratie in Konflikt.

*Roosevelts* Konzept von *leadership* wurde von einem seiner Nachfolger mit erkennbar katastrophalem Erfolg kopiert. *Lyndon B. Johnson* manipulierte die „Tongking"-Affäre, um 1965 einen Blankoscheck des Kongresses für seine bereits seit langem (nicht zuletzt vor allem von seinen Vorgängern seit *Truman*) militarisierte Vietnam-Politik zu erhalten. (*Kearns* 1976, 263-299)

Er bewegte sich dabei nicht nur hart am Rande, sondern konkret jenseits der von der US-Verfassung gesetzten Grenzen.

*Robert McNamara*, als *Johnsons* Verteidigungsminister einer der wesentlich Mitverantwortlichen für diese Politik, neigt dazu, die Intention *Johnsons* zu verneinen, Kongreß und Öffentlichkeit bewußt zu täuschen. Er wirft der Vietnam-Politik seiner Regierung selbstkritisch das Fehlen solider Informationen und daher falscher Schlußfolgerungen vor – also das Fehlen einer konsistenten Strategie. Aber auch *McNamara* konzediert, daß die Tonking-Resolution von *Johnson* regelwidrig zur Eskalation des US-amerikanischen Militärengagements in Vietnam mißbraucht wurde. Der Vietnam-Krieg wurde erst zum großen Krieg durch die getarnte, in diesem Sinne manipulierte Resolution. (*McNamara* 1995, 128f.)

Ähnlich wie *Roosevelt* wollte *Johnson* den von ihm definierten Feind in eine Rolle drängen, in der er für die amerikanische Öffentlichkeit auch eindeutig erkennbar war. Tongking war *Johnsons* Pearl Harbour – nicht im Sinne des dann folgenden militärischen Ablaufes des Konfliktes, aber im Sinne der politischen Nutzung des Vorfalles. Der Blankoscheck 1965 war das Äquivalent zur Kriegserklärung 1941.

Doch während *Roosevelt* nach Pearl Harbour eine idealistisch motivierte, geschlossene Nation in den Krieg führte, wurde *Johnson* letztendlich Opfer der durch seine Vietnam-Politik hervorgerufenen, innenpolitischen Konflikte. *Roosevelt* schaffte den Konsens, auf dem er seine *leadership* demonstrieren konnte; *Johnson* zerstörte eben diesen Konsens.

Dies zeigte die Begrenztheit des Rezeptes, zunächst an den Spielregeln der Demokratie vorbei, in zumindest indirekter Verletzung derselben, Führungsqualität zu demonstrieren, um sich dann im Nachhinein die vorerst noch ausständige demokratische Legitimation zu holen. Der Unterschied lag sicherlich auch am Gegner: Der Feind, gegen den *Johnson* die amerikanische Nation führen wollte, war aus vielen verständlichen Gründen für die amerikanische Öffentlichkeit weniger bedrohlich als der Feind, gegen den *Roosevelt* mobilisiert hatte. Nordvietnam hatte keine US-Flotte zerstört; niemand konnte 1965 und danach glauben, daß die kalifornische Küste bedroht sei; und der Weltkommunismus war angesichts des offenen Dauerkonfliktes zwischen Moskau und Peking auch nicht mehr der Mobilisierungsfaktor, der er einmal gewesen war.

*Johnson* und die Tongking-Resolution demonstrieren auch, wie eng die Grenzen für *leadership* auch in außenpolitischen Nischen ist, wenn ein politisches System mit demokratischen Spielregeln stabilisiert ist. Ein interessantes Beispiel dafür liefert *Trumans* Korea-Politik, bzw. die von Wunschdenken getragene Interpretation, die *Kissinger* dieser Politik gibt. *Kissinger* spendet *Trumans* Entscheidung, im Juni 1950 amerikanische Kampftruppen nach Korea zu entsenden, uneingeschränkt Beifall – und er sieht darin das Beispiel von *leadership*. Er schlägt eine Brücke zwischen den idealistischen Werten, von denen die amerikanische Außenpolitik bestimmt wird, und *Trumans* interventionistischer Korea-Politik. Daß *Truman* im Sommer 1950 ganz wesentlich von innenpolitischen Motiven getrieben war – nämlich die Kritik nach dem kommunistischen Sieg im chinesischen Bürgerkrieg aufzufangen („Who lost China?"), wird von *Kissinger* in einem einzigen Klammersatz erwähnt: *Trumans* Entscheidung sei keineswegs „nur" von außenpolitischen Führungsaufgaben bestimmt gewesen, sondern er war auch gezwungen, die „Chinalobby" im Senat in seine Politik einzubinden. (*Kissinger* 1994, 479)

Die Fähigkeit *Roosevelts*, die Vision *Wilsons* mit einer konkreten Strategie zu verbinden; und seine rücksichtslose Bereitschaft, zur Rettung demokratischer Prinzipien die Spielregeln der Demokratie zu verletzen, ist somit – unter den Rahmenbedingungen stabiler demokratischer Verhältnisse – eher die Ausnahme denn die Regel. *Kissinger* selbst wurde ja Opfer des Mißerfolges *Johnsons*, einen Feind zu konstruieren, um ihn dann – nach erfolgreicher Manipulation – demokratisch gestützt bekämpfen zu können. Eben weil die amerikanische Öffentlichkeit und mit ihr der Kongreß die Blankovollmacht der Tongking-Resolution faktisch zurückgezogen hatten, konnte *Kissinger*, mit der „Abwicklung" des Vietnamkrieges betraut, letztendlich nicht mehr außenpolitische Optionen wahrnehmen. Ihm blieb nur, den Mißerfolg der amerikanischen Vietnam-Politik in Paris in die (natürlich irreführende) Formel eines „ehrenhaften Friedens" zu kleiden.

Das Fehlen einer demokratischen Legitimation hatte außenpolitische *leadership* zerstört – die Demokratie, gleichsam Sensor weitreichender Führungsvorstellungen, machte aus den handlungsbesessenen Akteuren *Nixon* und *Kissinger* notarielle Vollzugsorgane einer militärischen und innenpolitischen Niederlage. Die Demokratie setzte sich letztlich durch – gegen die Außenpolitik und ihre Eigendynamik, gegen ihre „Amoral", gegen *leadership*.

Eben weil *Johnsons* Politik der Täuschung nicht gelang, konnte *leadership* in Vietnam letztendlich nicht stattfinden; eben weil die Demokratie sich nicht außer Kraft setzen ließ, endete das Vietnam-Engagement der USA mit einem Debakel. Es war kein militärisches, es war vielmehr das Scheitern einer letztendlich mit Demokratie nicht vereinbaren Vorstellung von *leadership*.

In seinem Vorwort zum dritten Band seiner *Nixon*-Biographie zitiert *Stephen Ambrose* eine analytische Bemerkung *Hannah Arendts*: Der Präsident der USA sei einerseits der mächtigste Mann der Welt, andererseits aber der nationale Führer mit der geringsten Macht. *Nixon*, so *Ambrose*, sei ausgezogen, um diesen Widerspruch aufzuheben. (*Ambrose* 1991, 25)

*Nixon* wollte das Korsett der repräsentativen Demokratie, der „checks and balances" sprengen; er wollte sich von den seine *leadership* einengenden Kontrollen befreien; er wollte seine außenpolitische Macht von der Verfassung emanzipieren – und damit ein plebiszitär legitimierter „leader" jenseits des Rechts- und Verfassungsstaates werden.

*Nixon* scheiterte bei seinem Versuch, die in der Außenpolitik üblichen Herrschaftstechniken, die mit Berufung auf die „nationale Sicherheit" eine gewisse Tradition haben, auf die Politik schlechthin zu übertragen: das illegale Abhören mißliebiger Personen, das wahrheitswidrige Diffamieren politischer Konkurrenten und das Vertuschen von Verbrechen, die im Interesse des Präsidenten begangen wurden. Das alles, was unter dem Stichwort „Watergate" berüchtigt wurde und zum Rücktritt des von einem „impeachment" Verfahren bedrohten Präsidenten führte, war die versuchte Ausweitung der in der Außenpolitik üblichen und teilweise akzeptierten Ziel-Mittel-Relation auf die Politik schlechthin. Die Amoral der Außenpolitik, in der auch in demokratischen Verfassungsstaaten Geheimdienste von den Kontrollen durch das Recht mehr oder weniger frei sind, sollte zur Amoral schlechthin werden.

*Nixon* wollte die gesamte Politik mit den in der Außenpolitik auch in der Demokratie üblichen Methoden gestalten – er wollte aus der Routine einer *leadership* beschränkenden, ja aufhebenden Politik ausbrechen; er wollte nicht routinisierter „leader" sein. Denn er war von der Idee besessen, Politik zu gestalten; eben umfassend Führung zu demonstrieren. Er wollte den engen Spielraum an Optionen, den er vorgefunden hatte, nicht resignierend hinnehmen; er wollte diesen Spielraum signifikant erweitern – mit Techniken, die über die Täuschungsmanöver *Franklin Roosevelts* und *Lyndon Johnsons* weit hinausgingen. Er wollte persönliche Macht maximieren – nötigenfalls durch Zerstörung der von der Verfassung 1787 vorgesehenen Kontrollen repräsentativ-demokratischer Natur. Mit Berufung auf das Volk, auf die „schweigende Mehrheit", auf seinen Wahlsieg stellte er in Frage, ob Demokratie *leadership* wirklich begrenzen, beengen und schließlich auflösen muß; ob nicht vielmehr *leadership* diesen Trend einfach umzudrehen vermag.

*Nixon* geriet damit zunächst in Konkurrenz zur politischen Elite, bzw. zu denen, die sich nicht mit seinen Ambitionen identifizieren, sondern sich durch diese gefährdet sahen. *Nixons* Ansprüche waren auf Umverteilung von persönlicher Macht gerichtet – sie gingen vor allem auf Kosten des Kongresses. Seine Ansprüche wurden daher auch zunächst von der (demokratischen) Mehrheit des Kongresses – aus Eigeninteresse – bekämpft. Aber dieser Widerstand machte auch deutlich, wohin Nixons Vorstellung von *leadership* führen mußte. *Nixons* engste Mitarbeiter beriefen sich gegenüber allen parlamentarischen und gerichtlichen Kontrollen darauf, der Präsident stünde über den Grundrechten („executive privilege"); und deshalb sei es ihm gestattet, mit Berufung auf „nationale Sicherheit" jeden Rechtsschutz außer Kraft zu setzen, den Individuen aus der Verfassung beanspruchen könnten. (*Ambrose* 1991, 381-385) Damit sollten Einbruchsdiebstähle ebenso „legitimiert" werden wie faktisch beliebiges Abhören von Telefongesprächen.

*Nixons* alle Grenzen – aber letztendlich ihn selbst – zerstörende Allmachtsphantasie, seine Hybris, richtete sich letztlich nicht gegen irgendein „establishment", das er als Konkurrenz zu seiner persönlich definierten Macht sah; nicht gegen Institutionen der repräsentativen Demokratie, die er mit Berufung auf sein plebiszitäres Mandat zurückzudrängen versuchte. Die letzte Konsequenz seines Stils und seiner Ansprüche wäre die Zerstörung der Grundlagen liberaler Demokratie gewesen. Die Loslösung präsidialer Macht von allen Bindungen entspricht einem caesaristischen und bonapartistischen Grundzug plebiszitärer Demokratie, die, falls ungebremst, ihre demokratische Basis zerstört. Der unbedingte Wunsch, Gesellschaft zu gestalten, also Politik zu machen, zwischen Optionen zu entscheiden, hat – wenn er eben nicht doch an Bedingungen geknüpft und durch entsprechende Regeln („checks and balances") gebändigt wird – einen mit Demokratie nicht kompatiblen Charakter.

*Nixons* Sünde wider den Geist der amerikanischen Verfassung resultierte in einer aus politischem Gestaltungswillen kommende Verletzung der Demokratie. Daß diese Zerstörungsabsicht nicht nur als verfassungstechnisches Kontrollproblem gesehen, sondern von der Gesellschaft – von den Eliten und von einem entscheidenden Segment der Wählerinnen und Wähler – als bedrohlicher Bruch mit den Grundregeln der Demokratie interpretiert wurde, das warf ihn aus dem Amt. Die allgemeine Reaktion auf diesen Bruch zeigte seinem *leadership*-Anspruch klare Grenzen.

*Nixon* hatte – wie vor ihm *Roosevelt*, *Kennedy* und *Johnson* auch – die Grenzen seiner persönlichen Macht als Grenzen von Politik erfahren. Daß er bei seinem Versuch, diese Grenzen aufzuheben, scheiterte, zeigt die Stärke von Demokratie; aber eben auch, wie konsequent Demokratie gegen *leadership* und damit gegen eine Ausweitung von Politik im Sinne der Ausweitung von Spielräumen des Entscheidens wirkt. Die Demokratie als eherner Gegner von *leadership* hatte sich rund um „Watergate" eindrucksvoll durchgesetzt.

## 15. Von der Logik des Leninismus

*Gerecht ist das Gegenteil von gerecht – Berufsrevolutionäre und „leadership" – Lenin und Stalin als Empiriker – Politik absolut wird zur Nicht-Politik*

In seinem Roman „Darkness at Noon" beschäftigt sich *Arthur Koestler* intensiv mit den Konsequenzen, die im Politikverständnis *Lenins* angelegt sind. Der „Held" des Romans, *Rubashov*, eine Mischung aus *Bucharin* und *Kamenev*, ist in diese Logik so sehr verstrickt, daß er am Ende sein eigenes Todesurteil akzeptiert. Er weiß, daß er – im Sinne eines „bürgerlichen" Rechtsbegriffes, im Sinne eines „Subjektivismus" – „unschuldig" ist. Und dennoch ist ihm klar, daß er – aus „objektiven" Gründen – geopfert werden muß.

In einer besonders beeindruckenden Szene befindet sich *Rubashov* in einer belgischen Hafenstadt, um den kommunistischen Funktionären der Dockarbeiter zu erklären, daß – in Umkehr der bisherigen Boykottpolitik der Sowjetunion – die Dockarbeiter nun Waren aus der Sowjetunion für das faschistische Italien entladen müssen. Die vom Völkerbund verhängten Sanktionen würden von den bürgerlichen, imperialistischen, reaktionären Mächten nicht ernst genommen. Wenn die Sowjetunion als einzige Macht sich voll an die Sanktionsbestimmungen hält, dann hätte die Sowjetunion als einziges Land die volle Last der Boykottbeschlüsse zu tragen.

Der Parteisekretär der lokalen Organisation, der „Kleine Loewy", bringt *Rubashovs* (und damit *Lenins* und auch *Stalins*) Logik auf den Punkt: Wenn die sowjetischen Schiffe nicht die Rohstoffe liefern, die das faschistische Italien für seine Kriegsführung in Afrika braucht, dann werden es andere tun. (*Koestler* 1947, 64)

*Jaruzelskis* Argumentation 1981 gleicht auf den ersten Blick der, die der „Kleine Loewy" kritisch zuspitzt: Hätte er, der polnische General und Kommunist, nicht das Geschäft der Unterdrückung der Demokratiebewegung besorgt, dann hätten es die sowjetischen Generäle und Kommunisten getan. *Jaruzelskis* Argumentation geht aber über die des „Kleinen Loewy" hinaus: Die polnische Diktatur hätte gegenüber der sowjetischen Diktatur über Polen ein signifikant geringeres Maß an Repression bedeutet. Nicht die Geschäftsvorteile der Täter (sowjetische Wirtschaftsinteressen an der Durchbrechung des Boykotts gegen das faschistische Italien), sondern der wesentliche Unterschied, den die eine Diktatur im Vergleich mit der anderen Diktatur für die Opfer ausgemacht hätte, steht im Mittelpunkt von *Jaruzelskis* Kalkül. Es ist ein opfer-, nicht ein täterbezogenes Kalkül.

Die 1903 erfolgte Spaltung der Russischen Sozialdemokratie in Bolschewiki und Menschewiki ermöglichte *Lenin*, sein Verständnis von Revolution und Fortschritt theoretisch und praktisch zuzuspitzen. Um die Herrschaft des Menschen über den Menschen abzuschaffen, müßten die Kräfte des Fortschritts – das Proletariat – selbst die Herrschaft ergreifen. Und diese Herrschaft sollte, soweit durchaus noch in Übereinstimmung mit *Marx*, die schärfste Herrschaftsform sein – eben die Diktatur. Um aber das Proletariat, im Wissen um seine „objektiven" Interessen, um seinen Bedarf, auf diesen von der Geschichte vorgezeigten Weg zu bringen, müßten Berufsrevolutionäre – eben *Lenin* und seine engsten Genossen – der Arbeiterklasse vorauseilen. Solange die subjektiven Bedürfnisse des Proletariats nicht auf der Höhe des objektiven Bedarfs sind, müssen die Berufsrevolutionäre als Avantgarde im Interesse eben dieses Proletariats handeln; und auch die Diktatur im Namen der Arbeiterklasse errichten.

Alles, was auf diesen für objektiv „richtig" gesehenen Weg stört, kann und muß weggeräumt werden: gesellschaftliche Strukturen ebenso wie konkrete Menschen. Die Frage nach der individuellen Schuld ist bürgerliche Rückständigkeit, sie zeugt von einem mangelhaften revolutionären Bewußtsein.

Die Berufsrevolutionäre üben *leadership*. Und dennoch sind sie, in ihrem Selbstverständnis, nur „objektive" Werkzeuge im Prozeß der Geschichte. Ihr Handeln ist objektiv vorgegeben. Ihr Verhalten folgt klar erkennbaren Spielregeln. Wenn es das Interesse der konkret existierenden Herrschaft des Proletariats, d.h. der Partei, d.h. des Zentralkomitees, d.h. der „Nummer eins" erfordert, dann müssen die Kommunisten in aller Welt den internationalen Boykott gegen das faschistische Italien durchbrechen. Und wenn es das Interesse der Sowjetunion erfordert, dann muß auch mit dem nationalsozialistischen Deutschland ein Nichtangriffs-Pakt geschlossen werden, der Osteuropa als Beutestück zwischen *Hitler* und *Stalin* aufteilt.

Diese Logik des kleineren Übels, wie sie in Theorie und Praxis der leninistischen Interpretation des Marxismus deutlich wird, rechtfertigt letztendlich das Gegenteil von dem, was als Prinzip verkündet wird. Der konkrete Leninismus schlägt in sein Gegenteil um: Mit Berufung auf die „objektiv" bevorstehende Abschaffung des Staates wird der staatliche Terror auf neue Extremwerte gehoben; mit Berufung auf die Weltrevolution werden die brutalsten antisozialistischen, nationalistisch-expansiven, imperialistischen Diktaturen unterstützt; mit Berufung auf den „demokratischen Zentralismus" werden alle der Alleinherrschaft auch nur potentiell gefährlichen Revolutionäre ermordet.

*Koestler* hat seinem Roman nicht zufällig eine Passage aus *Machiavellis* „Discorsi" vorausgestellt: „Wer eine Diktatur etabliert und Brutus nicht tötet; oder wer eine Republik gründet und nicht die Söhne von Brutus tötet, der wird nur kurze Zeit regieren."

*Stalin* tötete mit *Rubashov* die Söhne des *Brutus*. Seine Herrschaft war daher von langer Dauer. Aber sie war nicht die Herrschaft zur Abschaffung jeder Herrschaft; sie war nicht die Diktatur zur Freisetzung der Menschen. Die Logik des kleineren Übels verkehrte alles in das Gegenteil. Das, was als Instrument gedacht war, wurde zum Selbstzweck.

*Koestler* hat seinem Roman noch ein anderes Motto vorangestellt – aus *Dostojewskis* „Schuld und Sühne": „Oh Mensch, man kann nicht ohne Mitleid leben."

Ist es wirklich nur dieser allgemein moralisierende, höchst unverbindlich klingende, analytisch nicht wirklich weiterführende Aufschrei, der dieser alles verkehrenden Logik des kleineren Übels entgegensteht?

In einem seiner Gespräche mit *Ivanov*, dem Exekutor der sich nun gegen *Rubashov* richtenden Logik, wendet sich dieser gegen jeden Moralismus: „Die Jakobiner waren Moralisten; wir waren Empiriker." (*Koestler* 1947, 71)

Die Leninisten beanspruchten, die Bewegungsgesetze von Gesellschaft und Geschichte erkannt zu haben. Mit diesem – durchaus marxistischen – Selbstverständnis wollten sie aber nicht nur erkennen, sondern auch handeln. Die *Lenins*, *Rubashovs*, *Trotzkis* und *Stalins* waren ja nicht Gelehrte im Elfenbeinturm sozialwissenschaftlicher Analyse, sie waren extrem handlungsorientierte Menschen. Sie wollten die Weltrevolution. Sie verstanden sich aber nicht als Schöpfer, sondern als Geburtshelfer. Die Norm, auf die sie sich beriefen, war nicht die jakobinische Formel von irgendeiner Freiheit oder Gleichheit oder Brüderlichkeit. Die Formel war, das „Notwendige" hervorzuholen.

Diese – durchaus normative, in diesem Sinn auch moralisierende – Absage an das Normative, an das Moralische schließt den Zirkel theoretischer Theorie-Verweigerung. Sie ist der Endpunkt der Verkehrung aller Normen, aller Tatsachen in ihr jeweiliges Gegenteil. Der Gleichmut, mit dem *Rubashov* letztendlich seinen eigenen Tod akzeptiert, ist ja nicht wertfrei – er ist die Konsequenz einer durchaus wertenden Annahme von Notwendigkeit.

*Lenin* und *Rubashov* optierten für *Machiavelli*, gegen *Dostojewski*. Ihr ganzes Handeln war auf die Instrumentalisierung von Politik gerichtet. Alle Übel dieser Welt wurden miteinander verglichen, auf ihre relative Nützlichkeit hin überprüft und dann entsprechend eingesetzt oder auch verworfen.

Doch *Lenin* und *Rubashov* drückten sich um die entscheidende Frage: Wenn die letzte Rechtfertigung dieses instrumentellen Politikverständnisses die Weltrevolution, die Befreiung von jedweder Herrschaft sein sollte, dann konnte doch dieses Ziel nicht von der Moral losgelöst werden, die *Rubashov* mit einer gewissen Verächtlichkeit den Jakobinern zuweist. Die bloße Berufung auf das Notwendige der Weltrevolution kann ganz gewiß nicht den *Hitler-Stalin*-Pakt rechtfertigen können; erst recht nicht die Säuberungen der 30er Jahre; auch nicht die Millionen Menschen, die schon in den 20er und frühen 30er Jahren als Opfer eines Klassenkampf genannten Bürgerkriegs auf der Strecke blieben; und letztendlich auch nicht die Oktoberrevolution. Wenn die Rechtfertigung einer so auf die Spitze getriebenen Logik des kleineren Übels die ist, das historisch Notwendige hervorzubringen, so bricht sie zusammen: Wenn die Weltrevolution ohnehin kommt, warum mußte die Zarenfamilie – samt Dienerschaft – erschossen werden? Wenn die Weltrevolution ohnehin kommt – warum mußten die Bauern als Klasse sterben? Wenn die Weltrevolution ohnehin kommt – warum wurden *Sinowjew* und *Kamenev* und *Bucharin* ermordet, warum mußte *Trotzki* sterben? Warum erhielt *Rubashov* die ihn letztlich erlösende Kugel?

Die Angst des Leninismus vor der Moral ist verräterisch. Wenn Politik nur das Erkennen und das Umsetzen bestimmter gesellschaftlicher Abläufe ist, dann sind alle Personen, dann sind alle konkreten Maßnahmen austauschbar. Dann hätte es die gigantischen Anstrengungen und die gigantischen Opfer der Oktoberrevolution und der Entwicklung danach nicht bedurft. Die gigantischen Anstrengungen und die gigantischen Opfer der jakobinischen Revolution sind demgegenüber leichter verständlich: Sie wurden mit der Moral begründet; mit der Moral, die von den zentralen Werten der Freiheit und der Gleichheit und der Brüderlichkeit abgeleitet wurde.

Das macht natürlich die Opfer nicht weniger schrecklich; es setzt nur, theoretisch überzeugender, dem Leerlauf der leninistischen Logik eine Grenze.

*Rubashov* ist sich dieser Konsequenz seiner und *Lenins* Logik voll bewußt. In seinem Gefängnis-Tagebuch hält er fest: „Die letzte Wahrheit ist zu allerletzt immer eine Falschheit." Und weiter: „Unser einziges leitendes Prinzip ist das der konsequenten Logik ... was einzig und allein zählt: Wer ist objektiv im Recht." (*Koestler* 1947, 81f.)

Das leninistische Politikverständnis deduziert – und drückt sich so um den Umstand der Subjektivität herum. Das leninistische Verständnis von Geschichte ist pseudo-objektiv. Wenn es wirklich nur um das objektive Rechthaben ginge, dann wäre die Führungsfunktion der Avantgarde nichts anderes als die Aufgabe, aus der Gesellschaft die ohnehin vorhandenen und zwingend ablaufenden Entwicklungen rechtzeitig abzulesen.

Wo ist hier Führung, wo ist hier eine Option, wo wird hier zwischen kleinerem und größerem Übel abgewogen, wo ist hier überhaupt noch Politik? Der Leninismus tut so, als gäbe es die Frage individueller Freiheit nicht, auch nicht der Freiheit des Entscheidens; als gäbe es ebensowenig die Frage individueller Moral, losgelöst von „objektiver" Richtigkeit. Und dennoch gibt es wohl kaum ein anderes politisches System als das, das sich auf *Lenin* berufen hat, das sosehr der persönlichen Willkür in Theorie und Praxis Tür und Tor geöffnet hat.

Die *Lenins* und *Rubashovs*, die *Trotzkis* und *Stalins* haben – ihrem Selbstverständnis als Empiriker entsprechend – die persönliche Verantwortung und damit die persönliche Schuld als Kategorie gelöscht. Was die einzelnen Personen in der Geschichte und in der Gegenwart wollten, wurde für irrelevant erklärt. Entscheidend war, ob sie in Übereinstimmung mit den objektiven Regeln, eben mit der Logik von Geschichte und Gegenwart handelten. Was freilich diese Logik ausmachte, und wer über die konkreten Inhalte der Logik zu bestimmen hatte, dazu waren keine Spielregeln festgelegt. Die Verwissenschaftlichung der Politik im Sinne *Lenins* öffnete der Willkür Tür und Tor – die vorgeblich so streng geordnete Logik des Leninschen Politikverständnisses führte letztlich zum Chaos Hobbesscher Dimension. Die Logik, auf die sich *Rubashov* in seiner Gefängniszelle stellvertretend für alle berief, die sich in der Tradition Lenins fühlten, wurde letztendlich ebenfalls in ihr absolutes Gegenteil verkehrt: An die Stelle eines geordneten Regelsystems, in dem abhängige Variable durch die Kenntnis der unabhängigen Variablen gleichsam errechnet werden können, trat die komplette Anarchie – in Form absolutistischer, persönlicher Willkür.

Die Logik, auf die sich *Stalins* Leninismus berief, führte gerade im großen Terror zum Gegenteil dessen, wofür das instrumentelle Politikverständnis

Lenins einzutreten behauptete. Denn die Opfer der Schauprozesse, die – anders als *Rubashov* – nicht die Gnade des raschen Genickschusses erfuhren, sondern öffentlich zur Schau gestellt wurden, wurden im Sinne einer traditionellen Individualmoral zerstört. *Vyshinsky*, als Staatsanwalt, erging sich in primitiven Beschimpfungen; die Angeklagten nahmen die absurdesten Verbrechen auf sich; und die gelenkte Öffentlichkeit verlangte das Erschießen dieser „räudigen Hunde." (*Conquest* 1968) Nicht *Machiavelli*, auch nicht der von *Lenin* geschätzte *Clausewitz* standen am Ende dieser Entwicklung – sondern Hexenprozesse.

In *Rubashovs* abschließenden Gesprächen mit dem Staatsanwalt, der – anders als *Ivanov* – nicht mehr die alte Generation der Revolutionäre, sondern bereits die Produkte der Revolution vertritt, wird die leninistische Politik nochmals auf den Punkt gebracht: Die Taktik der Partei wird von dem Prinzip bestimmt, „daß das Ziel die Mittel rechtfertigt – alle Mittel, ohne Ausnahme." (*Koestler* 1947, 190)

Die vollständige Instrumentalisierung der Politik (im Sinne von *politics*) im Interesse eines einzigen, alles bestimmenden politischen Zieles (im Sinne von *policy*) führt zur Zerstörung der Revolution. *Rubashov* akzeptiert dieses Prinzip – und damit rechtfertigt er, daß sein Lebenswerk, die leninistische Revolution, in ihr stalinistisches Gegenteil kippt. Und damit akzeptiert *Rubashov* seine eigene Hinrichtung – im Interesse des leninistischen Prinzips, das folgerichtig, logisch, zum Stalinismus führt.

Der Verzicht auf Unterscheidung, auf Abwägen, auf Differenzieren – zwischen Mittel und Ziel, zwischen einem Instrument und seinem Zweck – macht *leadership* überflüssig. Die totalitäre Diktatur kennt, ebenso wie die konsequente Demokratie, das Phänomen von *leadership* nicht. Die totalitäre Diktatur löst *leadership* auf, indem sie alle Formen, alle Funktionen von *leadership* auf den Vollstrecker der ehernen Notwendigkeit überträgt – auf *Stalin*. Die konsequente Demokratie löst *leadership* auf, indem sie diese durch den politischen Markt und dessen selbststeuernde Mechanismen ersetzt.

Indem alle Mittel recht sind, geht es nicht mehr um das kleinere oder um das größere Übel. Indem Rubashov freiwillig, ja geradezu begierig die Rolle des Sündenbocks im Interesse der Partei übernimmt, verdeutlicht er die Konsequenz der Aufhebung aller als „bürgerlich" denunzierter Moralvorstellungen: Das Ende der Werte, zu deren Erreichung – angeblich – die Instrumente eingesetzt werden; das Ende dessen, wofür Rubashov gelebt hat. Die

Revolution zerstört sich selbst, und diese sich selbst verzehrende Logik braucht keine Führung. Gut und Böse, Richtig und Falsch werden „objektiviert"; und damit wird ihre Unterscheidbarkeit aufgehoben.

Unmittelbar vor seiner Hinrichtung steigert sich Rubashov in die Vision einer revolutionären Partei nach Überwindung des Stalinismus hinein: Vielleicht, so denkt *Rubashov*, werden die Mitglieder dieser neuen Partei Mönchskutten tragen und predigen, daß nur die absolute Reinheit der Mittel den Zweck rechtfertigen kann. Vielleicht werden sie auch lehren, daß der Mensch mehr ist als das Produkt einer Million dividiert durch eine Million. (*Koestler* 1947, 207) *Rubashov* kommt, am Ende seines Lebens, zur individuellen Moral; zu den Wurzeln des Christentums und (oder) der bürgerlichen Aufklärung.

Die Geschichte des real existierenden Leninismus zeigt, wohin der Verzicht auf ein Abwägen zwischen Ziel und Mittel führt; was es letztendlich bedeutet, wenn alles – und sei es auch noch so dem eigentlichen Ziel entgegengesetzt – als Instrument der Politik akzeptiert wird. Den politischen Akteuren des Leninismus ist alles recht, was sie dem „objektiven" Ziel ein Stück näher bringt – der Revolution oder dem Sozialismus oder der kommunistischen Endgesellschaft. Aber weil sie nicht unterscheiden zwischen größeren und kleineren Übeln, weil der Zweck jedes Mittel rechtfertigt, ist das Ergebnis (*policy*) ihrer Politik (*politics*) das Gegenteil von dem, was zu erreichen sie einmal aufgebrochen sind: Statt der Aufhebung der Herrschaft des Menschen über den Menschen kommt es, unter dem gelehringen Schüler *Lenins*, zur schärfsten Form von Herrschaft, zur totalitären Diktatur.

Das in die Praxis umgesetzte Prinzip des Leninismus macht deutlich, daß die Alternative vom Prinzip des „kleineren Übels" eben zwei extreme Formen annehmen kann: Neben dem Verzicht auf jedes instrumentelle Denken ist auch die Absolutsetzung eben dieses Denkens eine ebenso mögliche wie konkret praktizierte Alternative. Neben der Politikverweigerung ist die Unbegrenztheit der Politik als Instrument ebenso dem Prinzip des kleineren Übels entgegengesetzt.

Die Variante der Politikverweigerung hält sich vom instrumentellen Verhalten (von *politics*) frei, um die Reinheit des Zieles (*policy*) nicht zu beeinträchtigen – das Ergebnis ist der Verzicht, diesem Ziel näherzukommen. Die Variante der Absolutsetzung von Politik als Instrument bedeutet letztendlich, daß das Instrumentelle das Ziel überlagert, zum Selbstzweck wird. Auch hier wird das Ziel faktisch aufgegeben.

Der Verzicht auf *politics* und die Absolutsetzung eben von *politics* haben jeweils dasselbe Ergebnis: Das politische Ziel, das zur Rechtfertigung der Verweigerung oder der Aktivität dient, wird aufgegeben.

Der *Jaruzelski* der Jahre 1981 bis 1989, der kommunistische Parteichef und Militärdiktator Polens, argumentierte nicht nur außerhalb dieser leninistischen Logik, er agierte auch prinzipiell anders. Er machte Politik, und er ließ auch andere Politik machen; er übte *leadership*, aber er monopolisierte sie nicht: weil er angesichts der realen geopolitisch bedingten Abhängigkeit von der Sowjetunion für sich kein solches Monopol in Polen hätte errichten können – Moskau war immer ein Mitakteur in Polen; aber auch, weil er ganz bewußt andere polnische Akteure politisch agieren ließ – die Bischöfe ohne Unterbrechung, ohne Einschnitt auch im Dezember 1981; und bald schon wieder jene Kräfte der Demokratiebewegung, die – wie *Walesa* – sich nicht verweigerten, die sich auf eine Art oppositioneller Kollaboration mit dem kommunistischen System einließen; und schließlich – vom ab 1985 aus Moskau wehenden, neuen Wind provoziert – alle politisch artikulationsbereiten Kräfte der polnischen Gesellschaft.

*Jaruzelski* war gerade in seiner Art und Weise, wie er politisch dachte und agierte, kein Leninist. Er repräsentierte den Vorrang einer Verantwortungsethik gegenüber einer Gesinnungsethik; er machte sich nicht nur die Hände schmutzig, sondern er bekannte sich auch – anders als *Stalin* und seine Henker – dazu, daß diese Hände schmutzig waren. Der Kommunist *Jaruzelski* war, als er zum zentralen Akteur der polnischen Geschichte wurde, aus der leninistischen Logik ganz eindeutig bereits ausgestiegen.

*Artur Koestler* schildert den Ausbruch aus dieser Logik, wie er ihm selbst gelungen war. Koestler, der Kommunist, der seinen Roman über *Rubashov* auch aus eigener Erfahrung mit der Sowjetunion und mit der kommunistischen „Weltbewegung" der 30er Jahre schreiben sollte, kam nach Beginn des Bürgerkriegs im Auftrag der Komintern nach Spanien. Getarnt als ungarischer Zeitungskorrespondent – *Koestler* hatte einen echten ungarischen Paß, sollte er für die Komintern Informationen aus *General Francos* Hauptquartier sammeln. Er wurde enttarnt und saß viele Monate im Gefängnis der *Franco*-Diktatur. Er war überzeugt, daß eine simple Hinrichtung ohne „unerfreuliches Vorspiel" das Beste war, worauf er hoffen konnte. Aufgrund einer britischen Intervention kam er aber doch frei – und war nun ein anderer Mensch.

Er hatte eine entscheidende Erfahrung gemacht, die er in seinem „Spanischen Testament" zusammenfaßte, und die er selbst – wenn in Worte gekleidet – als Ansammlung von „Gemeinplätzen" bezeichnet: „Daß der Mensch eine Realität, die Menschheit aber eine Abstraktion ist; daß Menschen nicht wie Einheiten in arithmetischen Rechenoperationen behandelt werden können, weil sie sich wie die Symbole für Null und Unendlich verhalten, was alle mathematischen Operationen unmöglich macht; daß der Zweck die Mittel nur innerhalb sehr enger Grenzen rechtfertigt; daß Ethik keine Funktion sozialer Nützlichkeit ist, und Mitleid nicht eine kleinbürgerliche Sentimentalität, sondern eine Anziehungskraft, die die Zivilisation überhaupt erst im Umlauf hält." (*Koestler* in *Crossman* 1949, 67f.) Mit anderen Worten: *Koestler* war auf den *Dostojewski* gekommen, den er dann *Machiavelli* gegenüberstellen sollte.

Dieser *Koestler*, dessen Spanien-Erlebnis von ähnlich einschneidender Wirkung wie das *George Orwells* war – freilich auf der anderen Seite der Fronten des Bürgerkrieges, dieser *Koestler* schrieb dann seinen Roman über die Logik des Leninismus. Er konnte diese Logik analysieren – weil er selbst von ihr in Bann gehalten worden war. Und er konnte auch den Widerspruch dazu auf den Punkt bringen – daß der ungeduldige Wunsch nach exzessivem „social engineering" und die leninistische Hybris, das Drehbuch der Weltgeschichte zu kennen und daher auch im Einklang damit handeln zu können, zur Rechtfertigung einer als Notwendigkeit getarnten, unbegrenzten Willkür werden müssen.

## 16. Von der wahren Natur persönlicher Führung

*"Leadership" als Massenmord – Exzessive "leadership" – Stil der Distanz – Die Freiheit vom Zwang, lernen zu müssen – Die Nachfolgefrage – Entfesselung oder Fesselung von "leadership"?*

Der Holocaust trägt *Hitlers* persönliche Handschrift. In seinem Testament noch, wenige Stunden vor seinem Selbstmord, hielt er an seiner mörderischen Judenfeindschaft fest, die das Alpha und das Omega seiner gesamten Politik bildete; und anders als sein sonst getreuer Diener, anders als *Heinrich Himmler*, lehnte Hitler es ab, mit dem Leben der Juden Politik zu machen – kein Arrangement mit den Westalliierten, das auch nur einem einzigen Juden das Leben geschenkt hätte, fand *Hitlers* Zustimmung. Er war der persönlich Letztverantwortliche für Auschwitz und die anderen Vernichtungslager, für die (auch von der Wehrmacht zu verantwortenden) Sonderkommandos und die anderen Teile der Mordmaschine, die Menschen deshalb zu Tode brachte, weil sie die falschen Großeltern hatten.

Der Tod von Millionen Menschen, die im Zuge der Kollektivierung der sowjetischen Landwirtschaft sterben mußten, sind ebenso das Resultat des persönlichen Wirkens von *Stalin* wie der Tod der Millionen, die irgendwie im Zuge der großen Säuberungen ermordet wurden – erschossen oder in den Lagern sonstwie zu Tode gebracht: als sowjetische Offiziere 1937, als polnische 1940; als parteifeindliche Elemente; als Chinesen oder auch als Krim-Tartaren oder auch als Menschen, die aus persönlichen Gründen denunziert worden waren. *Stalin* selbst hatte – in grundsätzlicher Übereinstimmung mit dem Programm der Bolschewiki und damit Lenins – die Weichen für den „Krieg gegen die (eigene) Nation" gestellt; und erst recht kam ihm die persönliche Verantwortung für den ab 1934 einsetzenden, ebenso mörderischen „Krieg gegen die (eigene) Partei" zu. (*Ulam* 1989)

Millionen bezahlten mit dem Leben für *Maos* persönliche Entscheidungen, 1958 zum „großen Sprung vorwärts" anzusetzen und einige Jahre später mit der Kulturrevolution nachzusetzen. (*Salisbury* 1993) Schon vorher hatte die

Kommunistische Partei Chinas auf den systematischen Mord von Großbauern gesetzt – aber die Hungersnöte, die dem „großen Sprung" folgten, und die anarchische Gewalt, die *Mao* durch die Kulturrevolution freisetzte, waren nicht mehr das Ergebnis einer Politik der Partei – sie waren das Ergebnis der Politik einer einzigen Person.

Wenn es im 20. Jahrhundert Beispiele für *leadership* gibt, dann sind es diese drei. Wenn die Konsequenzen des Wirkens von Einzelpersonen in der Geschichte dieses Jahrhunderts studiert werden können und sollen, dann bei *Hitler, Stalin, Mao*. Diese drei sind die eindrucksvollsten Beispiele für das Gewicht, das dem Faktor „Persönlichkeit" zukommen kann. Wenn es Sehnsucht nach *leadership* gibt – wer könnte diese Sehnsucht besser befriedigen?

*Hitler, Stalin* und *Mao* weisen – als „leader" – viele Gemeinsamkeiten auf. Das kann und darf freilich nicht darüber hinwegtäuschen, daß ihre Wirksamkeit in der Geschichte auch durch wesentliche Unterschiede gekennzeichnet ist:

– *Hitlers* Wirken war seinem Wesen nach von vornherein selbstzerstörerisch angelegt. Die Außenpolitik des nationalsozialistischen Deutschland folgte daher auch keiner am Überleben des eigenen Systems orientierten Richtung – anders als die gerade in der Außenpolitik „realistisch" agierenden beiden kommunistischen Diktatoren. *Stalin* und *Mao* betrieben, nach außen, „Realpolitik"; der sich gelegentlich auf *Bismarck* berufende *Hitler* ganz eindeutig nicht. Seine Politik war die der Maximierung der äußeren Feinde. Durch eine systematische Zerstörung aller Optionen, die ihm Politik hätten ermöglichen können, zerstörte er sich und sein Regime. (*Haffner* 1978) *Stalin* und *Mao* hatten für sich und ihre Systeme ein gutes Stück an Selbsterhaltungstrieb entwickelt – die opernhafte Inszenierung des eigenen Unterganges lag ihnen völlig fern.

– Dahinter wird ein entscheidender Richtungsunterschied in der Zerstörungswut totalitärer *leadership* deutlich: Die massenhafte Mordkonsequenz *Hitlers* richtete sich nach außen – gegen die als Außenfeinde definierten Juden, „Zigeuner", Slawen; gegen die als feindselig definierten Mächte. *Hitlers* Zerstörungswut brauchte den Krieg, zielte auf den Krieg. Und auch der Holocaust, der unmittelbar mit dem Krieg nichts zu tun hatte, setzte erst unter der Rahmenbedingung des von *Hitler* herbeigezwungenen Krieges voll und mit eherner Konsequenz ein. Die massenhafte Mordkonsequenz *Stalins* und *Maos* richtete sich hingegen nach innen. Beider Herrschaft brauchte den Bürgerkrieg, der immer wieder – mit immer wieder neu definierten, neu erfundenen Feinden –

angefacht wurde. Mit Ausnahme *Röhms* blieben alle loyalen *Hitler*-Kameraden von *Hitlers* Mordlust unbelästigt – während niemand in *Stalins* oder in *Maos* Reichen gefährlicher lebte als die, die den beiden in nächster Nähe loyal dienten.

- *Hitlers* Palladine konnten ruhig schlafen – *Stalins* und *Maos* nie und nimmer. Von den 1966 Delegierten zum 17. Parteitag der KPdSU, 1934, wurden 1108 in den folgenden Jahren zumindest verhaftet, sehr viele unter ihnen ermordet. Von den 139 Mitgliedern (und Ersatzmitgliedern) des auf diesem Parteitag gewählten Zentralkomitees wurden 98 während der großen Säuberung erschossen. (*Ulam* 1989, 373) Von *Maos* engsten Kampfgefährten wurden einige im Zuge der Kulturrevolution mit dem Wissen und dem Einverständnis *Maos* ermordet (*Liu Schaotschi, He Long*), einige starben unter ungeklärten Verhältnissen (*Lin Biao*), einige überlebten die Folter des maoistischen Terrors (*Deng Xiaoping*) oder starben im Zusammenhang mit diesen Verfolgungen (*Peng Dehuai, Tschen Yi*). Die Genannten waren Präsidenten, Minister und Marschälle der Volksrepublik – von *Maos* Gnaden. Bevor ihnen – trotz, wegen ihrer Loyalität – *Mao* den gewaltsamen Tod bereitete. (*Salisbury* 1993, 467-472)

Doch die Gemeinsamkeiten dieser drei totalitären Mordregime sind ebenso auffallend wie diese Unterschiede. Diese Gemeinsamkeiten deuten auf eine innere Logik ihrer Herrschaft. Trotz der persönlichen Verantwortung, die diese drei Diktatoren haben; und trotz der Konsequenzen, in der von ihnen ja nicht erfundenen, sondern vorgefundenen „Ideologie" angelegten waren (Judenhaß, bzw. – mit diesem nicht gleichzusetzen, mit ihm aber zu vergleichen – Klassenhaß), ist die Herrschaft *Hitlers, Stalins* und *Maos* durch die Logik exzessiver *leadership* charakterisiert. Person und Ideologie reichen zur Erklärung nicht aus – es braucht die Einsicht in die spezifische Logik exzessiver persönlicher Herrschaft.

Diese Logik ergibt sich auch aus der Entwicklung der massenmörderischen Regime. Alle drei waren keineswegs und von Anfang an auf die unumschränkte Herrschaft einer einzigen Person angelegt – nicht einmal die *Hitlers*. Zwar waren, bei der „Machtübernahme" 1933, Führerprinzip und Persönlichkeitskult innerhalb der NSDAP schon weit entwickelt – doch auch diese Entwicklung war noch nicht an ihrem Endpunkt angelangt, sie ging weiter: durch die Verbindung der Ämter des Reichspräsidenten und des Reichskanzlers, 1934; durch *Hitlers* Übernahme des Oberkommandos der Wehrmacht, 1941; durch die schrittweise Bindung von Justiz und Verwaltung an den „Führer" persönlich. Die NS-Herrschaft war – trotz der schon 1933 erkennbaren Tendenzen zur persönlichen Herrschaft – zunächst noch „Doppelstaat", in dem konstitutionelle und totalitäre Elemente koexistierten. (*Fraenkel* 1974)

Dies gilt noch viel mehr für *Stalins* und *Maos* Herrschaft. Bis Ende der 20er Jahre mußte *Stalin* die Mehrheitsverhältnisse im Politbüro berücksichtigen, mußte er innerparteiliche Koalitionen eingehen. Noch am 17. Parteitag, 1927, konnte *Trotzki* öffentlich *Stalin* kritisieren – wenn auch vergeblich. (*Ulam* 1989, 270f.) Und zurecht verwies *Chrustschow* am 20. Parteitag, 1956, auf den Widerspruch zwischen der ab 1927 voll einsetzenden persönlichen Herrschaft *Stalins* und der von *Lenin* gewünschten und praktizierten Parteistruktur. Die Frage ließ *Chrustschow* freilich erst gar nicht aufkommen – ob *Stalins* persönliche Herrschaft nicht schon in der Logik des Leninismus angelegt war.

*Mao* war Jahre, Jahrzehnte hindurch ein Gleicher unter Gleichen. Noch 1949, im Jahr der Gründung der Volksrepublik China, konnten die Angehörigen des engsten Führungskreises ihm widersprechen. *Mao* war, nach der Klärung der Führungsfrage während des „Langen Marsches", als die Nummer eins der Partei unumstritten – aber bis Mitte der 50er Jahre galt: „*Mao* war noch nicht sakrosankt ... Sie (die Angehörigen des innersten Führungskreises, A.P.) hatten – noch – nicht ihr eigenes Urteil in allgemeinen Fragen aufgegeben." (*Salisbury* 1993, 21) Als sich dies änderte, da mußten „sie" *Mao* in allem und jedem recht geben. Doch auch das half in vielen, in den meisten Fällen nichts – „sie" kamen in den Strudel der Kulturrevolution, und viele von „ihnen" überlebten diesen nicht; auch nicht der, der in Vollziehung von *Maos* Willen die Kulturrevolution zur Vernichtung seiner Genossen genutzt hatte – *Lin Biao*. Über den hysterischen Massen der Kulturrevolution, die eine radikale Egalität priesen, stand aber – gottähnlich, als Ungleicher über den sonst Gleichen – *Mao Zedong*.

Das Geheimnis der persönlichen Herrschaft *Hitlers*, *Stalins* und *Maos* liegt nicht in der Persönlichkeitsstruktur dieser drei Diktatoren. Das Geheimnis liegt in der Struktur einer Herrschaft, die – weil ohne Kontrollen, ohne Gegengewichte – zu exzessiver *leadership* führen muß. Alle drei wurden nicht als Diktatoren geboren – sosehr gewisse Elemente ihrer Sozialisation sich als Elemente ihrer persönlichen Herrschaft wiederfinden lassen. Das Geheimnis ist die Abwesenheit von Demokratie und der mit jeder Form von Demokratie verbundenen Elemente von Verfassungs- und Rechtsstaat, von Gewaltenteilung und Kontrollen.

Es mag aufschlußreich sein, die Vater- und Mutterbeziehungen der drei Diktatoren zu analysieren – Beziehungen, die tatsächlich gewisse Parallelen haben (die in ihrer Güte indirekt dominanten Mütter, die in ihrer Strenge abstoßenden Väter). Es mag reizvoll sein, den Einfluß des Barockkatholizismus auf den jungen *Hitler*, den des Priesterseminars auf den jungen *Stalin* und den des (von der Mutter vermittelten) religiösen Denkens auf den jungen *Mao* näher zu erforschen. Es mag hilfreich sein, die so verschieden orientierten Einstellungen der drei Diktatoren zu Frauen näher zu beleuchten. Nur: Die Ergebnisse solcher vergleichenden Analysen sind immer eher nichtssagend. Denn nichts deutet mit innerer Logik darauf, daß etwa der im Alltagsverhalten schüchterne, auch sexuell eher gehemmt wirkende *Adolf Hitler* zum exzessiven Massenmörder werden müßte; oder daß der sexuell hyperaktive *Mao* mit seiner Vorliebe für klassische chinesische Poesie eben deshalb zum Führer-Diktator des größten Volkes der Erde prädestiniert gewesen wäre; oder daß man in der alltäglichen Grobheit des jungen georgischen Revolutionärs mit dem Decknamen Koba schon den „großen *Stalin*" hätte erkennen können oder gar müssen.

Wäre das Wesen von *Hitlers* Herrschaft im kruden, paranoiden Antisemitismus des Oberösterreichers schon angelegt gewesen – wieviele *Hitlers* müßte es geben! Würde die Verbindung klassischer chinesischer Poeten- und Philosophenhaltung mit oberflächlich angelesenem Marxismus schon den Maoismus erklären – wie könnte sich China vor den vielen Maos retten? Und das aktionistische Rebellentum des Georgiers mit seiner Unfähigkeit zu stabilen Freundschaften – wäre es für den Stalinismus ursächlich, wann käme der nächste *Stalin*? Nicht die Person – die Struktur ist es, die in allen drei Fällen das Wesen exzessiver Führung erklären hilft. Und diese Struktur äußert sich zunächst in leicht erkennbaren Aspekten des politischen Stils.

*Hitler, Stalin, Mao* – was sind die Gemeinsamkeiten ihres Führungsstils? Scheinbare Nebensächlichkeiten fallen zuerst ins Auge. Alle drei neigten dazu, die Nacht zum Tage zu machen. Alle arbeiteten bevorzugt in der Nacht, um dann lange in den Tag hinein zu schlafen. Alle drei vermieden es nach Möglichkeit, ins Ausland zu reisen. Alle drei reduzierten die formell weiterhin existierenden Entscheidungsgremien – Reichsregierung, Parteitage – zur Staffage (wie die Parteitage der KPdSU und der KPCh – ritualisierte Absegnungen der persönlichen Macht, durchaus nicht so verschieden von dem Medienspektakel der Nürnberger Reichsparteitage) oder ließen sie ganz einfach nicht mehr zusammentreten (wie die deutsche Reichsregierung in den letzten Jahren von *Hitlers* Herrschaft). Alle drei hatten die Neigung, ihre politische Führung auch exzessiv in Kunst und Architektur umzusetzen; alle drei betätigten sich als Städte- und Raumplaner – *Hitler* stärker als *Mao* und beide stärker als *Stalin*. (*Speer* 1969, 166-175; *Salisbury* 1993, 187-191) Den exzessiven Charakter ihrer *leadership* drückten die Diktatoren auch in ihren megalomanischen Architekturphantasien aus.

*Hitler* führte bis zum Ausbruch des Krieges das Leben eines Bohemien. (*Fest* 1973, 697-741) Unregelmäßige Arbeitsstunden und eine allgemein erkennbare, tiefe Abneigung gegen die Routine des Regierens zeichneten den Arbeitsstil des deutschen Reichskanzlers von 1933 bis 1939 aus. *Mao* verschwand oft für Wochen und Monate aus der beschränkten Öffentlichkeit der Parteielite in Peking – diese Phasen der Nicht-Präsenz wurden dann immer wieder von Phasen extrem hektischer Aktivität abgelöst. (*Salisbury* 1993, 286) Von *Stalin* ist ein solches Verschwinden nur für die Zeit unmittelbar nach dem deutschen Überfall auf die Sowjetunion im Juni 1941 bekannt – er war, im Sinne routinisierter Führung, sicherlich der Beständigste von den dreien. Aber auch Stalin war berüchtigt dafür, daß er wichtige Besprechungen um Mitternacht ansetzte; daß er ausländische Besucher, darunter auch *Churchill*, des nachts in den Kreml bestellte.

Die nächtlichen Bankette Stalins, die im allgemeinen ausschließlich Männern zugänglich waren, und die für Gäste oft extrem ermüdenden nächtlichen Monologe Hitlers werden durch eine interessante Parallele ergänzt: *Stalin* und *Hitler* liebten es, sich zu nächtlicher Stunde Spielfilme vorführen zu lassen – und die jeweilige höfische Kamarilla war verpflichtet, den nächtlichen Filmvorführungen beizuwohnen. *Mao* war vermutlich der intellektuell Anspruchvollste und Interessanteste der drei, auch in seinem nächtlichen Verhalten – und dazu zählte nicht nur eine gerade im Alter zunehmende Neigung zu sexuellen Spielen mit jungen Partnerinnen, sondern auch und vor allem die Haltung des Lehrers, des Philosophen und Poeten, eine Haltung, die in vortotalitären Zeiten von seiner Umgebung durchaus freiwillig akzeptiert und geschätzt wurde.

Dieser Arbeitsstil der drei Diktatoren ist ein Stil der Distanz – der Distanz zur Bevölkerung. Ein solcher Arbeitsstil ist in der routinisierten *leadership* real existierender Demokratien einfach nicht möglich. Allein der Zwang zur Medienpräsenz und der daraus abgeleitete Zeitplan für öffentliche Auftritte, Pressekonferenzen, etc. – ein Zeitplan, der auf den alltäglichen Lebensstil der medialen und politischen Rezipienten abgestellt sein muß, verhindert, daß politische *leadership* in der real existierenden Demokratie primär ein nächtliches Geschäft werden kann. Dazu kommt, daß ein bis tief in den Tag hineinschlafender „leader" – und ein solcher Umstand könnte vor den Medien einer Demokratie natürlich nicht verborgen gehalten werden – ebensowenig wie die ständige Nutzung des Amtssitzes für sexuelle Gruppenspiele ganz gewiß nicht den Erwartungen medialer Öffentlichkeit entspricht.

Der Zwang zur Veröffentlichung des persönlichen Stils ist in der real existierenden Demokratie seit dem Tode der drei Diktatoren sicherlich noch viel intensiver geworden. Doch auch in der ersten Hälfte des 20. Jahrhunderts mußten sich Politiker in Demokratien die öffentliche Kontrolle ihres „Privatlebens" gefallen lassen, mußten sie insbesondere den Wunsch nach medialer Verfügbarkeit respektieren. *Roosevelt* hätte sich nicht, wie *Mao*, für Wochen zurückziehen und für die Medien unerreichbar sein können. *Truman* hätte sich keine exzentrischen, nächtlichen Einladungen ins Weiße Haus nach *Stalins* Art erlauben können, ohne mediale Schelte zu riskieren. Sein Versuch etwa, der herben Kritik an den Sangeskünsten seiner Tochter entgegenzutreten, mündete in ein publizistisches Desaster. (*McCullough* 1992, 827-830) Schon *Jackson*, *Lincoln* und andere Präsidenten des 19. Jahrhunderts mußten erfahren, daß es für sie nichts Privates gab – ein Arbeitsstil der Distanz war ihnen versagt.

Die Diktatoren konnten sich einen solchen Stil der Distanz hingegen sehr wohl leisten. Sie waren frei vom Zwang, sich ständig vermarkten zu müssen. Sie waren frei vom Zwang, sich ständig den Medien präsentieren und diesen Medien auch noch Zugang zu allen nur irgendwie vorstellbaren Aspekten des „Privatlebens" einräumen zu müssen. Sie waren auch frei vom Zwang, sich durch spektakuläre Auslandsreisen entsprechende Fototermine mit anderen Führern sichern zu müssen. Ihre Neigung zu politischen Gipfelgesprächen war gering – und wenn, dann erwarteten sie, daß ihre Partner zu ihnen kämen; *Chamberlain* und *Daladier* nach München etwa, oder *Churchill* nach Moskau und wiederum er und *Roosevelt* nach Jalta. *Mao*, der Vielschwimmer, zwang *Chrustschow*, den Nichtschwimmer, 1958 in Beijing sogar in ein Schwimmbecken (*Salisbury* 1993, 156f.) – diese Demütigung des sowjetischen Partei- und Regierungschefs muß dem chinesischen Diktator als Ausgleich für das erschienen sein, was er selbst an Demütigungen von *Stalin* in Moskau 1949/50 hatte erfahren müssen. Die Diktatoren hatten einen klaren Blick für den Heimvorteil – eine Reise ins Ausland bedeutete Verzicht darauf, andere demütigen zu können; und bedeutete die Gefahr, selbst von den anderen gedemütigt zu werden.

*Stalin* war vor der Oktoberrevolution, als *Lenins* Parteisoldat zweiter Ordnung, auf Kurzbesuchen im Ausland. 1906 war er Delegierter am Vierten

Parteitag der Russischen Sozialdemokratie in Stockholm, 1907 am Fünften Parteitag in London. 1912/13 besuchte er *Lenin* in Krakau und dann Wien, um dort Material für seine Studie zur Nationalitätenfrage zu sammeln. Als Diktator hatte er eine tiefe Abneigung gegen Reisen ins Ausland – nur zweimal verließ er die Sowjetunion, und beide Male war dies unter dem Schutz der Roten Armee: 1943 in Teheran, das zu diesem Zeitpunkt die Hauptstadt eines faktischen sowjetisch-britischen Protektorates war; und 1945 in Potsdam, das zur sowjetischen Besatzungszone Deutschlands gehörte. Alle anderen Konferenzaktivitäten mußten entweder in der Sowjetunion selbst stattfinden – Stalin zwang Anfang 1945 den sterbenskranken *Roosevelt*, um die halbe Welt nach Jalta zu reisen; oder aber *Stalin* schickte *Molotow* – wie 1940 zu *Hitler* nach Berlin, wie 1945 zur Konstituierung der Vereinten Nationen nach San Francisco.

*Hitler* vermied es ebenso, ins Ausland zu reisen. Sieht man von seinen militärischen Ausflügen in besetzte Gebiete ab – während des Ersten Weltkrieges als Soldat, während des Zweiten Weltkrieges als Führer (so zum Beispiel sein ursprünglich geheimer Besuch in Paris im Sommer 1940), so bleiben nur die beiden offiziellen Besuche in Italien, 1934 und 1937, Gespräche mit *Pétain* und mit *Franco* 1940 unter dem Schutz der deutschen Besatzung in Frankreich und das Arbeitsgespräch mit *Mussolini* in Italien 1943. Bleiben noch die Überschreitungen der österreichisch-deutschen Grenze – der arbeitslose Künstler ging nach Deutschland, um als siegreicher Diktator wieder nach Österreich zurückzukehren, nur um dessen Ende zu verkünden. *Hitler* ließ *Goebbels* nach Genf zum Völkerbund reisen und schickte *Ribbentrop* nach Moskau.

*Hitlers* Scheu vor dem Ausland korrespondiert insoferne mit *Stalins* Scheu, als beide ja „eigentlich" aus einer Art Ausland kamen – *Hitler* war österreichischer Staatsbürger, der sich seiner Militärpflicht gegenüber Österreich-Ungarn durch Flucht nach Deutschland entzogen hatte; *Stalin* wurde zwar als russischer Staatsbürger geboren, aber er war der ethnisch-sprachlichen Identität nach Georgier. Der Österreicher *Hitler* und der Georgier *Stalin* konnten sich von Deutschland, beziehungsweise von Rußland nicht trennen – eine besondere Form der Überkompensation.

*Mao* hatte eine ähnliche Sperre gegenüber dem Ausland. Seine Besuche in der Sowjetunion – 1949/50 bei *Stalin* und 1957 bei *Chrustschow* – waren die einzigen Aufenthalte *Maos* außerhalb der Grenzen Chinas. Das internationale Parkett überließ er *Tschu Enlai* – der war *Maos Molotow*.

Die Diktatoren hingen an der gewohnten Umgebung. Das Verlassen derselben löste offenkundig Ängste aus – Ausland als Synonym für Kontrollverlust. Dies gilt für die Kontrolle des gewohnten Alltages. Maos Abhängigkeit von Schlaftabletten, eine Folge des in den Guerilla-Jahren entwickelten Arbeitsstiles – eine Abhängigkeit, die er mit den anderen Parteiführern der KPCh seiner Generation teilte, (*Salisbury* 1993, 287) ist nur ein Aspekt der geringen Flexibilität *Maos*. Dazu kommt der wohl nicht offen ausgesprochene Wunsch, die vorgegebenen Feindbilder und die anderen klischeehaften Vereinfachungen, die oft Ausdruck des Wunsches nach Vereinfachung komplexer Politik sind, möglichst nicht durch mehr Komplexität des Wissens stören zu lassen. Die Perfektion der Diktaturen äußerte sich auch in der – scheinbaren – Befreiung vom Zwang, ständig lernen zu müssen.

*Hitlers* abschätzige Meinung über das Gewicht der USA beeinflußte seine Außenpolitik – eine Meinung, die er möglichst nicht durch mehr Komplexität des Informationsflusses gestört sehen wollte. *Stalins* kurzer Besuch in London anläßlich des 5. Parteitages der Sozialdemokratischen Partei Rußlands, im April 1907, hinterließ offenkundig keinen irgendwie erkennbaren Eindruck auf den Repräsentanten des bolschewistischen Parteiflügels aus dem Kaukasus. „Generalissimo *Stalin* erwähnte niemals seinen London-Besuch gegenüber dem Mann, der damals Unter-Staatssekretär für die Kolonien in der Regierung Seiner Majestät war – *Winston Churchill*." (*Ulam* 1989, 92) Und *Mao*, dessen einzige persönliche Information über das Ausland von seiner Reise durch Sibirien 1949 und 1950 nach und von Moskau, bzw. aus Moskau selbst stammte, „zeigte niemals wirkliches Interesse am Westen." (*Salisbury* 1993, 147) Die Diktatoren hatten ein bestimmtes, weitgehend fertiges Bild der internationalen Faktoren, die sie umgaben. Und nichts, möglichst nichts sollte dieses fertige Bild stören – schon gar nicht eigene Erfahrung.

Was für ein Widerspruch zum Verhalten der *Roosevelts* und *Churchills*, der *DeGaulles* und *Adenauers* und *Nehrus*, aber auch der *Titos* und *Gorbatschows* und *Jelzins* – sie alle drängten und drängen nach Gesprächen auf höchster Ebene. Kein Gipfel zu hoch, als daß er nicht zu einem Treffen geeignet wäre; kein Kalender zu gedrängt, um nicht einen – möglichst mediengerechten – Auslandsaufenthalt einschieben zu können. Diese Tendenz demokratischer, bzw. nicht-totalitärer Führer bedeutet natürlich nicht, daß ein Auslandsaufenthalt allein schon zur signifikanten Verbreiterung des Informationsflusses beitragen muß. Diese Neigung kontrastiert aber auffallend mit dem Verhalten *Hitlers*, *Stalins* und *Maos*, die sich erst gar nicht dem Risiko aussetzen wollten, ihr fertiges Bild von einer von ihnen nicht persönlich kontrollierbaren Wirklichkeit konfrontiert zu sehen.

Die Lösung der drei totalitären Diktatoren aus der sie zunächst legitimierenden Basis – Partei, Bewegung, Institutionen – wird am deutlichsten in der Unfähigkeit dieser Systeme, die Nachfolgefrage immanent zu lösen. In allen drei Systemen sorgte der Tod des Diktators für wesentliche Systembrüche – im Falle Deutschlands potenziert durch die militärische Niederlage. Aber auch *Stalins* und *Maos* Tod führte mit Folgerichtigkeit zum Ende der Systeme, für die diese beiden Diktatoren gestanden waren. Weder *Chrustschow* noch *Breschnew* konnten (wollten) *Stalins* Form der persönlichen Herrschaft fortsetzen. Und das China, für das der Name *Deng Xiaoping* steht, ist ganz bestimmt nicht *Maos* China. In allen Fällen konnten die Systeme persönlicher Herrschaft die Träger dieser Herrschaft nicht überleben. Im Fall Deutschlands sorgte primär das Eingreifen der Alliierten für den Aufbau (demokratischer) Mechanismen, die der Wiederherstellung persönlicher, exzessiver *leadership* entgegenstehen sollten. In der UdSSR und in China kam diese Aufgabe den überlebenden Parteieliten zu, die in gewaltsam ausgetragenen Machtkämpfen, deren prominenteste Opfer *Lavrentij Berija* beziehungsweise *Jiang Qing* hießen, für die Herstellung von (nicht demokratischen) Kontrollmechanismen sorgten.

Daß diese poststalinistischen und postmaoistischen Systeme solche des Übergangs waren, die – anders als die totalitären Systeme ihrer Vorgänger – nicht typologisch originell waren und sind, kann angesichts des Schicksals der UdSSR beobachtet und als Generalisierung für alle Übergänge, die von totalitären, exzessiven Systemen wegführen, vermutet werden. Zwischen der Entfesselung von *leadership* in totalitären Systemen und der Fesselung eben dieser *leadership* in demokratischen Systemen gibt es eine breite Grauzone – autoritäre Systeme jedweder Art. Aber diese Grauzone gewährt keine Stabilität. Dies ist vor allem darin erkennbar, daß in dieser Grauzone die Regelung der Nachfolgefrage immanent nicht möglich ist: Die Greise in *Breschnews* oder in *Dengs* Politbüro, die Flucht in den Familienclan bei Diktaturen à la *Duvalier* oder *Suharto*, die Instabilität aller Formen moderner Militärherrschaft bestätigen dies – zwischen der Fesselung von *leadership* und ihrer entfesselten Exzessivität gibt es auf Dauer kein stabiles Mittelfeld. *Leadership* schwankt zwischen den in ihrer Konzeption angelegten Extremen – zwischen der in ihr angelegten Neigung zur Exzessivität und den gegen diese Neigung errichteten Mechanismen ihrer tendenziellen Auslöschung. Dazwischen ist unsicherer Boden – eine schiefe Ebene.

Auf diesem unsicheren Boden, in dieser Grauzone, mußte *Wojciech Jaruzelski* „leader" sein, mußte er entscheiden. Und er stellte sich der Herausforderung, er entschied. Gleichgültig, was alles an Motiven in die Entscheidung des Dezember 1981 hineingespielt haben mag – *Jaruzelski* sorgte dafür, daß die schiefe Ebene dieser Grauzone nicht in Richtung Entfesselung, sondern in Richtung Fesselung von *leadership* wies. Das Kriegsrecht, das *Jaruzelski* zu verantworten hatte, war ein Beispiel für minimale Exzessivität – eben für Beschränkung in der Repression. Und dieses Kriegsrecht schaffte die Voraussetzungen (beziehungsweise ließ diese Voraussetzungen intakt) für den Übergang nicht nur zur Beschränkung der Exzessivität von *leadership*, sondern für den Übergang zur Fesselung von *leadership* überhaupt. *Jaruzelski* setzte ein Gegenbeispiel – gegen die exzessiven, totalitären Führer seines Jahrhunderts. Daß er damit seine eigene Führungsrolle dann 1989 selbst auflöste, war der letzte konsequente Schritt in dieser von ihm selbst in Gang gesetzten Logik der Selbstbeschränkung.

Politische Führung tendiert zu Exzessen. Diese Tendenz ist ein Wesensmerkmal von *leadership* und nicht irgendeine mehr oder weniger hinzutretende Eigenschaft der sekundären Art. Das Exzessive ist in der Idee von *leadership* von vornherein angelegt. *Hitler*, *Stalin* und *Mao* sind die Inkarnation von *leadership*; Beispiele dafür, was geschieht und geschehen muß, wenn *leadership* nicht in Routine erstickt wird – erstickt, wie dies mit exzessiven Kaisern in China und in Rom ja auch buchstäblich geschehen ist. Das Ersticken der so bedrohlichen, das Exzessive in sich tragenden Kozeption persönlicher Führung ist die eigentliche Aufgabe der Demokratie. Die Demokratisierung von *leadership*, ihre Umwandlung in rollen- und funktionsbezogene Routine, ist die einzige Gewähr gegen die schon im Konzept von persönlicher Führung angelegte Exzessivität.

Politische Führung heißt immer auch, die Gesellschaft als Aufgabe politischer Gestaltung zu sehen – „social engineering" ist die planende Verknüpfung von Mittel und Ziel der Politik. Die Beispiele, die *Hitler*, *Stalin* und *Mao* für exzessive, ungebändigte, völlig entfesselte politische *leadership* geben, sind auch Beispiele für exzessives „social engineering". *Hitlers* Phantasie eines ethnisch „reinen" Deutschland und eines „judenfreien" Europa – pubertäre Bilder eines auf Verschwörungsvorstellungen fixierten Vulgärdarwinisten – konnte umgesetzt werden, weil diese im Zeitalter *Hitlers* weitverbreiteten Wahnideen durch die Möglichkeit exzessiver Führung real auf die Gesellschaft losgelassen wurden. *Stalins* und *Maos* Phantasie einer Gesellschaft ohne Klassenwidersprüche – naive Fortschreibungen dessen, was *Marx* theoretisch formuliert, *Lenin* für konkret machbar gehalten und Millionen Menschen auch gewünscht hatten – konnte umgesetzt werden, weil die realen Machtverhältnisse dies plötzlich erlaubten; weil *leadership* entfesselt wurde; weil die Gesellschaft nach Belieben gestaltbar schien.

Die Hybris eines solchen technischen Umganges mit der Gesellschaft, die ja nur ein Sammelbegriff für Menschen ist, wird an diesen Beispielen überdeutlich. Diese Hybris ist aber grundsätzlich schon in der Vorstellung angelegt, irgendjemand würde die Gesellschaft „gestalten"; irgendwie hätte die Gesellschaft Bedarf an Gesellschaftsingenieuren, die sie, die Summe von Menschen, zu formen hätten; Bedarf an Eliten (leader, Führer), die die Gesellschaft in eine bestimmte Zukunft führen sollten: in eine Zukunft ohne Juden und ohne Kulaken und ohne Menschen, die den „Vier Alten" (den Feindbildern der maoistischen Kulturrevolution) verpflichtet scheinen – altem Denken, alter Kultur, alten Sitten, alten Gebräuchen. (*Salisbury* 1993, 242) Es sind die exzessiven Machbarkeitsphantasien, die durch exzessive *leadership* freigesetzt werden – zum Entsetzen der Menschen.

Wer nach *leadership* ruft, wird die *Hitlers*, *Stalins* und *Maos* ernten.

## 17. Von der Notwendigkeit der Begrenzung des Bösen

*Die Kategorie des Bösen – Die Funktion der Utopie – Das „kleinere Übel" als Rechtfertigung – Franz Jägerstätter*

In *Aldous Huxleys* Roman „Ape and Essence" kommt im Jahre 2108 eine neuseeländische Expedition nach Kalifornien, um – etwa eineinhalb Jahrhunderte nach der Zerstörung des nordamerikanischen Kontinents durch einen Atomkrieg – zu erforschen, was von Natur und Zivilisation geblieben sei. Die Forscher erleben eine Kultur, die sich als Herrschaft Belials versteht – als Herrschaft des Bösen.

Die Repräsentanten dieses Kultes, die auch die politische Herrschaft üben, haben sich die Erinnerung an die vor-atomare Kultur bewahrt und definieren ihre neue Kultur bewußt als Gegenkultur, als durchaus rational argumentierbare Antithese zu Aufklärung, Neuzeit und wissenschaftlich-technischer Zivilisation. Diese wird für die Zerstörung der Grundlagen menschlicher Existenz verantwortlich gemacht. Aber nicht eine Rousseausche, vortechnische, bukolische Idylle ökologisch sensibler, edler Wilder ist es, die diese nachatomare Anti-Zivilisation auszeichnet; sondern eine strenge Herrschaft wissender Priester-Politiker über eine bewußt in Unwissenheit gehaltene Masse. Der „Erz-Vikar" erklärt den Neuseeländern den Hintergrund dieser Herrschaft – die Ablehnung der neuzeitlichen Fortschritts-Vorstellung. Fortschrittsglaube und Nationalismus hätten eine Entwicklung in Gang gesetzt, deren Eigendynamik nicht mehr zu steuern gewesen wäre; und deren Verlust an politischer Kontrollierbarkeit dann eben zur atomaren Katastrophe in einem Dritten Weltkrieg geführt hätte. (*Huxley* 1985, 87-97)

Die Herrschaft des Bösen ist die Wiederherstellung der politischen Steuerbarkeit der Gesellschaft – um den Preis des Ausschlusses der Masse von der Politik. Die aufgeklärte Elite der Priester-Politiker hält die Gesellschaft in einem extremen Aberglauben, um so die Wiederholung der Fortschritts-Dynamik zu verhindern. Die perfekte Nicht-Demokratie der Belial-Herrschaft erlaubt Politik, erlaubt eine klare Führung, erlaubt *leadership* – für die Kaste der Priester und nur für diese. In einem Vers bringt der „Erzähler" die theoretische Grundlage dieser Herrschaft auf den Punkt:

> „Conscience, custom – the first makes cowards,
> Makes saints of us sometimes, makes human beings.
> The other makes Patriots, Papists, Protestants,
> Makes Babbitts, Sadists, Swedes or Slovaks,
> Makes killers of Kulaks, chlorinators of Jews,
> Makes all who mangle, for lofty motives,
> Quivering flesh, without qualm or question
> To mar their certainty of Supreme Service." (*Huxley* 1985, 96)

Gewissen und Gewohnheit, also Kultur – das wird für die technisch-wissenschaftliche Zivilisation und deren alles zerstörende Konsequenz verantwortlich gemacht. Das Rezept ist das Verbot von Gewisse und Gewohnheit. Das Rezept ist absolute Steuerung von oben – unbeschränkte politische Herrschaft. Damit dieses Rezept funktioniert, müssen alle Voraussetzungen von Demokratie ausgemerzt werden. Damit *leadership* möglich ist – möglich im Sinne der Rettung der Lebensgrundlagen der menschlichen Gesellschaft, darf der Gedanke an Demokratie erst gar nicht aufkommen.

Der Roman, den *Huxley* 1948 geschrieben hat – im selben Jahr, in dem *George Orwell* „1984" verfaßte, zeigt eine große Ratlosigkeit. Wenn Fortschritt Demokratie bringt – wenn Demokratie aber in eine zerstörerische, nicht mehr korrigierbare Logik mündet, dann kann das Verbot von Fortschritt (und damit von Demokratie) in einem abstrakt höheren Interesse der Betroffenen, also der Gesellschaft liegen. Um der Menschen willen müssen diese vor sich selbst geschützt werden – *leadership* heißt, keine Selbstbestimmung, keine Emanzipation zuzulassen.

Es ist ein eigenartiges System, das *Huxley* zeichnet – ein System des pädagogisch motivierten Politikverbotes von oben. Dem in Form atomarer Massenvernichtung bereits historisch erfahrenen Gewaltpotential zivilisatorischer Entwicklung wird mit einem Zivilisationsverbot begegnet. Um Überleben zu sichern, wird Freiheit verweigert. Das Wissen um die Möglichkeiten technisch-wissenschaftlicher Entwicklung wird beschränkt. Die Elite – die Priesterkaste – betreibt Politik, um die Masse von Politik fernzuhalten; aus Gründen, die im Interesse eben dieser Masse liegen. Eine Hobbessche Herrschaft, die nicht vom Eigeninteresse getrieben wird, sondern von der Sorge um die Beherrschten – das ist die Antithese zur real existierenden, sich selbstzerstörenden Demokratie.

*Huxley* sympathisiert nicht mit diesem System – er tritt ihm aber nicht mit derselben eindeutigen, aufklärerischen, kritischen Position entgegen, wie er das noch vor dem Zweiten Weltkrieg in „Brave New World" getan hatte. Damals warnte er vor dem Verlust an Freiheit – in „Ape and Essence" warnt er vor den Gefahren der Freiheit. Dazwischen liegt ein Prozeß zunehmender Ratlosigkeit und aufkommender Skepsis gegenüber einem linearen Demokratieoptimismus.

Und *Huxleys* Ratlosigkeit hätte sich wohl fortgesetzt, hätte er beobachten können, was Fortschritt und Nationalismus nach dem Zusammenbruch der kommunistischen Diktaturen in der Sowjetunion und in Jugoslawien auslösten. Die Demokratisierung von Aserbaidschan und von Armenien bedeutete Krieg um Nagorni-Karabach; die Demokratisierung in Jugoslawien war der Beginn der postjugoslawischen Kriege. Die Freisetzung der Selbstbestimmung war die Freisetzung menschlicher Zerstörungskapazität. Um dieses Böse zu verhindern – kann die Herrschaft des Bösen, kann die Herrschaft *Belials* gerechtfertigt werden?

Das Böse ist eine moralische Kategorie. Solange es menschliches Bewußtsein gibt, solange es Gesellschaft gibt, gibt es Versuche, Böses durch Gutes zu ersetzen. Der Versuch, Gutes zu tun, ist jeder Kultur immanent: die Folge von Gewissen und Gewohnheit, die der *Belial*-Kult *Huxleys* eben deshalb bekämpft. Daß das, was als gut gilt, von Kultur zu Kultur variiert, ändert an dieser Immanenz überhaupt nichts. Daß alle Mächtigen, daß jede Form von Herrschaft für sich Gutes beansprucht, daß also das (vorgebliche, behauptete) Gute immer auch Herrschaftsinstrument ist, steht dem ebensowenig entgegen. Das Instrumentelle des Guten macht seine kulturelle Permanenz aus. Das Gute wird durch ständigen politischen Gebrauch unverzichtbar – eben zum herausragenden Kulturgut, zum Wesen jeglicher Kultur.

Das Gute lebt von der Existenz des Bösen – und umgekehrt. Diesen wechselseitigen Bedingungszusammenhang nicht zu durchschauen, ist der Inbegriff politischer Naivität. Diesen wechselseitigen Bedingungszusammenhang überwinden zu wollen, ist das Thema politischer Utopie.

Utopie, das ist nicht nur irgendeine Phantasie von etwas, was sein soll oder nicht sein darf; Utopie, das ist auch eine Funktion – und die ist mit dem Begriff „Seintranszendenz" umschrieben. (*Mannheim* 1978, 170f.) Diese Funktion erfüllt alle Vorstellungen, die über eine gegebene Realität hinausweisen; die Wirklichkeit qualitativ überschreiten. Werden diese Vorstellungen mit einer end- oder urzeitlichen Perfektion formuliert, dann erfüllen sie die Aufgabe einer Utopie: der Wirklichkeit ein perfektes Gegenbild gegenüberzustellen; und das heißt vor allem, der durch den Bedingungszusammenhang zwischen dem Guten und dem Bösen unvollkommenen Wirklichkeit eine vollkommene Gegenwirklichkeit – eine perfekt gute oder eine perfekt böse – entgegenzuhalten.

Aus dieser Gegensetzlichkeit zwischen Unvollkommenheit (real) und Vollkommenheit (gedacht) entsteht (oder soll zumindest entstehen) die Synthese der politischen Dynamik – durch die Faszination mit dem (positiv oder negativ) Perfekten sollen handlungsleitende Interessen provoziert werden, die eine gegebene politische Realität (im Falle positiver Utopie) zum Perfekten hin- oder auch (im Falle negativer Utopie) vom Pefekten wegbewegen soll.

Der endzeitliche Charakter wird vor allem bei dem Typus deutlich, den *Mannheim* den „orgiastischen Chiliasmus der Wiedertäufer" nennt (*Mannheim* 1978, 184-191) – den Versuch, das Reich Gottes real herzustellen. Aber auch die Variante der „sozialistisch-kommunistischen Utopie" (*Mannheim* 1978, 207-213) ist am Ende der Geschichte orientiert – die perfekte, die kommunistische Gesellschaft ist das Omega menschlicher Entwicklung.

In dieser Form will Utopie Unvollkommenes endgültig zerstören und Vollkommenes für immer etablieren. Diese radikale, extreme Konsequenz war dem „Erfinder" des Begriffes Utopie nicht so ganz zu eigen. *Thomas Morus* wollte sein Utopia, sein Nirgendwo, nicht als Paradies zeichnen – sondern als bestmögliches aller Nicht-Paradiese. Die Bewohner Utopias kennen Verbrechen, sie kennen die Sklaverei – auch als Strafe. Und die offenkundigen Vorzüge der utopischen Gesellschaft führen keineswegs dazu, daß sich die anderen Staaten dem Vorbild Utopias anschließen – auch nicht dazu, daß die Utopier ihr Modell anderen missionarisch aufdrängen oder gar aufzwingen wollen. Auch die Utopier sind unvollkommen gedacht – Träger der Erbsünde, die für *Morus* absolute Vollkommenheit verhindert. (*Marius* 1984, 166-170) *Morus'* Vollkommenheitsanspruch war also ein relativer.

Das, was Utopia in *Morus'* Augen attraktiv, also „gut" macht, das ist der immer wieder hervorgehobene Unterschied zu den Defekten der europäischen Gesellschaft an der Wende zur Neuzeit. *Morus* wird nicht müde, die Vorzüge Utopias den Mängeln Europas gegenüberzustellen. Utopia ist – eben nicht zufällig am Beginn des Zeitalters der Entdeckungen geschrieben – die „Neue Welt", die der alten wie ein Spiegel vorgehalten wird. Auch wenn vieles, was Utopia ausmacht, von einer konkreten Umsetzung etwa im England *Heinrich VIII.* allzuweit entfernt war – wie etwa die kommunistischen Eigentumsverhältnisse: *Morus* nützt Utopia, um England (und die anderen Staaten der europäischen Renaissance) ganz konkret zu kritisieren

– etwa die räuberischen Kriegszüge, denen er die Politik Utopias entgegenhält, Kriege möglichst durch die rechtzeitige Ermordung des feindlichen Anführers oder durch die Bestechung von Verrätern überflüssig zu machen oder zumindest zu verkürzen.

Auffallend ist, daß die politische Struktur Utopias republikanisch ist – und ohne herausragende Einzelperson, ohne „Führer" auskommt. Niemand in Utopia, mit Ausnahme des legendären Gründers, König Utopus, wird mit Namen genannt. (*Marius* 1984, 160) Das, was auch als literarisches Defizit des Buches kritisiert wird und den Eindruck eines grauen, „realsozialistischen" Alltags vermittelt, ist – aus der Feder des (späteren) Kanzlers von England – doch ein erstaunliches Merkmal: Eine sich selbst regulierende politische Ordnung gesellschaftlich extrem Gleicher. *Thomas Morus' Utopia* ist eine Art phantastische Demokratie – ohne persönliche Führungsstruktur.

*Thomas Morus* übte Macht, und er arbeitete insbesondere einem sehr konkreten Herrscher zu. Morus spielte eine wichtige Rolle in einem System, das er in seiner literarischen Phantasie geradezu in sein Gegenteil zu verkehren suchte. Dieser gespaltene Morus fand aber dann die Kraft zum Widerstand. Als *Henry VIII.*, der Monarch, dessen absolutistischen Gelüste *Morus* nicht störten, zum Bruch mit der Römischen Kirche ansetzte – da war *Morus* plötzlich nicht mehr bereit, der treue Diener seines Herrn zu sein. Der Moralist, der seinen kritischen Geist hinter einer literarischen Fassade verborgen gehalten hatte, löste den höfischen Politikberater ab. Die Auflösung von *leadership*, in Utopia modellhaft vollzogen, wurde im scharfen Protest gegen den „leader" konkretisiert – gegen den Fürsten. Und der sorgte dafür, daß dieser Widerstand nicht ungestraft blieb.

*Morus* bleibt in seiner Utopia die Antwort auf die konkreten Fragen nach dem tatsächlichen Ablauf der Politik schuldig. Blaß sind in seinen Schilderungen die Ansätze zur Analyse der politischen Strukturen, die seine positive Utopie auszeichnen. Positive Utopien haben es offenbar an sich, daß die konkrete Politik der utopischen Gesellschaft eher ausgeklammert bleibt – ganz anders als dies für die negativen Utopien gilt. In ihrer positiven feministischen Utopie „Herland", 1915 geschrieben, weicht *Charlotte Perkins Gilman* konkreten Auskünften über den Ablauf von Entscheidungen ebenso aus wie dies auch *Morus* tut. Für beide ist die zu genaue Befassung mit der Realität divergierender Interessen und mit deren kontroverser Umsetzung in Entscheidungen, also die Befassung mit Politik, offenbar störend – zu „schmutzig" für das saubere Bild, das sie malen. Wie *Rousseaus* „volonté générale" wirklich funktioniert – auch das erfahren wir ja nicht, jedenfalls nicht vom Autor. Die konstruierte Perfektion macht dies auch, immanent, überflüssig.

Am Beispiel von *Gilmans* „Herland" wird die Funktion einer positiven Utopie deutlich. (*Gilman* 1979) In einem fernen Land existiert eine Gesellschaft, die nur aus Frauen besteht. Durch Parthenogenese sich fortpflanzend, hat diese weibliche Gesellschaft den Gegensatz der Interessen einfach abgeschafft: Haß und Neid und Gier und Geld und religiöser Glaube sind verschwunden. In diesem rein weiblichen Paradies gibt es keine erkennbaren politischen Strukturen – sie werden ja auch nicht benötigt, weil es keine gesellschaftlichen Widersprüche gibt. In diesem Paradies, eine Art perfekte Demokratie gleicher Frauen, hat sich Politik verflüchtigt. Der Wegfall eines Widerspruchs – der zwischen den Geschlechtern – hat alle anderen Widersprüche aufgelöst. Die Folge ist die Endgesellschaft.

Diese in utopische Literatur gehüllte Sehnsucht nach dem Ende von Politik dient als Motor für politische Dynamik – für eine politische Bewegung. Ebenso wie die Arbeiterbewegung von verklärten Bildern einer vielleicht doch nicht so fernen Zukunft getrieben wurde, ebenso waren und sind Vorstellung wie die in *Gilmans* Utopie motivierend für die Frauenbewegung. Das perfekt konstruierte, letztlich politikfreie Gute wird zum Instrument einer Politik der Verringerung des Bösen.

*Margaret Atwoods* „The Handmaid's Tale", 1985 geschrieben, ist das funktionale Pendent – diese Utopie will in ihrer negativen Darstellung politisch wirksam sein. In einer Ende des 20. Jahrhunderts angesiedelten fundamentalistisch-christlichen Diktatur im Nordosten der USA ist die „Moral Majority" an die Macht gekommen. Die postulierte Gleichheit zwischen den Geschlechtern hat einer offenen Herrschaft der Männer Platz gemacht, Nicht-Christen werden ebenso unterdrückt wie Nicht-Weiße. Anders als die positiven Utopien *Morus'*, *Rousseaus* und *Gilmans*, ist *Atwood* sehr konkret, wenn es um die Analyse konkreter Politik geht. Die Herren der Republik Gilead sind Oligarchen, die religiösen Fanatismus und korrupte Eigeninteressen zu verbinden verstehen. Religiöse Intoleranz ist das Vehikel politischer Herrschaft. (*Atwood* 1987)

Die zwar nicht perfekt, aber fast perfekt negativ konstruierte Utopie will eine Abstoßungsdynamik erzeugen. Atwood denkt bestimmte Tendenzen des religiösen Fundamentalismus konsequent zu Ende. Das extreme Ergebnis dieser Extrapolation fungiert als Abschreckung – und diese kann, soll ebenso motivieren wie die positive Utopie *Gilmans*.

Utopien sind insgesamt ein Korrektiv gegenüber den in der Politik des kleineren Übels angelegten Tendenzen zur Relativierung gesellschaftlicher Unterschiede. Durch die krasse Zeichnung des positiven Utopia gewinnen *Morus*, *Rousseau*, *Gilman* eine Distanz zu den Niederungen der alltäglichen Politik – und lassen so verstärkt Differenzierungen in dieser Politik zu. Wenn *Gilman* beispielsweise das harmonische Funktionieren autoritätsarmer Erziehung in Herland beschreibt, (Gilman 1979, 84-95) appelliert sie damit an das kritische Potential ihrer Leser(innen) – angesichts der Realität einer so anderen, konflikt- und autoritätsreicheren Erziehung ihrer Zeit.

Die negativen Utopien *Huxleys*, *Orwells* und *Atwoods* sind analoge Korrektive: Ihr Bild einer Welt voller Übel dient als Warnung, die reale Tendenzen aufzeigen will. Die ständige Umschreibung der Geschichte etwa, die in Orwells „1984" Teil des Regierungsalltags ist, ist ein unverhüllter Verweis auf die ständigen Neufassungen der Geschichte der Oktoberrevolution und der Sowjetunion in der Ära des Stalinismus. *Orwells* Kritik mußte daher denen unangenehm sein, die mit dem Argument des „kleineren Übels" die stalinistischen Unterdrückungsmechanismen herunterspielen wollten.

Der Kampf, den die intellektuelle Linke gegen den linken Intellektuellen *Orwell* führte, war der Abwerkampf derer, die ihre Rechtfertigung der Politik des kleineren Übels gefährdet sahen. Mit den „Katalonischen Tagebüchern" hatte er den real existierenden Stalinismus beschrieben, mit der „Farm der Tiere" den Aufstieg und mit „1984" die Etablierung des Stalinismus analysiert. In der Zeit des Kampfes der nicht-kommunistischen Linken gegen die Politik des „appeasement" war er der westeuropäischen Linken ebenso lästig wie ab 1941 der herrschenden Meinung Großbritanniens und der USA.

*Orwells* Fabel und seine Utopie sind Beispiele für das Korrektiv, das literarische Zuspitzungen gegenüber der politischen Beliebigkeit und der intellektuellen Korrumpierung sein können – Beliebigkeit und Korrumpierung, die im gefährlich logischen und deshalb auch gefährlich bequemen Argument des kleineren Übels angelegt sind. *Orwell* hat immer wieder überzeugend betont, daß in der vermeintlichen Realpolitik des kleineren Übels auch die manichäische Neigung zur Ein- und Unterordnung in das vermeintlich Gute verborgen sein kann. (*Slater* 1985, 158, 187, 240)

*Orwells* Position richtet sich gegen einen Fluchtmechanismus, der in der Formel vom „kleineren Übel" angelegt ist. Es ist eine ständige Versuchung, zur Parteinahme gegen das „größere Übel" das „kleinere" zu verharmlosen, zu tolerieren, damit aber letztlich zu negieren. Die engagierten Internationalisten, die im Spanischen Bürgerkrieg – angesichts des „größeren Übels", nämlich der Faschistischen Internationalen – die mörderischen Säuberungen innerhalb der Linken mit Schweigen übergingen, rechtfertigten damit indirekt diese Säuberungen. Die (kommunistischen und anderen) Interbrigadisten, die dasselbe sahen oder sehen konnten, was *Orwell* in Barcelona erlebt hatte und, anders als dieser, (*Slater* 1985, 117-173) schwiegen, – diese Linken machten Politik; sie halfen mit, aus dem „kleineren Übel" ein Nicht-Übel zu machen, es als Übel aus der Welt zu schaffen – es damit aber real zu perpetuieren.

In *Brechts* politischer Diskursfigur, dem „Herrn *Keuner*", wird die Konsequenz dieses Mechanismus deutlich. Keuner hat einen klaren Durchblick – aber seine Analyse dient ihm immer wieder auch zur Rechtfertigung, nichts zu tun. Er ist ein „Ja-und-Nein"-Mensch, der in vielem Bert Brecht gleicht, dessen Schweigen zum Stalinismus auch im Widerspruch zu seinem offenkundigen Wissen war. (*Fuegi* 1995, 612)

Politik steht immer vor dem Dilemma, daß das Denkmuster des „kleineren Übels" zu einer Kette von ableitbaren, in sich logisch begründeten Konsequenzen führt, die – falls nicht unterbrochen – zur Rechtfertigung dieses Übels wird. Politik muß einerseits zwischen Optionen, zwischen Positionen, zwischen Handlungsalternativen wählen; muß Prioritäten setzen; muß die als Übel erkannten Zustände in eine Rangordnung bringen; muß das eine Übel als „größer", das andere als „kleiner" bewerten. Politik steht deshalb aber andererseits immer vor dem Problem, aus Gründen der unvermeidlich beschränkten Machbarkeit sich mit einem Teil der als übel, als negativ bewerteten Realitäten, eben dem „kleineren Übel", abfinden zu müssen – auch wenn es nur ein Sich-Abfinden auf Zeit ist. Dieses Sich-Abfinden wird aber potentiell zur Versuchung, dies in ein dauerhaftes Akzeptieren umzuwandeln.

*Roosevelts* Akzeptanz der Rassentrennung macht Sinn angesichts des konsistent begründeten Vorranges, für den Sieg gegen *Hitler*-Deutschland das innenpolitische Bündnis mit den Südstaaten-Demokraten nicht aufs Spiel setzen zu dürfen. *Brechts* Schweigen zum Stalinismus macht Sinn angesichts des ebenso konsistent begründeten Vorranges, alle intellektuellen Kräfte gegen den Faschismus mobilisieren zu müssen. Aus diesem „Müssen" aber kann nur allzu leicht eine willkürliche Hinnahme einer Selbstbeschränkung werden – eine Ausrede für eine Adaption aus Bequemlichkeit. Das „kleinere

Übel" hört so auf, überhaupt als Übel auch nur wahrgenommen zu werden – weil es auf Dauer akzeptiert wird.

*Jaruzelski* hat – wie immer seine Motivationen im Laufe der Jahre zwischen 1981 und 1989 sich auch verschoben haben mögen – das 1981 definierte und politisch umgesetzte „kleinere Übel" nicht zum Dauerzustand gemacht. Das Kriegsrecht wurde aufgehoben und die Solidarność (und mit ihr die gesamte Demokratiebewegung Polens) wurde von einer unterdrückten zu einer halblegalen und schließlich zu einer legalen Oppositionskraft, mit der *Jaruzelski* die Kompromißformeln zur Transformation des Systems aushandelte. *Jaruzelski* hat das von ihm praktizierte Böse – die Diktatur – nicht festgeschrieben, auch nicht festzuschreiben versucht. Er ist nicht der Versuchung erlegen, das kleinere Übel als Nicht-Übel definieren zu wollen. Das Böse des Kriegsrechtes und damit der quasi-bonapartistischen Variante kommunistischer Diktatur, ja der kommunistischen Diktatur überhaupt ist von *Jaruzelski* nicht geleugnet – es ist von ihm vielmehr beseitigt worden.

Diese Abschaffung des Bösen setzt entsprechende Handlungsspielräume voraus. Die hatte *Jaruzelski* – schrittweise sich vermehrend – ab 1985. Was aber, wenn die Spielräume fehlen? Was bleibt, wenn es keine auch nur minimale Freiheit zur Politik gibt?

Der oberösterreichische Bauer *Franz Jägerstätter* fand auf diese Problematik eine beispielhafte Antwort: Er setzte, im Sinne eines Märtyrers, ein Zeichen. In seiner entschiedenen Ablehnung des für ihn konkret einsichtigen Bösen, der nationalsozialistischen Herrschaft, verweigerte er den Militärdienst; obwohl ihm klar war, daß dies seine Hinrichtung unvermeidlich nach sich ziehen müßte. Und er stand zu dieser Entscheidung auch gegen den Rat der Kirche, der er angehörte – die Kirche, das heißt die Bischöfe, die sich mit dem Bösen arrangiert hatte, sah sich durch diese christlich motivierte Bereitschaft zum Martyrium beschämt. Die Kirche sah sich dabei ertappt, gegenüber dem Bösen resigniert zu haben – deshalb sollte *Jägerstätter* von der Kirche an seinem Zeichen gehindert werden. (*Zahn* 1964)

*Jägerstätter* wurde enthauptet. Die Herrschaft des Nationalsozialismus nahm durch dieses Zeichen keinen irgendwie erkennbaren Schaden. Aber diese Herrschaft hätte *Jägerstätter* konkret auch durch ein anderes Verhalten nicht beeinflussen können – das totalitäre System hatte ihm jede Politikfähigkeit genommen. Doch durch seine Entscheidung, sich – anders als die Bischöfe – nicht zu arrangieren, erzwang er eine analytische Nachdenklichkeit. Er wurde zum Ärgernis – für die, die sich arrangiert hatten. Die Analyse seiner

Entscheidung macht die Korrumpierung deutlich, die unvermeidlich Folge einer bestimmten, nicht unterbrochenen Kette von Ableitungen aus dem Konzept des „kleineren Übels" ist. Irgendwann wird, wenn ein Übel immer und immer wieder als kleineres eingestuft wird, die Dimensionierung „kleiner" zur Ausrede für die resignative Akzeptanz dieses Übels. Wenn es keinen Sinn macht, gegen den Nationalsozialismus irgendetwas zu unternehmen; wenn das eigene Arrangement zum Überleben zum kleineren Übel erklärt und perpetuiert wird – dann spielt man das Spiel der totalitären Diktatur.

Nicht, daß *Jägerstätter* allen unter diktatorischen Vorzeichen Lebenden als Beispiel, als konkretes Verhaltensmuster angeraten werden kann – aber Jägerstätter zeigt, daß es gegenüber dem absolut Bösen auch noch etwas anderes als resignative Akzeptanz gibt. Und *Jägerstätter* hat das demonstriert, was ganz eindeutig moralische *leadership* zu nennen ist.

## 18. Von der Sehnsucht nach den Wilhelm Tells und Robin Hoods

*Italien, Japan, die Schweiz als Ausnahmen – Die Erfindung der Heroen – „Leadership" als Theater – Reale Funktionen der Monarchie*

*Henry Kissinger* schildert in seinen Memoiren viele persönliche Begegnungen aus den Jahren, in denen er als Sicherheitsberater (1969-1973) und Außenminister (1973-1977) die Politik der Supermacht USA und damit die Weltpolitik mitgestaltete. Da tauchen *Helmut Schmidt* auf und *Valery Giscard d'Estaing*, *Edward Heath* und *Andrei Gromyko*, *Mao Zedong* und *Tschu Enlai*: Personen, die – wie weiland *Metternich* oder *Bismarck* oder *Palmerston* – Geschichte machten.

Über die Repräsentanten zweier wichtiger Partner der USA bleiben Kissingers Schilderungen auffallend blaß – über die Regierenden Japans und Italiens. Über die Italiener macht er sich sogar ein wenig lustig, wenn er schreibt, in Rom wäre er nie so recht sicher gewesen, ob die Herren *Moro* oder *Rumor* oder *Colombo* oder *Andreotti* mit ihm gerade in ihrer augenblicklichen Eigenschaft als Außenminister oder Ministerpräsident zusammenträfen. So austauschbar waren Rollen und Personen.

Zu *Moro* ist *Kissinger* vor allem in Erinnerung, daß dieser dazu geneigt habe, bei Gesprächen mit ihm, Kissinger, einfach einzuschlafen: „... sodaß ich mich besonders erfolgreich wähnte, wenn es mir gelang, ihn wachzuhalten." (*Kissinger* 1979, 113)

*Kissinger* versuchte, die politische Kultur Italiens zu verstehen: Italienische Ministerpräsidenten waren eben keine „leader", keine Männer mit weitreichenderen Exekutivvollmachten. Sie führten vielmehr den Vorsitz in komplexen Koalitionsregierungen. Ihr Interesse – wie auch das der jeweiligen Außenminister – war fast ausschließlich auf die italienische Innenpolitik gerichtet, weil es ihnen darum gehen mußte, sich die Legitimationsbasis zu erhalten. „Entscheidungen wurden gemeinsam getroffen und verlangten die

Zustimmung zahlreicher Persönlichkeiten, die nicht der Regierung angehörten." (ebenda)

Zu Japan fiel *Kissinger* vor allem die Rotationsgeschwindigkeit innerhalb der politischen Elite ein. Kaum hatte er (oder andere) sich daran gewöhnt, wie der japanische Ministerpräsident hieße – da war dieser schon wieder durch einen anderen aus den unergründlichen Tiefen der permanent regierenden Liberal-Demokratischen Partei ersetzt worden.

Japans politische Kultur ist eine für die herrschende europäische Tradition der Personen-Orientierung schwer verständliche Mischung aus einem Kaiser-Mythos und aus realer politischer Anonymität, also Entpersonalisierung: „Am schwersten konnten wir begreifen, daß ungewöhnliche Entscheidungen in Japan von politischen Führern getroffen wurden, die auf ihren anonymen Stil besonders stolz waren. Sicher hat Japan bedeutende Premierminister gehabt. Aber ihr Vorgehen war bescheiden und unauffällig; sie machten den Eindruck, als wirkten sie in völliger Übereinstimmung mit der hinter ihnen stehenden Gesellschaft und als wären ihre Entschlüsse nicht Ausdruck individuellen Strebens." (*Kissinger* 1979, 350)

Mit anderen Worten: Japans Politiker gaben sich als idealtypische Demokraten, deren Entscheidungen nicht ihre persönlichen Interessen, sondern die der von ihnen repräsentierten Gesellschaft reflektierten. Angesichts einer solchen politischen Kultur fällt es denen, die in den Kategorien der großen Männer zu denken gewohnt sind, natürlich schwer, nicht über solche tiefe kulturelle Divergenzen in tiefes Staunen zu verfallen.

Japan und Italien sind Erfolgsstories der Demokratie. Als verspätete Reiche mit Großmachtansprüchen in der ersten Hälfte des Jahrhunderts in eine Phase expansionistischer Außenpolitik geschlittert, wurden sie – nach der Niederlage im Zweiten Weltkrieg – wie das ebenfalls besiegte Deutschland von oben und von außen demokratisiert. In der Zeit, als *Kissinger* mit den politischen Eliten Japans und Italiens nichts rechtes anzufangen wußte – mangels zentraler Heldenfiguren à la *Adenauer* oder *De Gaulle*, war Japan bereits die zweite Wirtschaftsmacht des Westens, und Italien hatte – nach den meisten Wirtschaftsindikatoren – Großbritannien überholt. Beide Länder wurden Jahrzehnte hindurch von jeweils einer hegemonialen Partei regiert – in Italien regierte die Democrazia Cristiana in permanenter Koaliton mit kleineren Partnern, in Japan die Liberaldemokraten. Beide Parteien, in Italien und in Japan, bestanden aus einer Allianz von Cliquen (Fraktionen – „correnti" in Italien), und das erste Interesse der Partei und damit der Regierung war auf die Sicherung eines innerparteilichen Gleichgewichtes gerichtet. (*La Palombara* 1987, 122-125; *Richardson, Flanagan* 1984, 100-106) Diese Art von politischem Gleichgewichtsdenken hatte ihren Preis – und führte dann ja auch zum fast gleichzeitigen Absturz der beiden Regierungsparteien in Japan und Italien, 1993 und 1994. Doch gemeinsam war ihnen die Balancestruktur, hier durchaus der Schweiz verwandt. Diese hatte, dem Gründungsmythos des *Wilhelm Tell* widersprechend, zu einer gerade durch ihre Entpersonalisierung charakterisierten Stabilität einmaligen Ausmaßes gefunden: eine Demokratie ohne Zentralrolle eines Regierungschefs oder sonstigen „Führers", mit kollektiver Entscheidungsprozedur, bei der jede(r) am Bundesrat Beteiligte nicht nur für sich, auch nicht nur für seine (ihre) Partei, sondern im Sinne einer komplexen „amicabilis compositio" auch für seine (ihre) Sprachgruppe, seine (ihre) Religionsgemeinschaft und für seinen (ihren) Kanton steht und handelt. (*Lehmbruch* 1967, *Steiner* 1974)

Politische Kulturen und politische Systeme mit dieser Art von Balanceorientierung neigen zu einer weitgehend „entpersonalisierten" Sichtweise von Politik. Für die meisten aufmerksamen Beobachter des Zeitgeschehens ist geläufig, daß 1960 der deutsche Bundeskanzler *Konrad Adenauer* und der Präsident der französischen Republik *Charles De Gaulle* hieß; auch, daß im selben Jahr *John F. Kennedy* zum Präsidenten der USA gewählt wurde. Doch wer war 1960 japanischer oder italienischer Ministerpräsident oder gar Bundespräsident der Schweiz?

Japan und Italien zu Zeiten des Außenministers *Henry Kissinger* waren – wie die Schweiz – Ausnahmen vom Regelfall der Demokratie. Im Regelfall dominiert nicht Entpersonalisierung, sondern Personalisierung; ist nicht das Fehlen, sondern das Vorhandensein zentraler politischer Bezugspersonen („leader") das Merkmal konkreter politischer Systeme.

Einer solchen Entpersonalisierung arbeitet der Trend entgegen, der unter dem Begriff „New Politics" analysiert wird (*Polsby* 1983; *Plasser* 1987, 73f.). Einzelne Personen, vor allem über elektronische Medien vermittelt, üben – weitgehend losgelöst von „old politics", also von Parteien und Parlamenten, Bürokratien und Verbänden – *leadership*. *Ross Perot* und *Silvio Berlusconi* stehen für diesen Trend, die in der Demokratie abhanden gekommene Qualität von *leadership* zu rekonstruieren.

Die hinter diesem Trend stehenden Ansprüche zeichnen sich durch Nutzung, ja geradezu durch Ausbeutung einer gewissen Naivität aus. Ein plebiszitär legitimierter „leader", der via Medien mit seinem „Volk" kommuniziert und sich von diesem immer wieder Bestätigungen für seine konkrete Politik holt, vermittelt einen unrealistischen, weil viel zu engen Begriff von Politik.

*Leadership* als Vermarktungsstrategie wird hier weitgehend zum Symbol reduziert. „New Politics" kreiert einen Typus von „leader", der sich der Typologie *Max Webers* – „bürokratische" und „charismatische" Führung – entzieht. Der „leader" von „New Politics" ist kein politischer Produzent, sondern selbst ein Produkt; kein Gestalter der Geschichte, sondern eine personalisierte Funktion zur Herstellung politischer Legitimation.

*Murray Edelman* beschreibt die Notwendigkeit, angesichts dieses symbolisch agierenden, selbst zum Symbol gewordenen „leader" neue Begriffsinhalte entwickeln zu müssen. Eine solche *Leadership* bezeichne nicht mehr die Fähigkeit und Möglichkeit einer Einzelperson, zwischen politischen Optionen frei entscheiden zu können; *leadership* ist vielmehr das Produkt des plebiszitären Applauses: „die Bereitschaft der Gefolgschaft, zu folgen", das definiert den Führer von „New Politics". (*Edelman* 1985, 73)

Mit anderen Worten: Charisma als die dem „leader" zugeschriebene, von ihm verlangte Eigenschaft ist das, was die Adressaten des charismatischen Führers für Charisma halten; *leadership* bestimmt sich nicht aus der Person, sondern aus der Zustimmung zu dieser. Nicht die politische Substanz von Führung macht deren Qualität aus, sondern die Fähigkeit, eine solche Substanz glaubhaft darzustellen. Charisma und *leadership* werden zu Darstellungsqualitäten. *Leadership* ist Theater, das als solches nicht erkannt wird.

*Leadership* in der Demokratie ist somit ein Produkt eines Bedürfnisses – und eben deshalb muß es von einem politischen System, das (weil Demokratie) Bedürfnisse zu befriedigen hat, entsprechend Berücksichtigung erfahren. Dieses Bedürfnis mag noch so sehr ein vorpubertäres sein, das nach dem „leader" als Bezugsperson verlangt, um auf ihn Ängste und Wünsche zu projizieren. Es ist ein reales Bedürfnis – und ist daher bestimmend.

Dieses Bedürfnis geht an der Wirklichkeit komplexer Politik vorbei – aber es existiert, und eben deshalb muß es, wenn es schon nicht „objektiv" befriedigt werden kann, „subjektiv" erfüllt werden. *Leadership* wird so zum Surrogat für etwas, was es nicht geben kann; zum Opiat, das einen Zustand vorgaukelt, der den realen Verhältnissen nicht entsprechen kann. *Leadership* wird zur Polit-Droge, deren Wirksamkeit im Unterhaltungswert besteht.

*John F. Kennedy* mußte bald nach dem Beginn seiner Präsidentschaft erkennen, daß sein Entscheidungsspielraum – den er vor seiner Wahl als „insider" der US-Politik abschätzen zu können geglaubt hatte – noch viel enger als erwartet war. Außenpolitische Restriktionen, innenpolitische Rücksichten und insbesondere das ständige Schielen auf demoskopische Befunde im Interesse der Wiederwahlabsicht beschränkten die Optionen des Präsidenten ganz wesentlich. Und so rutschte er weiter in das Vietnam-Debakel (*Halberstam* 1972), betrieb die Durchsetzung der Bürgerrechte eher zaghaft – und beobachtete vor allem die Entwicklung seiner Popularität. Dazu kamen die selbstverständlichen, in der US-Verfassung als „checks and balances" ja angelegten Reibungsverluste durch die Mitwirkung des Kongresses; vor allem aber die informelle Macht der keiner direkten demokratischen Legitimation ausgesetzten ökonomischen Entscheidungszentren.

An diesen Grenzen, die in der Bindung an den politischen Markt und an die konstitutionellen Regeln (checks and balances) bestehen, kann auch „New Politics" nichts ändern. Aber „New Politics" verbreitet die Illusion über persönliche Handlungsfreiheit des plebiszitär bestellten Politikers. Und offenkundig kommt die Verbreitung dieser Illusion einem tief sitzenden Bedürfnis entgegen, einer kollektiven Erinnerung an die Sagen vom heldenhaften *Robin Hood* und vom mutigen *Wilhelm Tell*.

Mit diesen Begrenzungen wird der Politikverlust deutlich, den „New Politics" einerseits verschleiert, andererseits aber gerade dadurch zementiert. Politikverlust im Sinne der Wegnahme von Optionen ist – mit Bezug auf die Entscheidungsmöglichkeiten der politischen Eliten (*leadership*) – in der Demokratie ja angelegt: Die am Wahlsieg interessierten „leader" orientieren sich an den Vorgaben des politschen Marktes. Diese Reduktion von Politik wird aber nicht nur nicht eingestanden, sondern optisch geradezu in ihr Gegenteil verkehrt: Demoskopisch gesteuerte und elektronisch vermittelte „leader" werden als einsame Heroen stilisiert und verkauft; als entscheidungsmächtige und geschichtsträchtige Individuen, die Herkulesarbeit zu verrichten hätten, von der das Wohl und Wehe ihres Elektorates unmittelbar abhängt.

„Das Volk" geht damit, durch seine Sehnsucht nach individualisiertem Heldentum, in die antidemokratische Falle: Denn der Politikverlust, der in der Demokratie mit Bezug auf die Eliten grundsätzlich angelegt ist, ist ja – zunächst und strukturell und prinzipiell – keiner mit Bezug auf die Wählerinnen und Wähler. Die können ja, so das Modell der liberalen Demokratie, zwischen Optionen inhaltlicher und personeller Art wählen; können sich im Sinne der Logik des kleineren Übels politisch verhalten. Doch das Illusionäre der Heroensehnsucht beraubt sie dieser Möglichkeit, und sie delegieren ihre politische – und das heißt entscheidende, weil Entscheidungen treffende Rolle – an ein Phantombild.

Daß in Zeiten entwickelter Demokratie weder die Legitimationsbasis eines *Robin Hood* noch die Philosophie eines *Wilhelm Tell* („Der Starke ist am mächtigsten allein") irgendeine Berechtigung genießen, tut nichts zur Sache. „Das Volk" will Macht personalisiert sehen, und es will Helden sehen: *John F. Kennedy* als *Ritter Lancelot* ist diese Projektion; *John F. Kennedy* als sich heillos im Vietnam-Drama Verstrickender, als Getriebener seiner Wiederwahl-Strategie, ist die gegenläufige Realität.

„Das Volk" akzeptiert mit seiner Sehnsucht nach Helden das Fassadenhafte der Politik. Es verlangt nach *leadership* – also bekommt es, in der Demokratie, *leadership* vorgesetzt. Daß diese Form von *leadership* ein Konstrukt symbolischer Politik ist, tut nichts zur Sache.

Doch dieser Fassadencharakter, der die Personalisierungstendenzen von „New Politics" begleitet, reduziert die Möglichkeiten, die reale Politik zu erkennen. Die Arbeitsteilung politischer Entscheidungsprozesse überfordert in ihrer Komplexität die Wahrnehmungs- und die Kontrollmöglichkeiten der in der Demokratie zur Partizipation Aufgerufenen. Diese verlangen daher nach der einfacheren Kost – nach dem „leader". Der macht ihnen vor, daß politisches Entscheiden, ja daß der Lauf der Geschichte von einigen wenigen großen Männern bestimmt wird.

Da aber von den fiktiven Heroen höchst unterschiedliche Heldentaten erwartet und verlangt werden, weil sie auf höchst unterschiedliche Interessen einzugehen haben, neigen die „New Politics"-Heroen dazu, allen alles zu versprechen. „All Things to All Men" (*Hodgson* 1980) – an dieser die Rolle eines plebiszitär legitimierten Schein-Heroen immanenten Überforderung krankt gerade die amerikanische Präsidentschaft, in der sich monarchische (also vordemokratische) Mythen bündeln. Diese Mythen stehen in einem auffallenden Mißverhältnis zu der durch viele Kontrollen gebändigten und durch demoskopische Abhängigkeiten geradezu gelähmten Politik(un)fähigkeit des realen Nicht-Heroen im „Weißen Haus". Die Folge dieses Mißverhältnisses ist, daß die Helden zu theatralischen Gesten gezwungen werden, die *leadership* zumindest vortäuschen, wenn *leadership* schon nicht real stattfinden kann.

Die Realverfassung Japans bietet einen – partiellen – Ausweg aus dem Dilemma der real existierenden Demokratie, in der ständig *leadership* nachgefragt wird, die sie aber ihrem Wesen nach nicht zulassen kann. Die 1946 von den USA (das heißt von *Douglas Mac Arthur*) bestimmte japanische Verfassung schrieb das abstrakte Konzept „kokutai" indirekt fort – den Gedanken einer hoch symbolisch besetzten Autorität, personifiziert im Kaiser. Anders als die Meiji-Verfassung von 1889 gibt die Verfassung von 1946 dem Kaiser nur mehr die Kompetenzen, die einem Monarchen in einer parlamentarischen Demokratie zukommen: Der Kaiser hat, im Sinne *Walter Bagehots*, nur mehr „dignified" und nicht mehr „efficient" zu sein. Die Kompetenz, über die Regierung zu bestimmen, besitzt das Parlament.

Doch in der politischen Praxis hat sich gegenüber der Meiji-Verfassung nicht allzuviel geändert. (*Richardson/Flanagan* 1984, 36-39) Auch unter der Meiji-Verfassung war der Kaiser nicht der Gestalter der konkreten Regierungspolitik. Im Namen des Kaisers regierten de facto feudale Cliquen. Nach der Verfassung von 1946 regierten und regieren in Japan demokratisch legitimierte Cliquen. Dem Kaiser kam vor 1946 und danach die Rolle zu, als integrierendes Symbol der japanischen Nation („kokutai") zu fungieren – und in diesem Sinne der nunmehr demokratisch bestellten Regierung eine Art vordemokratische Zusatzlegitimation zu verleihen.

Der Kaiser zieht die mystischen, vordemokratischen Erwartungen auf sich, die nach der Realverfassung der USA auf dem Präsidenten lasten. Die japanische Realverfassung ist daher von einer Arbeitsteilung besonderer Art gekennzeichnet: Das Bedürfnis nach *leadership*, nach nicht routinisierter Führung, nach Heldentum muß nicht von der Regierung, von Parlament und Parteien gestillt werden – dafür ist der Kaiser da. Die eigentlich Regierenden brauchen sich mit dem lähmenden Polittheater vorgetäuschter *leadership* nicht aufhalten. Sie können sich daher viel ungestörter ihrer eigentlichen Beschäftigung widmen – dem politischen Management; der routinisierten Führung. Das eben hat den *Metternich*- und *Bismarck*-Bewunderer *Kissinger* gestört, daß die japanischen Regierungschefs und Außenminister, mit denen er zusammentraf, nicht einmal den theatralischen Gestus der bloß demonstrierten *leadership* aufzuweisen hatten. Diese Last war und ist der japanischen politischen Elite weitgehend abgenommen – vom Kaiser, von der Monarchie.

*Kaiser Hirohito* und *General Jaruzelski* haben gemeinsam, daß beide ihre nicht-demokratisch vermittelte Autorität aufgeben mußten, aufgeben wollten – und zwar entscheidend durch eigenes Zutun. Der japanische Kaiser setzte sich im August 1945 gegen erhebliche Widerstände der alten, der feudalen Cliquen durch, um – nach Hiroshima und Nagasaki – die Kapitulation einzuleiten; obwohl es dem Kaiser klar war, daß damit seine in der Meiji-Verfassung festgeschrieben Rolle zu Ende sein mußte, daß sogar die Monarchie als solche in Gefahr war. *Jaruzelski* wiederum begann Anfang 1989 – ebenfalls gegen erhebliche Widerstände, und zwar in seiner Partei und im Warschauer Pakt – mit der Demokratisierung Polens, obwohl im klar war, daß dies der Anfang vom Ende nicht nur seiner Diktatur, sonder überhaupt seiner Macht sein müßte. *Hirohito* rettete aber immerhin die Monarchie und damit die symbolische Funktion, die das Bedürfnis nach vormodernen und vordemokratischen Politikmustern von den Regierenden ablenkt. *Jaruzelski* rettete vom alten System eigentlich nichts.

In Republiken kann eine solche Arbeitsteilung nicht greifen – und in nicht traditionellen Monarchien, in Retorten-Monarchien, könnte sich eine solche Arbeitsteilung wohl auch nicht entwickeln lassen. Es braucht den Mythos, und der braucht Tradition. Japan ist die Ausnahme von der Regel – eine Ausnahme, die in anderen traditionellen und gleichzeitig parlamentarischen Monarchien noch eine gewisse, partielle Entsprechung finden kann. Ohne eine solche Arbeitsteilung aber kommt der politischen Klasse die Aufgabe zu, die atavistischen Bedürfnisse ihrer WählerInnen zu befriedigen.

Noch immer, ja im Zeichen von „New Politics" erst recht wieder agieren Politiker(innen) im Stile dessen, der durch den Pfeil in *Geßlers* Herz seinem Volk die Freiheit bringt; der durch kühne Umverteilungspolitik (sprich: Raub) in Sherwood Forest „Gerechtigkeit" herstellt. Noch immer (oder, besser: jetzt erst recht) reiten die Teflon-Helden elektronischer Politik-Darstellung – und wenn sie es geschickt tun, merken die Zuseher nicht, daß sich das alles nur auf dem Bildschirm abspielt.

Das geht solange, bis irgendein naiver Aufschrei die Fiktionen zerstört. Daß des Kaisers neue Kleider nicht existieren, muß einmal – mit Berufung auf die Wirklichkeit und gegen die professionell vermittelten Täuschungen – ausgesprochen. Daß die *Robin Hoods* und *Wilhelm Tells* nicht Wirklichkeit, nicht real agierende Personen, sondern Projektionen sind – das auszusprechen bedarf einer von archaischen Unterwerfungs- und daher Projektionsbedürfnissen freigesetzten Sicht der Politik.

Solange diese Freisetzung nicht in quantitativ signifikanter Weise erfolgt ist, wird die p.r.Industrie den Helden produzieren – und die Maske eines Heroen wird mit der Maske eines anderen Heroen um die Stimmen des Souveräns kämpfen. Der mag dafür zwar nicht die reale Möglichkeit haben, wirklich zwischen den existierenden Übeln seines gesellschaftlichen Umfeldes für das – seinen Interessen nach – „kleinere Übel" zu entscheiden. Aber er wird unterhalten.

# 19. Vom Zwang, zum Parvenu zu werden

*Rosa Luxemburgs aufgezwungene Identitäten – Paria wider Willen, Parvenu als Notwendigkeit – Die Funktion des Zionismus – „Schwarz" und „Weiß" – Benjamin Disraeli*

*Rosa Luxemburg* machte Geschichte: Als Repräsentantin des linken, des Anti-Kriegs-Flügels der deutschen Sozialdemokratie; als Gründerin der Kommunistischen Partei Deutschlands; und als Opfer des soldatesken Terrors, der in praefaschistischer Manier Anfang 1919 die „Ordnung" wiederherstellte.

Den Männern in Uniform, die Luxemburg am 16.Jänner 1919 ermordeten, war sie nicht nur Revolutionärin, sondern auch und vor allem Frau, Jüdin, Slawin. Die Motivation der Uniformierten, die nach dem Ende des Ersten Weltkrieges in Deutschland gegen Revolutionen aller Art kämpften, war durch misogyne Männerphantasien, Judenhaß und Antislawismus geprägt. (*Theleweit* 1980)

Diese Identitäten – Frau, Jüdin, Polin – waren für *Luxemburgs* zur Schau getragenes politisches Bewußtsein entweder zweitrangig, oder aber überhaupt Bestandteile einer Welt, mit der sie persönlich nichts zu tun haben wollte. Ihr internationalistisches Credo stand einer jüdischen Sensibilität entgegen. So schrieb sie 1917 an eine Freundin: „Was willst Du mit den speziellen Judenschmerzen? Mir sind die armen Opfer der Gummiplantagen ... ebenso nahe." (*Nettl* 1967, 827) Daß sie von ihrer Umwelt als Jüdin wahrgenommen und als Jüdin beurteilt wurde, schob sie zur Seite – sie verweigerte eine besondere jüdische Identität.

Ihre slawische Identität bekämpfte sie geradezu. Innerhalb der Internationale wandte sie sich gegen jede Unterstützung eines polnischen Anspruches auf nationale Selbstbestimmung. Auf dem Parteitag der SPD in München 1902 war sie die radikalste Sprecherin des Parteiflügels, der keinesfalls eine innerparteiliche Autonomie der polnischen Sozialdemokraten zulassen wollte. (*Nettl* 1967, 180f.)

Diese Internationalistin, die keinerlei nationale Identitäten zu akzeptieren bereit war, wurde 1870 (oder 1871) in Zamosc bei Lublin im russischen Teil Galiziens (der West-Ukraine) als Tochter einer bürgerlich-jüdischen Familie geboren. (*Hirsch* 1969, 7f.) Die Staatsprache ihres Geburtslandes war russisch; die Bewohner der Gegend, in der sie als Kind aufwuchs, sprachen ukrainisch oder polnisch oder jiddisch. Doch *Luxemburg* wollte international sein – deshalb wurde sie zur Deutschen. Und sie wollte keinesfalls Jüdin sein – sie war doch Marxistin.

Als Marxistin sah sie in der Problematik einer religiös oder ethnisch-national vermittelten Identität nichts als eine Ablenkung vom notwendig international zu führenden Klassenkampf. Und als Marxistin sah sie auch im Widerspruch zwischen Frauen und Männern einen „Nebenwiderspruch". Daß sie dreifach Diskriminierungen, ja Repressionen ausgesetzt war – als Frau, als Jüdin, als Slawin, und daß diese dreifach von außen zugewiesene Identität sie auch in ihren gewaltsamen Tod begleiten sollte, schien sie geradezu darin zu bestärken.

Die Identitäten, die *Luxemburg* verdrängte, waren für sie in engem Zusammenhang mit „kleineren Übeln": Daß die Polen in Deutschland und in Rußland national, sprachlich, kulturell unterdrückt wurden, mußte als Thema ihres politischen Engagements zurückstehen – weil es für sie weniger wichtig, weil es als Übel kleiner war als die Unterdrückung des Proletariats. Daß die Frauen in Staat und Gesellschaft Menschen zweiter Ordnung waren, mußte als Problem warten, bis der Sieg des Sozialismus die Problemlösung bringen würde – mehr oder weniger von selbst. Und daß der Antisemitismus den Juden keine Identität als Deutsche (oder Russen oder Polen) ließ, beantwortete sie, indem sie eben eine deutsche Identität für sich behauptete – und nicht den Antisemitismus als solchen an der Wurzel zu erkennen und zu bekämpfen suchte.

Durch eine auch in der persönlichen Identitätsfindung zum Ausdruck kommende Rangordnung der Übel machte sich *Rosa Luxemburg* frei für die Politik. Sie konnte nicht gegen alle Übel dieser Welt gleichzeitig ankämpfen. Und deshalb konnte sie sich nicht mit allen Opferrollen identifizieren, die in ihr selbst potentiell vorhanden waren. Sie mußte sich entscheiden, was sie prioritär politisch erreichen wollte – und was sie daher auch prioritär selbst sein wollte. Deshalb mußte das Slawische und das Jüdische in ihr verdrängt werden, mußte das Weibliche in ihr zurückstehen. Oder war es nicht doch umgekehrt? Weil sie das Weibliche zurückgestuft, das Jüdische und das Slawische verdrängt hatte, konnte sie kämpfen – für das internationale Proletariat.

In ihren Auseinandersetzungen mit *Eduard Bernstein* zeigte sich *Rosa Luxemburg* von dessen evolutionär-reformatorischen Vorstellungen überhaupt nicht angetan. *Bernsteins* Revisionismus, der ein Plädoyer für ein Hinein in die Institutionen des bestehenden Staates und für eine schrittweise Veränderung des Kapitalismus durch Sozialreformen war – also ein Plädoyer für eine Politik des kleineren Übels und damit für Politik überhaupt, lehnte sie polemisch ab: *Bernsteins* Theorie sei „eine Theorie der sozialistischen Versumpfung, vulgärökonomisch begründet durch eine Theorie der kapitalistischen Versumpfung." (*Luxemburg* 1970, 36) Aber mit derselben Polemik könnte man *Luxemburgs* Verdrängung ihrer eigenen slawischen und jüdischen Identität und ihre Insensibilität für die „Frauenfrage" als vulgärökonomisch bezeichnen. Sie nahm nicht wahr, was sie von ihrer einmal gewählten politischen Orientierung ablenken hätte können; sie wollte nicht sehen, was ihrer ökonomistischen Fixierung auf das entgegengestanden wäre, was man später einmal den „Hauptwiderspruch" nennen sollte.

Auf verschiedene Weise waren *Luxemburgs* und *Bernsteins* Optionen einander verwandt: Beide mußten Prioritäten setzen; beide mußten Möglichkeiten gesellschaftlicher Wahrnehmung und politischer Strategien hintansetzen – um frei zu sein für eine bestimmte, für eine konkrete Politik. Beide mußten von einer notgedrungen vereinfachenden Rangordnung ausgehen. Daß sie damit auch Legitimationshilfe für bestehende Übel leisteten, war unvermeidlich. *Luxemburgs* geradezu aggressives Ignorieren beispielsweise der polnischen Interessen half der deutschen Sozialdemokratie, sich dem herrschenden Deutschnationalismus anzupassen und diesen damit zu stärken. Die Internationalistin leistete, durch ihre Absage an den polnischen Nationalismus, indirekt und unbeabsichtigt dem deutschen Nationalismus Schützenhilfe. Daß *Wilhelm II.* 1914 nur noch Deutsche und keine Parteien – insbesondere keine Sozialdemokraten – zu erkennen vermochte, war daher indirekt auch die Folge dieser internationalistischen, de facto den Deutschnationalismus begünstigenden Position. Daß *Rosa Luxemburg* zu den Opfern eben dieses wilhelminischen und dann erst recht des postwilhelminischen Deutschnationalismus werden sollte, das war ihre besondere Tragik.

==Hannah Arendt== verstand sich nicht als Marxistin. Als in Deutschland Geborene, deren Muttersprache deutsch war, hatte sie eine von ihr selbst definierte, jüdische Identität – von der aus sie eine differenziert-kritische Position zum Zionismus bezog. (*Arendt* 1989) Mit dem, was man vor dem

Holocaust ebenso naiv wie unsensibel die „Judenfrage" genannt hatte, mußte sie sich – eine Generation nach *Luxemburg* – ebenso auseinandersetzen wie mit dem, was wiederum naiv und unsensibel die „Frauenfrage" heißt.

*Hannah Arendt* beschäftigte sich mit *Rosa Luxemburg* – mit kritischer Sympathie. Und sie beschäftigte sich auch mit der Frau, die in diesem Frau-Sein absolut kein besonderes Problem sehen wollte: „Ihre Abneigung gegen die Emanzipationsbewegung der Frauen ... war deutlich ... Sie war Außenseiterin, nicht nur weil sie eine polnische Jüdin war und blieb – in einem Land, das sie nicht mochte, und in einer Partei, die sie bald verachten sollte, sondern auch weil sie eine Frau war." (*Arendt* 1968, 44f.)

Nicht obwohl, sondern weil sie eine Außenseiterin war, ignorierte – in ihrer Theorie, in ihren Ansprüchen, in den Rechtfertigungen ihrer konkreten Poitik – *Rosa Luxemburg* gerade die Faktoren, die sie zur Außenseiterin machten. Sie wollte nicht akzeptieren, daß ihre Argumente auch daran gemessen wurde, daß sie ihrer Umwelt als Jüdin und Polin und Frau galt. Sie wollte nicht das akzeptieren, was man ihr zumutete – Paria zu sein und zu bleiben.

Was muß dieser Ausstieg aus dem Paria-Sein an Verwundungen gebracht haben; wie sehr muß *Rosa Luxemburg* doch immer wieder gespürt und darunter gelitten haben, daß sie für die anderen nicht aufhörte, Frau und Jüdin und Polin zu sein; daß ihre Umwelt sie in Identitäten hineinzwang, aus denen sie hatte ausbrechen wollen. Doch sie sah offenbar keinen anderen Weg, um politisch wirken zu können. Sie wollte nicht Paria sein, damit sie politisch sein konnte.

*Hannah Arendt* stellt ihre Protagonistin *Rahel Varnhagen* „zwischen Paria und Parvenu". (*Arendt* 1995, 186-200) Die Versuchung zum Parvenu, der sich auch *Varnhagen* selbst ausgesetzt sieht, ist die Versuchung, zu gefallen; sich anzupassen; Bestehendem und vor allem Herrschenden genehm zu sein. Für die Jüdin *Varnhagen* ist diese Versuchung nichts anderes als die zur Assimilation: ihre Besonderheit, ihre Eigenart als Jüdin hinter sich zu lassen; von einer Identität in die andere zu wechseln.

*Arendt* hat diese Neigung wie folgt charakterisiert: „Wer den entschlossenen Willen hat, in die Höhe zu kommen, zu arrivieren, muß sich frühzeitig gewöhnen, die zu erreichende Stufe im Schwindel der freiwilligen Anerkennung vorwegzunehmen; muß sich frühzeitig hüten, sich mit blindem Gehorsam, der allein gefordert ist, zu begnügen; muß immer so tun, als leiste er freiwillig und als Herr all das, was von Knechten und Untergebenen ohnehin erwartet wird." (*Arendt* 1995, 186)

Mit anderen Worten: das Schicksal des Parvenus ist das des Aufsteigers. Er muß, um andere täuschen zu können, sich zunächst einmal selbst täuschen; er braucht, um den Sprung nach oben zu schaffen, die Illusion, schon oben angelangt zu sein; er darf die krasse Ungleichheit nicht zugeben – erst recht nicht vor sich selbst; die Ungleichheit, die er individuell zu überwinden trachtet.

Der Versuchung des Parvenus zu erliegen, ist eine Voraussetzung der individuellen Politikfähigkeit. Dies wird vor allem deutlich, wenn die Alternative zum Parvenu klar wird – der Paria. Der Parvenu muß lügen, um in die Gesellschaft ein- und in ihr aufsteigen zu können; erst recht, wenn er als Jude (Jüdin) einen – und das nicht nur zu *Varnhagens* Zeiten – kaum überwindbaren Geburtsmakel aufweist. Die Verweigerung gegenüber der Rolle des Parvenus, also das Widerstehen gegenüber dieser Versuchung, bedeutet, Außenseiter zu bleiben; nicht integriert in die, sondern ausgeschlossen von der Gesellschaft – als Paria. Dieser ist frei – weil er frei von (gesellschaftlichen Aufsteiger-) Wünschen ist. Und eben deshalb kann, darf der Paria „ehrlich" sein.

Um *leadership* zu üben, ist vom Politiker mehr oder weniger Anpassung gefordert; muß er mehr oder weniger Parvenu sein – darf er sich grundsätzlich nicht erlauben, Paria und nichts als Paria zu sein. Dies gilt freilich nicht unbedingt für „transforming *leadership*", denn ein revolutionär auftretender Mensch kann und darf als extremer Außenseiter beginnen. Dies gilt aber uneingeschränkt für „transactional *leadership*" – also für die Art politischer Führung, die in stabilen Demokratien möglich ist. (*Burns* 1978, 257-397) Der Führer darf sich ja nicht an den Interessen vorbeientwickeln, darf sich an den Befindlichkeiten und Bedürfnissen nicht vorbeibewegen, die zu vertreten er vorgibt. Er muß respektieren, was ist – den Teil der politischen Nachfrage jedenfalls, den er mit seinem Angebot befriedigen will. Er muß dafür sorgen, selbst respektiert zu werden. Und doch darf er nicht den Anschein erwecken, nur Parvenu zu sein. Er braucht den Schein des Abstandes – sonst wird er ja dem Bedürfnis nach „Charisma" nicht gerecht. Er darf kein Charisma haben, das ihn in der politischen Substanz als eindeutig anders als die anderen, insbesonders anders als seine eigene Klientel ausweist. Aber er muß „Charisma" haben, um sich im Stil von den anderen Anbietern abzuheben. Er darf also nicht alle Rückzugs- und Fluchtmöglichkeiten in ein Paria-Sein sich abschneiden.

*Jaruzelski* wurde, mit seiner Entscheidung vom Dezember 1981, zu einem Paria in Polen; in dem Land, dessen herrschende Befindlichkeit von der Demokratiebewegung ausgedrückt wurde, die *Jaruzelski* nun gewaltsam unterdrückte. *Jaruzelskis* Bezugssystem war aber 1981 gar nicht die polnische Gesellschaft und die polnische Demokratiebewegung – sein Bezugssystem war die Sowjetunion und der Warschauer Pakt, in den Polen zur Zeit des Kalten Krieges unabänderlich eingebunden war. Gegenüber diesem Bezugssystem war *Jaruzelski* Parvenu – er verhielt sich in dem Rahmen, den die *Breschnews, Honeckers* und *Husaks* ihm zugemessen hatten. Mit der Änderung der Politik innerhalb dieses Bezugssystems, eingeleitet von den Reformen *Gorbatschows*, konnte *Jaruzelski* – als General-Diktator – seine politischen Inhalte nun anders gestalten. Parvenu-Sein in der *Breschnew*-Zeit bedeutete etwas anderes als Parvenu-Sein in der *Gorbatschow*-Zeit. Und deshalb konnte *Jaruzelski* daran gehen, die Demokratie in Polen einzuführen. Deshalb konnte er nun aus seiner Paria-Rolle ausbrechen – in Polen. Weil er hier, als Initiator des „Runden Tisches" von 1989, erfolgreich war, machte er sich selbst überflüssig.

Für einen großen Teil der polnischen Gesellschaft freilich bleibt *Jaruzelski* Paria – der Unterdrücker der Demokratiebewegung. Für ihre Umwelt blieb auch *Rahel Varnhagen* Paria – weil sie Jüdin blieb. Sie konnte nicht aus ihrer Identität aussteigen, weil ihre antijüdische Umwelt dies nicht gestattete. Die Bemühungen, sich anzupassen, sind immer durch das Ausmaß der Integrations-Bereitschaft derer begrenzt, auf die sich die Anpassungsneigung bezieht. Der Parvenu, der als solcher nicht akzeptiert wird, erbringt seine Anpassungsleistung vergeblich – er bleibt Paria; und bleibt zur Politik unfähig.

Das ist ja das eigentliche Thema des Zionismus: als Antwort auf die Weigerung der antijüdisch geprägten Umwelt, die zur Assimilation bereiten Juden zu akzeptieren und zu integrieren, mußte ein eigenes, spezifisch jüdisches Bezugssystem geschaffen werden – der jüdische Staat, respektive die Sehnsucht nach ihm. Auf dieses Ziel hin konnten und können sich Juden ihre individuelle Politikfähigkeit sichern, dürfen zu Parvenus werden und als solche auch akzeptiert sein. Der Judenstaat ist Reaktion auf die Zurückweisung einer allgemein menschlichen Auf- und Einstiegsbereitschaft. Der Judenstaat gab und gibt Menschen, die ihrer jüdischen Identität nicht entkommen dürfen und daher auch gar nicht entkommen wollen, die Möglichkeit, aus der Paria-Rolle auszusteigen.

Der Antisemitismus der Moderne gab den Juden keine Möglichkeit des „opting out"; keine Chance, ihre jüdische Identität zu verlassen und – etwa durch die Taufe – aufzuhören, als Juden zu gelten. Der Antisemitismus zwang die Juden zu ihrem Judentum: „Wir haben gesehen, daß ... nicht der Charakter des Juden den Antisemitismus macht, sondern daß im Gegenteil der Antisemit den Juden schafft." (*Sartre* 1960, 184) Der Antisemitismus nahm den Juden die Chance, sich durch Anpassung – als Parvenus – selbst zu definieren. Auf ihr Pariatum zurückverwiesen, entwickelten sie die Lösung ihres Identitätsproblems – den Zionismus. Er wurde das Bezugssystem der Menschen mit jüdischer Identität; als Zionisten oder als Nicht-Zionisten konnten nun Juden ihre Identität selbst bestimmen. Und sie konnten in ihrem nun selbst geschaffenen Bezugssystem zwischen der Rolle des Parvenus und der Rolle des Paria wählen.

Der Zionismus eröffnete so den Zugang zur Politik. Der Staat Israel gibt, als souveräner Akteur jüdischer Politik, dem Politikstreben der Menschen mit jüdischer Identität Sinn und Rahmen – in Anziehung oder in Abstoßung.

*Hannah Arendt,* die mit soviel Verständnis für die diffizile Position zwischen Parvenu und Paria argumentiert, warf dem Zionismus vor, mit vereinfachenden Alternativen zu arbeiten. In einem 1945 veröffentlichten Artikel wandte sie sich gegen die Festlegung des Zionismus auf einen eigenen, souveränen Judenstaat. Der Zionismus sollte „seine ganzen obsoleten Doktrinen" überprüfen: „Sowohl die Juden zu retten als auch Palästina zu retten wird im 20. Jahrhundert nicht leicht sein ... Wenn die Zionisten an ihrer sektiererischen Ideologie festhalten und in ihrem kurzsichtigen 'Realismus' fortfahren, dann werden sie selbst die geringen Chancen verwirken, die in unserer nicht allzu schönen Welt kleine Völker immer noch haben." (*Arendt* 1989, 59)

Die Option für den Judenstaat war der bewußten Jüdin *Arendt* zu sehr auf ein Entweder-Oder gerichtet, war zu wenig dialektisch differenziert. Sie sah in dieser Option eine klare, allzu klare und daher allzu simple Entscheidung: für das Akzeptieren der Paria-Position in der „Diaspora" – und damit für die Verweigerung der Parvenu-Position in einer mehrheitlich nicht jüdischen Umwelt. Um jüdische Politikfähigkeit zu gewinnen, wollte der Zionismus auf Politikfähigkeit in einer nicht primär jüdischen Gesellschaft verzichten, wollte buchstäblich aus dieser Gesellschaft ausziehen.

Erst die dialektische Spannung zwischen der Paria- und der Parvenu-Rolle ist es, die diese Politikfähigkeit ausmacht. Wenn alle Menschen Parvenu nicht nur sein dürfen, sondern es auch sind; wenn niemand mehr sich in einer Paria-Rolle sieht – dann ist erst recht die Politikfähigkeit zerstört. Es ist die „SehnSucht nach der Schönen neuen Welt", die für die Aufhebung dieser Dialektik steht. (*Büchele* 1993) In *Aldous Huxleys* Negativ-Utopie werden die Menschen gesellschaftlich differenziert – aber durch die entsprechende Programmierung wird ihnen das Bewußtsein genommen, daß die vorhandenen Unterschiede etwas mit einem Paria-Status zu tun haben könnten; und eben deshalb gibt es auch keine potentiellen Parvenus, die aus ihrem Paria-Status ausbrechen wollen. Deshalb ist aber auch das eigentliche Merkmal dieses „Endes der Geschichte" das Freisein von Politik. Mit der auf der Bewußtseinsebene erfolgten Zerstörung der Paria-Rolle stirbt auch die Parvenu-Rolle.

Das Wesen der Utopien sind Zerstörung von und Verzicht auf Politik. In *Hobbes* chaotischer Urgesellschaft gibt es nur den Kampf aller gegen alle – es gibt weder System noch Regel. In *Rousseaus* idyllischer Urgesellschaft liegt das Lamm neben dem Löwen, bedeutet das Fehlen von Konflikten auch das Fehlen von Politik. In *Marx'* kommunistischer Endgesellschaft können alle nach ihren Bedürfnissen leben – und da es keine Knappheit an Gütern gibt, gibt es auch keine Probleme der Verteilung, braucht es also keine Politik.

Diese Utopien sind die Vorstellung von der Abwesenheit von Politik – manchmal, wie bei *Rousseau* und *Marx*, positiv besetzt; manchmal, so bei *Hobbes* und *Huxley*, negativ. Sie sind Phantasien von der Überwindung gesellschaftlicher Differenzierung, von gesellschaftlicher Arbeitsteilung. Sie nehmen, in ihrer positiven oder negativen Perfektion, jedem(r) die Möglichkeit zur Option: Die Menschen der „Schönen neuen Welt" haben gar nicht die Vorstellung, daß sie wählen könnten – zwischen Alternativen; zwischen mehreren Übeln. Damit sind sie aber auch Phantasien von der Überwindung der Spannung zwischen der Paria- und der Parvenu-Rolle.

Der Übergang vom Paria zum Parvenu ist der Beginn der Politik. Das galt und gilt für alle, die sich im Rahmen der US-amerikanischen Bürgerrechtsbewegung für die zunächst rechtliche, dann auch politische und soziale Gleichheit von „schwarzen" in einer von „weißen" Amerikanern dominierten Gesellschaft eingesetzt haben.

*Robert L. Vann*, ein Afro-Amerikaner, der einige Zeit in der Regierung *Franklin D. Roosevelts* als Berater des Justizministers (*Attorney General*) gewirkt hatte (*Franklin* 1980, 391), begann 1938 als Redakteur des Pittsburg Courier eine Kampagne für die Zulassung von Afro-Amerikanern in alle Bereiche der US-Streitkräfte – auch wenn dies nur um den Preis der Segregation, also um den Preis der Verstärkung der Rassentrennung innerhalb der Streitkräfte zu erreichen sein sollte. Die NAACP, die prominenteste und zumindest damals einflußreichste Bürgerrechtsorganisation, sprach sich gegen diese Pläne aus – Rassentrennung war für die NAACP das größere Übel als der Ausschluß aller „schwarzen" Amerikaner von allen irgendwie attraktiven militärischen Positionen.

Die Auffassung, die Vann vertrat, setzte sich durch. Im Vorfeld des Zweiten Weltkrieges begannen die US-Streitkräfte verstärkt, Afro-Amerikaner zu rekrutieren und gaben ihnen auch verstärkt interessantere Aufgaben. Diese Politik setzte sich auch nach Einführung der allgemeinen Wehrpflicht, 1940, fort. Aber in Armee und Marine herrschte weiterhin Rassentrennung – ausschließlich „schwarze" Einheiten führten eine Ghetto-Existenz; „schwarze" Offiziere waren ausschließlich dazu da, „schwarze" Soldaten zu kommandieren.

Das vielleicht spektakulärste Beispiel für die Konsequenzen dieser Politik waren die „schwarzen" Absolventen der Fliegerschule der Armee in Tuskegee, Alabama. In einer geschlossenen Einheit wurden „schwarze" Piloten ausgebildet, die an den Fronten erfolgreich Einsätze flogen – und für eine Demokratie kämpften, die ihnen Menschenrechte weiterhin vorenthielt. Erst 1948 beendete Präsident *Truman* die Rassentrennung in den Streitkräften der USA.

Die Tuskegee-Piloten stehen für ein strategisches Dilemma: Um einen Schritt in Richtung der Respektierung ihrer Menschenrechte zu machen, mußten sich die Afro-Amerikaner entscheiden, ob sie auf dem Boden der bestehenden Unrechtsgesellschaft Politik machen wollten; ob sie im Rahmen einer rassistischen Gesellschaft und unter Respektierung (oder, besser: Akzeptierung) bestimmter Spielregeln des Rassismus einen Schritt in die als richtig erkannte Richtung setzen sollten. Sollten sie Parvenus werden, sich der rassistischen Gesellschaft ein wenig anpassen – um einen Hebel zur Überwindung einiger der brennendsten Diskriminierungen zu erreichen?

Die Politik der kleinen Schritte in eine als ungerecht erkannte Gesellschaft gibt dieser einerseits Legitimation – wer eine solche Politik beginnt, läßt sich, als Parvenu, mit dieser Gesellschaft ein; wird Teil derselben, auch Teil ihrer Widersprüche. Wer sich einer solchen Politik verweigert und auf seiner (ihrer) Paria-Existenz beharrt, verhindert zwar, daß die feindselige, diskriminierende Gesellschaft und deren politische Ordnung auch noch aus dem Verhalten der Diskriminierten einen Legitimationsgewinn erzielt – aber er (sie) verzichtet auch auf die Chance, den Hebeln näher zu kommen, die erst Politik ermöglichen; auch, gerade auch eine Politik der Veränderung.

*Robert Vann* hätte auch *Popper* zitieren können. Denn die Politik des Zupackens, die auch die Korrumpierung durch die bekämpfte Ordnung riskiert, entspricht dem „piecemeal engineering" – der schrittweisen Veränderung der Gesellschaft durch ein pragmatisches Herangehen an Politik. *Popper* stellt dieses Muster den deterministischen, freiheitsbedrohenden Entwürfen von *Plato* bis *Marx* als strategisches Modell entgegen. (Popper 1970) Es ist eine Empfehlung, das Risiko des Parvenus auf sich zu nehmen – statt in der prophetischen (Selbst)Gerechtigkeit des Paria zu verharren.

Es braucht aber beides – der Parvenu konkretisiert, was der prinzipielle Widerspruch des Paria thematisiert. Erst der Widerspruch, erst der Widerstand aktualisiert das Problem und das damit verbundene Bewußtsein, das der Parvenu für seine pragmatische Politik der Veränderung durch Anpassung zu nutzen vermag. Es brauchte in der US-Bürgerrechtsbewegung die Politik eines *W.E.B. Du Bois*, der das Prinzip der moralischen Anklage gegen den Rassismus vertrat – und es brauchte die Politik eines *Booker T. Washington*, der sich mit dieser extrem ungerechten, weil rassentrennenden und offen diskriminierenden Gesellschaft einließ. Es brauchte den Paria *Du Bois* – und den Parvenu *Washington*. Es brauchte den Verweigerer – und den, der sich „Onkel Tom" nennen lassen mußte. (*Aptheker*, IV vol., 1951-1974)

*Benjamin Disraeli*, aus einer prominenten Familie sephardischer Juden stammend, wurde zur Schlüsselfigur des britischen Imperialismus des 19. Jahrhunderts – er ist der Prototyp des Parvenus. Sein Vater, *Isaac*, war ein anerkannter Literaturwissenschaftler. *Benjamin Disraeli* sollte nicht nur zu einem überaus erfolgreichen Politiker, sondern auch zu einem erfolgreichen Autor von Romanen werden. 1832, im Alter von 28 Jahren, begann er seine politische Karriere im Rahmen der Tories, der Konservativen Partei, die er zu einer sozial engagierten umgestalten sollte. Doch seiner Karriere wäre ein Hindernis im Wege gestanden, wenn nicht der Vater das Hindernis aus dem Wege zu räumen verstanden hätte. „*Disraeli* litt unter einem potentiell entscheidenden Handicap. Er war Jude." (*Blake* 1969, 10)

Der Vater hatte rechtzeitig vorgesorgt. Er hatte seine Kinder 1817 taufen und in die Anglikanische Kirche aufnehmen lassen. Der damals noch primär religiös begründete Antisemitismus stand somit der Karriere seines Sohnes nicht mehr im Wege. 1837 wurde er ins Unterhaus gewählt. Er vertrat in seinen Romanen und in der Politik die Öffnung des Establishments zur „sozialen Frage" – und erreichte, daß die Konservativen nicht mehr nur als Partei des Hochadels galten. 1868 war er für kurze Zeit Premierminister, um dann seinem liberalen Gegenspieler *Gladstone* weichen zu müssen. 1874 kehrte *Disraeli* für sechs Jahre an die Regierungsspitze zurück.

In diesen sechs Jahren sicherte er die britische Hegemonie über Ägypten und den Suezkanal – und baute die verschiedensten Sozialgesetze aus. 1876 sorgte er dafür, daß *Königin Viktoria* mit dem Titel „Kaiserin von Indien" ausgestattet wurde – im folgenden Jahr erhielt er, im Gegenzug, den Titel „Earl of Beaconsfield" verliehen. Großbritannien hatte ihm verziehen, daß er eigentlich – ursprünglich – Jude war. Und er hatte erfolgreich Politik gemacht – für Britanniens Herrschaft über die Meere. Doch der Parvenu *Disraeli* wurde niemals ganz aus seiner Paria-Erinnerung entlassen. Daß er, der gesellschaftliche Aufsteiger, als Befürworter eines (durch soziale Komponenten ergänzten) aristokratischen Weltbildes auftrat, machte ihn für die herrschende Klasse zwar akzeptabel – aber das Mißtrauen blieb. *Gladstone* beispielsweise sah in ihm einen jüdischen Verschwörer, dessen Haß sich gegen „die Freiheit der Christenmenschen" richtete. (*Blake* 1969, 600f.)

*Disraeli* selbst hatte das Denken nie überwinden können, das sowohl den britischen (und europäischen) Imperialismus, als auch den Nationalsozialismus und damit den biologistischen Antisemitismus charakterisierte – das Denken in den Kategorien „natürlicher" Herkunft; in den Kategorien des Rassismus. *Houston Stewart Chamberlain*, gebürtiger Brite, Deutscher aus merkwürdiger Begierde, Vorläufer Hitlerschen Denkens, berief sich daher auch folgerichtig auf *Disraeli*: Man solle sich „von *Disraeli* belehren (lassen), daß die ganze Bedeutung des Judentums in der Reinheit seiner Rasse liege, diese allein verleihe ihm Kraft und Bestand ..." (*Chamberlain* 1922, 297)

Der Parvenu wurde auf seine Paria-Rolle zurückgeworfen; und er wurde auch noch zum Kronzeugen dafür gemacht, daß es keinen wirklich erfolgreichen Ausbruch aus dieser Rolle geben könne. Der Parvenu konnte noch soviele Erfolge für den britischen Imperialismus erzielen – er blieb dennoch Paria; zumindest für diejenigen, die an der Einteilung der Menschen in „natürliche" Gruppen, also Rassen, um jeden Preis festzuhalten gewillt waren – mit der bei *Chamberlain* schon sichtbaren Konsequenz von Auschwitz. Dem Parvenu wurde so letztlich das verweigert, was er mit seiner ganzen Energie angestrebt hatte – sich selbst definieren, sich aus der Fremdbestimmung befreien zu können.

## 20. Eine unmögliche Begegnung – die Zweite

*"Was ist der Gegenstand unseres Denkens? Erfahrung! Nichts anderes!"*

(Hannah Arendt in Hill 1979, 308)

*"Bei allem Respekt – aber das ist doch eine sehr flache Aussage. Entweder muß ich sie als Banalität bewerten, als eine Schulweisheit akademischer Fliegenbeinzählerei, oder aber als Kampfansage an alles, was uns weiterbringt – in Richtung auf Menschenwürde, in Richtung auf – ja, ich bleibe trotz allem dabei – auf Sozialismus. Durch diese geradezu ängstliche Betonung, daß alles gesicherte Wissen aus der Erfahrung kommt, betreiben sie doch die Geschäfte der Gralshüter der bestehenden Verhältnisse. Soll wirklich die gesicherte Aussage, daß heute kein anderes Getränk sooft getrunken wird wie Coca Cola – etwas, was wir ruhig Erfahrungstatsache nennen können – irgendeinen anderen Wert als den haben, die Aktien von Coca Cola steigen zu lassen?"*

*"Sie vereinfachen, Rosa, und das wissen sie natürlich. Aber sie haben in einem gewiß recht – ich bin vorsichtig, sehr vorsichtig mit Aussagen, die uns alles Mögliche in Aussicht stellen, und das unter dem Deckmantel der Wissenschaftlichkeit. Ich bin mißtrauisch gegenüber wissenschaftlich verbrämten Verheißungen. Ich grenze mich gegenüber der Gefahr einer Ideologisierung entschieden ab – entschiedener natürlich als sie. Und ich nehme demgegenüber lieber in Kauf, plötzlich als 'konservativ' bezeichnet zu werden. Mir sind die oft zu recht als banal gescholtenen Aussagen der Behavioristen lieber als die flammenden Prognosen säkularisierter Propheten, auch wenn diese ihre Vorhersagen mit Fußnoten versehen. Wenn ein 'fliegenbeinzählender' Kollege feststellt, daß im Jahre 1972 der durchschnittliche US-Senator pro Tag 11,75 Telefongespräche geführt hat, so mag das banal sein; es ist aber, zum Glück, auch harmlos. Wenn jemand hingegen – womöglich unter dem Schutz akademischer Narrenfreiheit – den unmittelbar bevorstehenden Zusammenbruch des Kapitalismus behauptet, dann ist dies zwar nicht banal, aber keineswegs von vornherein harmlos, weil es unter bestimmten Voraussetzungen 'falsches Bewußtsein' erzeugt – und für diese Kategorie*

*müssen sie doch Verständnis haben; ganz abgesehen davon, daß jede Aussage über den bevorstehenden Zusammenbruch des doch gerade als besonders langlebig bestätigten kapitalistischen Systems natürlich blanker Unsinn ist."*

*„Ihre Vorsicht in Ehren, Hannah. Ich verstehe ja, daß sie im postfaschistischen und poststalinistischen Zeitalter Sympathien für Ideologiekritik entwickelt haben. Ich bin mit ihnen einer Meinung, daß wir alle Aussagen auf ihren Erfahrungshintergrund überprüfen müssen. Mir ist jedes Geschwätz, das Glaubenssätze als Erfahrungssätze ausgibt, ebenso ein Greuel. Aber dieser methodische Kodex, so wichtig er auch sein mag, kann doch nicht alles sein. Er ist die Grundlage, soetwas wie eine semantische Basis. Auf der muß nun Kreativität aufbauen können – soziale Kreativität, die nicht nur aus der Erfahrung, die auch aus der Emotion kommen kann und soll. Sie haben doch auch irgendwo gesagt, daß sie – gerade weil sie keine Marxistin sind – dem Kapitalismus besonders kritisch gegenüberstünden. Na also – was ist denn daraus die Konsequenz? Spartakus hat die Welt nicht analysiert – er hat sie zu ändern versucht. Und Spartakus ist nicht der Ideologielieferant irgendwelcher Bonzen – er ist zu recht zum Prototyp des sozialen Prometheus geworden. Das alles schneiden sie ab, das alles lassen sie beiseite, wenn sie so ängstlich und eng auf ihrer 'Erfahrung und nichts als Erfahrung' beharren."*

*„Ich lasse beiseite, daß gerade Regime, die sie, liebe Rosa, als Ideologielieferantin mißbrauchten, sich ebenso des Spartakus bedient haben – und vielleicht sind sie persönlich gar nicht so unschuldig, oder besser gesagt unbeteiligt an der Funktionalisierung des Spartakus. Aber natürlich ist Spartakus als historische Figur und ist Prometheus als mythologische Figur jeweils Teil des aus der Erfahrung kommenden Wissens, und ebenso natürlich ist die Emotion des sozialen Protestes, ist die – ja, eben Erfahrung des Leides und des Mitleides Teil dessen, was ich mit dem Begriff Spartakus umschreibe. Erfahrungswissen bezieht sich doch nicht nur auf das Auszählen der Häufigkeit von Telefongesprächen von Senatoren, es bezieht ebenso mit ein das ökonomisch und politisch bedingte Massensterben in Äthiopien oder Ruanda wie auch den Schrecken, den die Schatten der auf Glauben basierenden Systeme unseres Jahrhunderts heute noch verbreiten. Ja, selbstverständlich nehme ich auch die Sphäre des Glaubens ernst – aber eben nicht in intellektuell unredlicher Vermengung mit der Sphäre des Wissens."*

*„Wissen sie, was ich so besonders bedauere? Daß eine so scharf denkende Frau wie sie letztlich doch steckengeblieben ist – in academia, im Elfenbeinturm, bei den Büchern. Noch kurze Zeit vor ihrem Tod haben sie, eine so*

*politisch denkende Frau, sich politisch nur negativ zu definieren vermocht: Sie seien niemals Sozialistin, niemals Kommunistin, niemals eine Liberale gewesen. Und dann haben sie noch stolz und trotzig hinzugefügt, sie würden nicht einmal an den Fortschritt glauben ..."*

*„Ja, das war bei diesem Gespräch mit Mary McCarthy und den anderen ..."*

*„In ihren Reportagen über den Eichmann-Prozeß waren sie eigentlich schon so weit, jedenfalls nach meinem Verständnis. Ihre Kritik an den Judenräten, an der Korrumpierbarkeit auch der Opfer – da ist doch der nächste Schritt naheliegend; und der kann nur die Aufforderung zur unmittelbaren Aktion sein. Wenn sie den jüdischen Kollaborateuren ihre Unterwerfungslust vorhalten – dann sagen sie damit auch, was sie von ihnen eigentlich erwartet hätten: nämlich direkten Widerstand. Sonst macht doch ihre Kritik keinen Sinn."*

*„So direkt ist diese Folgerung keineswegs einsichtig. Meine Kritik bezog sich doch auf die konkrete Situation – daß die Politik der Judenräte in vielen Fällen Menschen dazu brachte, die Möglichkeit zur Flucht nicht zu nützen. Die Judenräte waren nur zu oft verantwortlich dafür, daß die Opfer sich wie Lämmer verhielten – und dabei geht es mir nicht um die heroische Geste, sondern durchaus um die möglichen Varianten des Untertauchens, des Ausweichens, des Verschwindens. Da ich nicht in dieser Situation war, konnte ich auch nicht handeln. Meine persönliche Absage an den unmittelbaren politischen Einsatz, wie Sie ihn vorgelebt haben, Rosa, ist doch situationsbedingt, biographiebedingt – und keineswegs eine Absage an politisches Engagement überhaupt. Im Gegenteil ..."*

*„Aber das macht wahrscheinlich, vielleicht den wirklichen Unterschied zwischen uns aus: Sie sind davor zurückgeschreckt, direkt Hand anzulegen. Und wenn es um den Preis des Mißerfolges gewesen wäre – eine Frau wie sie gehörte in die Praxis."*

*„Ich weiß jetzt nicht, ob ich mich wirklich geehrt fühlen darf, Rosa. Aber erstaunt bin ich schon: Sie sind die Frau, die mehr als jede andere 'Hand angelegt' hat; und sie sind – verzeihen sie die Deutlichkeit – gescheitert. Sie sind, für mich zumindest, im großen und ganzen auf sympathische Weise gescheitert. Aber gescheitert sind sie: Die deutsche Arbeiterbewegung wurde durch Spartakus und KPD nur noch mehr gespalten, die Republik war dann noch schwächer als sie hätte sein müssen, und das leninistische Experiment – von dem sie zwar angetan waren, dem sie aber, dank ihrer analytischen Fähigkeit, nicht unkritisch gegenübergestanden sind, ist auf den Stalin ge-*

kommen. Ihr Scheitern ist natürlich heroisch verklärt – durch ihren (fast möchte ich sagen) rechtzeitigen Tod. Und so wissen wir alle nicht, wie sie sich gegenüber der Stalinisierung der von ihnen gegründeten Partei verhalten hätten; und welche Rolle ihnen in der Endphase der Weimarer Republik zugekommen wäre. Ihnen sind Stalinismus und Hitlerei erspart geblieben – mir nicht."

„Dennoch: Ich möchte meine Praxis nicht missen. Wir beide wissen natürlich, daß unsere unterschiedliche Herkunft, daß auch der Altersunterschied wesentlich dafür mitbestimmend waren, daß wir unterschiedliche Wege gegangen sind. Mir war, als Frau, damals die akademische Karriere doch nicht wirklich möglich – und daher war sie mir wohl auch keine Versuchung. Wie ich mich entschieden hätte, hätte ich eine Generation später gelebt, mit ihnen? Ich weiß es nicht – aber daß ich den Heideggerschen Verquollenheiten etwas hätte abgewinnen können, das kann ich mir wirklich nicht vorstellen. Und bin ich wirklich so eindeutig in meiner Praxis gescheitert? Habe ich nicht doch ein Stück Bewußtsein hinterlassen, das bleibt? Ich weiß, das können sie in dieser Form vermutlich auch von sich sagen – nichts läge mir ferner, ihren Büchern jede Wirkung abzusprechen. Aber mir war eben eine andere Möglichkeit nicht gegeben – als Polin, die eigentlich keine sein wollte; als Jüdin, die dieser Zuweisung ebenfalls auszukommen versuchte; als Bolschewikin, der die nachfolgenden Kommunisten nicht ohne Mißtrauen gegenüberstanden; als Frau, die dennoch die Klassenfrage für wichtiger hielt als die 'Frauenfrage'. Ich habe mit meiner auch Jahrzehnte danach nicht übersehbaren Praxis, mit meinem Protest, mit meiner Gefangenschaft, mit meinem revolutionären Pathos und meiner revolutionären Tat den Herrschenden genug zu denken gegeben, damit auch die folgenden Generationen der Unterdrückten etwas davon haben können."

„Ihnen war die akademische Karriere faktisch verweigert; oder, besser, sie haben nicht versucht, sie gegen die Widerstände ihrer Zeit zu beginnen – mir war die politische unmöglich; und damit meine ich die politische im allerengsten Sinn. Denn wie hätte ich das tun sollen? Hätte ich noch als Studentin auf irgendwelche Barrikaden gehen sollen, für die Republik und gegen deren Feinde? Grundsätzlich habe ich das doch auch getan – Günther Stern und ich waren ja im marxistischen Milieu zuhause. Aber die Zeit für legale Betätigung in Deutschland war bald vorbei; und im Exil, da waren die sektiererischen Grabenkämpfe zu abstoßend. Wissen sie, mich hat bald das Bild vom Kommissar beeinflußt, wie es Köstler zeichnet ..."

„Ach der, der mit dem Übereifer des Konvertiten, den Francos Gefängnisse ausgerechnet zu einem Propagandisten des Antikommunismus gemacht haben ..."

„Das ist jetzt fast schon eine Komintern-Polemik, Rosa. Nun, Koestler hat vom real existierenden Sozialismus immerhin ungleich mehr mitbekommen als sie ..."

„... was nun wirklich keine Kunst ist!"

„... und der Kommissar, den er dem Yogi gegenüberstellt, dieser Kommissar mit seinem strategischen Dilemma – der sagt schon etwas aus über das, dem ich ausweichen wollte. Entweder muß dieser Praktiker der Revolution seine Mittel dem Ziel unterordnen – dann führt sein Weg direkt in den Stalinismus; oder aber er sieht seine Mittel als Teil des Ziels an – dann hört er auf, revolutionär wirksam zu sein. Deswegen sehe ich auch rückblickend nicht, daß irgendein Engagement für irgendeine der Gruppen des Exils – bei der SAP oder bei den Trotzkisten oder sonstwo – irgendetwas bewirkt hätte. Aber gewiß hängt das auch mit meiner persönlichen Situation zusammen. Ich fühlte mich eben als Philosphin, und Jaspers war für mich doch eher ein Rollenmodell als – ja, wer wohl? Nicht einmal jetzt kann ich an einen 'Praktiker' als Alternative zu Jaspers denken. Ist es Zufall, daß vom deutschen Exil niemand wirklich überzeugend der kritischen Analyse standhält? Oder doch, einer, Willy Brandt. Aber das war auch ein 'echter' Proletarier, Politiker, Macher. Mir war das ganz einfach nicht gegeben. Und die Linke war ja auch bald belastet durch das, was aus Moskau zu uns gekommen ist. Wer da sagt, man hätte nicht bemerken können, was sich dort zusammenbraut, der möge nur George Orwells Katalonische Tagebücher lesen. Dort steht alles, was spätestens 1938 – schon vor dem unseligen Pakt der beiden, die einander wert waren – für alle klar war, die sehen wollten, und nicht bloß glauben. Das mag eben der bleibende Unterschied zwischen uns sein: Mir war die Fähigkeit von Anfang an fremd, so zu glauben, wie das offenbar für sie möglich war. Und ohne ihren marxistischen Glauben, den sie natürlich nicht als solchen bezeichnet hätten, hätten sie wohl die Haft des Kaiserreiches nicht so ungebrochen durchstehen können. Mir war das nicht gegeben – und rückblickend zumindest bedauere ich das auch nicht; bei allem Respekt, ja bei aller Liebe für ihre Fähigkeit, aus einer Überzeugung dieses Maß an politischer Energie zu gewinnen."

„Ich weiß natürlich auch nicht, wie ich mich verhalten hätte. Aber daß das kämpferische Exil – gleichgültig, ob in Spanien oder in der Sowjetunion – wirklich so abgetan werden kann, das bezweifle ich. Ich wäre vermutlich doch im Hotel Lux gelandet – ob mich dann mein weiterer Weg in eines der Stalinschen Lager verschlagen hätte, wie Margarete Buber, kann niemand sagen. Aber kämpfen – kämpfen gegen den faschistischen Wahnsinn, das hätte ich sicher versucht. Ihre politische Wirksamkeit war doch an die Jahre des relativen Friedens gebunden. Unter den Vorzeichen des Weltkampfes gegen den Faschismus, da hätte ihre Art, Hannah, Politik durch Vermittlung von theoretischen Einsichten und damit durch die Köpfe von Menschen zu machen, wohl keine Chance gehabt. Und trotz allem, was wir heute wissen und vielleicht auch schon damals gewußt haben – ab 1939 wäre die Notwendigkeit zur kämpferischen Parteinahme für mich klar gewesen. Da hätte mich keine Skepsis gegenüber dem schrecklichen Georgier zurückgehalten."

„Aber jetzt enttäuschen sie mich wirklich, Rosa. Nicht, daß ich etwas gegen ihre Kampfbereitschaft hätte – aber sie vereinfachen, wenn sie das Jahr 1939 mit einer 'antifaschistischen Weltfront' in Verbindung bringen. 1939 war Stalin mehr als nur bereit, dem sich ausbreitenden Faschismus zu applaudieren. Er war an einem dauerhaften Sich-Verkrallen der beiden Imperialismen interessiert – in der Phase des 'imperialistischen Krieges' hätten sie nicht zum antifaschistischen Kampf aufrufen dürfen, ohne von der Exil-KPD ausgeschlossen, als Trotzkisten gebrandmarkt und – falls im Einzugsbereich stalinistischer Häscher – auch liquidiert zu werden. Sie wären, als Gründungsmitglied der KPD, aber vermutlich schon früher gesäubert worden. Ein Ehrengrab an der Kremlmauer, wie für Clara Zetkin, wäre ihnen kaum offeriert worden. Antifaschismus in Ehren – aber er darf doch nicht mit Blindheit geschlagen sein."

„Zugegeben, 1939 bis 1941 wäre eine schwierige Phase für mich gewesen. Aber spätestens 1941 hätte ich wählen müssen und wählen können: Und die Wahl wäre für mich selbstverständlich gewesen. Bis zum Sieg über den Faschismus hätte ich das, was sich da unter dem Deckmantel Lenins entwickelt hatte, akzeptieren müssen. Angesichts der Übel dieser Welt muß man differenzieren können – ich hätte ja auch den britischen Kolonialismus zunächst einmal und vorübergehend akzeptiert, hätte ich ab 1939 oder ab 1941 mich im Sinne der antifaschistischen Allianz betätigt. Um politisch handeln zu können, brauchen wir ganz einfach eine Rangordnung – eine solche der Ziele und eine solche der Übel."

„Eben deshalb überrascht mich, daß sie einen so undifferenzierten Begriff von Faschismus vertreten. Wenn sie, Rosa, die Notwendigkeit betonen, zwischen den Übeln der Gesellschaft gewichten zu müssen – dann können sie doch nicht vom 'Faschismus' sprechen und damit den Nationalsozialismus *meinen. Das ist doch die Diktion des VII. Weltkongresses der Komintern – und heute wissen wir nicht nur, daß dessen Beschlüsse Reflex des strategischen Interesses Stalins waren; wir wissen auch, daß die NSDAP-Herrschaft eine andere Dimension hatte, die sowohl dem italienischen, als auch dem spanischen Faschismus fremd war."*

*„Ich weiß natürlich, Hannah, daß sie jetzt den Holocaust meinen. Ich bin mir bewußt, daß der historische Befund hier eine klare Sprache hat. Nur ein Teil der faschistischen Regime – neben dem deutschen aber auch andere, das kroatische etwa und das slowakische, ist zu der besonderen Qualität der massenhaften Vernichtung von Menschen vorgestoßen, deren einzige 'Schuld' die Zufälligkeit ihrer Geburt war. Ich will diese Besonderheit nicht zur Seite schieben – aber gemeinsam ist doch allen Faschismen, auch dem deutschen, daß auf der Grundlage eines in die Krise geratenen Kapitalismus ein nach innen und nach außen aggressiv auftretendes System der Republik und vor allem der Arbeiterbewegung ganz offen den Krieg erklärt hatte."*

*„Na ja – das mit der nach außen gerichteten Aggressivität ist, zum Beispiel, gerade für Franco-Spanien doch etwas anders. Aber was mich wirklich stört, das ist ihr noch immer vorhandener – fast bin ich versucht zu sagen – vulgärer Ökonomismus. Daß wirtschaftliche Interessen beim Aufstieg der Mussolini und der Hitler eine nicht unwesentliche Rolle spielten, ist das eine; daß aber die marxistische Schlechtwetter-Theorie viel zu kurz greift, ist das andere: Würde ein tief in der Krise steckende Kapitalismus mit einer gewissen Logik den Faschismus hervorbringen, wäre also der Kapitalismus mit dem Faschismus schwanger, dann bleibt die Frage unbeantwortet, warum am Höhepunkt der Krise des US-Kapitalismus Franklin Roosevelt mit seinem mehr oder weniger sozialdemokratischen New Deal an die Regierung kam."*

*„Natürlich ist die Ökonomie nicht alles, und ich gebe ihnen zu, daß das Konzept der Politischen Kultur – eine Begrifflichkeit, die ja erst nach meiner Zeit entstanden ist – sicherlich mit Auskunft darüber geben kann, warum die angelsächsischen Demokratien die Krise des Kapitalismus ab 1929 überstanden haben, ohne dem auch in ihnen an sich angelegten Faschismus zum Opfer zu fallen. Entschuldigen sie aber, Hannah: Sie tun ja so, als wären wir am Ende der Geschichte angelangt, und als wären die Befunde, die sie für ihre Analyse des Totalitarismus um die Mitte des 20. Jahrhunderts verwendet haben, der historischen Entwicklung letzter Schluß. Sind sie wirklich so sicher, daß die USA auch in Zukunft gegenüber der faschistischen Versuchung immun sein werden?"*

„Nein, nein, da haben sie sicher recht, Rosa. Daß wir darüber keine Erfahrung haben, heißt natürlich nicht, daß wir etwas ausschließen können – im Gegenteil. Doch mir geht es nicht darum, der liberalen Demokratie des Westens eine Immunität zuzugestehen. Mir geht es um die methodische Verbreiterung unseres Erklärungsansatzes. Und da möchte ich doch noch einmal auf die Faschismus-Begrifflichkeit der Komintern zurückkommen. Wenn der Faschismus nur eine Variante – eben die aggressivste – des Kapitalismus ist, dann negiert eine solche Sichtweise die Eigendynamik des Nicht-Ökonomischen. Genau das ist ja mit dem Konzept der Politischen Kultur angesprochen: Gesellschaftliches Bewußtsein ist eben mehr als Reflex, mehr als Überbau der herrschenden ökonomischen Verhältnisse. Wenn wir uns darauf nicht verständigen können ..."

„Vermutlich schon. Ich glaube auch nicht, daß der Unterschied zwischen einem stabilen demokratischen System und einem blindwütig faschistischen System sekundär ist – nur weil beide auf einer kapitalistischen Ökonomie bauen. Aber ich habe ein wenig die Sorge, daß wir über die Lust an der differenzierenden Analyse uns die Lust an der differenzierenden Aktion verbauen. Und da setzt ja auch meine Kritik an den westlichen Demokratien ein – übrigens auch an Theorien, die in ihrer Tradition stehen, Hannah: Das ganze Augenmerk ist auf den Ablauf des politischen Prozesses gerichtet, auf sein Zustandekommen; alles ist 'politics'. Doch das, was das Ergebnis dieses Prozesses für die Frauen und Männer bedeutet, die ihm ausgesetzt sind, bleibt weitgehend ausgeblendet – die 'policy'. Castros Kuba – eine böse Diktatur, weil nur eine Partei existiert. Daß Castros Kuba innerhalb weniger Jahre den Analphabetismus beseitigt und die Lebenserwartung der Menschen zur höchsten in ganz Lateinamerika gemacht hat, bleibt dabei völlig ausgeblendet."

„Da muß man wohl die in den Massenmedien herrschende Meinung von den gerade auch politikwissenschaftlichen Analysen unterscheiden. Natürlich haben sie recht, Rosa, daß – gerade im Kalten Krieg, aber nicht nur in dieser Phase – die liberale Demokratie propagandistisch simplifiziert wurde und wird. Und ich bin voll bei ihnen, wenn es darum geht, daß die Theorie der Politik immer auch und wesentlich eine Theorie der Wirkung von Politik umfassen muß. Nur, auf der anderen Seite: Die Leninisten haben in ihrer Fixierung auf die Ergebnisse, auf ihre Ziele jede Sensibilität für die Mittel – also für den politischen Prozeß – eingebüßt. Von der Handlungsungeduld Lenins führt doch ein direkter Weg zur Diktatur. Das brauche ich gerade ihnen nicht zu sagen – das war ja der erste Dissens zwischen Lenin und ihnen."

„Und von dieser Kritik, die ich gar nicht für die Öffentlichkeit formuliert habe, hat ja die Reaktion auch ausgiebig Gebrauch gemacht. Aber von Lenin einmal abgesehen: Ganz so zwingend sehe ich diese Zusammenhänge nicht – aber wahrscheinlich können wir beide uns darüber verständigen, daß zu einer notwendig differenzierten Analyse sowohl die des Ergebnisses, als auch die des Prozesses von Politik gehört; oder, mit anderen – scholastischen – Begriffen: die Analyse sowohl des Zieles als auch der Mittel."

„Gut. Daß es den Zusammenhang zwischen persönlicher Betroffenheit und politischem Handeln gibt, das habe ich irgendwann einmal mit Bezug auf sie gesagt, Rosa: Sie waren eben sehr mit der Welt befaßt – und nicht mit ihren persönlichen Angelegenheiten. Wäre das letztere der Fall gewesen, so wären sie in Zürich geblieben, hätten ihre Dissertation geschrieben und vielleicht doch ihre akademische Karriere verfolgt. Aber sie konnten sich mit der Ungerechtigkeit in der Welt ganz einfach nicht abfinden."

„Sie haben recht, daß der Zorn über die Zustände das treibende Motiv bei mir und eigentlich bei allen war, die sich mit dem bloßen Begreifen der Verhältnisse nicht zufrieden geben wollten. Aber wie war das eigentlich bei ihnen, Hannah, waren sie wirklich immer so akademisch, so mit dem Beobachten, Beschreiben, Verstehen zufrieden?"

„Ich habe da eine Stelle in Artur Schnitzlers 'Der Weg ins Freie', die mich sehr beeindruckt. Therese, die sozialistische Intellektuelle im Wien der Jahrhundertwende, sagt in einer Debatte über den Antisemitismus: '... mir sind jüdische Bankiers geradeso zuwider wie feudale Großgrundbesitzer, und orthodoxe Rabbiner geradeso zuwider wie katholische Pfaffen. Aber wenn sich jemand über mich erhaben fühlte, weil er einer andern Konfession oder Rasse angehört als ich, und gar im Bewußtsein seiner Übermacht mich diese Erhabenheit fühlen ließe, ich würde so einen Menschen ... also ich weiß nicht, was ich ihm täte.' Genau so ist es mir immer wieder gegangen – aber das ist natürlich ein Aktionismus aus dem Zorn, dem Verletzt- und Beleidigtsein heraus."

„Sie haben ihren Zorn intellektuell gebremst, sublimiert, wie eine Krankheit zu beherrschen versucht, Hannah. Mir ist das nicht möglich gewesen. Aber ich möchte sie mit ihrem eigenen Ansatz berühren. In ihrer Abhandlung über Revolutionen haben sie die Amerikanische Revolution deshalb so positiv gegenüber der Französischen und der Russischen hervorgehoben, weil erstere 'nur' politisch gewesen sei – und nicht, wie die beiden anderen, auch und vor allem gesellschaftlich. Deshalb meinen sie, wenn ich sie richtig ver-

*standen habe, ist das Produkt der Amerikanischen Revolution stabil, und es hat Beispielswirkung über die Jahrhunderte und die Kontinente ..."*

*"... ja, weil diese Revolution eine Form geschaffen hat – und nicht die Inhalte für alle und alles festschreiben wollte. Es ist die Form, die auf Dauer prägt ..."*

*"... während der gesellschaftliche Veränderungseifer der Jakobiner und der Bolschewiken eine solche Dauerprägung nicht zugelassen hätte. Soweit, so gut. Aber auch hinter der Amerikanischen Revolution stand Handeln, auch sie war eben Revolution. Hätten sie nicht einmal hier mittun wollen?"*

*"Abgesehen davon, daß mir das natürlich als Frau nicht gestattet gewesen wäre – ich glaube nicht, daß ich mich gerne an der Boston Tea Party beteiligt hätte, Rosa. Als Indianer verkleidet kann ich mich jedenfalls nicht vorstellen. Aber natürlich hätte ich mich gerne am Diskurs über die Verfassung, mit den Federalists, mit Jefferson beteiligt. Und für Aaron Burr – das muß ich gestehen – hätte ich vielleicht eine leidenschaftliche Antipathie entwickeln können ..."*

*"... von Heideggerschen Dimensionen?"*

*"Ach, lassen sie das. Da jetzt sogar schon auf der Bühne diese Beziehung ausgebreitet wird ..."*

*"Aber mir geht es doch nicht um Klatsch und Tratsch, Hannah. Mir geht es darum, das Politische in ihrem privaten Verhalten zu entdecken. Daß sie nach 1945 dem 'hoffentlich letzten Romantiker' – das waren ihre eigenen Worte – nochmals auf den Leim gegangen sind, das ist so schwer zu verstehen. Daß sie, eine so selbstbewußte Frau, sich intellektuell dem verschwätzten Schwarzwald-Nazi haben unterordnen können, das läßt mich nachdenken über die Neigung von Frauen, die eigene Souveränität aufzugeben. Dieses selbstauferlegte romantische Leiden, damit müßten wir Frauen doch endlich aufhören!"*

*"Sie zitieren Elzbieta Ettinger – mir wäre lieber gewesen, diese Seite meines Lebens wäre nicht so öffentlich geworden. Aber so unverständlich kann das ihnen doch nicht sein, Rosa. Ich denke an Leo Jogiches ..."*

*"Das ist aber wirklich ein schlechter Vergleich – erstens waren Leo und ich in unserer revolutionären Haltung uns gleich, und zweitens habe ich mich eben nicht untergeordnet, habe eben nicht mich ihm oder jemandem anderen als lebenslange Schülerin ... Aber unser, das heißt mein Punkt war doch der*

*Praxisbezug unseres Denkens. Und den finde ich bei ihnen – zu meinem Bedauern – nicht in der mir wünschenswerten Eindeutigkeit."*

*"Nein, mir ist die Praxis keineswegs grundsätzlich negativ. Nur – daß sie sich in ihrer Praxis, die ich heroisch und tragisch und großartig finde, soweit auf eine Scheuklappen-Mentalität eingelassen haben, das hat mich schon immer abgeschreckt. Daß sie um der Praxis willen Einsichten verkürzt, Erkenntnisse verdrängt haben – das ist mir, gerade weil es verständlich ist, nicht gerade Vorbild."*

*"Das müssen sie mir aber jetzt erklären, Hannah ..."*

*"Daß sie sich haben blind machen lassen für die Vielfalt der Faktoren, die die Gesellschaft bewegen! Daß sie in der polnischen Frage deutscher als die Deutschen waren, daß sie den Antisemitismus nicht wirklich haben wahrhaben wollen – weil dies ihre extrem handlungsorientierte Analyse verkompliziert hätte! Am Münchner Parteitag waren sie so deutsch, daß sogar Bebel von ihnen abrücken mußte!"*

*"Ich war eben eine Internationalistin. Und die Schwätzer aus Polen, erst recht die Sektierer vom Bund – die hätten das Schtetl doch noch gegen die Weltrevolution verteidigt! Sehen sie denn nicht den schrecklichen Unfug, den der Nationalismus anstellt, der an die Stelle des Leninismus getreten ist? Mit meiner Kritik am polnischen Nationalismus habe ich das gemeint, was heute Azeris und Armenier ebenso gegeneinander hetzt wie Serben und Kroaten. Da mag schon sein, daß ich aus heutiger Sicht nicht immer differenziert genug argumentiert habe. Aber sie dürfen nicht vergessen – der Münchner Parteitag war 1902, und was haben wir inzwischen für Erfahrungen sammeln können."*

*"Da haben sie natürlich recht, Rosa. Es wäre zu simpel, so zu tun, als könnten hundert Jahre Erfahrung einfach übersprungen werden. Aber mir geht es wiederum eher um etwas Methodisches: Wenn man so von einer handlungsorientierten Energie beseelt ist, wie sie das waren – dann neigt man unvermeidlich zu analytischen Verkürzungen; dann opfert man Differenzierungen, weil diese dem Handeln im Wege stehen könnten. Und damit habe ich meine Schwierigkeiten – daß das Handeln zumindest tendenziell das Erkennen verkürzt."*

*"Und ich habe Probleme damit, daß die Erkenntnisorientierung jede Handlungsorientierung, zu ersticken droht. Doch darüber sind wir uns ja einig, Hannah, daß es nicht um ein Entweder-Oder gehen kann."*

## 21. Von der demokratischen Auflösung jeglicher Politik

*Innen- oder außengesteuerte „leadership" – Öffentlich versus privat – Politik als Klimakunde – Autopoiesis: Niemand herrscht – Die Fiktion vom „Volk"*

Sich mit Politik beschäftigen, heißt, sich mit Konflikten beschäftigen. Die Lehre von der Politik ist keine Harmonielehre. Und das stößt ab – weil Politik als Kampf wahrgenommen und wegen ihrer Kampftechniken als „schmutzig" gesehen wird. Der Auszug aus der Politik ist die Konsequenz aller Ideen von der Möglichkeit perfekter Harmonie. Der spätantike Dualismus, der im Hinblick auf das bevorstehende Gottesreich dem Reich der Politik, der „civitas mundi", konsequent auszuweichen empfahl, ist Ausdruck dieser aus dem Harmoniebedürfnis kommenden Neigung.

Politik hat immer etwas mit dem Gegensatz, mit dem Konflikt von Interessen zu tun. Die Verregelung dieses Konfliktes ist die eigentliche Aufgabe eines politischen Systems. Zwischen den gegenläufigen Interessen allgemein verbindliche Entscheidungen herbeizuführen, das ist wiederum die Funktion des politischen Prozesses, also der Politik.

Von dieser Sicht des Politischen wird das organisatorische Gegeneinander von Parteien abgeleitet – weil es eben nicht einfach feststeht, was „Gemeinwohl" ist, weil dieses Wohl aller erst durch einen auf Konkurrenz beruhenden Prozeß zu definieren, und zwar jedes Mal aufs Neue zu definieren ist, ist die Organisation der gegenläufigen Interessen in „Parteien" die logische Konsequenz. Daß gerade die Demokratie nicht die Fiktion brauchen kann, Gemeinwohl sei von vornherein – gleichsam selbstverständlich – feststehend, daß die Demokratie vielmehr die konkreten Inhalte des für alle (relativ) Besten zunächst offen lassen muß, ergibt sich aus der Gegenüberstellung von „Gemeinwohl a priori" und „Gemeinwohl a posteriori". Wenn das, was allen nützt, ohnehin schon feststeht, muß der politische Prozeß, muß insbesondere die komplexe Pluralität der Demokratie als vermeidbarer Luxus erscheinen. Wenn die Repräsentanten des Gemeinwohls sich nicht als Monopolisten betätigen sollen – wenn sie also der Demokratie verpflichtet sein müssen, dann braucht es die Offenheit des politischen Systems. (*Fraenkel* 1964, 59-62)

Diese Offenheit führt aber in stabilen Demokratien zunehmend dazu, daß nicht nur die politischen Institutionen in der Demokratie, daß vielmehr auch die demokratischen Akteure grundsätzlich gegenüber Interessen und Werten „neutral" sind. Sie sind – entsprechend dem Marktmodell, das ja das Wesen der real existierenden Demokratie ausmacht – für alle Anforderungen offen, die an sie herangetragen werden. Sie verstehen sich als Anbieter von Dienstleistungen, die sich prinzipiell auf alle Nachfragen einzustellen haben. Demokratische Politik wird zu einem Mechanismus der Marktbeobachtung und der Marktbefriedigung. Das die politischen Akteure treibende Motiv ist nicht, irgendwelche Ideale zu verwirklichen – ihr Motiv ist der Eigennutz; das Interesse, sich am politischen Markt durchzusetzen, also Herrschaft erreichen und behalten zu können.

Dieser Mechanismus ist in der Demokratie angelegt. Seinen Konsequenzen mit nostalgisch-kritischer Trauer gegenüberzustehen, heißt, die Grundannahmen der Demokratie in Frage zu stellen. *Jean-Marie Guéhenno* führt die Folgen des demokratischen Mechanismus vor allem an den Beispielen der USA und Japans vor – und dann stellt er die entscheidende Frage: „Der Politiker, den sich die Aufklärer erträumten, sollte der Geburtshelfer der Wahrheit in der Gesellschaft sein. Mit der Gabe der Rede und der Vernunft ausgestattet, sollte er im Rahmen der parlamentarischen Zeremonie soziale Transzendenz sichtbar machen." (*Guéhenno* 1994, 56f.)

Der Politiker, den sich die Aufklärer erträumten, ist in erster Linie ein Führer – geleitet von der Vernunft, in das Land der Wahrheit weisend. Dieser Politiker hat überhaupt nichts mit Demokratie zu tun. Denn Wahrheit ist keine demokratiefähige Kategorie. Und Vernunft ist immer nur etwas Relatives.

Der Politiker in der Demokratie bekommt seine Impulse von organisierten Interessen, die sich als Verbände oder Lobbies organisieren; seine Wahrheit ist die des Marktkalküls, seine Vernunft ist die der technischen Umsetzung seiner an der Nachfrage orientierten Botschaften in Wahlerfolge. Der Politiker in der Demokratie ist der, der im öffentlichen, im politischen Bereich auf seine persönliche Wahrheit verzichtet hat. Was er selbst denkt, was sein Gewissen ausmacht, was er für die beste aller Gesellschaften hält – alles das ist seine höchstpersönliche Privatsache, die mit seiner Politik nichts zu tun hat.

Damit ist aber auch die Absage an *leadership* im Sinne von „transforming *leadership*", von nicht routinisierter Führung verbunden. Denn dieser Politiker entscheidet nicht zwischen verschiedenen Inhalten und Zielen – er entscheidet zwischen verschiedenen Strategien und Instrumenten. Das Mittel wird zum Ziel. Der Politiker, der – innengeleitet – seine Politik nach eigenem Antrieb inhaltlich bestimmt, der seine höchstpersönliche Privatsache zur Richtschnur seines Handelns macht, ist mit der Demokratie nicht kompatibel. Der Politiker der Demokratie ist der außengeleitete, dessen Handlungsimpulse aus der Gesellschaft und deren Bedürfnissen kommen. (*Riesman* 1950, insbes. 261-267)

Mit der Auflösung von Wahrheit und Vernunft wird aber – tendenziell – auch Politik aufgelöst. Wenn der (idealtypische) Politiker austauschbar wird, wenn seine Persönlichkeit nur mehr als Vermarktungsaspekt wirksam sein darf, dann ist er austauschbar – nicht unbedingt sein Image, sein kommerziell gestyltes Erscheinungsbild; sehr wohl aber seine unverkennbare, spezifische, nicht austauschbare Person. Charisma als Inhalt ist out – „Charisma" als styling ist in.

*Jaruzelski* war einer Wahrheit verpflichtet. Sie war natürlich die seine, in diesem Sinne nicht „objektiv"; aber sie war intersubjektiv nachvollziehbar: die Wahrheit, daß bei Fortschreibung der Doppelautorität zwischen Solidarność und Kommunistischer Partei die Rote Armee in Polen irgendwann einmal intervenieren würde. Und Jaruzelski war der Vernunft verpflichtet – zwischen die Alternative gestellt, eine direkte Diktatur der Sowjetunion, vermittelt durch ihre Truppen, verbunden mit einem quantitativ nicht abschätzbaren Opfer an polnischem Leben zuzulassen – oder aber selbst zum (qualitativ und quantitativ „milderen") Diktator zu werden, entschied er sich für die zweite Option.

*Jaruzelski* entschied politisch; als Politiker; ohne Bindung an demokratische Regeln. Hätte er in Einbindung in ein bestehendes System stabiler polnischer Demokratie entscheiden müssen, hätte er demokratisch entscheiden müssen – er hätte wohl so nicht entscheiden können. Denn weder war die Verhängung des Kriegsrechtes demoskopisch meßbar legitim – die überwiegende Mehrzahl der Menschen in Polen hätte der Unterdrückung der Solidarność nicht zugestimmt; noch wäre das Kriegsrecht in einem funktionsfähigen Parlamentarismus so durchsetzbar gewesen. Weil Polen zwischen dem August 1980 und dem Dezember 1981 ein eigenartiges, spezifisches Transitorium zwischen Diktatur und Demokratie war, konnte der Halb-Diktator *Jaruzelski* zum Ganz-Diktator werden – und so *leadership* demonstrieren.

Wie weit sind die Spielräume, die ein Politiker in einer real existierenden Demokratie der europäischen Wohlfahrtszone am Ausgang des 20. Jahrhunderts vorfindet, von den Spielräumen Jaruzelskis entfernt! Vordergründig ist dies in Fragen des Stils zu erkennen: „Der gesellschaftliche Schliff ersetzt die Politik. Er ist nicht mehr der Lack, mit dem man die gesellschaftliche Wirklichkeit überzieht, sondern diese Wirklichkeit selbst." (*Guéhenno* 1994, 57)

Mehr denn je gilt, was *Johannes Agnoli* im Schicksalsjahr 1968 feststellen konnte: „So kämpfen die Parteien untereinander um die Regierungsmacht und bilden dennoch eine symbiotische Einheit, in deren geschlossenem Kreis der abstrakte Führungskonflikt ausgefochten werden kann." (*Agnoli* 1968, 38) Der „Führungskonflikt" ist „abstrakt" – das heißt, die marktbedingte Austauschbarkeit der regierungsbereiten und deshalb mehrheits- und marktabhängigen Parteien führt zur Abstrahierung auch der „Regierungsmacht". Sie ist nicht politische Macht, die gesellschaftlich Weichen stellen kann. Sie ist zwar Personalmacht, die über ein System des Klientelismus eine große Zahl von Menschen beeinflußt – und eben deshalb so attraktiv ist. Aber die vom politischen Markt stabiler Demokratie erzwungene „symbiotische Einheit" der konkurrierenden Kräfte nimmt dem demokratischen Auswahlverfahren den eigentlichen, den gesellschaftlich steuernden Charakter von Macht.

Was bei den neomarxistischen Kritikern der real existierenden Demokratie des Westens damals noch, 1968 und danach, als zu moralisierende Dimension galt, ist als logische Konsequenz der Demokratie zu begreifen; und zu akzeptieren, wenn Demokratie akzeptiert wird: die Auflösung von Herrschaft in dem Sinn, wie *Locke*, *Montesquieu* und die Federalists Herrschaft verstanden hatten – als Herrschaft in politischen Formen, in Institutionen, in einem konstitutionellen politischen System. Diese Herrschaft wird von der Demokratie wegrationalisiert. Hier sind sich die sonst so antagonistisch auftretenden Vertreter der identitären und der elitären Demokratietheorie einig, hier konvergieren *Jean Jacques Rousseau* und *Joseph Schumpeter*: Demokratie bedeutet die Aufhebung der politisch (im engeren Sinn) definierten Herrschaft.

Daß diese Bilanz nicht zur Zufriedenheit aller führt, die sich auf die Demokratie berufen, ist ein aufschlußreiches Phänomen: Statt das Ende von Herrschaft und damit die Aufhebung von Politik im engeren Sinne als Erfolg der real existierenden Demokratie zugute zu halten, wird dieses Ende von Politik nicht als Sieg der Demokratie, sondern als deren Ende verkündet. (*Guéhenno* 1994)

Dahinter ist eine bestimmte Bedürftigkeit zu vermuten: Zwar mag es schon so sein, daß das „Ideal dieser Welt ... nicht der institutionalisierte Konflikt, sondern die durch nichts gestörte Windstille (ist)." (*Guéhenno* 1994, 113) Aber es ist ebenso das Ideal dieser Welt, den Kampf der Mächte des Guten gegen die Mächte der Finsternis zu erwarten; und darauf zu hoffen, daß irgendein *Herkules* oder *Siegfried* oder *St. Georg* das dunkle Getier vernichtet. Die dualistische, manichäische Neigung zur simplistischen „gut-böse" Dichotomie kann aber durch die Einsicht in einen der Demokratie adäquaten Übergang von (heroisierbarer) Politik in eine sich selbst steuernde Nicht-Herrschaft nicht befriedigt werden.

Doch hinter dem Fehlen eines demokratischen Triumphalismus steht auch die Erkenntnis, daß ja das, was im engeren, traditionellen Sinne „Politik" heißt, nur Teile der Gesellschaft erfaßt. Die Aufhebung von Politik in diesem – demokratisierten – Teilbereich der Gesellschaft ändert doch überhaupt nichts daran, daß in den nicht demokratischen Bereichen Politik weiterlebt: nicht oder kaum verregelt, häufig hinter „Sachzwängen" getarnt, aber durch ihr entscheidendes Merkmal letztlich immer als Politik auszumachen: durch das Vorhandensein von Machtverhältnissen; durch die Existenz von Herrschaft der Menschen über Menschen.

Daß die tendenzielle Aufhebung von Politik im eigentlichen, engeren Politikbereich nicht die Aufhebung von Machtverhältnissen, von gesellschaftlich vermittelten und vor allem ökonomisch verursachten Herrschaftsformen bedeuten kann, haben *Johannes Agnoli* und die Vertreter der kritischen Demokratietheorie (*Bachrach* 1967, *Narr/Naschold* 1971, *Pelinka* 1974) motiviert. Die daraus abgeleiteten Postulate betreffen die Gesellschaft jenseits des politischen Systems – vor allem die Ökonomie. Deren Demokratisierung – nicht aber die Bestärkung der Fiktion von Herrschaft durch Amtsträger, durch institutionell Regierende – ist die dann folgerichtige Konsequenz kritischer Demokratietheorie. Aber auch dieses Demokratieverständnis, das sich mit dem Status quo westlicher Realität nicht abfinden will, kann die Tatsache der Herrschaftsreduktion im Politischen – bei gleichzeitiger Aufrechterhaltung von Herrschaft im Nicht-Politischen – nicht einfach aufheben. Auch eine kritische Demokratietheorie kommt an der Wirklichkeit der Auflösung von Politik durch Demokratie nicht herum.

Diese Auflösung von Politik durch Demokratie macht aus den politischen Vorgängen im engeren Sinn – Wahlen, Parlamente, Regierungen, Parteien,

Verbände – einen „technischen" Vorgang. Da ein stabiler politischer Markt die Anbieter zu einem strategischen Konformismus zwingt, haben die politischen Entscheidungsträger eigentlich nichts mehr zu entscheiden. Es entsteht ein „Reich ohne Herrscher", das mit den Begriffen der Meteorologie beschrieben wird: „In ... (seiner) Welt ist alles völlig rational und dennoch nicht vorhersehbar; die winzige Veränderung einer Variablen kann den Wettersturz auslösen, so daß sie sich allen Fortschritten der Wetterbeobachtung zum Trotz dem Beobachter versperrt. In dieser Bedeutung ist es sinnlos geworden, das politische System kontrollieren und den politisch Verantwortlichen mit einer Art Uhrmacher der Gesellschaft vergleichen zu wollen, der im Zentrum des Räderwerks sitzt und durch den kontrollierten Ausgleich der Gewichte ... den gesamten Mechanismus regelt. Man kann den Bereich der Politik ebensowenig beherrschen wie das Klima." (*Guéhenno* 1994, 112)

Der Uhrmacher aber ist der „leader". Er kann in diesem sich selbst regulierenden System stabiler Demokratie nur noch den Anschein der Steuerungskompetenz erwecken – äußerstenfalls durch eine Verbesserung gesellschaftlicher Prognosetechniken (quasi-meteorologische Frühwarnsysteme), die aber wiederum nicht er entwickeln, deren Entwicklung er nur anregen und deren Verwendung er durchsetzen kann. Die Erwartungen in *leadership* sind angesichts dieser Rahmenbedingungen nichts als das Beharren auf einem nostalgischen Mythos, der aus der Frühzeit der gesellschaftlichen Entwicklung in deren Spätzeit hinüberreicht.

Dies der stabilen Demokratie vorwerfen zu wollen, hieße, ihre Intention und ihre Logik mißverstehen: Das ist es doch, was alle Demokraten – und insbesondere die Radikalen unter ihnen – immer schon haben wollten. Das ist die Auflösung der Herrschaft von Menschen über Menschen. Das ist es, was *Abraham Lincoln* – in propagandistischer Absicht – in seiner Gettysburg-Rede für seine und damit für die Fahnen der Demokratie reklamierte: „Government of the people, by the people, for the people."

Das gilt freilich für „government" – also für den institutionalisierten Bereich von Politik, für den Staat, für das politische System. Das gilt nicht für die Gesellschaft in ihrer Gesamtheit. Die in die Irre führende Faszination mit *leadership* in der Politik lenkt davon ab – davon, daß global, regional und national eminente gesellschaftliche Ungleichheiten ein eminentes gesellschaftliches Machtungleichgewicht reflektieren; davon, daß die allseits bewährte Form stabiler (ist gleich liberaler ist gleich westlicher) Demokratie dieser Herausforderung sich ganz bewußt nicht stellt; davon, daß die Legitimation dieser real existierenden Demokratie sich vor allem vom schrecklichen Scheitern der Experimente herleiten läßt, die sich dieser Herausforderung stellen wollten; davon, daß weniger die westliche Demokratie gesiegt, daß vielmehr der Marxismus-Leninismus verloren hat.

Das schreckliche Scheitern des Marxismus-Leninismus muß vorsichtig machen. Aber das ändert nichts an der Grundproblematik: Die stabilen Demokratien bauen auf einer historisch zufälligen, politisch willkürlichen, intellektuell inkonsistenten Zweiteilung der Gesellschaft: auf der Teilung in einen „öffentlichen" und in einen „privaten" Bereich. Im „öffentlichen" Bereich gibt es Demokratie, soll es Demokratie geben; im „privaten" kann es, darf es Demokratie nicht geben. Es gibt gute Argumente dafür, daß es eine solche Teilung geben muß – es gibt aber keinerlei Argumente dafür, daß die Grenze zwischen den beiden Sektoren gerade dort verlaufen muß, wo sie in diesem Stadium der gesellschaftlichen Entwicklung gerade verläuft.

Die Geschichte ist auch die Geschichte der ständigen Verschiebungen dieser Trennlinie zwischen „öffentlich" und „privat". Die politische Ordnung der Antike – der attischen Polis wie der römischen Republik – baute darauf, daß die Verhältnisse in der Familie, im Hause, zum Privaten gehörten; und daß Familie und Haus („oikos" – *Hennis* 1973, 38f.) in der privaten Alleinverantwortung des „pater familias" zu sein hätten. Damit waren aber Sklaven, Frauen, Kinder – Privateigentum des Hausherrn.

Dies ist in der Neuzeit überholt. Die Grenze zwischen „privat" und „öffentlich" hat sich entscheidend verschoben. Die Grenze ist aber nicht an ihrem endgültigen Platz angekommen – solange es Geschichte gibt, gibt es die Verschiebung der Grenze, gibt es den Kampf um die Verschiebung der Grenze. Und es gibt die Ausdifferenzierung dessen, was „privat" und „öffentlich" bedeutet – eine Ausdifferenzierung in Richtung Mehrdeutigkeit. Auch im „Privaten" sind Formen der Beteiligung vorstellbar – etwa in Unternehmen, die nach dem in liberalen Systemen herrschenden Verständnis grundsätzlich der privaten Sphäre zuzurechnen sind; etwa in der Familie, die als das Private schlechthin gilt. Es gibt Mitbestimmung im Betrieb und damit in der „privaten" Wirtschaft; und es gibt Partnerschaftsmodelle für die Familie.

Diese Verschiebung ist in der Neuzeit grundsätzlich keiner eindeutigen Richtung gefolgt: Privates wurde teilweise, schrittweise öffentlich gemacht, aber gleichzeit wiederum, etwa durch rechtsstaatliche Garantien und Willkürverbote, der Öffentlichkeit entzogen. Die Grenze ist diffuser, sie ist durchlässiger geworden. Politik findet jedenfalls in vielen Sektoren statt: Politik ist auch die Entscheidungsfindung in Betrieb und Schule. Politik wird „weit" – allumfassend.

Aber eben deshalb wird Politik auch diffuser: Indem sie in alle gesellschaftlichen Bereiche einsickert, indem sie allgegenwärtig wird, hebt sie sich tendenziell selbst auf. Politik versickert. Politik im engeren Sinne – in den Staatskanzleien und Parlamenten – ist immer weniger Gestaltung, sie wird immer mehr zur bloßen Anpassungstechnik. Und gleichzeitig findet Politik im weiteren Sinne überall statt. Die Vergesellschaftung von Politik begründet, sie begleitet jedenfalls das Abhandenkommen, die Auflösung von Politik.

In seinem Versuch über theoretische Erklärungsansätze des Unterganges des real existierenden Sozialismus erwähnt *Klaus von Beyme* die Neigung der (mit den Namen *Parsons, Luhmann, Maturana*) verbundenen Systemtheorie, politische Systeme als selbststeuernd zu begreifen (Autopoiesis). (*von Beyme* 1994, 33f.) Die wachsende Integration aller Teilsysteme in ein Weltsystem habe eine sich „sozialistisch" definierende Abweichung nicht mehr zugelassen – gleichgültig, in welche Richtungen die konkreten politischen Steuerungsversuche auch gewiesen hätten.

Diese Sicht einer sich selbst steuernden Evolution entzieht konsequenterweise auch den nationalstaatlichen, wenn auch angepaßt kapitalistisch-demokratischen Subsystemen Autonomie. Dahinter steht keine Verschwörung – keine Weisen von Zion, keine Wallstreet-Eminenzen, keine Freimaurer-Geheimnisse. Dahinter steht die Entpersonalisierung der Politik, damit aber in letzter Konsequenz die Entpolitisierung der Politik.

Die Demokratie bringt diese Tendenz nur auf den Punkt. Ihre Doktrin ist ja, daß entweder das Volk regiert; oder daß engstens ans Volk gebundene Eliten die Regierungsgeschäfte erledigen. Damit ist die Entpersonalisierung der Politik schon ganz offen von der Demokratie angesagt – daß dann die Entpolitisierung folgt, ist nur der nächste Schritt.

Demokratie gibt dem „Volk" die Rechte des „Souveräns" – also die Rechte, die in vor- und frühmoderner Zeit mit Berufung auf Gottes Gnade oder auf die Bedürfnisse der Untertanen Einzelherrschern eingeräumt waren. Diese Herrscher waren konkret; und wenn schon nicht buchstäblich anfaßbar, so doch individuell wahrnehmbar. *Louis XIV.* ebenso wie *Joseph II.* Das „Volk" ist aber ein Abstraktum, das ganz vorzüglich in die extrem abstrakt angelegte Systemtheorie paßt. Denn das „Volk" gibt es nicht – jedenfalls nicht, was mehr als die höchst heterogene Summe von Gruppen und Interessen wäre.

Es ist daher Illusion, auf die Repolitisierung der Demokratie von innen zu setzen. Die Verstärkung des politischen Gehalts der Gesellschaft kann nur von dort kommen, wo es keine Demokratie, wo es daher Politik und *leadership* und offene Widersprüche gibt; wo die Macht noch wirklich personalisierbar und berührbar und spürbar ist – jenseits der Politik im engeren Sinn.

Der Druck, der für jede Veränderung bestehender Verhältnisse Voraussetzung ist, kann seine Wurzeln nur außen haben – in der Gesellschaft; dort, wo nicht Politik im engeren, traditionellen Sinn herrscht. Und dieser Druck kann nur aus dem Widerspruch kommen – vor allem aus dem Gegensatz zwischen Anspruch und Wirklichkeit. Und Gegensätze sind auch in der sich so erfolgreich selbst steuernden, real existierenden Demokratie deutlich – zwischen („politischer", das heißt demokratisierter und damit entmachteter) Macht und („unpolitischer", das heißt nicht demokratisierter und damit mächtiger) Macht; vor allem aber zwischen „Volk" und Volk.

Das reale Volk, nicht das Volk der konstitutionellen Fiktion, ist die Summe der Betroffenen. In der nationalstaatlichen (und damit in der real existierenden) Demokratie geht die Schere zwischen den Betroffenen und dem „Volk" immer mehr auf; immer mehr Betroffene sind nicht „Volk": zum Beispiel Ausländer, Fremde, zum Beispiel noch nicht Geborene, deren Lebensinteressen aber durch die gegenwärtige Politik massiv beeinträchtigt werden.

Die Ausweitung der Demokratie hat sich immer an der Interessenlage derer gerieben, die zum „Volk" gehörten, nicht einfach alle Betroffenen in diesen Kreis aufnehmen zu wollen, zum „Volk" zuzulassen. Den Männern mußte das Frauenstimmrecht im politischen Kampf ebenso abgerungen werden wie den „Weißen" Südafrikas die politische Rechte der „Schwarzen". Der eigentliche Motor der Entwicklung der Demokratie kommt aus dieser Gegenläufigkeit zwischen „Volk" und Volk.

Entlang dieser Spannungslinie findet wirklich Politik statt – wenn es um die Aufnahme von Ausgeschlossenen in die Demokratie geht. Deshalb ist für die wirtschaftlich fortgeschrittenen Demokratien der Jahrtausendwende die Frage der Aufnahme derer, die wegen ihrer Staatsbürgerschaft nicht „Volk" sein dürfen, obwohl sie Volk sind, so bedeutsam. (*Dahl* 1989, 119-131) Das Hineindrängen der Ausgeschlossenen in die Demokratie – und das Hineindrängen der als „unpolitisch" ausgeschlossenen Bereiche in eben diese Demokratie: Das sind die großen politisierenden Themen, die großen Konfliktherde. Es ist ein Drängen aus dem ungeregelten in den geregelten, aus dem ungeschützten in den geschützten Sektor der Gesellschaft.

Die Demokratie hat gesiegt. Im Einverständnis mit ihrem Programm löst sie Politik auf. Diese findet nicht (mehr) statt – in der Demokratie. Das von Demokratie beherrschte politische System ist apolitisch: Austauschbare Masken täuschen *leadership* vor, die Stärke des Applauses des zu unterhaltenden Publikums – Souverän genannt – wird als Wirklichkeit ausgegeben. Aber die von Demokratie nicht beherrschten anderen Teilsysteme – Wirtschaft, Erziehung, Kultur, also die „unpolitischen" Teile der Gesellschaft – sind die eigentlich politischen Sphären. Dort findet die wirklich relevante Politik statt, wo es keine Demokratie gibt.

## 22. Von der Verwandlung des Volkes in den Markt

*Das Volk oder „ein Volk" – McNamaras Managertum – Der Markt als Anti-Utopie – Fulbrights logische Widersprüchlichkeit – „Volk" heißt Ausschluß – Die Hartnäckigkeit der Holzwürmer*

„We, the people of the United States": Der Anfang der amerikanischen Unabhängigkeitserklärung, die auch eine Erklärung der Menschenrechte ist, ist der Anfang einer Fiktion – der Fiktion vom Volk. Das Volk als Souverän dient seither allen möglichen Herrschern zur Rechtfertigung ihres Tuns.

„Wir sind das Volk", riefen die Demonstranten im Herbst der DDR – bei den Demonstrationen in Leipzig und anderswo, 1989. Bald wurde daraus: „Wir sind ein Volk!" Und damit hatte der Souverän des Arbeiter- und Bauernstaates die Bedeutung der populistischen Philosophie ins Gegenteil verkehrt. „Wir sind das Volk": In dieser konnte sich der vietnamesische Gastarbeiter ebenso finden wie die Studentin aus Angola, beide bei den Demonstrationen in Leipzig aktiv dabei. „Wir sind ein Volk": Da waren die beiden plötzlich nicht mehr ein-, sondern ausgeschlossen. Denn aus dem Volk als Summe der Betroffenen war plötzlich das Volk als Summe aller Deutschen geworden. Und dann waren, auch in Leipzig, der Deutsche aus Köln und die Deutsche aus Heidelberg eingeschlossen – der Vietnamese und die Frau aus Angola waren aber ausgeschlossen. Obwohl die politische Macht, an die sich – oder gegen die sich – der jeweilige Slogan richtete, zwar den vietnamesischen Gastarbeiter und die Studentin aus Angola konkret traf und betraf, den Deutschen aus Köln und die Deutsche aus Heidelberg aber nicht.

Das (ein, mein, unser) „Volk" ist in seiner Unverbindlichkeit hervorragend geeignet, jede nur denkbare Form konkreter Herrschaft zu rechtfertigen. Das (ein, mein, unser) „Volk" ist eindeutig nur in zweierlei Hinsicht:

– Das „Volk" ist die historische (und aktuelle) Antithese zu der einzigen geschlossenen, alternativen Rechtfertigungsideologie von Herrschaft –

dem Gottesgnadentum in allen seinen Varianten, von der Erbmonarchie bis zum religiösen oder sekundärreligiösen Fundamentalismus.

- Das „Volk" schließt immer ein – und daher schließt es immer auch aus. Es ist niemals selbstverständlich, wer zum Volk gehört – die Zugehörigkeit variiert in der Geschichte, ist also politisch gewährleistet und kann politisch entzogen werden. Nichts ist weniger „natürlich" als das Volk.

Politik in der Demokratie muß durch die Berufung auf das „Volk" begründet werden. Daran führt kein Weg vorbei. Doch was dies konkret bedeutet, welche Konsequenzen es für die hat, die sich darauf berufen, ist zunächst höchst diffus. Was bedeutet „Volk" für diejenigen, die sich darauf berufen, wenn sie Entscheidungen treffen?

Als *Robert McNamara*, der Präsident des Ford-Konzerns, 1961 sein Amt als Verteidigungsminister *John F. Kennedys* antrat, da verkündete er – der Jungstar der amerikanischen Unternehmerwelt – den Medien seine Auffassung seiner neuen Rolle als Herr über das größte Verteidigungsbudget und die größte Vernichtungsmaschinerie der Welt:

„Die Rolle eines öffentlichen Managers ist sehr ähnlich der Rolle eines privaten Managers; da und dort hat er die Wahl, einer der beiden größeren Handlungsalternativen zu folgen: Er kann entweder als ein Richter oder aber als ein 'leader' handeln ... Ich habe immer an die aktive Führungsrolle geglaubt und habe mich auch bemüht, ihr gerecht zu werden – im Gegensatz zur passiven Richterrolle." (*McNamara* 1995, 23)

Die Führungsrolle eines Managers – privat oder öffentlich – ist also der Inbegriff politischer Führung. Aktiv entscheidend, und nicht passiv abwägend; Partei ergreifend, und nicht über den Dingen schwebend – das ist *leadership*. Welche Rolle kommt hier dem Volk zu, was hat das alles mit der Berufung auf den Souverän zu tun? *McNamara* berief sich auf seine Erfahrungen in der Welt eines multinationalen Unternehmens. Und damit inkludierte er auch in seine Definition von *leadership* die harten Erfolgskontrollen, denen der (private) Manager ausgesetzt ist – seine Qualität muß sich am Markt bewähren. Ob *Robert McNamara* ein erfolgreicher „Führer" der Ford Motor Company war, das entschied letztlich die Welt des Kaufens und Verkaufens; das konnte ständig an den Marktanteilen abgelesen werden, die Ford eroberte oder verloren hatte.

Wenn das auch für den „öffentlichen Manager", den Politiker gilt – was sind dann die Erfolgskontrollen, die ebenso eindeutig und konsequent die Qualität von *leadership* beurteilen? Wiederum muß die Analogie herangezogen werden – auch hier ist es die Parallele zur Welt der Unternehmen, die Auskunft gibt: Es ist der Markt, der entscheidet; der politische Markt.

*McNamaras* von Demokratie scheinbar so losgelöste Definition des „leaders" als „öffentlicher Manager" bekommt so sehr wohl eminent demokratische Implikationen. Denn der öffentliche Manager unterliegt den analogen, scharfen Erfolgskriterien, die für jedes marktgebundene Management gelten – ob privat, ob öffentlich; ob wirtschaftlich, ob politisch. Und über diese Kriterien wacht „das Volk"; oder, unter Verzicht auf die mythologisierte Begrifflichkeit, es wacht der politische Markt. Nur die Ergebnisse des öffentlichen Managements, die vom Markt zumindest ex post legitimiert werden, halten stand; andere Ergebnisse führen zur Entfernung des Managements und zur Änderung der Politik. In Antizipation dieses Marktmechanismus aber orientieren sich die Manager am Markt – oder, mythologisch ausgedrückt, es orientieren sich die „leader" am „Volk".

Der politische Markt ist das Zusammentreffen der Nachfrage, die sich im Wahlverhalten artikuliert, und des Angebots, für das Personen und Parteien verantwortlich sind – also routinisierte *leadership*, also öffentliches Management im Sinne McNamaras. Dieser Markt neigt nun – zum Leidwesen liberaler, Madison verpflichteter Theoretiker – zu „populistischem" Verhalten. (*Riker* 1982) Tendenziell bestimmen die Wählerinnen und Wähler nicht mehr bloß das politische Führungspersonal, die öffentlichen Manager, die dann in relativer Freiheit *leadership* üben können; tendenziell zwingen sie, Ergebnis der Marktlogik, die öffentlichen Manager zu einem vorherberechenbaren und damit austauschbaren, nicht mehr persönlich differenzierbaren Verhalten – sie nehmen der *leadership* die Freiheit – zu führen.

Damit entspricht das Wesen des (demokratischen und nur des demokratischen) „homo politicus" voll dem Wesen des „homo oeconomicus". Der Politiker in der Demokratie muß Kosten und Nutzen mit Bezug auf einen real existierenden Markt optimieren; er muß Bedürfnisse befriedigen, die er nur in Grenzen steuern kann; er ist in das Gleichgewicht einer Marktlogik eingebunden, die ihn zu einem adaptiven Verhalten zwingt.

Der Markt in seiner Nüchternheit, in dem nichts „Heiliges", in dem nur Interessen dominieren, ist der Widerspruch zu den Emotionalisierungen, die allen latent totalitären Bewegungen, die allen latenten Fundamentalismen zu eigen sind. Die Einsicht in die Logik des Marktes nimmt den Führern aller

Zeiten und aller Regionen das Mittel zur Emotionalisierung des Verhaltens anderer und zur Stilisierung des eigenen Verhaltens: zur Ideologisierung der Interessen. Ein „leader", dessen Motivation zur *leadership* für alle erkennbar Eigeninteresse ist und der sich auch als Markt-„leader" bekennt, wird nicht wie *Mao* oder *Khomeini* die „Massen" auf irgendwelche Feinde hetzen können. Ein solcher „leader" wird auch kaum Serben oder Azeris in großer Zahl davon überzeugen können, daß es wert ist, für das serbische Amselfeld oder für ein aserbaidschanisches Berg-Karabach zu sterben. Der Markt vermag nicht die moralische Abscheu zu vermitteln, die ein dichotomisches Politikverständnis gegenüber der „civitas mundi" bedeutet – und ebensowenig die unkritische Akzeptanz gegenüber der „civitas Dei".

Der Markt braucht nicht propagiert zu werden. Als Regelungssystem der Gesellschaft und der Politik bedarf er keiner Werbung. Er muß nur erkannt werden: als eine existierende Logik, der Axiome unterstellt werden können oder auch nicht; der Vor- und Nachteile zugeschrieben werden können; die beschrieben und analysiert werden können. Die Nüchternheit des Marktes, dessen Wirken als politischer Markt und damit als Demokratie ja vielfach beschrieben ist, (*Downs* 1957) dessen handlungsbezogene Konsequenzen vielfach analysiert sind, (*Olson* 1965, *Frey* 1983) ist sein großer Vorteil – und sein großer Nachteil.

Die Nüchternheit des Marktes, sein instrumenteller und damit nicht eigenwertiger Charakter, läßt die konkrete Überprüfung der in seinem Gleichgewichtssystem angelegten Kontrollmechanismen zu. Der Markt kann, im Rahmen seiner Logik, verbessert werden; und er muß, ebenfalls im Rahmen seiner Logik, ständig überprüft werden. Der politische Markt ist niemals fertig: Kontrolle zur Verhinderung der Bildung politischer Kartelle sind eine ebenso permanente Aufgabe wie die Überprüfung mit Blickrichtung auf mögliche Ausschlußwirkungen. Denn der politische Markt, der nach herrschendem Demokratieverständnis auf dem Prinzip der gleichen Machtmittel aller Nachfragenden baut, ist ja in eine Gesellschaft realer Ungleichheit hineingestellt – und aus diesem gesellschaftlichen Umfeld kommen unvermeidlich Impulse, die sich mit dem Gleichheitspostulat der Demokratie und damit des politischen Marktes reiben.

Die Geschichte des politischen Marktes zeigt diese Wandlungsdynamik: Der Zugang zum Markt, die politischen Rechte insbesondere in Form von Bürger(innen)- und Wahlrechten, hat sich verschoben und kann, wird sich auch in Zukunft weiter verschieben – in die Richtung, die dem Demokratie-Axiom entsprechen (in Richtung Gleichbehandlung aller Betroffenen), oder in die Gegenrichtung. Der Markt ist, weil nie fertig, die Anti-Utopie schlechthin. Das aber macht seine Schwäche aus. Eine konsequent als Markt erklärte Demokratie motiviert nicht oder kaum. Ein zum Markt erklärtes Volk löst nicht diese Identifikationen aus, es verleiht nicht diese Identität, die „das Volk" als Mythos zu vermitteln vermag. Das an Bilder, an Märchen, an archaische Muster gewöhnte, reale Volk zieht es offenkundig immer wieder vor, „Volk" zu sein – statt sich als Markt zu verstehen. Damit freilich wird die Sicht auf reale gesellschaftliche Vorgänge verstellt.

Der Sieg des Volkes ist ein Sieg durch den Markt und über den Markt. Ein „Volk", das sich nicht als Markt organisieren kann, das seine Interessen nicht in Form politischer Nachfrage in den Mechanismus einer Wettbewerbsdemokratie einzubringen versteht, hat als Volk abgedankt – es mag zwar als Rechtfertigung politischer Herrschaft zitiert werden, es ist aber politisch irrelevant. Ein „Volk", das nicht zum Markt wird, kann politisch vernachlässigt werden.

Doch nicht alles, was Politik ist, wird auch tatsächlich am Markt gehandelt. Der real existierende „politische Mensch" unterscheidet sich vom bloß fiktiven, „ideologischen Menschen" durch sein zwar vorhandenes, aber eben nur begrenztes politisches Interesse. (*Lipset* 1960) Ohne ein solches Interesse aber gibt es keinen politischen Markt. Wenn für bestimmte Politikbereiche kein relevantes – das heißt kein potentiell wahlentscheidendes – Interesse gegeben ist, dann kann der politische Markt in diesem einen Politikbereich nicht funktionieren. Dieser Bereich bildet eine Nische – in ihm wird ohne die steuernde Logik des Marktes entschieden. Hier gibt es keine Demokratie. Aber eben deshalb gibt es *leadership*, und zwar auch transformierende, also nicht routinisierte.

*J. William Fulbrights* Widersprüchlichkeit zeigt die Komplexität einer solchen Nischenpolitik auf. Der Intellektuelle aus Arkansas, US-Senator von 1944 bis 1974, 15 Jahre Vorsitzender des außenpolitischen Ausschusses des Senats, war die Speerspitze der amerikanischen Außenpolitik, die man als „liberal" bezeichnet. Das wissenschaftliche Austauschprogramm, das nicht zufällig seinen Namen trägt, zeigt die internationale Offenheit dieser Politik und dieses Politikers. Als Kritiker der Vietnam-Politik der USA hatte der Demokrat *Fulbright* mit dem demokratischen Präsidenten *Johnson* heftige Auseinandersetzungen, die ihn zu einer Identifikationsfigur der amerikanischen Linken machten.

Doch *Fulbrights* Politik hatte zwei Seiten – als *Dr. Jekyll* repräsentierte er eine konsequente Opposition gegen die Militarisierung der Außenpolitik, gegen die Macht des militärisch-industriellen Komplexes, gegen die antikommunistische Paranoia, die in den Sumpf der Vietnam-Politik geführt hatte. Als *Mr. Hyde* aber kämpfte er gegen die Bürgerrechtsgesetze, die derselbe *Lyndon Johnson* vertrat, gegen dessen Außenpolitik *Fulbright* ebenfalls opponierte. *Fulbright* war ein Vertreter der Segregation – er wollte dem Süden (und damit seinem Heimatstaat) die alte Ordnung sichern, die Menschen nach deren Hautfarbe in zwei Kategorien einteilte. *Fulbright*, der Innenpolitiker, war ein bigotter, rassistischer Reaktionär. (*Woods* 1995)

Die Widersprüchlichkeit dieses Verhaltens kann nur vom politischen Markt her erklärt werden. In den 40er, 50er und 60er Jahren, als die Wählerinnen und Wähler von Arkansas *Fulbright* in den Senat entsandten, war das wichtigste politische Thema im Süden der USA die „Rassenfrage". Und da im Süden die „Schwarzen" durch eine offene Diskriminierung an der Ausübung ihres Wahlrechtes gehindert waren, beherrschte in Arkansas nur ein einziges Interesse den Wähler(innen)markt: die Vorrechte der „Weißen" unbedingt zu verteidigen. Niemand hätte in dieser Zeit in einem traditionellen Südstaat zum Senator gewählt werden können, dessen Politik hier nicht marktkonform gewesen wäre. *Fulbright* wurde also gewählt und immer wieder gewählt, weil er den Auftrag seines Elektorates erfüllte – eine Bürgerrechtsgesetzgebung zu verhindern, die den „Weißen" ihre Vorrechte genommen hätte.

Gegenüber diesem alles beherrschenden Interesse von *Fulbrights* Elektorat war seine Außenpolitik drittrangig. Sie war das Hobby eines Intellektuellen, das dieser sich leisten konnte, weil er gleichzeitig als Mandatar seine Pflicht erfüllte. *Fulbrights* Außenpolitik kann nicht vom real existierenden Markt seiner Zeit erklärt werden – *Fulbrights* Innenpolitik kann nur vom Markt her verstanden werden.

In der Innenpolitik war *Fulbright* Manager, der die Marktanteile seines Produktes aufmerksam beobachtete und Jahrzehnte hindurch diese Anteile erfolgreich hoch halten konnte. In der Außenpolitik war *Fulbright* hingegen tatsächlich „leader", der nicht nach dem Markt, sondern nach seinem eigenen Wissen und Gewissen Politik machte. Und diese *leadership* war ihm aber nur möglich, weil es für dieses sein Steckenpferd liberaler Außenpolitik in Arkansas keine Nachfrage gab – weder eine positive, noch eine negative. Er wurde nicht wegen, er wurde nicht trotz seiner liberalen Außenpolitik gewählt – er wurde völlig unabhängig davon wegen seiner reaktionären Innenpolitik gewählt. Fulbrights *leadership* war möglich, weil in diesem seinen außenpolitischen Feld der Markt nicht funktionierte, weil das real existierende Volk nichts zu sagen hatte.

*Fulbrights* real existierendes Volk war freilich ein „Volk" in der Entwicklung – von einem nach ethnischen, nach rassistischen Kriterien ausschließenden Volk (der „Weißen") zu einem (gegen *Fulbrights* Widerstand) „Weiße" und „Schwarze" verbindenden Volk. *Fulbrights* „Volk" wurde von der Geschichte überwunden – in Übereinstimmung mit den Prinzipien, die 1776 die (durchwegs weißen, durchwegs männlichen) „Gründungsväter" verkündet und gleichzeitig permanent verletzt hatten. Und mit der Einbeziehung der „Schwarzen" in den Markt, in das real existierende Volk änderte sich auch die Richtung der Marktlogik. Es ist ein signifikanter Aspekt dieser Änderung, daß dieses nun erweiterte Volk von Arkansas *J. William Fulbright* nicht mehr in den Senat entsenden wollte – 1974 erlitt er, bei seinem fünften Wiederwahlversuch, die erste Niederlage.

Der Markt kreiert seine Nicht-Führer. Als *Ross Perot* 1992 zum politischen Star der US-amerikanischen Bühne wurde, da war seine Botschaft, das Zwei-Parteiensystem sei nicht in der Lage, *leadership* zu produzieren. Und mittels der elektronischen Medien gelang es ihm, sich selbst als „leader" anzubieten, der dann nicht unerheblich den Ausgang der Präsidentschaftswahl beeinflussen sollte. Die Botschaft war überhaupt keine der Substanz – *Perot* kritisierte nicht die Irak-Politik *George Bushs*, und er stritt auch nicht mit *Bill Clinton* über dessen Vorstellungen von einer neuen Gesundheitspolitik. Aber seine Rolle als Nicht-Führer war die eines Indikators: Er zeigte Unzufriedenheit an; und zwar, paradoxerweise, mittels der Techniken des Marktes – gegen die Ergebnisse des Marktes. (*Goldman* 1994, 424-435)

Der „*Perot*-Faktor" demonstriert, daß der Markt auch die Illusionen über den Markt vermittelt; daß am Markt die Vorstellungen wirksam werden, Demokratie sei eben nicht „nur" ein Verfahren, das Volk sei mehr als der Markt und *leadership* sei das wahre Bedürfnis der Wähler(innen) – aber auch, daß der Inhalt dieser ersehnten Führung diffus bis kontrovers ist. Der Markt zeigt verläßlich an, daß seine Realität nicht (voll) befriedigt. Aber eben deshalb befriedigt er doch: nicht alle Erwartungen, die an ihn gestellt werden; aber er erfüllt seine Funktion als Regelmechanismus, an dem alle Berechtigten (das real existierende Volk) teilnehmen können.

Der „*Perot*-Faktor" zeigt auch, wie hartnäckig die Fähigkeit ist, den eben noch nicht verlorenen Illusionen nachzutrauern. Dem „Volk" nachtrauern und die Fiktion vom „Volk" verteidigen, das führt aber in die völkische

Falle. Denn jeder Definition des Volkes, die in diesem mehr sieht als die Summe der am Markt Beteiligten, ist die Betonung von Eingrenzung und Ausgrenzung immanent. Einem solchen „Volk" muß Identität zugeschrieben werden, es muß Identität haben – „nationale" zumeist, oder auch „ethnischnationale". Und diese Identität hat, neben der von ihr ausdrücklich gewünschten Einschließungs-, auch eine unvermeidliche Ausschließungswirkung. Es müssen Menschen aus dem konkret fingierten „Volk" draußen bleiben – weil sie nicht die richtigen Großeltern nachweisen können (Nürnberger Rassengesetze); weil sie die falsche Muttersprache haben, weil sie der falschen Religionsgemeinschaft angehören, weil sie die falsche Hautfarbe besitzen; weil sie nicht ganz im Besitz des richtigen Papiers sind – der Staatsbürgerschaft.

Das Recht, Teil des „Volkes" zu sein, wird nicht als Konsequenz der simplen Präsenz am Markt gesehen; des einfachen „Da-Seins" in einer konkreten Gesellschaft. Es werden vielmehr, mit einer quasi-biologistischen Konsequenz, „Marker" gesucht und konstruiert, die zwischen dem „eigenen" und dem „anderen" Volk unterscheiden. Ethnizität heißt die Falle – als Konsequenz dieses völkischen Denkens gibt es Gewalt, gibt es auch ganz konkret die postkommunistischen Kriege in Europa ebenso wie enthnische „Säuberungen" in aller Welt.

Die den Ansprüchen der bürgerlichen Revolution an sich entsprechende Bereitschaft, jede(n) Betroffene(n) am Volk teilhaben zu lassen, äußert sich im „ius soli", das nicht zufällig das noch immer beherrschende Prinzip des US-amerikanischen und des französischen Staatsbürgerschaftsrechtes ist. Diese der völkischen Falle an sich gegensteuernde Grundhaltung ist freilich gerade in den USA durch die Tolerierung von „Zusatzqualifikationen" unterlaufen worden. *Schumpeter* rechtfertigte den Ausschluß Betroffener, die in der US-Gesellschaft lebten und trotz der dem „ius soli" entsprechenden Staatsbürgerschaft von der politischen Nutzung derselben ausgeschlossen wurden, durch eine demonstrative Indifferenz gegenüber dem rassistischen Ausschluß der Afro-Amerikaner vom Wahlrecht, wie es in den Südstaaten bis in die 60er Jahre der Fall war. Diese scheinbar wertfreie Indifferenz gegenüber den Regelungen des Zuganges zum politischen Markt ist aber natürlich eine massiv wertende Steuerung, die Völkisches in den seinem Wesen nach farben-, geschlechts-, religions- und ethnoblinden Marktmechanismus bringt. Nicht die Gleichsetzung von Betroffenen und Berechtigten, das heißt die Gleichbehandlung aller in einer Gesellschaft Lebenden verletzt in ihrer Werthaltung die Logik des Marktes – es sind die wertenden Ausschließungskriterien, die von politischer Macht betroffene Menschen von der Steuerung dieser Macht über den Markt ausschließen. (*Dahl* 1989, 121-130)

Der politische Markt, Demokratie genannt, hat ein Axiom – keine irgendwie gearteten „Marker" des Geschlechts oder der Rasse oder der Ethnizität oder der Religion als axiomatischen Ausschließungsgrund zu akzeptieren. Betroffenheit, das ist das einzige Kriterium für das Recht, sich aktiv an dem Markt zu beteiligen, dessen Mechanismus man ausgesetzt ist. Dafür haben die Repräsentanten der bürgerlichen Revolution die Menschenrechte verkündet. Das ist der harte Kern aller Deklarationen dieser Rechte – von seiten der Vereinten Nationen, von seiten des Europarates.

Das Volk in der Demokratie ist kein „Volk" – es wird nicht ethnisch definiert. Jede ethnozentrierte Bestimmung des Volkes hat die Konsequenzen, die im Überfluß beobachtet werden können: Diskriminierung nach willkürlich ausgewählten Kriterien, Rechtfertigungen von Rassismus und Xenophobie, populistische Legitimation nationalistischer Kriege und ethnischer Säuberungen. Wenn die Demokratie nicht zur Auflösung des „Volkes" auf dem Markt führt, und wenn das Axiom des Marktes nach Ethno- und sonstiger Blindheit nicht gegeben ist, dann kann auch Auschwitz als demokratischer Vorgang interpretiert werden: Menschen, die nicht zum deutschen „Volk" gehörten, wurden mit letzter Konsequenz aus dem deutschen „Volkskörper" entfernt.

Das „Volk" ist, betrachtet man die Real- und die Theoriegeschichte der Neuzeit, grundsätzlich auf dem Weg, Volk, das heißt Markt zu werden; aus einem vor allem in seiner ein- und ausschließenden Wirkung erkennbaren und definierten sozialen Teil zu einem umfassenden, immer mehr und mehr und schließlich alle Betroffenen ein- und daher niemanden mehr ausschliessenden Ganzen zu werden. Die Ausweitung des Wahlrechtes war und ist dafür ein wichtiger Indikator, die Akzeptanz der Menschenrechte zumindest als Programm ist die entsprechende Richtschnur.

In dieser Entwicklung gibt es Rückschläge. Dazu zählt die Renaissance ethnozentrischer Staatlichkeit, die „das Volk" wiederum inthronisiert. Der Mythos des serbischen oder des kroatischen oder des X.Y.-Volkes triumphiert, zumindest auf Zeit, über die mögliche und wünschenswerte Realität eines nicht primär aus-, sondern primär einschließenden Marktes. Diese Renaissance bedeutet auch die Wiederkehr der Führer, die in großem Gestus sich zwar (vielleicht) auch auf den real existierenden, freilich nur zu oft zunehmend (ethnisch) ausschließenden Markt berufen können, deren erste Referenz aber der Mythos ist – nicht der vom Volk, sondern von „ihrem

Volk"; nicht der aller betroffenen Menschen, sondern von einer willkürlichen Auswahl aus dem Kreis der Betroffenen.

Die Wiederkehr der Führer ist nicht zufällig mit der Wiederkehr des „Volkes", des Völkischen verbunden. Die atavistische Figur des Führers und das atavistische Verständnis vom „Volk" sind Erinnerungen aus vordemokratischer Zeit, die sich – zum Teil – resistent gegen die real existierende Demokratie und gegen die in dieser angelegten Metamorphose des „Volkes" zum Markt und der Führer zu Managern erweisen.

In seinem Roman „A History of The World in 10 1/2 Chapters" schreibt *Julian Barnes* über die bewegende Frage, wie denn die Holzwürmer die Sintflut überstehen konnten. Wenn es richtig ist, daß die gesamte heute bestehende Fauna durch die Arche Noah aus der vorgeschichtlichen Zeit herübergerettet ist – wie kommen dann die Holzwürmer, die zerstörerischen Todfeinde des lebensrettenden Schiffes, in die Gegenwart? (*Barnes* 1990, 1-30)

Diese Frage nach der Erklärung eines Paradoxon gleicht der Frage, warum die Demokratie trotz ihres Siegeszuges bestimmte demokratiegfährdende Mythen mit sich schleppt: den Mythos vom „Volk"; den Mythos von *leadership*. Barnes beantwortet die von ihm aufgeworfene Frage mit dem Hinweis auf den Überlebenswillen der Holzwürmer, der sie heimlich auf die Arche kriechen läßt und sie auch daran hindert, das ganze Schiff während seiner Fahrt aufzufressen. Ob die Unterstellung eines analogen Eigeninteresses zur Erklärung der hartnäckigen, unzeitgemäßen Existenz von Mythen ausreicht?

## 23. Das Cockpit

*Ein Mann war wißbegierig und klug. Immer schon wollte er, der Vielflieger, in das cockpit einer der Maschinen gehen, mit denen er immer flog: Boeings und Airbusse und DCs. Einige Male hatte er sich schon den Mut genommen und eine Stewardeß gefragt, ob es ihm erlaubt sei, als so treuer Kunde wenigstens einmal die Piloten bei ihrer verantwortlichen Arbeit für zumindest kurze Zeit beobachten zu können. Doch immer war die Antwort gewesen: „Grundsätzlich schon, aber gerade jetzt; so kurz nach dem Start; so kurz vor der Landung; ausgerechnet bei diesem Flug; jetzt gibt es gerade Turbulenzen ..." Immer gab es irgendetwas, das der Konkretisierung seines grundsätzlich akzeptierten Begehrens entgegenstand.*

*Jahre hindurch flog unser Vielflieger quer durch die Welt. Allmählich hatte er die Hoffnung aufgegeben, seinen Wunsch in Erfüllung gehen zu sehen. Doch da ergab sich plötzlich für ihn die Chance, doch noch an das Ziel seines eigentlich bescheidenen Wunsches zu kommen.*

*Er flog mit „Democratic Airways", flight number one, von Athen nach Florenz. Die Maschine war nur schütter besetzt, und er wollte gerade in eine der im vordersten Teil gelegenen Toiletten gehen – da kam, unmittelbar vor ihm, eine Stewardeß aus dem cockpit. Es mußte eine ziemlich unachtsame „flight attendant" gewesen sein, denn sie beachtete ihn nicht – und schloß die Tür zum cockpit so schlampig, daß diese nicht richtig zuging, sondern einen Spalt offen ließ.*

*Da die Stewardeß an ihm schon vorbei in Richtung Kabinenmitte gegangen war, stand unser Vielflieger nun plötzlich vor einer nur angelehnten Tür – und dahinter sah er mit einem „inneren Auge" eine Szene, wie er sie schon oft im Film beobachtet hatte: Pilot und Co-Pilot, in englischer Sprache kurze Botschaften mit irgendwelchen „air controllern" wechselnd, mehr oder weniger aufmerksam die Unzahl von elektronisch arbeitenden Instrumentenanzeigen beobachtend. Und da konnte er ganz einfach nicht widerstehen – er wollte es nicht nur in seiner Phantasie, er wollte es richtig sehen. Und so stieß er, sich noch einmal vergewissernd, daß niemand ihn beobachtete, kurz entschlossen die Tür zur Pilotenkabine auf.*

*Dann sah er es. Das cockpit war leer. Flug Nummer eins der „Democratic Airways" hatte überhaupt keine Piloten. Die Maschine war mit vollständig automatischer Steuerung unterwegs – von Athen nach Florenz.*

*Und er begann zu verstehen.*

## 24. Von der Möglichkeit intellektueller und moralischer *Leadership*

*Mahatma Gandhi und Martin Luther King – Das „schlechte Gewissen" – Amtsverzicht als Voraussetzung von „leadership" – Die Ungeduld der Bolschewiki – Angelo Guiseppe Roncalli*

Man könnte meinen, *Albert Einstein* sei ein nüchterner Mensch gewesen. Und doch schrieb er einmal voller Pathos: „Zukünftige Generationen werden kaum glauben, daß ein solcher Mensch in Fleisch und Blut jemals auf dieser Erde wandelte." (*Shirer* 1982, 11)

Der Mensch, dem der vielleicht bedeutendste Naturwissenschafter des 20. Jahrhunderts diese quasi-religiöse Formulierung widmete, war *Mahatma Gandhi*. Gandhis Einfluß auf die Menschen gründete sich nicht auf Revolution, auch nicht unmittelbar auf Reform. *Gandhis* Wirkung war nicht primär die seiner Politik. Er stellte sich selbst keinen Wahlen. Er hatte nie ein „Amt". An ihm paradierten keine Massen im Gleichschritt vorbei, seine Bücher wurden nicht als Pflichtlektüre Schüler(innen) und Rekruten und Gefangenen vorgeschrieben.

Daß er auf Menschen wirkte, kann niemand bezweifeln. Daß er Geschichte machte, ebensowenig. Die Geschichte Indiens der 20er, 30er und 40er Jahre; aber auch die Geschichte Afrikas, Europas und Nordamerikas wurde von ihm beeinflußt. Die europäische, insbesondere die britische Politik gegenüber den Kolonien wurde indirekt auch von *Gandhi* mitgestaltet. Die Bürgerrechtsbewegung in den USA berief sich auf ihn – in ihrer Strategie, in ihren Zielen.

*Adolf Hitler* hatte *Lord Halifax* 1937 gegenüber nur ein Rezept der britischen Indien-Politik anzubieten: „Erschießen sie doch *Gandhi*!" (*Manchester* 1989, 241) Churchill hätte zwar nicht *Hitlers* Methode akzpetiert – aber in der Ablehnung *Gandhis* war er von *Hitler* so weit nicht entfernt: Als *Gandhi* 1931 nach London kam, um ganz allein (begleitet von seiner Ziege, die ihm täglich Milch gab) in einer Konferenz mit der britischen Regierung für die Zukunft Indiens zu sprechen, da überstürzte sich die herrschende Klasse Britanniens, um *Gandhi* zu treffen und sich mit ihm sehen und photographieren zu lassen. Nur *Churchill* blieb demonstrativ *Gandhi* fern, den er einige Monate davor einen „bösartigen und subversiven Fanatiker" genannt hatte. (*Manchester* 1984, 698-700, 693)

*Martin Luther King* fand in *Gandhis* Schriften den Brückenschlag zwischen einem bisher bloß individualethisch wahrgenommenen Christentum und dem politischen Willen, die Gesellschaft zu verändern: *Gandhi* gab ihm Hoffnung, die christliche „Liebesethik zu erhöhen" und daraus „eine machtvolle und wirksame gesellschaftliche Kraft zu machen." (*Weisbrot* 1991, 15) *Gandhis* Ethik war politisch. Sie eignete sich hervorragend, individuelle Moralvorstellungen zu politisieren und die in ihrer Unterdrückung Resignierten zu politischem Handeln zu motivieren. *Gandhi* war die Botschaft, die von der amerikanischen Bürgerrechtsbewegung zur Mobilisierung der Mehrheit der „Schwarzen" und einer Minderheit der „Weißen" genützt werden konnte.

*Gandhis* und *Kings leadership* waren vom Miteinander des Lehrens und des Handelns gekennzeichnet. Beide waren, als Moralisten, zunächst Erzieher. Ihr Aktionismus war aber Teil ihrer Botschaft – politisches Handeln war nicht bloß Ergänzung und Konkretisierung der Moral, politisches Handeln war Teil der Moral. *Gandhi* und *King* gelang es, die Zweiteilung in Ethik und in Politik für sich aufzuheben. Wenn *Gandhi*, kurz vor seinem Tod, in die Elendsquartiere der moslemischen Minderheit West-Bengalens zog, um dort zu wohnen, so war diese Aktion Teil seiner Botschaft der notwendigen Überwindung religiöser Intoleranz. Wenn *King* sich demonstrativ im Süden der USA verhaften ließ, dann war dieser Aktionismus nicht nur ein Vehikel, um über die Medien öffentliche Aufmerksamkeit zu gewinnen – dann war die so demonstrierte aktive Gewaltlosigkeit Teil der Botschaft einer neuen Form der Konfliktlösung.

„Moral *leadership*" ist eben nicht das politisch abstinente Predigen von Werten. Auch wenn es zu dieser Form von *leadership* gehört, sich nicht auf die Logik des politischen Wettbewerbes direkt einzulassen und keine politischen Ämter anzustreben – die „civitas Dei" und „civitas mundi" Dualität christlicher Provenienz war nicht die Sache des Hindus *Gandhi* und des Baptisten *King*.

*Gandhis leadership* ist in ihrer Dimension und ihrer Art ein Sonderfall. Er ist der einzige nicht in der Tradition des Marxismus und damit der einzige nicht in der Tradition der europäischen Aufklärung stehende „Denker" des

19. und 20. Jahrhunderts, der global massive politische Bedeutung erlangte – er steht für die Emanzipation der „Dritten Welt" von der intellektuellen Hegemonie Europas. Und er übte, anders als *Lenin* oder *Mao*, *leadership* nicht innerhalb oder durch ein politisches System – sondern außerhalb und gegen ein solches. *Gandhi* hatte noch viel weniger irgendwelche Divisionen aufzubieten als die Päpste nach dem Ende des Kirchenstaates.

In *Burns'* Differenzierung von *leadership* gibt es einen Typus, in den *Gandhi* paßt – die „intellektuelle *leadership*: Ideen als moralische Macht." (*Burns* 1978, 141-168) *Gandhi* „entschied" nichts – jedenfalls nicht in dem Sinn wie *Jaruzelski*, als dieser 1981 das Kriegsrecht verhängte; oder wie *Roosevelt*, als dieser ab 1939 auf den Eintritt der USA in den europäischen Krieg hinarbeitete. Aber er „beeinflußte" – andere, die wiederum Druck auf Entscheidungsträger auszuüben in der Lage waren. Er beeinflußte Öffentlichkeit; er beeinflußte die große Zahl; er beeinflußte die Masse. Gandhi war ein intellektueller, ein moralischer Führer von Massen – und im Umweg über die Massen erreichte er die Entscheidungsträger.

*Gandhi* mußte sich einem Amt verweigern. Seine moralische Führung wirkte von außen – sie hätte nicht von innen wirken können. „Moral *leadership*" verträgt nicht eine Auflösung in Strategien und Taktiken. *Gandhis* Botschaft konnte nicht Teil eines „social engineering" sein, konnte nicht in zumutbare und (noch) nicht zumutbare Stücke zerlegt werden. Deshalb überließ er das konkrete Regieren auch im unabhängigen Indien anderen – seinen engsten Mitarbeitern, vor allem *Jawaharlal Nehru*. „Moral *leadership*" zeichnet sich durch eine intellektuelle Rücksichtslosigkeit aus, die in einer real existierenden Demokratie den permanent um Stimmen kämpfenden Politiker(innen) fremd sein muß.

*Gandhi* schaffte Bewußtsein. Er verdeutlichte – durch Theorie und Praxis, insbesondere durch bildhaftes Beispiel – das, wogegen er war; und das, wofür er eintrat. Und er vermochte, seine Beispiele (und damit seine Botschaft) über Medien an die Massen zu bringen. Er übte eine edukative *leadership* – *leadership* durch Erziehung. Dafür aber mußte es technische Standards geben: Schwer vorstellbar, daß Gandhi vor Erfindung von Film und Photographie denselben Einfluß hätte erreichen können; mittels Film und Photographie wurden die Bilder des demonstrativ arm gekleideten *Gandhi*, der die politische Waffe des Hungerstreiks popularisierte, zu Symbolen seiner Verweigerungsstrategie und der dahinter stehenden Forderungen.

Die Technik des bildhaften Beispiels führte *Gandhi* 1930 mit seinem Salz-Marsch vor. Mehr als 300 km (200 Meilen) marschierte *Gandhi* durch Indien, begleitet von 78 Frauen und Männern, um am Meeresstrand – das Gesetz zu brechen; und zwar demonstrativ und daher möglichst öffentlich. Als er am 5.April, nach 26 Tagen Fußmarsch, das Meer erreichte, watete er in das Wasser, reinigte sich nach dem Hindu-Ritual und nahm dann, am Strand, eine Handvoll von Meeressalz vom Boden auf. (*Shirer* 1981, 91-96) *Gandhi* hatte damit quantitativ nur symbolisch, aber mit qualitativer Deutlichkeit gegen das staatliche Salzmonopol verstoßen, das vom indischen Nationalkongreß bekämpft wurde.

Der Salz-Marsch war ein Triumphzug durch die Dörfer Indiens. *Gandhi* hatte mit der Kombination aus einfacher Botschaft, der Vermeidung von Gewalt gegen die britische Herrschaft und asketischem Vorbild ein Maximum an Aufmerksamkeit erreicht. Als die Regierung des britischen Vizekönigs ihn nach einigen Wochen verhaftete, kam es im ganzen Land zu gewaltfreien Massendemonstrationen, die von den Briten und ihren Sicherheitskräften mit Gewalt unterdrückt wurden.

Das war Inhalt und Methode von *Gandhis* Botschaft zugleich: gewaltfrei die Gewalt ins Unrecht zu versetzen. Gewaltfreiheit wurde so zu politischer Stärke, Gewalt zu politischer Schwäche.

*Gandhi* gelang dies freilich nur, weil die öffentliche Meinung in den westlichen Demokratien Europas und Nordamerikas für diese Botschaft ansprechbar war – und weil es überhaupt eine öffentliche Meinung gab. *Gandhis* Strategie der Mobilisierung von Öffentlichkeit setzte zuallererst voraus, daß es Öffentlichkeit gab; daß die Ereignisse rund um den und nach dem Salz-Marsch in Indien, in Großbritannien und in der ganzen Welt verbreitet werden konnten (und durften). *Gandhi* leistete gewaltfrei Widerstand gegen eine Demokratie, die sich – im Widerspruch zu den eigenen Ansprüchen – ein Kolonialreich hielt; die aber, im Innenverhältnis zumindest, an bestimmte Regeln der freien Meinungsäußerung festhalten mußte. *Gandhis* Strategie in einem totalitären System hätte so nicht funktioniert. Gewaltfreier Widerstand in Auschwitz und gegen Auschwitz wäre Unsinn gewesen.

Und *Gandhi* brauchte das schlechte Gewissen, brauchte die kognitive Dissonanz der real existierenden Demokratien seiner Zeit. *Gandhi* konnte sich auf die Grundlagen der Westminster-Demokratie berufen – besser als der britische Vizekönig. *Gandhi* war der Repräsentant der Menschenrechte – und nicht die britische Regierung. *Gandhi* mußte den Nerv der britischen Gesellschaft berühren, er brauchte die Sensibilität einer an sich demokratischen

Gesellschaft, die sich eigentlich bewußt war, daß die von ihr legitimierte Politik im Widerspruch zu den eigenen Ansprüchen stand; daß diese Politik also Unrecht war. *Gandhi* brauchte das Unrechtsbewußtsein des Westens.

*Martin Luther King* brauchte ebenso das Unrechtsbewußtsein der von „Weißen" bestimmten US-Gesellschaft; und er brauchte ebenso Öffentlichkeit, er brauchte die Medien. Sobald die Regierungen *Eisenhower, Kennedy* und *Johnson* es sich nicht mehr leisten konnten, daß via TV die Konfrontation zwischen friedlichen Demonstranten, die sich auf die Grundlagen der US-Verfassung beriefen, und mörderischen Polizeihunden täglich bildhaft in alle Haushalte geliefert wurde, hatte die Bürgerrechtsbewegung eigentlich schon gewonnen. Das Gewissen der Gesellschaft war bewegt.

Die Gesellschaft fühlte sich bei einer Lüge ertappt – nicht bei einer Lüge, die im Sinne der Kunst des Täuschens zum Handwerkszeug militärischer und politischer Strategen gehört, sondern bei einer Lüge, die das Wesen der Gesellschaft umstülpt; die aus Demokratien, die die Menschenrechte zu achten vorgeben, rassistische Unterdrückungssysteme macht. *Gandhi* und *King* vermittelten den Nutznießern dieser Lüge – den Briten, den „weißen" Amerikanern – die Erkenntnis dieser Lüge; und diese Erkenntnis, in „schlechtes Gewissen" transformiert, wurde zum politischen Hebel der „moral *leadership*". *Gandhi* und *King* erreichten, daß sich die Nutznießer der Lüge zu schämen begannen.

In *Max Frischs* „Biedermann und die Brandstifter" agieren die Revolutionäre – im Sinne Burns' „transforming leaders" – offen und ohne die Kunst des Täuschens anzuwenden. Sie sprechen aus, was sie sind – Brandstifter, die der Welt des Biedermanns nichts als Zerstörung bringen wollen. Biedermann läßt sie gewähren – weil sie immer wieder sein schlechtes Gewissen ansprechen. Und Grund zu schlechtem Gewissen hat der Status quo, für den Biedermann steht. Die bestehende Gesellschaft baut auf der Dissonanz zwischen Anspruch und Wirklichkeit; darauf, daß der Anspruch erhoben, aber gleichzeitig verletzt wird. Die bloße Thematisierung dieser Widersprüchlichkeit setzt einen Prozeß in Gang, der die Veränderung des Status quo erzwingt.

*Gandhi* hatte ein hohes Verständnis für die Diskrepanz zwischen Wirklichkeit und Anspruch entwickelt. Und bei dieser Diskrepanz setzte er strategisch ein. Dieses Verständnis hängt wohl mit seiner Europa-Erfahrung zusammen – mit seinem Studium und seiner Rechtspraxis in England. 1890 besuchte er, von London aus, die Weltausstellung in Paris. Tief beeindruckt von Notre Dame, hielt er Jahrzehnte später fest: „Ich fühlte, daß diejenigen, die Millionen für solch göttliche Kathedralen ausgaben, nichts als die Liebe zu Gott in ihren Herzen haben könnten." (*Gandhi* 1957, 77)

Die Liebe war die Norm, an die er immer wieder und immer wirksamer die zu erinnern vermochte, die von dieser ihrer Norm abwichen. Er war, in seiner Gewaltfreiheit, der bessere Vertreter christlicher, europäischer, liberaler, demokratischer Normen – und die Gewalt, die sich gegen ihn wandte, mußte daher letztlich ihre Legitimität verlieren. *Gandhi* gewann den politischen Kampf gegen die britischen Kolonialherren in Großbritannien selbst – indem er der britischen Indien-Politik die innere Legitimation zu entziehen vermochte. Er gewann auf dem Boden derer, deren Herrschaft er bekämpfte. Er hatte sich in sie hineinversetzt; er hatte ihre Normen übernommen und ihre „Ideologie" entlarvt; und er hatte einen Nerv berührt, der offen dalag.

Im 18. und 19. Jahrhundert wäre das wohl nicht der Fall gewesen. Mit welcher Konsequenz die christlichen Siedler in Amerika und Australien die „Ureinwohner" durch einen Genozid dezimierten und teilweise – in der Karibik, in Tasmanien – auch ausrotteten, zeigt, daß die Dissonanz zwischen Anspruch und Wirklichkeit allein nicht ausreicht, um moralische, um intellektuelle *leadership* zu ermöglichen. Es braucht auch noch die Reife der Zeit.

Die Dissonanz muß aus den Tiefen des Bewußtseins bis knapp unter die Oberfläche aufsteigen, um durch *leadership* abgerufen, um in schlechtes Gewissen verwandelt zu werden. Auch edukative *leadership*, die sich des schlechten Gewissens bedienen will, braucht Voraussetzungen – das potentiell schlechte Gewissen. Und bei der Herstellung dieser Voraussetzungen half die britische Kolonialherrschaft mit – sie lieferte, mit dem Wertekatalog der europäischen Aufklärung, mit dem sie indische Eliten unvermeidlich vertraut machte, die Waffen des antikolonialen Kampfes; ebenso wie der Sklavenhalter *Thomas Jefferson* mit der Deklaration der Menschenrechte die Waffen für den Kampf gegen die Sklaverei geliefert hatte.

Moralische *Leadership* setzt ein potentielles Bedürfnis voraus. Ohne die Potentialität, das ein Thema besitzt, gibt es keine Aktualität. Auf die USA bezogen: die Sklavenfrage war 1776 noch nicht als potentielles Thema herangereift; 1861 schon. Die Bürgerrechtsfrage konnte nicht vor der Mitte des 20. Jahrhunderts zum Thema werden – unbeschadet dessen, daß die Ausgangslage, daß der Ausgangsskandal seit dem Ende der Sklaverei, 1863, gegeben war: der Widerspruch zwischen einer verkündeten allgemeinen Gleichheit von „schwarz" und „weiß" und der parallelen, offenen Diskriminierung der „Schwarzen". Die Gesellschaft muß sich erst entwickeln, muß ein bestimmtes Entwicklungsniveau erreichen, damit intellektuelle, moralische, damit edukative *leadership* möglich wird.

Die sogenannte Frauenfrage war durch die Jahrhunderte abendländischer Geistesgeschichte kein Thema. Auch diejenigen Denker der europäischen Entwicklung, die nicht von einer „naturgegebenen" Ungleichheit zwischen den Geschlechtern ausgingen, waren gegenüber der realen Welt sexueller Diskriminierung blind, zumindest unsensibel. (*Coole* 1988) Daß auch Frauen in diese Kategorie der Unsensibilität trotz egalitärer Orientierung gehören, wie etwa *Rosa Luxemburg*, unterstreicht nur die Notwendigkeit gesellschaftlicher Reifung. Den Feminismus zum Thema zu machen, setzte gesellschaftliche – natürlich vor allem weibliche – Bereitschaft zur Thematisierung voraus.

Wenn aber eine solche gesellschaftliche Bereitschaft zur Thematisierung da ist, dann und dann erst kann intellektuelle *leadership* eingreifen – im Sinne einer Abrufung eines vorhandenen Bedürfnisses. Will intellektuelle *leadership* zu früh wirksam sein, dann bleibt sie wirkungslos; oder sie muß zu anderen Mittel als intellektueller, moralischer, edukativer Argumentation greifen.

Der Leninismus liefert für die Konsequenzen intellektueller Ungeduld wiederum ein wichtiges Beispiel. Entgegen den menschewistischen, sozialdemokratischen *Marx*-Interpretationen, daß die sozialistische Revolution einen gesellschaftlichen Reifegrad voraussetze, der eben im rückständigen Rußland nicht gegeben war, setzte *Lenin* auf die Revolution in Rußland; und er machte Revolution – auch wenn diese eher den Charakter eines Putsches hatte. *Lenin*, der unbestrittene Führer dieser Revolution, hatte einen Domino-Effekt erwartet: Von Rußland sollte die Revolution auf die fortgeschrittenen Industriestaaten Westeuropas übergreifen. Aber Rußland war als Initiator einer sozialistischen Weltrevolution denkbar ungeeignet – die Weltrevolution blieb aus. Und in Rußland selbst reichte die Führung der Bolschewiki und *Lenins* nicht aus, die Revolution durch moralische Überzeugung allein durchzusetzen. Der Leninismus mußte zu den Mitteln der Diktatur greifen, die folgerichtig in der Diktatur *Stalins* mündete.

Moralische Führung setzt die Durchsetzbarkeit, zumindest die intellektuelle Überzeugungsfähigkeit der konkreten Moral voraus. Und dies hängt von der Kongruenz zwischen der konkreten Moral und dem gesellschaftlichen Entwicklungsstand ab. In der mittelalterlichen Scholastik konnte man trefflich darüber disputieren, ob die Frauen eine Seele hätten; und ob diese von der gleichen Qualität wie die der Männer wäre. Dieser Diskurs konnte für eine – vielleicht theoretisch konstruierbare – mittelalterliche Frauenbewegung keine Relevanz bekommen, weil die mittelalterliche Gesellschaft einer Frauenbewegung keine Voraussetzungen bot.

Der Feminismus als theoretischer Zugang zu Politik und Gesellschaft wird möglich und wirksam, wenn die reale Diskriminierung der Frauen in der Gesellschaft gesehen und als solche wahrgenommen wird. Und dies ist nicht, nicht einmal primär, vom Ausmaß der Diskriminierung abhängig. Aber sobald die Diskriminierung der Frauen wahrgenommen wird – von Frauen, von Männern – bekommt der Feminismus Relevanz. Dann ist feministische „moral *leadership*" möglich.

Moralische, intellektuelle *leadership* ist mit Demokratie ohne die geringsten Schwierigkeiten vereinbar – wenn als Voraussetzung die Kongruenz zwischen grundsätzlichem, potentiellem Bedürfnis und der edukativen Botschaft der Führung gegeben ist. Aber auch moralische *leadership* steht in einem gewissen Spannungsverhältnis zur Demokratie und deren radikal egalitären Implikationen. Denn auch und gerade die moralischen Führer sind eine Elite – und je nach Demokratieverständnis ist die Existenz einer Elite entweder für die Demokratie ein selbstverständliches Rahmendatum (so die Tradition *Schumpeters*), oder aber ein zumindest tendenziell zu überwindendes Hindernis – so die Tradition *Bachrachs*. (*Schumpeter* 1972, *Bachrach* 1967)

Diese Vereinbarkeit von moralischer Führung und Demokratie bezieht sich aber ausschließlich auf nicht routinisierte *leadership*. Innerhalb der routinisierten Form der Führung eines stabilen demokratischen Systems hat „moral *leadership*" keinen Platz – sie müßte sich in Kalkülen der Zumutbarkeit der Moral erschöpfen; die moralische Führung müßte von der moralischen Botschaft unvermeidlich die Teile ihrer Moral wegstreichen, die auf dem Markt nicht oder noch nicht durchsetzbar sind. Die Zerlegung der Moral in zumutbare Portionen aber widerspricht der Dynamik intellektueller Eindeutigkeit, die „moral *leadership*" braucht.

„Moral *leadership*" bedeutet daher gerade in der Demokratie die Abstinenz von politischen Ämtern, bedeutet die Verweigerung politischer Funktionen – weil „moral *leadership*" von der Unbedingtheit lebt, die verloren geht, wenn um der jeweiligen Zumutbarkeit willen, wegen des nächsten Wahlerfolges, von der moralischen Botschaft Abstriche und immer wieder Abstriche gemacht werden müssen. Der moralische „leader" darf eines ganz gewiß nicht – den Eindruck eines Taktikers erwecken. Denn einen solchen mehr braucht es in der Demokratie nicht – mit Taktikern ist die routinisierte Führung einer stabilen Demokratie reichlich versorgt.

*Burns* schreibt in diesem Zusammenhang vom „missing piece", also vom „missing link" seines Konzeptes der Unterscheidung zwischen nicht routinisierter („transforming") und routinisierter („transactional") Führung. (*Burns* 1978, 257-259) Die moralische Botschaft muß in der Demokratie, von außen kommend, auf dem politischen Marktplatz eine Nachfrage provozieren – und diese muß wiederum Angebote nach sich ziehen. Auch die moralische *leadership* muß sich letztlich auf dem Markt bewähren, muß sich dem Wettbewerb der Interessen und Ideen stellen – wenn auch die Personen, die diese „moral *leadership*" selbst üben, sich von dieser Logik des Wettbewerbes um Wählerstimmen, die ja die eigentliche Logik der real existierenden Demokratie ist, freihalten.

Letztlich braucht auch moralische Führung ein vorhandenes Bedürfnis. Ein solches kann nicht aus dem Nichts geschaffen werden. Es muß in Latenz vorhanden sein – bereit, durch moralische Führung wachgerüttelt und abgerufen; das heißt, konkretisiert zu werden; um sich dann auf dem politischen Markt als (durchaus auch moralisch auftretendes) Interesse durchsetzen zu können.

In ihrem Essay über *Angelo Guiseppe Roncalli – Papst Johannes XXIII.* – erzählt *Hannah Arendt* die Geschichte von einem Zimmermädchen in einem Römischen Hotel, das 1963 über diesen – gerade sterbenden Papst sagte: „Wie konnte das passieren? Wie konnte es geschehen, daß ein wahrer Christ auf dem Thron des Heiligen Petrus sitzt? Mußte er nicht zuerst Bischof, und Erzbischof, und Kardinal werden, bevor er schließlich zum Papst gewählt wurde? Hat denn niemand bemerkt, wer er war?" (*Arendt* 1968, 57)

Als Papst war *Angelo Guiseppe Roncalli* moralischer „leader". Aber um diese Position zu erreichen, die seiner moralischen Führung erst die entsprechende Aufmerksamkeit und damit das entsprechende Gewicht zu geben vermochte, mußte er seine Moral zurücknehmen; mußte er sich tarnen. Denn er wäre sonst nicht der geworden, der er sein konnte: der Beweger einer als völlig erstarrt wahrgenommenen Kirche. Und *Arendt* meint, daß es verständlich ist, wenn die Kirche sich abschirmt gegen die *Roncallis*; daß es logisch ist, wenn diese – rechtzeitig erkannt – zur großen Karriere erst gar nicht zugelassen werden. Die Organisationswirklichkeit der Kirche kann an ihrer Spitze moralische Beweger nicht brauchen.

Daß der Moralist *Roncalli* organisatorische *leadership* üben konnte, hängt damit zusammen, daß seine Organisation frei von Demokratie war und ist. Der Papst wird zwar gewählt, aber von einem kleinen Kreis päpstlich ausgewählter Elektoren männlichen Geschlechts. Der Papst bestimmt, wer den Papst bestimmt – ein permanenter Kreislauf sich selbst bestätigender Autorität, Antithese zu jeder demokratischen Ordnung.

Schon ein Stück Demokratie hätte *Roncallis leadership* zunichte gemacht. Wäre er Papst auf Zeit gewesen, hätte er sich in seiner Funktion einer Wiederwahl stellen müssen – er wäre in ein Netzwerk von interessenbezogenen Abhängigkeiten verstrickt gewesen, die ihm die Freiheit zur moralischen Führung zumindest wesentlich eingeschränkt hätten. *Roncallis* moralische Führungsqualität mußte versteckt werden – bis zur Stunde X, an der er, eben weil man ihm seine Moral nicht anmerkte, Papst wurde. Die moralische Führungsqualität eines Politikers in einer stabilen Demokratie kann aber auf keine Stunde X warten. Denn die gibt es nicht – ihrem Wesen nach spannt die Demokratie jede „Führungsperson" in Kontrollmechanismen ein, die eben zum Wesen der Demokratie gehören; und die Moral der *leadership* wird auf das am Markt vertretbare Maß unerbittlich zurechtgestutzt.

Die Demokratie ist eine der Katholischen Kirche diametral entgegengesetzte politische Ordnung. Die Demokratie läßt moralische Führung von innen nicht zu. Wer immer nach der Erfahrung eines *Angelo Guiseppe Roncalli* die Stufenleiter einer politischen Karriere sich hochdient, um dann – endlich oben angelangt – seine bis dahin taktisch verborgene Moral auszubreiten, mißversteht die Mechanismen der Demokratie. Er (sie) verwechselt sie mit einer Kirche.

Wer immer „moral *leadership*" in der Demokratie üben will, dem (der) ist dies freigestellt – aber nur von außen; nur bei konsequenter Verweigerung von Karrieren und Ämtern.

## 25. Jaruzelski II: Von der Willkürlichkeit geschichtlicher Wahrnehmung

*Die Sicht der Opposition – Die sowjetische Sicht – „Es ist an der Zeit" – Die Bischöfe – Eine Transformation neuen Typs – Katyn – Das Dilemma des Kommissars – Held oder Verräter?*

Was werden die Geschichtsbücher über die Rolle *Jaruzelskis* hundert Jahre nach dessen historischer Entscheidung schreiben? Wie wird Polen, wie wird Europa, wie wird die Welt die Weichenstellungen bewerten, an denen Jaruzelski so entscheidend beteiligt war – an der Ausrufung des Kriegsrechtes 1981, an der Demokratisierung Polens 1989? Wird der Kerkermeister der Demokratiebewegung im Vordergrund stehen – oder der von außen bedrängte Patriot, der – um das Schlimmste zu verhüten – schweren Herzens die Rolle eines Diktators auf Zeit übernimmt?

*Wojciech Jaruzelski* hatte seine Entscheidung vom Dezember 1981 damit begründet, daß die Ausrufung des Kriegsrechtes die einzige Alternative zum Einmarsch der Roten Armee gewesen wäre. *Jaruzelski* selbst gibt zu, daß er für diese Annahme keine absolut schlüssigen Beweise gehabt hätte; daß keine unmittelbare Drohung etwa in Form eines Ultimatums vorgelegen wäre. (*Jaruzelski* 1993, 291) Ein solches Ultimatum war freilich auch nicht vor dem Einmarsch der Truppen des Warschauer Paktes in die CSSR im August 1968 ergangen. *Jaruzelski* hielt es 1981 für wahrscheinlich, daß die Geschichte sich wiederholen würde. Immerhin war der Mann ja noch Generalsekretär der KPdSU, nach dem die Doktrin benannt war, die ein militärisches Eingreifen sowjetischer Truppen in die Staaten des Warschauer Paktes rechtfertigen sollte. Die Existenz der „*Breschnew*-Doktrin" war die Grundlage für Jaruzelskis Einschätzung, daß ein Einmarsch sehr wahrscheinlich bevorstand – falls er nicht von sich aus das alte Machtmonopol wiederherzustellen in der Lage war.

*Jaruzelskis* Sicht ist nicht unumstritten. Sowjetische Dokumente, nach dem Zerfall der UdSSR zugänglich, scheinen darauf zu deuten, daß im Dezember 1981 die sowjetische Führung nicht – oder noch nicht – zum Einmarsch in

Polen bereit war. Im Protokoll der Sitzung des Politbüros der KPdSU vom 10. Dezember 1981 finden sich nur Wortmeldungen (*Andropow, Gromyko, Suslow, Ustinow*), die sich gegen einen solchen Einmarsch aussprechen. *Jaruzelski* hat im April 1994, bei einer Anhörung im Sejm, die Echtheit dieses Protokolls akzeptiert – nachdem er kurz davor noch von einer Fälschung gesprochen hatte. Aber er sieht darin keinen Grund, von der Darstellung, die er ab 1989 öffentlich vertreten hat, abzugehen. Das Kriegsrecht bleibt für ihn das „kleinere Übel". Der Einmarsch war, darauf besteht er, eine reale Möglichkeit. Und vor allem konnte er ja subjektiv im Dezember 1981 gar keiner anderen Meinung sein – erstens war er über den genauen Ablauf von Sitzungen des sowjetischen Politbüros nicht informiert; und zweitens hatte es genügend Bewegungen im militärischen Bereich gegeben, die eine militärische Option der sowjetischen Führung plausibel machten – Verstärkungen sowjetischer Garnisonen auf polnischem Boden, Truppenbewegungen des Warschauer Paktes an der polnischen Grenze. (*Hirsch* 1993; *Rosenberg* 1995, 214-216)

Daß das sowjetische Politbüro am 10. Dezember 1981 sich offenkundig nicht auf einen Einmarsch in Polen festgelegt hatte, bedeutete natürlich nicht, daß diese Drohung nicht weiter im Raum gestanden wäre. Der Einmarsch in die CSSR 1968 war erst drei Tage davor beschlossen worden. Und die sowjetische Führung ließ ganz offenkundig den polnischen General im Unklaren, was ihre konkreten Absichten nun wären – vielleicht weniger aus Gründen der Raffinesse politischer Planung und mehr aus Gründen grundsätzlicher Entscheidungsschwäche. Daß aber auch dieses Politbüro zu riskanten, aggressiven Maßnahmen fähig war, das hatte es Ende 1979 gegenüber Afghanistan bewiesen.

*Jaruzelski* beruft sich auch auf Aussagen sowjetischer Militärs, sie hätten Befehl gehabt, sich auf einen Einmarsch in Polen vorzubereiten; Informationen, die ihm aber nach eigenen Angaben erst viele Jahre später zur Verfügung gestanden wären. (*Jaruzelski* 1993, 290) 1981 wären dennoch sehr wohl Informationen über viele Details vorgelegen: Die Rote Armee habe polnisch sprechende Zivilisten einberufen, in den Grenzgebieten seien Betten in den Spitälern freigemacht, Grenzposten ausgewechselt worden. (*Jaruzelski* 1992)

In Polen gab es eine Gruppe kommunistischer Funktionäre, die zur Rechtfertigung einer Intervention bereit gewesen wären. Dem Politbüro der SED ging am 13. November 1981 der Bericht über ein Gespräch mit *Michal Atlas*, dem Leiter der Abteilung Sicherheit und Staatsorgane des ZK der PVAP zu. *Atlas* hatte dem DDR-Informanten am 10. November erklärt: „Nur ein klarer marxistisch-leninistischer Kurs des Kampfes gegen die Konterrevolution könnte eine Wende herbeiführen. Dazu ist aber weder Gen. *Jaruzelski* noch das gegenwärtige Politbüro bereit." (*Kubina* 1995, 385)

Innerhalb der PVAP war also offenkundig eine Fraktion bereit, gegen *Jaruzelski* auf einen „Kurs des Kampfes gegen die Konterrevolution" zu setzen; und dies auch der Führung der DDR mitzuteilen, die innerhalb des „sozialistischen Lagers" die militanteste Politik gegenüber der polnischen Doppelherrschaft vertrat. Jaruzelski mußte damit rechnen, daß innerhalb der Führung der PVAP irgendein Funktionär bereitstand, als polnischer *Kadar* einem auf die *Breschnew*-Doktrin gestützten militärischen Eingreifen den Anschein innerpolnischer Legitimation zu verleihen. *Jaruzelski* konnte sich darauf berufen, nicht für die gesamte PVAP gestanden zu sein; innerhalb der PVAP vielmehr einen Flügel orthodoxer Kommunisten gegen sich gehabt zu haben, der nötigenfalls ein *Husak*-Regime auf Polnisch mitgetragen hätte.

Das Untersuchungsverfahren, das der Sejm 1991 beschlossen hatte und das 1992 gegen *Jaruzelski* und andere Spitzenvertreter der PVAP begann, zeigte klare Fronten. *Jaruzelski* argumentierte, das Kriegsrecht sei das kleinste aller Übel gewesen – es habe zwar das kommunistische Regime vor der Solidarność, es habe aber eben auch die Solidarność vor der Roten Armee gerettet. (*Rosenberg* 1995, 178f.) Das Verfahren brachte ebensowenig eine eindeutige, allgemein akzeptierte Antwort wie die Öffnung der Archive. Die Frage, ob *Jaruzelski* ein Verräter oder ein Held sei, ist offen. Die Frage wird auch nicht durch irgendein Verfahren, wahrscheinlich auch nicht durch neue Forschungsergebnisse zu entscheiden sein – sie wird entschieden von der Geschichte, das heißt von der Geschichtsschreibung, das heißt von der notgedrungen selektiv-parteilichen Wahrnehmung derer, die über den Zugang zu den Geschichtsbüchern verfügen.

Bei den Hearings, die der Sejm ab 1992 durchführte, wurde auch deutlich, daß im Herbst 1981 viele bei Jaruzelski eine Bereitschaft erkennen wollten, auf jeden Fall das Kriegsrecht auszurufen – unabhängig von der Realität einer sowjetischen Drohung. Diese Sichtweise, die *Jaruzelskis* Darstellung zunächst widerspricht, wird auch von *Mieczyslaw Rakowski* gestützt – was umso schwerer wiegt, als dieser innerhalb der PVAP als Mann *Jaruzelskis* galt. (*Rosenberg* 1995, 217) *Jaruzelski* beharrt aber darauf, daß die Möglichkeit einer sowjetischen Invasion real und die Ausrufung des Kriegsrechtes die einzige Variante war, diese Drohung abzuwehren – und daß ohne diese Drohung seine Entscheidung so nicht gefallen wäre.

Wie real die sowjetische Invasionsdrohung im Dezember 1981 wirklich war, läßt sich nur schwer exakt feststellen. Aber daß eine solche Drohung jedenfalls in ein mehrfach praktiziertes Muster sowjetischer Politik paßte, muß für die Geschichtsschreibung feststehen; auch, daß die sowjetische Führung mit den Ängsten des *Husak*-Regimes und den Drohgebärden des *Honecker*-Regimes zu rechnen hatte, die sich beide durch die polnische Entwicklung bedroht sahen und von der KPdSU die Verstärkung des Druckes auf *Jaruzelski* erwartete; ebenso, daß das polnische National- und Geschichtsbewußtsein voll der Erfahrung mit aus Rußland kommenden Invasionen und Aggressionen ist – wie dies auch für die russische Wahrnehmung polnischer Aggressionsbereitschaft gilt.

Für die historische Bewertung des General *Jaruzelski* muß aber auch das herangezogen werden, was er aus der Ausrufung des Kriegsrechtes „gemacht", wie er das Kriegsrecht umgesetzt hat. Der Phase des Kriegsrechtes folgte ein historischer Abschnitt, in dem *Jaruzelskis* Polen zur wichtigsten Kraft im Warschauer Pakt wurde, die den von *Gorbatschow* initiierten Reformkurs stützte und für Reformen im eigenen Land nützte. *Jaruzelski* wurde zum Vorzugsschüler von Perestroika und Glasnost. Und das war die Grundlage für die beispielhafte Transformation des Jahres 1989.

Daß die Vertreter des 1985 einsetzenden sowjetischen Reformkurses *Jaruzelski* daher auch nach dem Scheitern ihrer Bemühungen in einem positiven Licht sehen, kann nicht überraschen. Sie stützen seine Sichtweise der Abläufe des Jahres 1981 – und damit *Jaruzelskis* Glaubwürdigkeit als Vertreter einer Reformpolitik nicht nur aus Notwendigkeit, sondern auch aus Überzeugung.

*Eduard Schewardnadse*, der letzte Außenminister der UdSSR, liefert der Wahrnehmung *Jaruzelskis* Belege in doppelter Weise. Mehr als zwei Jahre bevor die Protokolle der sowjetischen Politbüro-Sitzung vom 10. Dezember 1981 die Diskussion neu belebten, berichtete *Schewardnadse* von einer Begegnung mit *Suslow* in den entscheidenden Tagen von 1981 – *Suslow* habe klar gemacht: „... von Gewaltanwendung in Polen kann keine Rede sein." Aber *Schewardnadse* argumentierte auch, daß der 1981 weniger als zwei Jahre zurückliegende sowjetische Einmarsch in Afghanistan nicht gerade als Beispiel sowjetischer Zurückhaltung aufgefaßt werden konnte und die Plausibilität eines analogen Eingreifens in Polen zusätzlich stärken mußte; und daß erst *Jaruzelskis* Eingreifen, also die Verhängung des Kriegsrechtes, die Spekulationen und Debatten in der sowjetischen Führung über eine mögliche Invasion beendet hätte – was sich mit *Jaruzelskis* Bericht über das Telefongespräch mit *Suslow* am 12. Dezember 1981 in etwa deckt. *Jaruzelski* „überzeugte die sowjetische Führung davon, daß die Polen die Lage selbständig meistern könnten und rettete sein Land vor der Invasion." (*Schewardnadse* 1991, 216; *Jaruzelski* 1992)

Michael *Gorbatschow* übernimmt *Jaruzelskis* Sicht der Dinge. Ohne im einzelnen auf die Frage einzugehen, wie real die Drohung eines sowjetischen Einmarsches Ende 1981 gewesen war, referiert der letzte Generalsekretär der KPdSU und letzte Präsident der UdSSR, *Jaruzelski* habe in der Ausrufung des Kriegrechtes „das kleinste Übel" gesehen, das er für „unausweichlich" gehalten habe. *Gorbatschow* bestätigt in diesem Zusammenhang auch, *Jaruzelski* hätte auch nach dem 13. Dezember die Reformen „auf seine Weise" weiter gefördert. (*Gorbatschow* 1995, 864f.)

*Gorbatschow* mag versucht sein, *Jaruzelskis* Rechtfertigung auch deshalb mitzutragen, weil schon bald nach *Gorbatschows* Bestellung zum Parteichef, im März 1985, der polnische Parteichef sein engster Verbündeter im Warschauer Pakt und im COMECON werden sollte. *Jaruzelski* nahm *Gorbatschows* Reformideen einer ökonomischen, kulturellen und schließlich politischen Öffnung als erster der Verbündeten auf – gegen die Widerstände, die (mit Ausnahme Ungarns) bei allen anderen Verbündeten deutlich waren. *Jaruzelski* wurde zum wichtigsten kommunistischen Partner *Gorbatschows* außerhalb der UdSSR bei der Durchsetzung jener Entwicklung, die zum Ende des real existierenden Sozialismus in Europa führen sollte. (*Gorbatschow* 1995, 846f., 866-878) *Jaruzelski* hatte nicht nur eine nationale, er hatte auch eine internationale Rolle bei der Zerstörung der Systeme sowjetischen Typs, also der kommunistischen Diktaturen.

*Gorbatschows* und *Schewardnadses* Deutungen entsprechen einer gewissen Parteilichkeit. Diejenigen, die für die Entwicklung der Sowjetunion zwischen 1985 und 1991 verantwortlich waren, müssen ein Interesse daran haben, durch den Verweis auf Gleichgesinnte für ihre Politik einer schrittweisen Änderung Argumente zu gewinnen – dafür, daß das alte System, für das der Name *Breschnew* stand, unrettbar verloren war; und dafür, daß es aus der Sicht des Jahres 1985 durchaus Chancen für einen „Sozialismus mit menschlichem Antlitz" gegeben hätte.

Nicht zufällig beruft sich *Gorbatschow* dabei auf den „Prager Frühling"; auf jenes aus einer Kommunistischen Partei kommende Experiment einer Öffnung zu mehr Pluralismus, das ihm ab 1985 zum Vorbild gedient hätte. (*Gorbatschow* 1985, 879-882) Der „Prager Frühling" ist das Modell, auf das sich auch rückblickend die – schließlich gescheiterten – Reformer der sowjetischen Endphase stützen können, wenn sie darauf beharren, daß „Perestroika" und „Glasnost" eine Chance gehabt haben: als ein Sozialismus, der Repressionen beseitigt; der offene Kritik (und damit Opposition) zuläßt; der die Tore zum freien Wettbewerb der Ideen öffnet; der die Marktwirtschaft in Schritten einführt; der international nicht nur auf Entspannung, der auch auf reale Abrüstung setzt. *Gorbatschow* braucht einen *Jaruzelski*, er braucht das Polen der mittleren und der späten 80er Jahre mit seinem für die damaligen Maßstäbe äußerst geringen Maß an tatsächlicher Repression. Und *Jaruzelski* braucht *Gorbatschow* – auch, um mit seiner Hilfe sein Bild in der Geschichte zurecht zu rücken; um beweisen zu können, daß er der Unterdrücker der polnischen Demokratie durch äußeren Zwang sein mußte, daß er aber der Entfessler eben dieser Demokratie durch innere Neigung sein wollte und sein konnte.

Aber ebenso spricht aus denen Parteilichkeit, die dieser Sichtweise widersprechen. Als der Sejm 1991, zehn Jahre nach Ausrufung des Kriegsrechtes, einen Grundsatzbeschluß über die Durchführung der Untersuchungen zur Rolle *Jaruzelskis* und anderer kommunistischer Funktionäre treffen sollte, fanden sich 51 Stimmen für den Beginn der parlamentarischen Hearings – eine Stimme mehr als nach dem entsprechenden Gesetz notwendig gewesen wäre. (*Rosenberg* 1995, 126) Der Vorwurf war Machtmißbrauch und Hochverrat. Die Ergebnisse des jahrelangen Verfahrens sind am besten als das zu bezeichnen, was man als „inconclusive" bezeichnen kann – widersprüchlich und ergebnislos auch in dem Sinn, daß die Kontroverse über *Jaruzelskis* Rolle weitergeht.

*Jaruzelskis* Doppelrolle als Diktator und als Demokratisierer, als Kerkermeister und als Befreier macht naturgemäß denen Schwierigkeiten, die 1981 seine Opfer waren. Zu seinen Opfern zählte, als prominentestes, *Lech Walesa*. *Walesa* ist in seiner 1987 verfaßten Autobiographie vorsichtig, was die Rolle *Jaruzelskis* betrifft – und diese Vorsicht muß im Zusammenhang mit der Übergangsphase gesehen werden, in der Polen zu diesem Zeitpunkt war: Die Reformen *Gorbatschows* setzten wiederum eine gewisse Dynamik auch für Polen frei, auf die das Regime *Jaruzelskis* auch positiv reagierte. Die Solidarność war nicht mehr unterdrückt wie zur Zeit des Kriegsrechtes – sie war aber auch nicht ein von Staat und Partei unabhängiges Machtzentrum wie vor dem 13. Dezember 1981. Polen befand sich in einer Art Dämmerzone, die die kommende Demokratie erahnen ließ – aber Polen war noch keine Demokratie.

In dieser Phase schrieb *Walesa*, 1983 mit dem Friedensnobelpreis ausgezeichnet, seine Biographie. Und er zeichnete *Jaruzelski* sehr differenziert: Für die Zeit unmittelbar vor Verhängung des Kriegsrechtes zählt er „den General" zu den Gemäßigten der PVAP; zu denen, mit denen „man ... reden (konnte)." (*Walesa* 1987, 283) *Walesa* berichtete vom Schreiben des Papstes, das ihm – gemeinsam mit einer Kopie eines päpstlichen Briefes an *Jaruzelski* – am 25. Dezember 1981 in der Haft übergeben wurde. (*Walesa* 1987, 313f.) Besonders aufschlußreich ist aber der Brief, den *Walesa* am 8. November 1982 aus der Haft an *Jaruzelski* schrieb: (*Walesa* 1987, 334)

„An General Wojciech *Jaruzelski*, Warschau

*Es ist, wie mir scheint, an der Zeit, einige Probleme und Schritte, die zu einer Verständigung führen könnten, zu erörtern. Es hat einige Zeit gedauert, bis viele begriffen haben, was möglich ist und wie weit man gehen kann. Ich schlage ein Treffen vor, um die uns interessierenden Themen ernsthaft zu diskutieren. Bei gutem Willen werden wir sicher eine Lösung finden.*

Korporal *Lech Walesa*."

Der „Korporal" wurde daraufhin aus der Internierung in die Freiheit entlassen. Am 31. Dezember 1982 wurde das Kriegsrecht „suspendiert", im Juli 1983 offiziell beendet. (*Lopinski* 1990, XVII) Die „Dämmerzone" begann. Die internen Voraussetzungen für einen zweiten Anlauf zur Transformation der kommunistischen Diktatur waren hergestellt. Es mußten noch die Signale aus Moskau hinzukommen, um den Schritt in Richtung Demokratie wagen zu können.

*Jaruzelskis* Wahrnehmung (und Rechtfertigung), er habe mit der Verhängung des Kriegsrechtes sich die künftige Option einer Fortsetzung der im Dezember 1981 gestoppten Reformen offengehalten, wird indirekt von *Walesa* bestätigt. Es war wieder „an der Zeit", miteinander zu reden; eine Verständigung zu suchen. Man konnte auch wieder miteinander reden – die Beschädigung der Demokratiebewegung war nicht zu tief gewesen. Und den Zeitpunkt für die Wiederaufnahme des Dialogs hatte *Jaruzelski* bestimmt. Die „Pause" des Kriegsrechtes war zu Ende. *Walesa* – und mit ihm die Demokratiebewegung – war getroffen, aber nicht zerstört. Ihre Handlungsfähigkeit konnte wiederhergestellt werden – sobald die internationalen Bedingungen es zuließen.

Das ist schon ein ungewöhnlicher Tyrann, der sich die Option der (Selbst)-Zerstörung seiner Tyrannis bewußt offen hält; der seine Gegner und Opfer als potentielle Partner begreift; der zwar einerseits die Verantwortung für die Diktatur und für die damit verbundenen Menschenrechtsverletzungen übernimmt, übernehmen muß – der aber andererseits Strukturen beläßt, die ihn einmal dafür an eben diese Verantwortung erinnern können.

Und die Menschenrechtsverletzungen, für die *Jaruzelski* verantwortlich war, sind dokumentiert. (Poland Under Martial Law 1983; *Labedz* 1984; *Lopinski* 1990) Die Diktatur des Kriegsrechtes hatte niemals die totalitären Züge des Stalinismus – eben deshalb wußte die Welt, was in Polen vorging. Die Verletzungen rechtsstaatlichen Verfahrens, die Übergriffe von Polizei und Armee, die Manipulationen durch Regierungspropaganda waren bekannt. *Jaruzelski* war, beginnend mit dem 13. Dezember 1981, einer des bestgehaßten Männer der Welt – Symbolfigur einer Tyrannei, die alle üblen Eigenschaften einer Militärdiktatur mit allen üblen Eigenschaften der kommunistischen Parteidiktatur zu verbinden verstand.

In der Untergrundpresse wurde er „Terrorist" genannt, die – relative – Selbstbeschränkung der Repressionen als Ausdruck seiner Schwäche gesehen: „Wir glauben nicht an gute und böse Terroristen. Ein Terrorist wird nur dann liberal, wenn er dazu gezwungen ist. Die Autoritäten entschieden, die Zahl der Verhaftungen einzuschränken und den Plan zur Unterdrückung mit einer gewissen Mäßigung umzusetzen, weil das ihnen einen Vorteil verspricht. Wir müssen dieses liberale Konzept für sie weniger attraktiv machen." (*Labedz* 1984, 14f.)

Diese Reaktion auf das Kriegsrecht war mehr als nur verständlich. Wer im Kerker sitzt, mag sich nicht mit einer vergleichenden Analyse zwischen *Stalin* und *Jaruzelski* aufhalten. Mit dieser Reaktion hatte aber *Jaruzelski* zu tun – diese scharfe Ablehnung mußte er durch politische Methoden in eine Kooperationsbereitschaft umwandeln. Daß dies glückte, daß die Repräsentanten der Demokratiebewegung 1989 mit dem „Terroristen" in einen Dialog eintraten, daß sie sich auf seine Strategie einließen und diese gemeinsam mit ihm formten, daß sie seine *leadership* auf dem Weg zur Demokratie akzeptierten – das ist die Erfolgsbilanz von *Jaruzelskis* Führungsqualität. Er konnte die Barriere überwinden, die er zunächst selbst aufgerichtet hatte. *Jaruzelski* gelang es, aufzulösen, was er selbst an massivem Widerstand provoziert hatte.

Dieser General-Diktator betrieb zunächst vorsichtig, dann – im Bündnis mit *Gorbatschow* – immer offener den Abbau seiner persönlichen Macht. Daß dies auch mit Eigeninteresse zu tun haben kann, ändert daran nichts. *Jaruzelski* mag – anders als *Breschnew*, anders als *Husak* – die Unrettbarkeit der Systeme sowjetischen Typs erkannt haben; und er mag sich seine Rolle bei der als unausweichlich erkannten Transformation rechtzeitig gesichert haben. Aber Einblick in die reale Situation der eigenen Herrschaft ist nichts, was man einem „leader" negativ anrechnen könnte – im Gegenteil.

*Jaruzelski* arbeitete auf eine zweite, wiederum entscheidende Rolle hin – auf die durch ihn und mit ihm ermöglichte Transformation der ohnehin brüchig gewordenen kommunistischen Diktatur in Polen. Wann *Jaruzelski* klar werden mußte, daß er damit seine eigene Position untergrub, ist schwer zu sagen – er wird sich wohl, als bevorzugter Partner *Gorbatschows*, längere Zeit hindurch wie dieser in Illusionen über die Stabilisierbarkeit eines offenen, pluralistischen Systems noch immer sowjetischen Typs ergangen haben.

Dabei war die Rolle der Bischöfe von großer Bedeutung. Im allgemeinen kam ihnen in dieser Phase eine moderierende Rolle zu – sie wirkten auf die illegalisierte Opposition ein, sich *Jaruzelskis* Strategie nicht zu verweigern. Innerhalb der Opposition regte sich auch deshalb Kritik an der Kirche: „Die Freiheit, das Christentum zu praktizieren, kann mit Liebe und Demut erkämpft werden. Aber die christlichen Zivilisationen haben sich immer mit Feuer und Schwert verteidigt." (*Labedz* 1984, 14)

Die Bischöfe wollten eben eine solche „Feuer und Schwert"-Politik unbedingt vermeiden – und konnten eben deshalb eine zumindest strategische Verständigung mit *Jaruzelski* finden: keine Politik der verbrannten Schiffe, keine Zerstörung zukünftiger Optionen, daher möglichst keine physische Gewalt. War *Jaruzelski* der Hauptverantwortliche für die Selbstbeschränkung der Repression, so waren die Bischöfe die Hauptverantwortlichen für die Selbstbeschränkung des Widerstandes.

Diese beidseitige Mäßigung während des Kriegsrechtes machte sich in der Phase der einsetzenden Transformation bezahlt. Die Verbindung zwischen *Jaruzelski* und den Bischöfen war nie ganz unterbrochen worden. Die Reisen des Papstes in das Polen *Jaruzelskis*, im Juni 1983 und im Juni 1987, waren ambivalente Signale – Brückenschlag und Kritik; Argumente für Mäßigung der Opposition, aber gleichzeitig auch Identifikationsmöglichkeit für alle Gegner des Regimes.

Die Bedeutung der Kirche für Polens Vorreiter-Rolle im Prozeß der Transformation muß sehr hoch eingeschätzt werden. Der Katholischen Kirche kam in der polnischen Geschichte des 19. und 20. Jahrhunderts die Rolle der

Wahrerin nationaler Identität und Kontinuität zu: Als Kraft des Widerstandes gegen (das mit dem Protestantismus identifizierte) Preußen und dann Deutschland und gegen (das orthodoxe) Rußland ebenso wie gegen die neuheidnischen, bzw. atheistischen Totalitarismen, die Polen im 20. Jahrhundert mit Krieg überzogen und beherrscht hatten. Die Kirche war der wichtigste Mutterboden des polnischen Widerstandes gegen alle diese Formen von nationaler oder ideologischer Fremdherrschaft. Daher muß ja auch die Wahl des Kardinal-Erzbischofs von Krakau zum Papst, 1978, als wichtiger Einschnitt der polnischen Geschichte gesehen werden: Mit der internationalen Anerkennung der Kirche Polens fühlte sich auch der polnische Widerstand angespornt. Von da führte ein nur kurzer Weg zu den großen Streiks des Sommers 1980, zur Demokratiebewegung, zum Dualismus des politischen Systems 1980 und 1981.

Die Bischöfe und der Klerus wurden während des Kriegsrechtes weitgehend unbehelligt gelassen. Sie standen als Vermittler bereit. Sie konnten von einer hohen informellen Repräsentativität ausgehen – die Zustimmung zur Kirche und auch die aktuelle Beteiligung am Leben der Kirche wies in Polen in den 80er Jahren europäische Spitzenwerte auf. 1990, am Beginn der polnischen Demokratie, erklärten 80 Prozent der polnischen Bevölkerung, die Kirche genieße ein hohes Ansehen – das war die Basis kirchlicher, bischöflicher Einflußnahme. Daß diese Zustimmung innerhalb von zwei Jahren dramatisch auf 55 Prozent sinken sollte, zeigt, daß das Ansehen der Kirche aus ihrer Widerstandsfunktion erklärbar war. Das Ende des Widerstandes, das in dem Augenblick gekommen war, als mit *Mazowiecki*, *Walesa* und anderen die Vertrauenspersonen der Kirche regierten, höhlte diese Funktion und damit das Ansehen der Kirche aus. (*von Beyme* 1994, 157)

Die Bischöfe waren somit, paradoxerweise, mit *Jaruzelski* in einem Boot: Sie beteiligten sich aktiv an der Herstellung des nationalen Konsenses, der an den runden Tischen 1989 ausgehandelt und nach der Sejm-Wahl umgesetzt wurde. Das Resultat war, daß *Jaruzelski* sich überflüssig gemacht hatte – und daß die Zustimmung zu den Bischöfen, damit aber auch ihr gesellschaftlicher Einfluß, sofort rückläufig zu werden begann. *Jaruzelski* und die Bischöfe teilten sich die Rollen der Verlierer der Transformation.

Den Bischöfen war in der Schlußphase der Ära *Jaruzelski* an einer Verschärfung der Konfrontation zwischen Regierung und Opposition nicht gelegen – *Jaruzelski* ebensowenig. 1988 zeichnete sich eine solche Verschärfung ab: Die halblegale Opposition forderte die Regierung immer stärker heraus. Die aus Moskau kommenden neuen Töne hatten die Drohung einer sowjetischen Intervention aufgelöst. *Jaruzelski* vermochte daher auf die verschärfte Konfrontation 1988 anders zu reagieren, als ihm dies 1981 möglich gewesen war. Die Konsequenz war, daß die Gespräche am Runden Tisch organisiert wurden. Doch die Voraussetzung war, daß der Solidarność Legalität gegeben werden mußte – also in gewisser Hinsicht die Rückkehr zur Situation 1980/81. *Jaruzelski* und der zweite General, dem in dieser Entwicklungsstufe eine wichtige Rolle zukam, *Czeslaw Kiszczak*, zwangen den Parteiapparat unter massiven Rücktrittsdrohungen, diesen Schritt zu tun. *Jaruzelski* ging nicht mit seiner Partei in die Phase der Demokratisierung – er zog seine widerstrebende Partei hinter sich her. (*Bachmann* 1995, 39)

Die Gespräche am runden Tisch waren eine Kooperation besonderer Art. Da saßen der Kerkermeister und die ihm verbundenen, zur Reform bereiten oder von *Jaruzelski* dazu gezwungenen Kräfte der noch immer Monopolpartei PVAP – und ihnen gegenüber ihre Opfer, vor noch nicht allzu lange zurückliegender Zeit erst aus den Gefängnissen freigelassen, aus dem Untergrund aufgetaucht.

Die runden Tische Polens waren eine historische Premiere: Es gab bis dahin in der Geschichte keinen Fall einer evolutionären Transformation eines kommunistischen Systems. Faschistische Systeme und Militärdiktaturen hatten sich evolutionär gewandelt – in Europa boten Griechenland (1974) und Spanien (ab 1976) die dafür interessantesten Beispiele. Daß kommunistische Systeme sich nur innerhalb ihrer Systemgrenzen – insbesondere unter Wahrung des Machtmonopols der Kommunistischen Partei – wandeln konnten, war Kommunisten und Antikommunisten ein wichtiges Systemmerkmal: den Kommunisten, weil damit die Unwiderruflichkeit und somit die historische Einmaligkeit einer Revolution der leninistischen Art unterstrichen schien; den Antikommunisten, weil sie damit die Nicht-Reformierbarkeit des Kommunismus bestätigt sahen.

Das Polen des General *Jaruzelski* widerlegte diese Deutungen. Es zeigte, daß unter bestimmten Rahmenbedingungen das System reformierbar war; daß eine evolutionäre Transformation eines kommunistischen Systems in Richtung Demokratie stattfinden konnte. In einer konkordanzdemokratischen Politikmustern entsprechenden Form fanden zwei Eliten – die Elite des herrschenden Regimes und die Gegenelite der wieder aktivierten Demokratiebewegung – zu einem Kompromiß, der den Übergang bedeutete:

– Freie Wahlen in beide Kammern des Parlaments (Senat und Sejm) bei gleichzeitiger Garantie einer kommunistischen Mehrheit im Sejm.

- Legalisierung der Solidarność als Gewerkschaft und damit der gesamten Demokratiebewegung als Voraussetzung eines offenen Wettbewerbes.
- Bestimmte Verfassungsänderungen, die den kommunistischen Charakter der Verfassung abschwächten (Abschaffung der kollektiven Präsidentschaft) und das Gewicht des Senats im Gesetzgebungsverfahren aufwerteten. (*Bachmann* 1995)

Die zeitgenössischen Analytiker des polnischen Weges hielten es keineswegs von vornherein für wahrscheinlich, daß der Kompromiß zwischen den Eliten den friedlichen Übergang zur Demokratie bewirken könnten. Gerade weil *Gorbatschows* Reformen in Polen eine so hohe Beachtung und Zustimmung gefunden hätten, so argumentierte *Zdenek Mlynar*, bestünde die Gefahr der Explosion: Im polnischen Übereifer könnte die Entwicklungsfähigkeit des System überfordert werden – Bürgerkrieg statt Evolution könnte daher die Folge sein. (*Mlynar* 1990, 146f.)

Daß der Dynamik der Demokratiebewegung durch die Runden Tische genügend Raum gegeben wurde, um ihre Energien evolutionär umzusetzen, das war der Verdienst *Jaruzelskis*. Die zwischen ihm und *Gorbatschow* bestehende Vertrauensbasis wirkte offenbar auch als (aufgezwungene) Beruhigung gegenüber den Befürchtungen der „anderen Seite" des eigenen Lagers – den Repräsentanten der kommunistischen Regime vor allem der CSSR, der DDR und Rumäniens, die ihre eigenen Positionen gefährdet sahen. Immerhin wurde Polen ab dem Spätsommer 1989 bei den entsprechenden Treffen des Warschauer Paktes gelegentlich von einem katholischen, antikommunistischen Regierungschef oder auch von einem demonstrativ „unpolitischen" Verteidigungsminister vertreten – die sich freilich auf *Jaruzelski* und damit indirekt auch auf *Gorbatschow* stützen konnten.

Das Zusammenspiel zwischen *Jaruzelski* und *Gorbatschow* führte im Vorfeld der polnischen Demokratisierung zu einem für das polnische Selbstverständnis wichtigen Klärungsprozeß – zur Aufdeckung der historischen Wahrheit über Katyn. *Jaruzelski* selbst war vom Trauma Katyn massiv betroffen. Es waren seine Offizierskameraden, die 1940 – in sowjetischer Kriegsgefangenschaft – auf Befehl *Stalins* ermordet worden waren. Katyn berührte das Selbstverständnis Polens – als Resultat des *Hitler-Stalin* Paktes; als Verbrechen, das man beiden zutrauen konnte. Als NS-Propagandainstrument gegen *Stalin* und als kommunistisches Propagandainstrument gegen *Hitler* reflektierte es Polens Objekt- und Opferrolle im bösen Konkurrenzkampf der großen Nachbarn.

Offene Zweifel an der sowjetischen Version des Massenmordes von Katyn waren Jahrzehnte hindurch in Polen und im gesamten sowjetischen Herrschaftsbereich nicht erlaubt. Auch die nach dem 20. Parteitag der KPdSU einsetzende „Entstalinisierung" durfte an der von *Stalin* festgelegten „Wahrheit" nicht rütteln. Jede polnische Emanzipation vom sowjetischen Diktat konnte in Polen daher daran gemessen werden, ob das offizielle Polen das Tabu zu brechen in der Lage war. Und jede sowjetische Behauptung von den brüderlichen polnisch-sowjetischen Beziehungen mußte danach beurteilt werden, ob diese Brüderlichkeit die Benennung dieser historischen Verwundung zuließ.

Die Entdeckung der Verbrechen von Katyn hatte 1943 die ohnehin problematischen Beziehungen zwischen der polnischen Exilregierung in London und der sowjetischen Regierung schwer belastet. Als die deutsche Führung im April 1943 die Weltöffentlichkeit über die Massengräber von Katyn informierte, war klar, daß die politische Intention des deutschen Vorgehens die war, zwischen die Westmächte und die Sowjetunion einen Keil zu treiben. Die polnische Exilregierung, die trotz der offenen Grenzfragen sich 1941 in aller Form mit der Sowjetunion verbündet hatte, konnte bezüglich Katyn nun nicht mehr auf der von *Churchill* vorgegebenen Linie gehalten werden. Der britische Premier, der die deutsche Version des Massenmordes für „wahrscheinlich richtig" hielt, gab die Parole aus, das Katyn-Massaker soweit wie möglich zu ignorieren. (*Charmley* 1993, 532) Daß *Sikorski* die deutsche Aufforderung akzeptierte und sich auch für eine unabhängige Untersuchung aussprach, gab Stalin die Gelegenheit, die Beziehungen zur polnischen Exilregierung abzubrechen.

Die Zweifel an der sowjetischen Version waren geblieben. (*Fitzgibbon* 1977) Zu sehr sprachen die bekannten Details gegen die sowjetische Darstellung. Doch um des Anti-*Hitler* Bündnisses willen hielten die Alliierten ruhig. Und die kommunistische Herrschaft, in Polen 1944 und 1945 errichtet, erlaubte keine öffentliche Diskussion, die nicht von vornherein der sowjetischen Interpretation entsprochen hätte.

Bis *Gorbatschow*, bis *Jaruzelski* blieb Katyn im zwischenstaatlichen Verhältnis tabuisiert. Als *Jaruzelski* aber im April 1987 Moskau besuchte, initiierte er eine sowjetisch-polnische Historikerkommission, deren Aufgabe die Aufarbeitung der heilen Aspekte der polnisch-sowjetischen Geschichte sein sollten. Katyn hatte dabei von Anfang an den prominentesten Stellenwert. (*Gorbatschow* 1995, 866)

Doch der hinhaltende Widerstand der sowjetischen Bürokratie bremste die Einsicht in die historische Wahrheit. *Valentin Falin* gibt *Gorbatschows* Unentschlossenheit, diesen Widerstand zu durchbrechen, ein Stück Mitverantwortung an der Verzögerung zu. Umso deutlicher aber sieht Falin die Rolle *Jaruzelskis*: Dieser „versäumte keine Gelegenheit, um *Gorbatschow* daran zu erinnern, wie primär wichtig es sei, die 'Unklarheit über Katyn' zu beseitigen." (*Falin* 1993, 446)

*Jaruzelskis* Drängen hatte Erfolg. Der Widerstand, den *Gorbatschow* dem KGB zuschrieb, wurde gebrochen. Die entscheidenden Dokumente konnten gefunden werden – und der Befund war klar: Auf Vorschlag *Berijas* hatte das Politbüro der KPdSU 1940 den Befehl zur Massenerschießung polnischer Offiziere gegeben. Als *Jaruzelski* am 13. April 1990 zu einem offiziellen Staatsbesuch in Moskau weilte, brachte die sowjetische Seite „ihr tiefes Bedauern über die Untaten von Katyn zum Ausdruck und erklärte, daß sie (die Untaten, A.P.) eines der schwersten Verbrechen des Stalinismus darstellten." (*Gorbatschow* 1995, 875)

*Jaruzelski* hatte die Enttabuisierung und die Klärung eines besonders schmerzhaften Stückes polnischer Geschichte erreicht. Seine Beharrlichkeit hatte der zerfallenden Sowjetunion das Bekenntnis der historischen Schuld abgerungen. Was war das für ein Kommunist, der dem Lande *Lenins* die Verantwortung an einem durch nichts zu rechtfertigenden Massenmord abrang!

In *Artur Koestlers* Essay „Der Yogi und der Kommissar" werden des Kommissars und des Yogis Dilemma skizziert. Der zweite, der die Welt aus dem Inneren des Menschen retten will, ist ganz gewiß nicht der Typus des Generals und Kommunisten und „leaders" *Jaruzelski*. Doch der Kommissar hat Qualitäten, die zum Verständnis *Jaruzelskis* beitragen können. Das Dilemma des Kommissars besteht in der Widersprüchlichkeit der Serpentine und in der Widersprüchlichkeit des Abhanges:

Auf dem Weg nach oben, in die von ihm herbeigewünschte bessere Welt, kann der Kommissar – und hinter ihm die von ihm geführte Bewegung – entweder durch zu großes Tempo aus der Kurve getragen werden und abstürzen; das entspricht dem Bild des von Ungeduld vorangetriebenen Leninismus. Oder aber der Kommissar drosselt das Tempo des gesellschaftlichen Fortschritts, um dieser Gefahr zu entgehen – dann verlieren er und seine Bewegung an Dynamik, sie werden in ihrem Aufstieg steckenbleiben; das entspricht dem Bild der Sozialdemokratie. Die Widersprüchlichkeit des Abhanges wiederum betrifft das Verhältnis von Ziel und Mittel. Jede Entscheidung, die Mittel dem Ziel zu unterstellen, „endet mit den Moskauer Säuberungen" – und damit beginnt die rasante Talfahrt, den Abhang hinunter. Die Entscheidung dagegen aber nimmt der Intention des Kommissars jede Wirksamkeit. (*Koestler* 1964, 11f.)

*Jaruzelski* handelte als überaus sensibler Kommissar. 1981 sorgte er dafür, daß die polnische Demokratiebewegung auf der kurvenreichen Straße nach oben nicht durch allzu großes Tempo in den Abgrund stürzt – und er tat dies, indem er die diesem Ziel adäquaten Mittel anwandte; auch wenn diese für sich allein nicht zu rechtfertigen waren („schmutzige Hände"). 1989 hatte *Jaruzelski*, der Kommissar, ein völlig anderes topographisches Bild vor sich – und dem entsprechend ließ er nunmehr das Tempo der Demokratiebewegung zu. *Jaruzelski* hatte sehr wohl eine funktionale Ziel-Mittel-Relation; und mit dieser endete er nicht im Stalinismus, sondern in der Demokratie.

*Jaruzelski* – Held oder Verräter? Es kann schon sein, daß zukünftige Geschichtsbücher die Bewertung des Generals auf diesen simplen Punkt bringen. Und es gibt auch eine Antwort auf diese Frage, die nicht vereinfachend ist: Jaruzelski war Held und Verräter.

*Jaruzelski* war Held 1981, und er war im selben Jahr Verräter. 1981 war er bereit, die als notwendig erkannte Schmutzarbeit zu verrichten – notwendig, um Polen eine Schonfrist im Schatten des Ost-West-Konfliktes einzuräumen; um Polen in Warteposition zu halten auf dem Weg in Richtung Transformation. Schmutzarbeit, weil er die Verantwortung für Kriegsrecht und damit für Kerker und Verbote und Unterdrückung auf sich nahm. Für die, die er unterdrückte, im Rahmen seiner Logik unterdrücken mußte, war er natürlich ein Verräter; ein Agent des Kreml, der in dessen Auftrag das tat, was Moskau selbst zu aufwendig gewesen wäre.

Beides ist eine richtige Wahrnehmung. Jede dieser Perspektiven für sich allein ist aber nicht die ganze Wahrheit. Wie es auch nicht die ganze Wahrheit ist, wenn man den *Jaruzelski* des Jahres 1989 nur einseitig wahrnimmt:

Dieser *Jaruzelski* war wiederum ein Held. Er ging voran, von *Gorbatschow* bestärkt – aber noch einen Schritt vor diesem, auch vor Ungarn. *Jaruzelski* hat die ersten wirklich freien Wahlen in einem Staat des Warschauer Paktes und im Gefolge dieser Wahlen die erste nicht kommunistisch geführte Regierung zu verantworten – *Jaruzelski* war es, der die Bestellung von *Tadeusz Mazowiecki* zum Regierungschef ermöglichte; der sich selbst auf das nach der damaligen polnischen Verfassung zweitrangige Amt des Staatspräsidenten zurückzog. Und als dieses Amt später aufgewertet wurde, da sollte ihm, dem General, der „Korporal" nachfolgen.

Für die Demokratiebewegung des Jahres 1989 müßte daher Jaruzelski ein Held gewesen sein – wäre da nicht seine Vergangenheit als Kerkermeister gewesen. Und wäre da nicht der Verdacht, *Jaruzelski* hätte nur eben rascher als andere erkannt, was nun opportun wäre.

*Jaruzelski* handelte in beiden entscheidenden Abschnitten seines politischen Lebens aus einem politischen Kalkül heraus. Er berechnete, 1981, die internationale und die polnische Situation – und kam zu einem klaren Bild. Und er kalkulierte natürlich auch 1989 und schon davor – daß der Weg *Gorbatschows* Konsequenzen haben würde, die Systeme sowjetischen Typs zerstören müßten. *Jaruzelski* handelte nicht gegen die Rahmenbedingungen, in die er sich hineingestellt sah. Er segelte nicht gegen den Wind. Aber er ließ sich auch nicht einfach treiben.

Deswegen war er Held; und deswegen war er Verräter. Aber er war kein Märtyrer. Als solcher wäre er zukünftigen Geschichtsbüchern wohl hoch willkommen. Aber er war ja, in komplizierter Weise, ein verräterischer Held und ein heldenhafter Verräter. Er war ein wirklicher Held und ein wirklicher Verräter.

Die real existierende Demokratie aber kann keine wirklichen Helden und keine wirklichen Verräter gebrauchen. Deshalb war für den Helden-Verräter *Jaruzelski* auch kein Platz mehr in der polnischen Demokratie, der er die Tore geöffnet hatte. Er hatte sich, durch erfolgreiche *leadership*, selbst überflüssig gemacht.

*Monika Jaruzelski*, die Tochter des Generals, hat offenbar eine sehr ausgeprägte Meinung über die Rolle ihres Vaters. Von 1980 an, als Teenager, war sie ihm politisch kritisch und immer kritischer gegenübergestanden. Sie hatte freundschaftliche Kontakte mit Solidarność-Aktivisten. Im Zuge des Kriegsrechtes wurden Mitglieder ihres engsten Freundeskreises verhaftet. *Monika Jaruzelski* spielte mit dem Gedanken an Selbstmord. Jahre hindurch wechselte sie mit ihrem Vater kein Wort. Nach der Demokratisierung Polens begann sie, den historischen Ablauf und damit die Rolle ihres Vaters allmählich anders und vor allem differenzierter zu sehen. Schließlich akzeptierte sie sogar seine Sichtweise vom Kriegsrecht als „kleineres Übel". Und:

„Wenn man jung ist, sieht man alles schwarz und weiß. Wenn man erwachsen wird, merkt man, wie schwierig es ist, Entscheidungen zu treffen; und man sieht, daß man auch manchmal die Rahmenbedingungen nicht unter Kontrolle hat." (*Rosenberg* 1995, 227f.)

Für *Monika Jaruzelski* ist der General jedenfalls kein Verräter – mehr.

## 26. Literatur

AGNOLI 1968: Johannes Agnoli, Peter Brückner: Die Transformation der Demokratie. Frankfurt am Main.

ALMOND, POWELL 1966: Gabriel Almond, G.Bingham Powell, Jr.: Comparative Politics. A developmental approach. Boston.

AMBROSE 1991: Stephen E. Ambrose: Nixon. Vol.III. Ruin and Recovery 1973-1990. New York.

APTHEKER 1951-1974: Herbert Aptheker: A Documentary History of the Negro People in the United States. IV Vol. New York.

ARENDT 1968: Hannah Arendt: Men in Dark Times. New York.

ARENDT 1987: Hannah Arendt: Wahrheit und Lüge in der Politik. Zwei Essays. München.

ARENDT 1989: Hannah Arendt: Die Krise des Zionismus. Essays und Kommentare 2. Berlin.

ARENDT 1995: Hannah Arendt: Rahel Varnhagen. Lebensgeschichte einer deutschen Jüdin aus der Romantik. München.

ARENDT 1995: Hannah Arendt: Eichmann in Jerusalem. Ein Bericht von der Banalität des Bösen. München.

ASH 1984: Timothy Garton Ash: The Polish Revolution. Solidarity. New York.

ATWOOD 1987: Margaret Atwood: The Handmaid's Tale. New York.

BACHMANN 1995: Klaus Bachmann: Poland. In: Hanspeter Neuhold et al. (eds.): Political and Economic Transformation in East Central Europe. Boulder, 37-55.

BACHRACH 1967: Peter Bachrach: The Theory of Democratic Elitism. A Critique. Boston.

BARNES 1990: Julian Barnes: A History of the World in 10 1/2 Chapters. London.

BEAUVOIR 1968: Simone de Beauvoir: Force of Circumstance. Harmondsworth.

BEYME 1994: Klaus von Beyme: Systemwechsel in Osteuropa. Frankfurt am Main.

BLAKE 1969: Robert Blake: Disraeli. London.

BLONDEL 1987: Jean Blondel: Political Leadership. Towards a General Analysis. London.

BRUS 1982: Wlodzimierz Brus et al.: „Normalisierungsprozesse" im sowjetisierten Mitteleuropa. Ungarn, Tschechoslowakei, Polen. Forschungsprojekt Krisen in den Systemen sowjetischen Typs, geleitet von Zdenek Mlynar. Studie Nr.1.

BÜCHELE 1993: Herwig Büchele: SehnSucht nach der Schönen neuen Welt. Thaur, Tirol.

BURNHAM 1943: James Burnham: The Machiavellians. Defenders of Freedom. New York.

BURNS 1978: James MacGregor Burns: Leadership. New York.

CHAMBERLAIN 1922: Houston Stewart Chamberlain: Die Grundlagen des XIX. Jahrhunderts. München.

CHARMLEY 1993: John Charmley: Churchill. The End of Glory. A Political Biography. Sevenoaks, Kent.

CONQUEST 1968: Robert Conquest: The Great Terror. Stalin's Purge of the Thirties. Harmondsworth.

COOLE 1988: Diana H.Coole: Women in Political Theory. From Ancient Misogony to Contemporary Feminism. Boulder.

CROSSMANN 1949: Richard Crossman (ed.): The God That Failed. New York.

DAHL 1956: Robert A.Dahl: A Preface to Democratic Theory. Chicago.

DAHL 1989: Robert A.Dahl: Democracy and Its Critics. New Haven.

DE GRAZIA 1989: Sebastian de Grazia: Machiavelli in Hell. Princeton.

DOWNS 1957: Anthony Downs: An Economic Theory of Democracy. New York.

EASTON 1953: David Easton: The Political System. An Inquiry into the State of Political Science. New York.

EDELMAN 1985: Murray Edelman: The Symbolic Uses of Politics. Urbana, Illinois.

ELIAS 1987: Norbert Elias: Engagement und Distanzierung. Arbeiten zur Wissenssoziologie I. Frankfurt am Main.

ETTINGER 1995: Elzbieta Ettinger: Hannah Arendt. Martin Heidegger. Eine Geschichte. München.

FALIN 1993: Valentin M.Falin: Politische Erinnerungen. München.

FEST 1973: Joachim C.Fest: Hitler. Eine Biographie. Frankfurt am Main.

FINER 1976: S.E.Finer: The Man on Horseback. The Role of Military in Politics. Harmondsworth.

FISCHER 1969: Ernst Fischer: Erinnerungen und Reflexionen. Reinbek.

FITZGIBBON 1977: Louis Fitzgibbon: Katyn Massacre. London.

FRAENKEL 1964: Ernst Fraenkel: Deutschland und die westlichen Demokratien. Stuttgart.

FRAENKEL 1974: Ernst Fraenkel: Der Doppelstaat. Frankfurt am Main.

FRANKLIN 1980: John Hope Franklin: From Slavery to Freedom. A History of Negro Americans. New York.

FREY 1983: Bruno S.Frey: Democratic Economic Policy. A Theoretical Introduction. Oxford.

GANDHI 1957: Mohandas K.Gandhi: An Autobiography. The Story of My Experiments With Truth. Boston.

GILMAN 1979: Charlotte Perkins Gilman: Herland. London.

GOLDMAN 1994: Peter Goldman et al.: Quest for the Presidency 1992. College Station (Texas).

GORBATSCHOW 1995: Michail Gorbatschow: Erinnerungen. Berlin.

GUÉHENNO 1994: Jean-Marie Guéhenno: Das Ende der Demokratie. München.

HAFFNER 1978: Sebastian Haffner: Anmerkungen zu Hitler. München.

HALBERSTAM 1972: David Halberstam: The Best and the Brightest. New York.

HAMILTON, MADISON, JAY: On the Constitution. Selections from the Federalist Papers. New York (1954).

HENNIS 1973: Wilhelm Hennis: Die mißverstandene Demokratie. Demokratie – Verfassung – Parlament. Studien zu deutschen Problemen. Freiburg im Breisgau.

HILL 1979: Melvyn A.Hill (ed.): Hannah Arendt. The Recovery of the Public World. New York.

HIRSCH 1969: Helmut Hirsch: Rosa Luxemburg in Selbstzeugnissen und Bilddokumenten. Reinbek.

HIRSCH 1993: Helga Hirsch: Die Russen wollten gar nicht einmarschieren. In: Die Zeit, 50/1993, 10.Dezember, 98.

HODGSON 1980: Godfrey Hodgson: All Things to All Men. The False Promise of the Modern American Presidency. New York.

HUXLEY 1985: Aldous Huxley: Ape and Essence. London.

ISAACSON 1992: Walter Isaacson: Kissinger. A Biography. London.

JARUZELSKI 1992: Wojciech Jaruzelski: Das war psychische Folter. Interview. Der Spiegel, 20/1992.

JARUZELSKI 1993: Wojciech Jaruzelski: Mein Leben für Polen. Erinnerungen. Mit einem Gespräch zwischen Wojciech Jaruzelski und Adam Michnik. München.

JOLY 1990: Maurice Joly: Ein Streit in der Hölle. Gespräche zwischen Machiavelli und Montesquieu über Macht und Recht. Frankfurt am Main.

KEARNS 1976: Doris Kearns: Lyndon Johnson and the American Dream. New York.

KEARNS GOODWIN 1987: Doris Kearns Goodwin: The Fitzgeralds and the Kennedys. An American Saga. New York.

KELSEN 1963: Hans Kelsen: Vom Wesen und Wert der Demokratie. Aalen.

KENNEDY 1956: John F.Kennedy: Profiles in Courage. New York.

KISSINGER o.J.: Henry A.Kissinger: A World Restored. Metternich, Castlereagh and the Problems of Peace 1812-1822. Boston.

KISSINGER 1979: Henry A.Kissinger: Memoiren 1968-1973. München.

KISSINGER 1994: Henry A. Kissinger: Diplomacy. New York.

KNOLL 1962: August Maria Knoll: Katholische Kirche und scholastisches Naturrecht. Zur Frage der Freiheit. Wien.

KOESTLER 1947: Artur Koestler: Darkness at Noon. London.

KOESTLER 1964: Artur Koestler: The Yogi and the Commissar. London.

KUBINA 1995: Michael Kubina u.a.: „Hart und kompromißlos durchgreifen." Die SED contra Polen 1980/81. Geheimakten der SED-Führung über die Unterdrückung der polnischen Demokratiebewegung. Berlin.

LABEDZ 1984: Leopold Labedz (ed.): Poland under Jaruzelski. A Comprehensive Sourcebook on Poland during and after Martial Law. New York.

LANGBEIN 1980: Hermann Langbein: ....nicht wie die Schafe zur Schlachtbank. Widerstand in den nationalsozialistischen Konzentrationslagern. Frankfurt am Main.

LA PALOMBARA 1987: Joseph La Palombara: Democracy Italian Style. New Haven.

LEHMBRUCH 1967: Gerhard Lehmbruch: Proporzdemokratie. Politisches System und politische Kultur in der Schweiz und in Österreich. Tübingen.

LIPSET 1960: Seymour Martin Lipset: Political Man. The Social Bases of Politics. New York.

LOPINSKI 1990: Maciej Lopinski et al.: Konspira. Solidarity Underground. Berkeley.

LUXEMBURG 1970: Rosa Luxemburg: Schriften zur Theorie der Spontaneität. Reinbek.

MACHIAVELLI: The Portable Machiavelli. Edited and translated by Peter Bondanella and Mark Musa. Harmondsworth (1979).

MANCHESTER 1984: William Manchester: The Last Lion. Winston Spencer Churchill. Visions of Glory. 1874-1932. London.

MANCHESTER 1989: William Manchester: The Last Lion. Winston Spencer Churchill. Alone. 1932-1940. New York.

MANNHEIM 1958: Karl Mannheim: Mensch und Gesellschaft im Zeitalter des Umbaus. Darmstadt.

MANNHEIM 1978: Karl Mannheim: Ideologie und Utopie. Frankfurt am Main.

MAREK 1970: Franz Marek: Was Stalin wirklich sagte. Wien.

MARIUS 1984: Richard Marius: Thomas More. A Biography. New York.

MC CULLOUGH 1992: David McCullough: Truman. New York.

MC NAMARA 1995: Robert S.McNamara: In Retrospect. The Tragedy and Lessons of Vietnam. New York.

MC PHERSON 1991: James M.McPherson: Abraham Lincoln and the Second American Revolution. New York.

MICHNIK 1985: Adam Michnik: Letters from Prison and Other Essays. Berkeley.

MILLER 1983: Nathan Miller: F.D.R. An Intimate History. New York.

MLYNAR 1978: Zdenek Mlynar: Nachtfrost. Erfahrungen auf dem Weg vom realen zum menschlichen Sozialismus. Frankfurt am Main.

MLYNAR 1990: Zdenek Mlynar: Can Gorbachev Change the Soviet Union? Boulder.

MORGENTHAU 1958: Hans J.Morgenthau: Dilemmas of Politics. Chicago.

MÜNKLER 1984: Herfried Münkler: Machiavelli. Die Begründung des politischen Denkens der Neuzeit aus der Krise der Republik Florenz. Frankfurt am Main.

NARR/NASCHOLD 1971: Wolf-Dieter Narr, Frieder Naschold: Theorie der Demokratie. Einführung in die moderne politische Theorie. Teil III. Stuttgart.

NETTL 1967: Peter Nettl: Rosa Luxemburg. Köln.

OLSON 1965: Mancur Olson: The Logic of Collective Action. Public Goods and the Theory of Groups. Cambridge (Mass.)

PELINKA 1974: Anton Pelinka: Dynamische Demokratie. Zur konkreten Utopie gesellschaftlicher Gleichheit. Stuttgart.

PFABIGAN 1976: Alfred Pfabigan: Karl Kraus und der Sozialismus. Eine politische Biographie. Wien.

PLASSER 1987: Fritz Plasser: Parteien unter Streß. Zur Dynamik der Parteiensysteme in Österreich, der Bundesrepublik Deutschland und den Vereinigten Staaten. Wien.

POLAND UNDER MARTIAL LAW 1983: Poland Under Martial Law. A Report on Human Rights by the Polish Helsinki Watch Committee. English edition by the U.S. Helsinki Watch Committee.

POLSBY 1983: Nelson W. Polsby: Consequences of Party Reform. Oxford.

POPPER 1970: Karl Popper: Die offene Gesellschaft und ihre Feinde. 2 Bände. Bern.

PUMBERGER 1989: Klaus Pumberger: Solidarität im Streik. Politische Krise, sozialer Protest und Machtfrage in Polen 1980/81. Frankfurt am Main.

RICHARDSON/FLANAGAN 1984: Bradley M.Richardson, Scott C. Flanagan: Politics in Japan. Boston.

RIESMAN 1950: David Riesman: The Lonely Crowd. A Study of the Changing American Character. New Haven.

RIKER 1982: William H.Riker: Liberalism against Populism. A Confrontation Between the Theory of Democracy and the Theory of Social Choice. Prospect Heights (Ill.)

ROSENBERG 1995: Tina Rosenberg: The Haunted Land. Facing Europe's Ghosts after Communism. New York.

SALISBURY 1993: Harrison E.Salisbury: The New Emperors. Mao and Deng. A Dual Biography. London.

SARTRE 1960: Jean-Paul Sartre: Betrachtungen zur Judenfrage. In: Drei Essays. Berlin (West).

SCHAUSBERGER 1978: Norbert Schausberger: Der Griff nach Österreich. Der Anschluß. Wien.

SCHEWARDNADSE 1991: Eduard Schewardnadse: Die Zukunft gehört der Freiheit. Reinbek.

SCHUMPETER 1972: Joseph A.Schumpeter: Kapitalismus, Sozialismus und Demokratie. München.

SEGEV 1993: Tom Segev: The Seventh Million. The Israelis and the Holocaust. New York.

SEMPRUN 1991: Jorge Semprun: Netschajew kehrt zurück. Berlin.

SERENY 1995: Gitta Sereny: Albert Speer. His Battle with Truth. New York.

SHIRER 1982: William L.Shirer: Gandhi. A Memoir. London.

SHULL 1991: Steven A.Shull (ed.): The Two Presidencies. A Quarter Century Assessment. Chicago.

SLATER 1985: Ian Slater: Orwell. The Road to Airstrip One. New York.

SMOLNAR 1989: Alexander Smolnar, Pierre Kende: Die Rolle oppositioneller Gruppen. Am Vorabend der Demokratisierung in Polen und Ungarn (1987-1989). Forschungsprojekt Krisen in den Systemen sowjetischen Typs, geleitet von Zdenek Mlynar, Studie Nr. 17-18.

SPEER 1969: Albert Speer: Erinnerungen. Frankfurt am Main.

STEINER 1974: Jürg Steiner: Amicable Agreement versus Majority Rule. Conflict Resolution in Switzerland. Chapel Hill.

SUN TZU o.J.: Sun Tzu on the Art of War. The oldest Military Treatise in the World. Translated from the Chinese with introduction and critical notes by Lionel Giles.

TALMON 1986: J.L.Talmon: The Origins of Totalitarian Democracy. Harmondsworth.

TALOS, NEUGEBAUER 1984: Emmerich Talos, Wolfgang Neugebauer (Hg.): „Austrofaschismus". Beiträge über Politik, Ökonomie und Kultur. Wien.

TEXTE 1975: Texte zur katholischen Soziallehre, herausgegeben vom Bundesverband der Katholischen Arbeitnehmer-Bewegung (KAB) Deutschlands, Kevalaer.

THEWELEIT 1980: Klaus Theweleit: Männerphantasien. 2 Bände. Reinbek.

TRUNK 1972: Isaiah Trunk: Judenrat. The Jewish Councils in Eastern Europe under Nazi Occupation. New York.

ULAM 1989: Adam B.Ulam: Stalin. The Man and His Era. Boston.

WEBSTER 1990: Paul Webster: Pétain's Crime. The full story of French Collaboration in the Holocaust. London.

WEISBROT 1991: Robert Weisbrot: Freedom Bound. A History of America's Civil Rights Movement. New York.

WILSFORD 1995: David Wilsford (ed.): Political Leaders of Contemporary Western Europe. Westport, Connecticut.

YIVO 1972: Yivo Institute for Jewish Research (ed.): Imposed Jewish Governing Bodies Under Nazi Rule. New York.

ZAHN 1964: Gordon C.Zahn: In Solitary Witness. The Life and Death of Franz Jägerstätter. Springfield (Ill.)

ZELMAN 1995: Leon Zelman: Ein Leben nach dem Überleben. Aufgezeichnet von Armin Thurner. Wien.

ZOHN 1971: Harry Zohn: Karl Kraus. New York.

# Personenindex

Adenauer, Konrad 86, 177, 291, 193
Adler, H.G. 115
Agnoli, Johannes 226, 227
Almond, Gabriel A. 62, 63
Ambrose, Stephen E. 89, 156, 157
Andreotti, Giulio 191
Andropow, Jurij Wladimirowitsch 256
Aptheker, Herbert 208
Aragon, Luis 128
Arendt, Hannah 104, 114, 156, 201, 202, 205, 211, 212, 217, 219-221, 253
Ash, Timothy Garton 21
Atlas, Michal 256, 257
Atwood, Margaret 186, 187
Augustinus 61

Babeuf, Francois 91, 96
Bachmann, Klaus 265, 266
Bachrach, Peter 34, 94, 95, 227, 252
Bagehot, Walter 197
Baldwin, Stanley 144
Barnes, Julian 242
Beauvoir, Simone de 128
Bebel, August 221
Berija, Lawrenti Pawlowitsch 178, 268
Berlusconi, Silvio 193
Bernstein, Eduard 201
Beyme, Klaus von 20, 230, 264
Biao, Lin 172
Bismarck, Otto 69, 170 191, 197
Blake, Robert 209
Blondel, Jean 29, 35, 86
Bonaparte, Louis Napoleon (Napoleon III.) 59, 62, 65
Borgia, Cesare 45, 49, 62
Bourguiba, Habib 29

Brandt, Willy 215
Brecht, Bert 101, 103, 104, 118, 188
Breschnew, Leonid Iljitsch 17, 18, 21, 49, 103, 178, 204, 255, 257, 259, 263
Brus, Wlodzimierz 26
Buber, Margarete 216
Bucharin, Nikolaj 131, 159, 162
Büchele, Herwig 205
Bulganin, Nikolaj 26
Burnham, James 59-61
Burns James McGregor 13, 29, 35, 36, 39, 84-86, 203, 247, 253
Burr, Aaron 220
Bush, George 239

Calvin, Jean 85
Castro, Fidel 26, 218
Chamberlain, Houston Stewart 209
Chamberlain, Neville 139, 143, 144, 146, 152, 175
Charmley, John 139, 140, 142, 267
Chrustschow, Nikita Sergejewitsch 172, 175, 176, 178
Churchill, Winston 29, 40, 71, 86, 137, 139-146, 174, 177, 246, 267
Clausewitz, Carl von 106, 164
Clinton, Bill 239
Colombo, Emilio 191
Conally, John 107
Conquest, Robert 131, 164
Coole, Diana H. 251
Crossman, Richard 167

Dahl, Robert A. 94, 98, 231, 240
Daladier, Edouard 143, 175

De Gaulle, Charles  40, 86, 116, 119, 124, 177, 192, 193
De Grazia, Sebastian  61
Defoe, Daniel  55
Deng, Xiaoping  98, 178
Diem, Ngo Dinh  87
Disraeli, Benjamin  199, 208, 209
Disraeli, Isaac  208
Dollfuß, Engelbert  137-139, 141, 142, 146
Dostojewski, Fjodor Michailowitsch  161, 162, 167
Douglas, Paul  74
Downs, Anthony  81, 82, 236
Du Bois, W. E. B.  208
Dubcek, Alexander  17-19, 22
Duvalier, Francois  49, 178

Easton, David  39
Edelman, Murray  194
Eichmann, Adolf  114, 121, 123, 213
Einstein, Albert  245
Eisenhower, Dwight David  74, 249
Elias, Norbert  42
Eppstein, Paul  115, 117
Ervin, Sam  74
Ettinger, Elzbieta  106, 220

Falin, Valentin  268
Fest, Joachim C.  174
Finer, S. E.  86
Fischer, Ernst  132
Fitzgibbon, Louis  267
Flanagan, Scott C.  192, 197
Flavius, Josephus  115
Ford, Gerald  110
Fraenkel, Ernst  172, 224
Franco Bahamonde, Francisco  52, 166, 176, 215, 217
Franklin, John Hope  206
Frey, Bruno S.  236

Frisch, Max  249
Fuegi, John  101, 103, 104, 188
Fulbright, J. William  233, 237-239

Galilei, Galileo  101-105
Gandhi, Mahatma  85, 144, 245-250
Gilman, Charlotte Perkins  185-187
Giscard d'Estaing, Vaerly  191
Gladstone, William Ewart  208, 209
Glemp, Jan Kardinal  25
Goebbels, Josef  176
Goldman, Peter  239
Goldwater, Barry  88
Gorbatschow, Michael Sergejewitsch  23, 24, 27, 98, 177, 204, 258-260, 262, 263, 266-270
Göring, Hermann  70, 124
Grey, Edward  149
Gromyko, Andrei  191, 256
Guéhenno, Jean-Marie  224, 226-228

Haffner, Sebastian  70, 170
Halberstam, David  88, 195
Halifax, Edward  245
Hamilton, Alexander  91, 92
Hauptmann, Elisabeth  104
He, Long  171
Heath, Edward  191
Hegel, Georg Wilhelm Friedrich  133
Heidegger, Martin  105, 106
Hennis, Wilhelm  229
Hill, Melvyn A.  211
Himmler, Heinrich  70, 122, 123, 169
Hirohito  197, 198
Hirsch, Helmut  200, 256
Hitler, Adolf  18, 29, 52, 66, 67, 70, 71, 86, 115, 122-124, 127-129, 133, 137, 138-140, 142,

143, 145, 146, 153, 160, 162, 169-174, 177, 179, 180, 188, 217, 245, 266, 267
Hobbes, Thomas 95, 206
Hodgson, Godfrey 196
Hoffman, Stanley 124
Honecker, Erich 16-18, 204, 258
Humphrey, Hubert 107
Hunne, Richard 49
Husak, Gustav 16, 18, 21, 23, 204, 257, 258, 263
Huxley, Aldous Leonard 181-183, 187, 205, 206

Isaacson, Walter 72, 109-111

Jackson, Andrew 175
Jägerstätter, Franz 181, 189, 190
Jaruzelski, Monika 270
Jaruzelski, Wojciech 11, 12, 15, 17-31, 36, 84, 98, 99, 125, 130, 142-146, 159, 160, 166, 178, 189, 197, 198, 203, 204, 225, 247, 255-270
Jaspers, Karl 215
Jay, John 92
Jefferson, Thomas 52, 91, 250
Jelzin, Boris Nikolajewitsch 177
Jiang, Qing 178
Jogiches, Leo 220
Johnson, Lyndon B. 67, 73-76, 87, 88, 107, 149, 153, 154, 155, 156, 157, 237, 238, 249
Joly, Maurice 59, 65

Kadar, Janos 18, 23, 25, 26, 28, 257
Kamenev, Lew B. 131, 159, 162
Kania, Stanislaw 16, 17
Kearns Goodwin, Doris 73, 74, 76, 153
Kelsen, Hans 67
Kennedy, John F. 37, 67, 76, 77, 87-89, 107-109, 152, 157, 193, 194, 196, 234, 249
Kennedy, Joseph 152
Khanh, Nguyen 87, 88
Khomeini, Ruhollah Mussawi Hendi 236
King, Martin Luther 40, 245, 246, 249
Kissinger, Henry 37, 69, 71, 72, 109-111, 120, 121, 140, 144, 149-151, 153, 155, 191, 192, 193, 197
Kiszczak, Czeslaw 265
Klerk, Frederik Willem de 99
Knoll, August Maria 133
Koestler, Artur 105, 159, 161, 163-167, 215, 268, 269
Kollek, Teddy 114
Kolumbus, Christoph 51
König, René 64
Kraus, Karl 137-139, 141-143, 145, 146
Kubina, Michael 16-18, 157

La Palombara, Joseph 192
Labedz, Leopold 22, 262, 263
Langbein, Hermann 117
Laval, Pierre 116, 117, 124, 125
Lehmbruch, Gerhard 193
Lenin (eigentlich: Wladimir Iljitsch Uljanow) 34, 82, 85, 86, 98, 106, 159-165, 172, 175, 179, 216, 218, 219, 247, 251, 268
Lin, Biao
Lincoln, Abraham 91, 93-95, 97, 175, 228
Lippmann, Walter 71
Lipset, Seymour Martin 81, 82, 237
Liu, Schaotschi 171
Locke, John 91, 226
Lopinski, Maciej 261, 262
Luhmann, Niklas 230

Luther, Martin 47
Luxemburg, Rosa 199-202, 211-213, 215, 216, 218-221, 251
Mac Arthur, Douglas 196
MacDonald, James Ramsey 144
Machiavelli, Niccolò 64, 59-66, 161, 162, 164, 167
Madison, James 91, 92, 95, 96
Maleter, Pal 26
Manchester, William 139, 144, 245, 246
Mandela, Nelson 99
Mannheim, Karl 35, 36, 183, 184
Mao, Zedong 29, 49, 86, 98, 106, 169-180, 191, 236, 247
Marek, Franz 133
Marius, Richard 184, 185
Marx, Karl 53, 85, 98, 129, 160, 179, 206, 208, 251
Maturana, Humberto R. 230
Mazowiecki, Tadeusz 25, 264, 269
McCarthy, Mary 213
McCullough, David 152, 175
McGovern, George 89
McNamara, Robert 87-89, 107, 154, 233, 234, 235
McPherson, James M. 94
Metternich, Clemens 121, 191, 197
Michnik, Adam 27
Miller, Nathan 152
Mlynar, Zdenek 18, 266
Molotow, Wjatscheslaw Michajlowitsch (eigentlich: W. M. Skrjabin) 176
Montesquieu, Charles de 59, 91, 226
Morgenthau, Hans J. 109
Moro, Aldo 191
Morus, Thomas 184-187
Mosca, Gaetano 95
Münkler, Herfried 62

Münzer, Thomas 47
Murmelstein, Benjamin 115, 117
Mussolini, Benito 29, 61, 86, 120, 138, 176, 217

Nagy, Imre 17, 19, 22, 23, 26, 102
Narr, Wolf-Dieter 227
Naschold, Frieder 227
Nasser, Gamal Abd el 29
Nehru, Jawaharlal 29, 86, 177, 247
Nettl, Peter 199
Neugebauer, Wolfgang 138
Nixon, Richard 38, 45, 62, 65, 71, 89, 107-110, 149, 155-157
Nizan, Paul 127, 128, 132
Nyerere, Julius Kambarage 29

Olson, Charles 236
Olszowski, Stefan 16
Oppenheimer, Julius Robert 109
Orwell, George 129, 167, 182, 187, 188, 215

Palmerston, Henry John Temple 191
Pareto, Vilfredo 95
Parson, Talcot 230
Pavelic, Ante 120
Pelinka, Anton 227
Peng, Dehuai 171
Perot, Ross 193, 239
Pétain, Philippe 113, 116, 117, 119, 120, 124, 125, 176
Pfabigan, Alfred 137, 139
Pilsudski, Jozef 11
Plasser, Fritz 193
Plato 68
Polsby, Nelson W. 193
Popieluszko, Jerzy 26
Popper, Karl 68, 207
Powell, Bingham G., Jr. 62, 63
Pumberger, Klaus 21

Rakowski, Mieczyslaw  25, 257
Ribbentrop, Joachim von  70, 176
Richardson, Bradley M.  192, 197
Riesman, David  30, 225
Riker, William H.  235
Robbespierre, Maximilien  51, 67
Röhm, Ernst  171
Roncalli, Angelo Guiseppe  245, 253, 254
Roosevelt, Franklin D.  29, 40, 50, 71, 72, 86, 94, 97, 107, 140, 142, 149, 151-155, 156, 157, 175-177, 188, 206, 217, 247
Rosenberg, Tina  11, 18, 22, 23, 27, 256, 257, 260, 270
Rousseau, Jean Jacques  96, 185-187, 206, 226
Rumkowski, Mordechai Chaim  114, 115, 117
Rumor, Mariano  191
Rykow, Alexej Iwanowitsch  131

Salisbury, Harrison E.  106, 169, 171, 172, 174, 175, 177, 180
Sartre, Jean Paul  85, 128, 205
Savonarola  85
Schausberger, Norbert  142
Schewardnadse, Eduard A.  258, 259
Schindler, Oskar  120
Schmidt, Helmut  191
Schnitzler, Artur  219
Schober, Johann  137
Schumpeter, Joseph Alois  226, 240, 252
Schuschnigg, Kurt  138, 142
Segev, Tom  114
Semprun, Jorge  127
Sereny, Gitta  66
Shirer, William L.  245, 248
Shull, Steven A.  38
Sihanouk, Norodom  110
Sikorski, Wladyslaw  267

Sinowjew, Grigorij Jewsejewitsch (eigentlich: Radomyslskij)  131, 162
Slater, Ian  129, 187, 188
Smolnar, Alexsander  24, 25
Speer, Albert  66, 174
Stalin, Jossif Wissarionowitsch (eigentlich: J. W. Dschugaschwili)  18, 26, 29, 51, 67, 69-71, 86, 127-129, 131-134, 139, 140, 142, 146, 153, 159-164, 166, 169-180, 213, 216, 217, 251, 262, 266, 267
Steffin, Margarete  101, 103
Steiner, Jürg  193
Stern, Günther  214
Suharto, Kemusu  178
Sun, Tzu  106, 107
Suslow, Michail Andrejewitsch  21, 256, 258, 259
Szilard, Leo  109

Taft, Robert A.  76
Talmon, J.L.  96
Talos, Emmerich  138
Teller, Edvard  109
Thatcher, Margarethe  53
Theleweit, Klaus  199
Tito, Josip Broz  29, 177
Tomski  131
Trotzki, Lew Dawidowitsch (eigentlich: Leib Bronstein)  98, 131, 161, 162, 172
Truman, Harry Spencer  153, 155, 175, 207
Trunk, Isaiah  113, 118, 125
Tschen, Yi  171
Tschu, Enlai  176, 191

Ulam, Adam B.  131, 169, 171, 172, 177
Ustinow, Dmitrij Fjodorowitsch  21, 22, 256

Vann, Robert L. 206, 107
Varnhagen, Rahel 202-204

Wagner, Richard 133
Walesa, Lech 20, 25, 27, 144, 166, 260, 261, 264
Washington, Booker T. 208
Weber, Max 83, 84, 194
Webster, Paul 116
Weisbrot, Robert 246
Wildavsky, Aaron 38

Wilsford, David 86
Wilson, Woodrow 72, 141, 149-151, 153, 155
Wolsey, Thomas 46
Woods, Randolf Bennett 238

Zahn, Gordon C. 189
Zelman, Leon 115
Zetkin, Clara 216
Zohn, Harry 137

Gert-Joachim Glaeßner

**Kommunismus - Totalitarismus - Demokratie**
Studien zu einer säkularen Auseinandersetzung

Frankfurt/M., Berlin, Bern, New York, Paris, Wien, 1995. 279 S.
Berliner Schriften zur Demokratieforschung.
Herausgegeben von Gert-Joachim Glaeßner. Bd. 1
ISBN 3-631-47360-5    br. DM 84.--*

Die säkulare Herausforderung der westlichen Gesellschaften durch den Sozialismus sowjetischen Typs existiert nicht mehr. Sein Erbe wird noch Generationen beschäftigen. Heute, nach dem Ende des Kommunismus in der Sowjetunion und den von ihr beherrschten Ländern Europas stellen sich viele Fragen, denen in diesem Buch nachgegangen wird: Bedarf es einer Revision unseres Bildes vom Kommunismus, wie er sich in der UdSSR und den sozialistischen Ländern etabliert hatte? Waren die analytischen Maßstäbe und die theoretischen Erklärungsmodelle dem Gegenstand angemessen? Wie sind die Ergebnisse umfangreicher publizistischer und wissenschaftlicher Beschäftigung mit dem Kommunismus aus dem Abstand einiger Jahre zu bewerten? Inwieweit hat die politische Auseinandersetzung zwischen den beiden Systemen das Denken und die Argumentation beeinflußt? War eine Betrachtung des Kommunismus *sine ira et studio* überhaupt möglich? War sie sinnvoll, erstrebenswert und angemessen? Welches sind die *'legacies'* des alten Systems und welche Chancen haben die neuen Demokratien, die in den ehemaligen sozialistischen Ländern errichtet werden, angesichts des erdrückenden Erbes des Kommunismus? Welche Konsequenzen hatte die Konfrontation der Systeme und welche Folgen hatte das Feindbild des Kommunismus für die innere Verfassung der demokratischen politischen Ordnungen, vor allem: Welche Rückwirkungen haben Verfall und Sturz der sozialistischen Systeme für die Demokratien des Westens?
**Aus dem Inhalt:** Antitotalitarismus oder Antikommunismus: Zum Kommunismusbild in der Bundesrepublik · Kommunismusanalyse zwischen Wissenschaft und Politik · Totalitarismus: Reflektionen zu einer säkularen Herausforderung · Die gescheiterte Modernisierung des Kommunismus · Kritik der Kommunismusforschung · Postkommunismus und die Zukunft der Demokratie

**Peter Lang ≡ Europäischer Verlag der Wissenschaften**
Frankfurt a.M. · Berlin · Bern · New York · Paris · Wien
Auslieferung: Verlag Peter Lang AG, Jupiterstr. 15, CH-3000 Bern 15
Telefon (004131) 9402121, Telefax (004131) 9402131
- Preisänderungen vorbehalten - *inklusive Mehrwertsteuer